儒学与君子之道

孙聚友 石永之 等◎著

中国社会科学出版社

图书在版编目(CIP)数据

儒学与君子之道 / 孙聚友，石永之等著 . —北京：中国社会科学出版社，2018.1

ISBN 978-7-5203-1622-4

Ⅰ.①儒… Ⅱ.①孙…②石… Ⅲ.①儒学—研究 Ⅳ.①B222.05

中国版本图书馆 CIP 数据核字(2017)第 295903 号

出 版 人	赵剑英
责任编辑	冯春凤
责任校对	张爱华
责任印制	张雪娇
出　　版	中国社会科学出版社
社　　址	北京鼓楼西大街甲 158 号
邮　　编	100720
网　　址	http://www.csspw.cn
发 行 部	010-84083685
门 市 部	010-84029450
经　　销	新华书店及其他书店
印刷装订	北京君升印刷有限公司
版　　次	2018 年 1 月第 1 版
印　　次	2018 年 1 月第 1 次印刷
开　　本	710×1000　1/16
印　　张	26.75
插　　页	2
字　　数	439 千字
定　　价	98.00 元

凡购买中国社会科学出版社图书,如有质量问题请与本社营销中心联系调换
电话:010-84083683
版权所有　侵权必究

目　录

前言 ……………………………………………………………………（ 1 ）
在首届"东亚儒学威海论坛"开幕式上致辞 ……………桂晓风（ 1 ）
在首届"东亚儒学威海论坛"开幕式上的致辞 …………张述存（ 3 ）
在首届"东亚儒学威海论坛"闭幕式上致辞 ……………刘廷善（ 5 ）

（一）儒学与东亚文明

习近平的"人类命运共同体"思想 ………………………姜广辉（11）
关于文明的本质的思考 ……………………………………乔清举（17）
探赜中华文化走向的脉络
　　——兼谈复兴中华文化的基本思路 ………………彭彦华（23）
中国文化的再展开 …………………………………………石永之（41）
东北亚"命运共同体"中的儒学使命 ……………………方浩范（54）
当代日本人的中国观
　　——以大禹信仰为例 ………………………………王　敏（71）

（二）儒学与君子之道

弘扬君子之风、建设美德威海、
　构筑威海人共有精神家园 ………………………………王　亮（87）
君子：中华民族千锤百炼的人格基因 ……………………钱念孙（91）
孔子到底离我们有多远 ……………………………………郭文斌（95）
论儒家道德的基础 …………………………………………沈顺福（114）

论儒家的人权伦理 ……………………………… 单　纯（129）
"横渠四句"与士人生命主体意识自觉 …………… 王新春（141）
可携式的东亚儒学传统与全球伦理
　　——以"礼"、"孝"与"亲隐"为核心 ………… 曾暐杰（158）
儒家礼乐教化精神与当代国民教育 ……………… 龚妮丽（174）
古代礼仪与现代价值 ……………………………… 李文娟（184）
君子之风与美德山东 ……………………………… 李　玉（194）

（三）儒学的历史演变

儒家之道：从小康到大同 ………………………… 朱汉民（203）
孔子外交思想探析 ………………………………… 王曰美（216）
荀子之"学"的思想及其现代价值 ……………… 张　明（230）
荀子对董仲舒儒学的影响 ………………………… 李峻岭（237）
论宋儒张载价值观的两种类型及其现代意义 …… 林乐昌（248）
论梁漱溟中西调和的文化观 ……………………… 李　军（256）
儒教的家族观与后现代意义 ……………………… 张闰洙（267）
中国古代"宗家"教育刍议 ……………………… 单承彬（284）
儒家哲学的"体"和"用"
　　——国学热下的冷思考：以儒学与民主的关系为例 …… 路德斌（291）
中国自由观念的时代性与民族性 ………………… 郭　萍（299）

（四）儒学的现代价值

略论儒学文化与现时代价值问题 ………… M.其米德策耶（317）
儒学的现代命运
　　——面对全球化的未来定位 ………………… 金镇宝（324）
儒家的生态伦理思想与可持续发展 ……………… 白　奚（331）
孔子大同思想的实质与现代价值 ………………… 杨朝明（347）
孔子的"大一统"思想及其对中华民族形成和发展的
　　重大意义 ………………………………………… 丁　鼎（359）

论孔子仁学及其现代价值 …………………………… 王国良(369)
儒家"敬天法祖"思想的当代价值 ………………… 黎红雷(383)
儒墨异同的历史背景及其当代转化创新 …………… 江林昌(391)
儒学在全球化进程中的作用 ………………………… 孙聚友(396)
儒家思想与中国现代化 ……………… V.巴特玛文 张春茂译(409)
当代中国核心价值观刍议 …………………………… 王钧林(416)
后记 ……………………………………………………………(421)

前　言

随着中国经济社会的发展，文化软实力的增强，儒学研究已成为世界性的议题。习近平总书记《在纪念孔子诞辰2565周年国际学术研讨会暨国际儒学联合会第五届会员大会开幕会上的讲话》中指出，"孔子创立的儒家学说以及在此基础上发展起来的儒家思想，对中华文明产生了深刻影响，是中国传统文化的重要组成部分。儒家思想同中华民族形成和发展过程中所产生的其他思想文化一道，记载了中华民族自古以来在建设家园的奋斗中开展的精神活动、进行的理性思维、创造的文化成果，反映了中华民族的精神追求，是中华民族生生不息、发展壮大的重要滋养。中华文明，不仅对中国发展产生了深刻影响，而且对人类文明进步作出了重大贡献"。为了落实习近平总书记关于中华优秀文化的一系列讲话精神，推动"一带一路"倡议的实施，在儒学研究和交流中居于主动地位，保持充分的话语权，促进儒家文明的创造性转化和创新性发展，山东社会科学院就儒学与东亚文明这一课题，进行了深入研究。同时，为了加强国内外儒学研究的学术交流，推动儒学与东亚文明的研究，2016年10月12日至14日，山东社会科学院、国际儒学联合会、中国孔子基金会和威海市人民政府四家单位在山东省威海市共同主办了首届"东亚儒学威海论坛"。会议由中国孔子基金会学术部、中共威海市委宣传部、山东社会科学院国际儒学研究与交流中心联合承办。来自中、日、韩、蒙、美等多个国家及中国台湾地区的60余位专家学者，围绕着儒学与东亚文明这一主题，就儒学在东亚文明发展中的作用、儒学与"一带一路"倡议、儒学与君子之道、儒学的现代价值、儒学与人类命运共同体、儒学的大同思想、儒学在世界的传播等议题，展开了热烈的争鸣研讨，推动了研究的深入发展。

本书集中汇聚了儒学与东亚文明的研究成果，展示了国内外专家学者对儒学与人类文明发展关系的探讨。全书内容分为四个方面：一是儒学与东亚文明，探讨了儒学与东亚文明的内在关系，以及儒学对东亚各国社会文化的发展影响。二是儒学与君子之道，探讨了儒学与个人道德完善的关系，以及儒学在君子人格的形成中的作用。三是儒学的历史演变，探讨了儒学的发展历史，以及儒学在不同时代所呈现出的特点。四是儒学的现代价值，探讨了儒学在当今社会发展中的价值，以及在促进人类命运共同体建设中的作用。

习近平总书记指出，"中华文化积淀着中华民族最深沉的精神追求，包含着中华民族最根本的精神基因，代表着中华民族独特的精神标识，是中华民族生生不息、发展壮大的丰厚滋养。""人类已经有了几千年的文明史，任何一个国家、一个民族都是在承先启后、继往开来中走到今天的，世界是在人类各种文明交流交融中成为今天这个样子的。推进人类各种文明交流交融、互学互鉴，是让世界变得更加美丽、各国人民生活得更加美好的必由之路。正确对待不同国家和民族的文明，正确对待传统文化和现实文化，是我们必须把握好的一个重大课题"。加强儒学与东亚文明的研究，对于传承发展中华优秀传统文化，推动世界的和平和进步，促进人类命运共同体建设，具有重要意义。

在首届"东亚儒学威海论坛"开幕式上致辞

国际新闻出版总署原副署长、国际儒学联合会特别顾问　桂晓风

各位专家学者，各位来宾，各位媒体朋友：

大家上午好！

山东社会科学院、国际儒学联合会、中国孔子基金会、威海市人民政府联合举办的"首届东亚儒学威海论坛"今天隆重开幕，我受滕文生会长的委托，代表国际儒学联合会对研讨会的召开表示热烈的祝贺，对怀着深厚感情和高度文化责任感促进儒学研究的国际交流、弘扬发展儒学文化的专家学者表示崇高的敬意。

众所周知，儒学博大精深，博采众长，源远流长，对人类文明产生了广泛而深远的影响。儒学产生于中国，也很早就传到了朝鲜半岛、日本和越南北部地区，并逐渐形成了东亚儒学文化圈。有关东亚儒学、儒学与东亚文明的学术探讨近年来逐渐成为一种新的研究热点，这一研究是国际儒学研究的重要组成部分。本次论坛以"儒学与东亚文明暨君子之道"作为主题，将汇集有关研究的最新成果，为东亚乃至整个国际儒学研究增添新的活力，也将会为儒学文化在新的历史条件下的创造性转化和创新性发展提供宝贵思想资料。

山东社会科学院、中国孔子基金会、威海市人民政府作为会议主办方，无论是确定举办论坛目标的文化自觉，还是会议准备工作和组织工作所达到的水平，都给全体代表留下了深刻印象。结合对近年来各项工作的了解，我们深感，三家主办单位从培育和践行社会主义核心价值观、促进国际文化交流、提升中华文化国际话语权的大背景出发，在推进以儒学为主干的中华优秀传统文化的传承和创新、强化传统文化研究成果在基层和群众中的实际应用，以及凸显儒家思想传播的地域性特色等方面，进行了

许多创造性的探索，很有生气，很见实效，国际儒联对此给予高度评价。

2014年9月，习近平主席在"纪念孔子诞辰2565周年国际学术研讨会暨国际儒学联合会第五届会员大会"开幕会上发表了重要讲话，就传承弘扬中华优秀传统文化和推动世界不同文明交流互鉴提出了系统的指导原则。近两年来，国际儒联为贯彻落实这一系列会议形成的指导思想开展了多方面的工作，包括拓宽文明对话渠道、夯实基础学术研究、深化普及传播、加强编辑出版工作、开展不同层次的教育培训、扩大儒学传播的空间、增强儒学传播的力度等等，先后启动了"儒学与东亚文明""儒学与欧洲文明""中国传统文明与俄罗斯""中国儒学研究分期报告"等专题性研究，并已经取得了若干可喜的阶段性成果。为加强对亚洲文明、亚洲价值、东方智慧的研究与运用，今年7月9日到11日，国际儒联还联合中国社会科学院学部、中国人民外交学会、北京外国语大学，召开了亚洲文明交流互鉴北京国际学术研讨会，来自亚洲和其他大洲30多个国家和地区的100多位代表出席了会议，取得了丰富的学术共识，产生了积极的国际反响。我想指出的是，本次东亚儒学威海论坛的内容同国际儒联近年来所进行的上述一系列工作，有许多交集之处，主旨是完全一致的。本着优化学术资源、共享学术成果、增强学术力量的精神，国际儒联将进一步与国内外相关学术组织展开合作，毫无疑问，其中包括深化与山东社会科学院、中国孔子基金会、威海市人民政府以及在座各位专家学者的联系和合作。

当前，儒学文化作为世界文化的重要源流，正日益成为国际政治与思想文化交流的重要内容，儒学文化作为东亚文明形成和发展的动力之一，更是东亚各国和各地区文化交流互动的重要思想基础。我们希望并且祝愿，东亚儒学威海论坛将借威海市天时地利人和的优势，一届一届地办下去，办出影响，成为品牌，为发展新阶段东亚儒学、东亚文明和国际儒学文化不断贡献真知灼见，也祝愿与会专家学者在美丽健康城市威海所进行的学术观点的交汇碰撞将激发出更多思想火花，最后希望在座的各位来宾和朋友们更多关注和支持国际儒学事业，对国际儒联的工作多提宝贵意见和建议。

谢谢大家！

在首届"东亚儒学威海论坛"开幕式上的致辞

山东社会科学院院长　张述存

尊敬的各位来宾，女士们，先生们：

大家上午好！

由山东社会科学院、国际儒学联合会、中国孔子基金会、威海市人民政府共同主办，山东社会科学院国际儒学研究与交流中心、中国孔子基金会学术部和威海市委宣传部承办的"首届东亚儒学威海论坛"，"儒学与东亚文明暨君子之道"国际学术研讨会，在各方的共同努力下，今天隆重开幕了！

在此，我谨代表山东社会科学院，对首届东亚儒学威海论坛的召开，表示热烈的祝贺！

对出席会议的各位嘉宾，表示诚挚的欢迎！

儒家文明，源远流长，博大精深，渊源于中国，影响于世界。在两千多年的历史发展过程中，儒家文明在关于自然、社会和人生等问题的认识上，提出了许多富有哲理的深邃思想。儒学所倡导的天下为公的人文之道，儒学所追求的明道救世的价值取向，积淀着人类最深沉的精神追求，具有着历久弥新的普遍性指导意义，对于当代社会物质文明、政治文明、精神文明、社会文明和生态文明的全面发展，依然有着重要的启示，值得我们认真深入地研究和发掘，继承和弘扬。实现儒家文明在当代社会发展中的现实作用，已成为时代的迫切需求。首届东亚儒学威海论坛的召开，正是为了回应时代的需求，大力弘扬儒家优秀传统文化。

本次论坛将围绕着"儒学与东亚文明"这一主题，探讨儒学在当代社会发展中的价值和意义。我们要以笃守善道的历史责任感，执道弘毅的现实使命感，科学阐释儒家文明，促进儒家文明在东亚地区的传播和融合,实现儒家文明的创造性转化和创新性发展,推动东亚地区的和平与进步,建设东亚命运共同体,开创人类社会的美好未来。

各位来宾,本次论坛的召开得到了威海市委、市政府的大力支持。威海不仅是一个风景宜人、和谐幸福的美丽城市,更是一个有着深厚文化底蕴、源远流长历史的文明城市。在古代,威海以其独特的地理优势、丰厚文化资源,成为儒学和中国传统文化向海外传播交流的重要交汇之地,对东亚世界文明的进步,发挥了广泛作用。近年来,威海市委市政府十分重视弘扬儒学和中国优秀传统文化,取得了令人瞩目的成就。特别是"君子之风·美德威海"工程的大力开展,进一步推动了威海市各项文明的发展,在全国产生了重要的影响。本次论坛以"君子之道"作为重要议题,不仅会让我们亲身感受到"君子之风·美德威海"的魅力,通过专家学者们对君子之道的深入研讨,也将会推进威海市儒学和中国传统文化的传承和弘扬,取得崭新的发展。

各位来宾,我相信,在大家的共同努力下,本次论坛一定会加深彼此之间的友谊,推进东亚儒学研究的深入发展。

最后,预祝首届东亚儒学威海论坛取得圆满成功!

谢谢大家!

在首届"东亚儒学威海论坛"闭幕式上致辞

中国孔子基金会副理事长　刘廷善

尊敬的各位领导、各位专家，朋友们：

由山东社会科学院、国际儒学联合会、中国孔子基金会、威海市人民政府等单位共同主办的首届"东亚儒学威海论坛"，现在已经接近尾声。经过大家一天半时间的共同努力，大会取得了圆满成功，获得了丰富的学术共识和研讨成果。刚才单纯教授和单承彬教授已经向大家汇报了小组讨论的成果，在这之前王大千理事长就本次论坛的缘起和如何办好论坛作了一个比较全面的系统解读和说明，也是对这次会议的一个很好的总结。在此，我代表主办方，向热情参与本次会议的所有专家学者表示衷心的感谢！（在这里我代表主办方给大家鞠一个躬表示最诚挚的谢意）；同时，也代表在座的诸位向具体承办这次会议、为大家提供了热情周到服务的大会承办单位和大会组委会全体工作人员，以及威海东山宾馆的服务人员表示衷心的感谢！

本次会议是一次高规格、高质量的国际学术会议，来自中国大陆、中国台湾以及韩国、日本、蒙古、新加坡、美国等国家和地区的21所大学和7个研究机构与社会组织的60多位专家学者出席了会议，会议共收到论文48篇。与会者，既有德高望重的老前辈，又有中青年新锐，可以说，少长咸集，群贤毕至。在一天半的学术交流中，大家发言踊跃、讨论热烈。先后有10多位学者作了大会发言，有近30位学者在分组讨论会上发表了自己的见解。尽管大家治学方法、研究方向不尽相同，但作为一名学者尤其是儒学学者探求儒学真谛的诚意和闻道则喜的心情是共通的，追求的最终目标也是一致的，都是为了推动人类文明的进步，构建更加适应人类居住的生态环境，实现人与人、人与自然、人与社会和谐相处，使每个人都能身心和谐地健康地有意义地活着，正如山东大学王新春教授在本次大会发表的论文中说的"以努力让万民塑造成有整体天人宇宙宏识，敬畏感恩情怀，庄严使命担当，顾全大局，珍惜拥有的生活世界，珍重呵护善待宇宙大家庭一切成员本身的内在价值的生命人格"。这就是儒家直面人生长河，所作出的庄严担当和神圣自我的期许。大家围绕"儒学与东亚文明暨君子之道"这一大会主题，深入研讨了儒学的内涵、特质，特别是儒家所倡导的君子之风、义利观、家族观、伦理观、礼乐教化、外交哲学等具体思想学说，以及儒学在中国和东亚各国的传承与发展。大家普遍认为，儒学博大精深，源远流长，在中华传统文化及民族精神的形成过程中起着无可替代的作用，而且生命力历久弥新，是东亚文明乃至世界文明和人类生存智慧的重要组织部分。如何更好地发挥儒学的现代价值和作用，推动东亚文明乃至世界文明的发展，是我们儒学学者的时代担当，也是学术研究的重大课题。同时，大家也认为创新是儒学的生命线。儒学自孔子创立以来，在两千多年的历史长河中，大体经历了先秦儒学、汉唐儒学、宋明理学等几个重要的时期，每一个时期的儒学都是在不断适应社会的发展而发展的。今天人类社会已经进入了一个经济全球化、社会迅速发展的信息时代，儒学又将面临新的发展问题。大家认为儒学只有在理论上加强研究，扎根学术，构建与当今时代社会发展相适应的新的儒学体系；在传播上深入民众，做到"百姓日用而不知"，儒学才能走得更持久、更稳健，也更健康。从这个意义上说，我们这次会议开得十分有意义。作为主办单位，我们感到十分欣慰，也非常感谢大家对本次会议的肯定和鼓励。

各位专家、各位同人，《诗经》云："嘤其鸣矣，求其友声"，本次会议虽然时间短暂，但大家在学术交流和争鸣的过程中建立了感情，增进了友谊，影响将会是持久的。希望大家今后加强合作，共同努力，进一步推动儒学的研究与传播，也希望大家对我们的工作给予更多的关心、关怀和支持。同时，由于我们四家主办单位是首次合作，虽然中国孔子基金会跟国际儒学联合会和山东社会科学院都有多次合作，但像今天这样的合作还是第一次，本次论坛无论是会前的筹备工作还是会议期间的服务工作以及大会的议程安排等尚有许多需要改进的地方，不周之处，还请大家海涵。请各位专家给我们提出宝贵的意见和建议，在今后的工作中加以改进，让东亚儒学威海论坛越办越好。

最后，我谨代表首届"东亚儒学威海论坛"主办方，祝大家返程愉快，工作顺利，身体健康，万事如意！我们期待着大家的再次相聚！

谢谢！

（一）儒学与东亚文明

习近平的"人类命运共同体"思想

湖南大学岳麓书院　姜广辉

2014年3月，习近平主席在联合国教科文组织总部演讲时指出："当今世界，人类生活在不同文化、种族、肤色、宗教和不同社会制度所组成的世界里，各国人民形成了你中有我、我中有你的命运共同体。"

这段朴实而掷地有声的话语，道出了来自东方的国度——中国的主张。人类命运共同体关系全人类的福祉，它不同于某些霸权主义国家的所谓"同盟"共同体，为了自家私利，不惜牺牲其他国家和民族的利益。它标明中国正以"合作多赢"的新理念积极参与全球事务，为人类未来规划和设计一个理想的远景目标，建设一个跨文化、种族、宗教、社会制度的人类命运共同体。从亚投行的筹备成立，到"一带一路"经贸文化带的建设规划和具体实施，以及今年G20峰会、东盟国家领导峰会看，各国领袖表示出对中国领导力量的充分肯定，以及对中国参与国际事务的高度期待。我们有理由相信，未来世界人民将会越来越欢迎"人类命运共同体"的建构，从而厌弃和摆脱霸权主义对世界的强力控制。

需要指出的是，习近平的"人类命运共同体"思想并不仅仅表现为他个人的睿智，而是高度吸收和凝聚了中华文明的古老智慧。为了说明这个问题，笔者特写这篇文章，来陈述"人类命运共同体"思想与中国文化脉络的关系，以及此思想对于解决现代世界问题的深远意义。

一　中国古代的命运共同体思想

"命运共同体"虽然是一个新概念，但却是一个极其古老的事实。人类社会形成初期就有社会共同体，只是那时的规模非常之小，可以说是小型的"命运共同体"。人为什么需要社会共同体,而不能像虎、豹等动物那样单独生存？这首先是由人类的生理特质和生存环境决定的。人作为一个动物种类,其幼年、童年、少年,加在一起的成长时间很长,在一个到处充满凶险的自然环境中,很难由一位母亲单独将孩子安全地抚养长大。这就需要有家庭乃至族群"共同体"的生活环境。同样,人的老年时期也很长,需要有家庭和族群"共同体"照料老年人的生活。于是而有社会共同体出现。人类最初的社会共同体是血缘氏族。后来由于不同血缘氏族的矛盾和争斗,血缘氏族逐渐扩大而为部落、部落联盟。部落、部落联盟是更大一级的社会共同体。这些情况发生在原始社会时期。

中国现在人口有13亿多,约占世界人口的五分之一。但中国人口之多,不始于今日,中国自古就是世界上人口最多的地区之一。据公元3世纪的一部文献（皇甫谧《帝王世纪》）追记,大约在中国第一个王朝夏代建立之前,也就是在公元前21世纪左右,华夏地区人口已经有1335万人。虽然这个数字只是一种估算,但并不十分离谱。中国古代又有众多族群,在上古时期,就已经是小邦林立。中国原始社会的鼎盛时期是尧舜时代,尧和舜是华夏地区部落联盟的伟大领袖。鉴于当时"天下万邦"的社会现实,尧提出了一个道德理念："克明俊德,以亲九族；九族既睦,平章百姓；百姓昭明,协和万邦。"即主张先由家族和谐,扩展到社会和谐,乃至不同邦族之间的和谐。"协和万邦"由此成为中国文化的基因与核心价值之一。

以今人的立场通观人类发展史,人类由原始氏族发展为部落、部落联盟、酋邦、国家,是不断融合发展的。这是历史的总趋势,而且我们相信人类一定会走向大同时代。中国文化"协和万邦"的理念促进了民族的融合和"大一统"国家的建立。中华民族融合的历史在世界上堪称典范。这一点钱穆先生已经指出过。他说：西方思想源于古希腊,希腊不过如古代的齐国一样大,而其中城邦有一两百个。一个城市中又各有不同的政府组织,有的是贵族政治,有的是共和政治,有的是代议政治。希腊始终没有融合成一个统一的国家,只有所谓"城邦政治"。整个希腊时代一直如此。欧洲人从古希腊一路下来的文化传统,从未有过如中国自古以来统一和平的一套"天下观"。

尧的"协和万邦"思想为历代政治家和思想家所继承和弘扬。比如产生于商、周之际的《尚书·洪范》就说:"无偏无党,王道荡荡;无党无偏,王道平平。"告诫统治者处事要公正,去除一己之偏爱,好恶一同于天下。《尚书》是中华元典之一,另一部中华元典《春秋左氏传》也说:"亲仁善邻,国之宝也。"(《左传·隐公六年》)春秋末期,孔子创立儒学,提出仁爱思想:"仁者爱人""博施于民而能济众",主张人与人之间、国与国之间"和而不同",和平相处。战国时期孟子则提出"仁政"思想,强调要尊重他人的生命与财产。孟子说:"春秋无义战。"他对春秋战国时期诸侯"强凌弱,众暴寡""争地以战,杀人盈野;争城以战,杀人盈城"的现实提出严厉批判,称"今之所谓良臣,古之所谓民贼也"。到了北宋时期,张载写了一篇著名的《西铭》,提出"民胞物与"思想,认为"凡天下疲癃残疾,茕独鳏寡,皆吾兄弟之颠连而无告者也"。张载把天地当作一个大家园,天下的人都是兄弟,天下万物都是伙伴,自己是这个大家庭中的一分子,有应尽的责任与义务。

华夏民族自大禹建立国家之日起,历经夏、商、周、秦、汉、魏、晋、南北朝、隋、唐、宋、元、明、清、民国,最后成立中华人民共和国。这是一个由56个民族共同组成的统一国家,是一个民族团结和睦、协同发展的新的社会共同体,尤其是在最近三十年改革开放中,中国已经发展成为一个经济总量居世界第二的大国,引起了全世界人民的注目。今天强大的中国与世界历史上其他强国崛起时所走的路子不同,它不想走霸权主义的老路,而是要运用中华文化"协和万邦"的理念和智慧,将自己的成功与全世界人民分享,努力引领并推动"人类命运共同体"的建构与形成。

二 当今世界的霸权主义和虚伪的"人权"观念

西方也有它的文化传统。古代西方文化崇尚征伐扩张,因而有歌颂武力征服的所谓"英雄史诗"。英国哲学家伯特兰·罗素(Bertrand Russell, 1872—1970)就说过:"西方文化崇尚好勇斗狠,不如崇尚和谐、爱好和平的中国文化。"他指出:今后"世界列强如果仍然好勇斗狠,那么,随着时间的推移和科学的进步,破坏的程度也越来越大,终将自取灭亡"。他并且告诫中国:"如果中国加入这种失去理智的行列,那就会与他们同归于尽。"当今世界的唯一超级大国是美国，美国是一个伟大国家，曾经在第二次世界大战中，作为维护和平的力量，作出了不可磨灭的历史贡献。但是美国由于其国家的特有性质，使它今天更愿意奉行霸权主义。现在它拥有数千枚核弹头和十多艘航空母舰，以及其他世界最先进的武器装备，又有北约的军事同盟和其他结盟国的辅助，更使它具有在世界上无可匹敌的军事力量。美国正是依靠这种强大的军事力量来统治和控制世界。它把自己当作世界警察，国际秩序由它制定和维护。国际秩序当然需要有人出来维护，可是它的足迹到了哪里，那里不是安宁，而是更混乱。它发动的伊拉克战争、阿富汗战争，给那里的国家和人民带去了几乎是万劫不复的灾难，而它的军队却一撤了事，不负任何责任。它扶持叙利亚反政府武装力量，使得该国长年内战，国家到处变成废墟。尤其吊诡的是，美国这几届政府为了维护其世界的霸权地位，竟然扶持第二次世界大战时的宿敌日本，纵容其军国主义势力的复活，一起来为难第二次世界大战时的盟国——中国，试图遏制中国的和平崛起。美国宣称全球都有其不可侵犯的国家利益，却完全不顾其他国家和民族的正当权益。事实上，当今社会的各种大的矛盾和冲突（包括战争的发生和升级），都与类似美国的霸权主义有关，与目前世界的不合理的国际秩序有关。

以美国为首的霸权主义，经常以"人权"为借口干涉别国内政。而其所谓的"人权"是十分虚伪的。这话不是我们说的，而是美国人自己说的。20世纪80年代，美国学者斯蒂芬·P.马克斯在其《正在出现的人权》一文中叙述了西方人权理论的发展史，他指出，第一代人权理论发生于18世纪后期的资产阶级革命，尤其是法国和美国革命之后。由于后来滥用第一代人权的各种自由，使得广大的工人阶级和被占领土地上的人民被剥削和被殖民，因而引起社会革命。第二代人权理论发生于1917年俄国革命之后，这是一种经济、社会和文化的权利，是一种以国家干预而不是国家弃权为特征的权利。而无论是第一代人权理论，还是第二代人权理论，都是就一国或一民族的社会共同体范围而言的。而关于人权的所有的宣言和公约在国家与国家之间并未有所规范，因此今天仍然大量存在对别国人权大规模公然侵犯的现象，例如当今世界各种形式的殖民主义、外国统治、对国家主权和民族统一以及领土完整的侵略和威胁等等。

所以，从20世纪80年代起，一些国际人权学者呼吁制定新的第三代人权法则，并称其为"团结权"，以促进所有国家之间建立国际合作与团结的政治责任。这种合作与团结在和平、发展、生态平衡、交往等方面具有全球性考虑的性质。但是，这种呼声因为与西方的霸权主义相抵触，并未得到美国和西方国家的积极支持。在我们看来，这些国际人权学者关于第三代"人权"的呼声是正义的。第三代人权应是一切人权的基础，而第三代人权所称之"团结权"理念与中国文化"协和万邦"理念若合符契。

三 走出怪圈，开创人类社会新纪元

人类自进入文明时代起，便分为不同的种族、文化、宗教、民族和国家，形成了各自不同的社会共同体，这些社会共同体之间始终存在着矛盾和斗争。人类发展到今天，虽然有高度的智慧，并且也创造了高度的文明，但迄今为止，尚未走出这样的怪圈：一方面，不同的社会共同体之间还缺乏应有的信任，因而处于某种紧张的生存竞争状态；另一方面，由于追求各自的发展和强大而威胁了人类共同依赖的生存环境，从而威胁了人类全体的生存。

回顾20世纪，人类经历了两次世界大战，世界大战后又经历几十年的两大阵营的"冷战"，在这期间各国更发明和制造了可以毁灭人类数十次的核武器。冷战结束后，美国哈佛大学的国际政治战略学家塞缪尔·亨廷顿又提出了"文明冲突"理论。这些情况都说明人类依然挣扎在这个怪圈的泥沼之中。毫无疑问，人类需要一种更高级的智慧才能走出这一怪圈。这是一种怎样的智慧呢？曾经准确预言两次世界大战发生的英国伟大历史学家汤因比（Arnold Joseph Toynbee，1889—1975）曾说：

> 人类已经掌握了可以毁灭自己的高度技术文明手段，同时又处于极端对立的政治、意识形态的营垒，最重要的精神就是中国文明的精髓——和谐。
>
> 中国如果不能取代西方成为人类的主导，那么整个人类的前途是可悲的。

在笔者看来，汤因比正是"更高级智慧"的代表者。但是光有一个好的理念是远远不够的，它需要有强有力的承载者和推行者，这个艰难的历史使命必将落在中国人的身上。今天，中国最高领导人习近平所发出的"人类命运共同体"的声音，标志中国将责无旁贷地承担起这一人类历史使命。这也将是中国文化对人类作出的最伟大的贡献。

关于文明的本质的思考

中共中央党校哲学部　乔清举

一　从"文明"到"反文明":"文明"的多重含义

"文明"是一个和文化一样多义的术语。在我们的日常语言中,"文明"至少有五种含义。第一种含义是人类发展过程中所积累的物质与科技、体制与礼仪、精神与文化等方面的成果的总和。在这种意义上,语言文字、文学、历史、哲学、宗教,城邦制度、中央集权制度、国家制度、法律体系、各种人际交往的礼仪制度都是文明的表现形式。

文明在三种意义上与"野蛮"对立。一是文明是人类脱离自然的束缚,形成一种基于自然而又超越自然的物质生命支撑体系。在这种意义上,"文明"与"自然"对立。又一是摆脱散漫无序的人际关系,形成一定的社会制度和礼仪体系。在这种意义上,"文明"与"野蛮"对立。再一是出现了人类精神生活记录体系,如语言、文字、哲学、宗教等,人类的心智得以开发。在这种意义上"文明"与"蒙昧"对立。

文明的第二种含义是不同文明的载体——文明体、文化区域、国家、民族等,都可以说还是文明的载体。国家是后于文明体发展起来的社会组织形式,所以和文明体不一致。现在的一个国家国土范围内在历史上可以有几个文明体;现在的文明体也可以跨越若干个国家。西方文明、阿拉伯文明、儒家文明都是跨越国家和地区的。中华文明就包括中国大陆,港澳台地区以及日韩越南等国家。

文明的第三层含义是价值观意义。文明成为一种价值观,"文明的"就是"好"的,值得肯定的,值得期许的,标志人类社会未来发展方向的。由文明的第三个含义可以引申出文明的第四个含义,文明成为一种标准：判断一个民族、一个国家或一个区域先进或落后的标准。文明的就是先进的，不文明的、野蛮的就是落后的。这就进一步引申出文明的第五个含义，霸权意义。文明对于落后和野蛮具有合法的征服权。近代以来西方帝国主义对于落后民族的侵略，都是打着文明对于野蛮的征服的口号的。殖民、侵略意味着杀戮，人类摆脱自然的束缚和杀戮是进入文明的一个标识，而到了文明阶段，反而陷入了有计划的、大规模的、残忍的杀戮之中，这可以说是文明的异化。文明可以发展到不文明、反文明，这便是人类文明史的悖论。

二 文明的本质是和谐

文明的本质是什么？应当是各种关系的和谐共存。人，约略地说，不外乎存在于和自然、和他人或社会、和自我心灵、和神灵这几大关系之中。所谓人类文明史，无非是人类处理这几种关系的历史。人和自然、人和他人、和社会、不同个国家、不同民族、不同文明之间，都应该是相互理解、相互尊重，和谐共存，和睦和谐，这样才是文明的状态。生产力是不断发展的，生产力不能作为文明的判断标准。

人和自然的关系是人类存在的最直接、最基本的关系。在农业文明时代，人与自然的交往是一体的、亲近的、感恩的、敬畏的。要想有好的收获，就必须善待土地。越想有好的收获，就越需要善待土地，用心呵护土地，适应和敬畏天气。这种生存方式的弊端是人附着于，甚至匍匐于自然，缺乏摆脱自然束缚的自由。这无疑是不"文明"的，但其中包含的人和自然的和谐共存共生的理念，却可以说是"文明"的。近代以来，随着"我思故我在"的主体性原则的确立，自然的神性或自然之魅被彻底解构，自然沦为一团可以利用机械工具进行征服控制的物质堆积。工业对待自然的方式和农业迥异。工业活动超出天气的局限；工业品不是自然的生命力的产出，而是人工"制造"的结果。在工业活动中，必须把自然作为"对象"进行征服和控制，才可以制造出成品。工业活动如开挖矿井、采掘矿石、加工制造等都具有侵略性；而且这种征服和控制越深入，越强大，越具有侵略性，也就越能成功。在工业文明中人对于自然不再有敬畏之心，自然成为有待征服的对象。工业文明大大地提高了人类的生存质量,这是它的"文明"性。可是,在主客对立的框架下,没有把自然作为一个具有自我生命和自主性的存在来对待,导致全球性的生态危机,这又是其不"文明"的一面。所谓绿色,其实质是生态文明,是在工业文明对农业文明的否定的基础上对工业文明的辩证否定,是人类文明发展的新阶段或新形式,是现代生产力和与自然和谐理念二者的辩证统一。它"作为完成了的自然主义,等于人道主义,而作为完成了的人道主义,等于自然主义,它是人和自然界之间、人和人之间的矛盾的真正解决。"[①]"文明"作为价值观在发展模式上是绿色,只有"绿色"的模式才是文明的模式,才具有人类性、未来性和生命力;只有从这个角度才能深刻理解绿色发展理念的深远意义。

中国传统社会关于人与自然和谐,形成了许多至今仍闪耀着智慧光芒的说法,如"天人合一""仁,爱人以及物""仁者以天地万物为一体""德至禽兽""泽及草木""恩至于土""恩至于水""德至深泉""川、气之导也"等。所谓"与天地万物为一体",就是把自然作为"人的无机的身体",[②]善待自然,"参天地""赞化育"、尽己之性、尽人之性、尽物之性、"延天佑人",和自然协同进化、共生共荣,这些都可以创造性转化为当代绿色发展理念。

"和谐"表现于国际关系,是"万邦和谐""万国咸宁"的睦邻友好关系,和平、和谐在中国文化中是有深厚根基的。"和"是中国文化的核心、普遍原理和根本价值观。作为普遍原理,它是事物生成与发展的本体原则;作为核心,它是事物存在与发展的内在动力;作为价值观,它是中华民族最为永恒和深沉的精神追求。《国语·郑语》提出了"和实生物,同则不继"的认识。这里的"和"是不同元素配合,"同"则是同一元素的叠加:"以他平他谓之和,故能丰长而物归之;若以同裨同,尽乃弃矣。故先王以土与金木水火杂,以成百物。"《左传》中齐国上大夫晏子说:"和如羹焉,水、火、醯、醢、盐、梅,以烹鱼肉。""声亦如味,一气,二体,三类,四物,五声,六律,七音,八风,九歌,以相成也。""若以水济水,谁能食之?若琴瑟之专壹,谁能听之?"不同元素的配合

---

① 《马克思恩格斯文集》第1卷,人民出版社2009年版,第185页。
② 《马克思恩格斯全集》第42卷,人民出版社1979年版,第95页。

是和合、和谐，和谐方能产生事物："万物各得其和以生，各得其养以成。"（《荀子·天论》）《易传》把"和"上升到了"天道"的高度，说道："乾道变化，各正性命，保合太和，乃利贞。"乾道即是天道，"保合太和"使"和"具有了本体意义，"太和"也是宇宙万物、人类社会的普遍原则，是一种普遍和谐的思想。

中国文化还深入研究了和谐形成的内部动力或机制。《易传》提出"一阴一阳之谓道"，把对于和谐的认识从表面引向了事物的内部结构。"一阴一阳"的含义首先是事物包含阴阳两个方面，阴阳俱备，事物才能形成和发展；其次是阴阳互相依赖于对方而成为自己，相反相成。再次是阴阳的推移和变化是事物运动的法则。关于此，张载提出了"一物两体"论。他说："一物两体，气也；一故神（注：两在故不测），两故化（注：推行于一），此天之所以参也。"他又说："两不立则一不可见，一不可见则两之用息。"（《张载集》）的确，在中国哲学中，独阴独阳是不能存在的，阴阳不能相互吃掉对方。一物两体的"两"是对待、推移、相成。"和"是中华文化的价值观。

这种和谐的价值观表现于人与人之间，是"己所不欲，勿施于人"的忠恕的人己和谐观；表现在社会上，是"君子和而不同，小人同而不和"的"和为贵"（《论语·学而》）、"大同"和"民胞物与"的理想社会；表现于个人修养，是《中庸》的"喜怒哀乐未发之谓中，发而中节之谓和"的心灵和谐观；"中和"不仅是个人心灵的和谐，也是天下的大道，"中也者，天下之大本也；和也者，天下之大道也。致中和，天地位焉，万物育焉。"（《中庸》）"和"表现于国际关系，是"万邦和谐""万国咸宁"的睦邻友好关系。在道家那里，"和"是一种高级智慧。老子说："知和曰常，知常曰明。""明"是对道的体认。"中华民族历来是爱好和平的民族。中华文化崇尚和谐，中国'和'文化源远流长，蕴涵着天人合一的宇宙观、协和万邦的国际观、和而不同的社会观、人心和善的道德观。在5000多年的文明发展中，中华民族一直追求和传承着和平、和睦、和谐的坚定理念。以和为贵，与人为善，己所不欲、勿施于人等理念在中国代代相传，深深植根于中国人的精神中，深深体现在中国人的行为上。"这一概括是相当准确的。

三 文明的力量：软实力、硬实力、感召力

从历史上看，主权平等是近代国际关系准则。可是，民族国家之间的平等与和平并不是天然状态，而是武力抗争的结果。民族国家自产生以来就讲究"硬实力"（hard power），尤其是军事力量的较量，没有实力就没有平等，近代（与"现代"同义）主权国家事实上沦为相互冲突的单元。不同国家之间的文化、文明的差异，经济、科技、军事实力的差异使得发达国家往往假借文明之名侵略没有进入现代化的落后国家，美其名曰文明对于野蛮的征服。这其实是近代文明野蛮的一面。中国古代的册封制被认为是非近代性的、不文明的，可是，在册封制下，朝鲜半岛的李氏王朝历经明清一直存在，这难道不是所谓野蛮中的文明？而在所谓近代国家观下，日本从1868年明治维新时期兴起，到1915年即消灭了李氏王朝，"合并"了朝鲜，难道这就是文明？

就当今来说，欧美西方文化仍为世界话语，"力量"思维根深蒂固。约瑟夫·奈提出"软实力"（soft power）的概念，这相对于硬实力来说诚然是一个进步。但是，无论是软实力还是硬实力，都有"力量"（power）在。力量自身就不"软"（power有强制性的内涵），所以，把"软"和"实力"结合起来，在一定程度上是自相矛盾的。这种用法可能是"欧洲大国崛起后遗症"的反映。因为没有哪个欧洲大国是和平地崛起的，一部欧洲近代史就是国与国之间力量较量的历史。中国哲学史上有"知善深则来善物，知恶深则来恶物"的说法，可称为"知来论"。心中有鬼则招鬼。出于对某一事态出现的恐惧而预先采取的抵御它出现的措施反而会招致它的出现。修昔底德陷阱其实是皮格马利翁效应。习近平指出，世界上本无修昔底德陷阱，若大国发生战略误判，则易于陷入修昔底德陷阱。他提倡建立新型大国关系，"不冲突不对抗、相互尊重、合作共赢"。

现在的世界和平，是一种力量均势的和平、强权压制其他国家的和平，还不是各个国家、各种文明发自内心、发自文化基因的和平，其思想基础是薄弱的；世界迫切需要中国"和"的文化的再启蒙，建立基于内心真诚的和平文化的思想基础。中国文化的"中和、泰和、求同存异、和而不同、和谐相处"作为国际关系原则，跨越时空，超越国度，具有

永恒魅力。

历史上，中国真诚地把和谐和"忠恕之道"作为国际关系准则。从汉代开始直到清中叶，中国在经济科技方面保持世界领先长达1500年，但中国从来不靠"力量"进行扩张，陆地和海上丝绸之路、郑和下西洋，都是文化文明的和平传播，而不是炮舰文化的强迫和杀戮。中国文化强调"以文化人、以德服人"。孔子说："远人不服，则修文德以来之。既来之，则安之。"孟子说："以力服人者，非心服也，力不赡也；以德服人者，中心悦而诚服也。"又说："仁者无敌。"中国文化讲究的是怀柔、感化；感化是感动、打动人心，使经济文化落后的民族能够倾心于先进文明，发自内心地真诚地学习和接受先进文明，成为先进文明的一部分。《易传》说："天地感而万物化生，圣人感人心而天下和平；观其所感，而天地万物之情可见矣。"《尚书》提出："平章百姓，百姓昭明；协和万邦，黎民于变时雍。"感是心灵的相通和回应，是不同人、不同民族或族群之间的相悦诚服的一致。"感"靠的不是"力量"，而是"魅力"（charming），这是文明的魅力。日本多次派出"遣唐使"；日本留学生晁衡（阿倍仲麻吕）、新罗留学生崔致远都参加了唐朝的科举制，高中进士，在唐朝担任官职；这些都是文明的魅力吸引的结果。鉴真、隐元和尚东渡，都不是军事侵略而是文化传播。习近平指出："中华民族历来是一个爱好和平的民族，爱好和平在儒家思想中也有很深的渊源。中国人自古就推崇协和万邦、亲仁善邻，国之宝也、四海之内皆兄弟也、远亲不如近邻、亲望亲好，邻望邻好、国虽大好战必亡等和平思想。爱好和平的思想深深嵌入了中华民族的精神世界，今天依然是中国处理国际关系的基本理念。"他又指出："中国坚持按照亲、诚、惠、容的理念，深化同周边国家的互利合作，努力使自身发展更好惠及周边国家。"这些都是一个负责任的大国对于世界的庄重承诺。

在当今世界，基于中国传统文化，以"和谐"的价值观为核心，以"和平发展，合作共赢"的理念为国际交往准则，以不同文明的平等包容、相互借鉴和学习为基础，逐步打破民族国家的限制，建立民主正义的国际秩序，形成全球经济与政治、文化与文明、命运与生命共同体，从而实现"为万世开太平"的人类永久和平愿景，将是中华文明对于人类文明史的伟大贡献。

探赜中华文化走向的脉络

——兼谈复兴中华文化的基本思路

中国孔子基金会 彭彦华

近代中国的落后，是不争的事实。但也并非像某些玄奥的理论论证的那样是由某种中华文化的本质注定的。黑格尔断定中国是"仅仅属于空间的国家"，停止在历史的起点上，没有发展。因为中国的伦理政治文化缺乏自由精神或精神的自我意识。中国文明暂时的、历史中的相对落后，在他那既普遍适用又难以落实的想象推理中变成一种宿命。黑格尔作为西方资本主义扩张、帝国主义与殖民主义、欧洲中心主义的最博大系统的代言人，他的理论证明中国永远停滞与落后的目的是想证明西方永远发展与先进的"奇迹"或"神话"，他所代表的西方中心主义思想，将现代中国与中华文化置于一种尴尬的状态。如果中华文化的本质决定中国的停滞与落后的命运，那么，只要在文化上依旧是中国，中国就不可能进步或现代化，而中国一旦要发展或现代化，就必须全盘否定中华文化，于是，中国就失去了文化认同的身份，现代化的中国也不再是中国。黑格尔的思路在现代西方思想中具有典型性。他们在西方中心主义的前提下对中华文化的封闭、落后、停滞、衰败的思考，旨在用中国"理所当然的失败"证明西方"理所当然的成功"，并通过文化本质主义将这种优胜劣败的秩序在观念中固定下来。马克斯·韦伯假设文化对人与历史命运的塑造起作用，探讨所谓"西方个性"与"亚洲个性的结构"，他认为西方之所以胜出，是因为新教伦理塑造了现代资本主义，尽管亚洲社会、政治、文化具有各自不同的多样性与复杂性，但都缺乏"新教伦理与资本主义精神"。韦伯的问题的设定中，已包含着问题的回答。儒教中国没有西方的精神，可如果中国具有西方精神，中国岂不就是西方了吗？他们不是在思考中国，而是思考中国与西方的不同，不是在思考中国如何现代化，而是在思考中国如何西方化。他们为中国的现代化设定的选择是，或者现代化或者要中华文化，如果要现代化就不能要中华文化，如果要中华文化就不能要现代化。

而事实上，中华文化从未停止过它对世界文明的贡献。从秦汉至大唐，中华文化创立了华夏文化圈、文言文、儒家思想、家族与政治伦理、太学与科举制度、统一货币、土地制度与税制等在整个东亚与部分东南亚地区一体化。从盛世大唐到宋元时代，中华文化转动世界，不仅启发了西方的现代化，而且准备了东亚现代化的文化资源。从16世纪末开始，世界进入资本主义时代后，中国自身经历了衰落与磨难，中华文化从一种强势文化转变为弱势文化。中华文化的生命力终于在公元21世纪伊始迎来了伟大的复兴，并昭示了西方模式之外的世界现代化的另一种模式。

一 从秦汉至大唐的近千年里，以中国为中心，整个东亚与东南亚部分地区都经历了一个"华夏化"的文化同化过程

公元前331年，亚历山大东征到兴都库什山，在今天阿富汗建立了"极远的亚历山大城"，此后的希腊化时代，从地中海到伊朗高原，以亚历山大里亚为中心形成了一个相对一体化的世界。一个世纪以后，秦始皇统一六国，书同文，车同轨，华夏九州也成了一个政教文物一体化的世界。在这两个世界之间，是从小兴安岭一直到喜马拉雅山的一系列横贯中亚、辉煌隆起的大山，像一道由雪峰与高山森林树立的天然长城。只有那些险要的山口，维持着两个世界间微弱的交通。马其顿帝国在瞬间建立又在瞬间破裂，罗马帝国继承了它的西半部，安息骑兵杜绝了他们东扩的幻想。中华帝国延续下来，由秦入汉。大汉帝国的天下向西北扩张，一直到中亚，两个世纪的交通从"丝绸之路"开始，长安到罗马。然后就是漫长的20个世纪。罗马帝国分裂之后，再也没能在旧址上重整。秦汉、隋唐、宋元、明清，期间虽有阶段性的分裂动乱，但广土众民、天下一统，不仅是一贯的思想，也是现实中的常态。从张骞出使西域到马戛尔尼出使中国，这20个世纪是"世界走向中国"的时代。秦汉帝国与罗马帝国是纪元前后世界的两个中心，秦汉帝国的版图约为390万平方千米，罗马帝

国的版图约为450万平方千米，但秦汉帝国的可耕地面积却是罗马帝国的8倍。秦汉帝国的农业优于罗马帝国，罗马帝国的贸易可能比秦汉帝国兴盛。两个帝国都在修筑宫殿、城市、帝国大道，将帝国军队派往边境征服那些觊觎帝国财富与土地的"野蛮人"，两个帝国都试图在自己的版图上建立共同的价值与信念基础、共同的语言文化传统与统一的政治经济制度，两个帝国都曾创造过稳定的政治、富足的经济与繁荣的文化，两个帝国也都先后陷入分裂和战乱。伟大的笈多王朝在此后的一段时间里将印度变成世界的中心。正是借着如此强大的国力，他们的高僧来到中国，用佛教武装灾难中的中国人的精神。使中华文化曾一度出现"坐享千古之智""人耕我获"的佳境。

如果说秦汉帝国只是当时世界的两个中心之一，盛世大唐则是世界的中心。罗马帝国衰败以后，便再也没有复原，秦汉帝国的遗产被完整地继承下来。3个世纪的战乱之后，隋唐重新统一了中国。在秦汉帝国的版图上重建了一个胡汉混血、梵华同一的世界帝国。长安是世界之都，宫墙御道、街市佛寺，东西10千米，南北8千米。比我们今天看到西安城墙圈出的地界大得多。四邻藩邦归附贡献，万里商贾远来贸易。波斯的流亡公子贵族、大食的药材宝石商人、日本的留学生、东非或爪哇的"昆仑奴"，居住在同一座都市里；康国、吐蕃的马匹、皮毛，阿拉伯的鸵鸟，天竺的孔雀、白莲花，波斯的铜器、树脂，林邑的大象，爪哇的犀牛，拂林的水晶玻璃，高丽的纸，陈列在同一处市面上；佛教徒、道教徒、景教徒、摩尼教徒、拜火教徒与前来避难的伊斯兰教徒在毗邻的寺庙里礼拜。长安是帝国之都，有世界胸怀与气象。阿富汗人与叙利亚人骑着波斯战马在大唐军队里服役，近10万大食番商则在广州城里居留。广州、扬州是市民的城市。波斯船、大食船、昆仑船，停在城外珠江面上，暖风温润，夹着岸边荔树黄花的芬芳与居家沉醉的人烟味儿；扬州位于长江与运河交接处，比广州更近于帝国中心，也更繁华，歌台舞榭，胡姬当垆。大道如青天，李白仗剑远游的那些年里，中国就是世界！

大唐中国是世界文明的中心，其文治武功，影响西到印度、波斯，东及朝鲜、日本。西北天然屏障的大山被超越，征战、和亲、贡纳、贸易曾经将大唐势力远播到吐蕃与波斯，直到"安史之乱"，才中断了大唐国力向西北的扩张。

中华文化在东亚传播同化，由中国而朝鲜、日本，越南而南洋诸岛，华夏文化圈到唐代已基本形成。越南很久以来就接受了中华文化的影响，大唐疆域的南界已经深入越南，北越基本上是汉化地区。李朝建立，尊崇儒学，开科取士，以汉文为通用语文，将中国的制度与法律，文字与文学全盘搬到越南。曾经的"华夏化"与目前的"西化"或"现代化"，是个同类概念，它包括语言、思想、制度、器物不同层次同化过程，一体化的文言文、儒家思想、家族与政治伦理、太学与科举制度、货币土地制度与税制等等。

公元第一个千年，整个东亚与东南亚部分地区都经历了一个"华夏化"的文化同化过程，以中国为中心形成了一个超越政治国家与民族、超越战争与敌意的"华夏文化圈"。礼制天下、世界大同的儒家思想，为这个文化圈奠定了普世主义理想，汉字为这个文化共同体提供了语言基础，建立在儒学科举、唐朝律令、汉传佛教基础上的共同的政教制度，为这个文明类型创立了统一的制度体系。此阶段中华文化对世界最大的贡献，是创立了一个代表着当时最先进文化的"华夏文化圈"。

二 从盛世大唐到宋元时代，中国的文化国力影响，逐渐超出东亚"华夏文化圈"，通过启发西方的现代化运动，最后影响到全世界

唐宋中国五百年，不仅是中国文明自身历史的巅峰，也是同时代世界文明的巅峰。我们在器物、制度与思想三个层次上理解文化的概念。一个国家强大了，其文化国力自然会影响并塑造其他地区与国家。不管是卡尔·马克思的理论还是马克斯·韦伯的理论，不管是大唐中国还是今日美国，国家强大，文化国力自然溢出国界。国家的文化国力，是个跨文化概念，我们在跨文化的公共空间中清醒地清理中华文化的世界影响，希望能够为我们民族的复兴发掘文化资源。英国史学家阿克斯勋爵曾说："所谓世界通史，我的理解是，它不同于所有各国家的历史的组合，不是一盘散沙，而是一个连续不断的发展过程；不是记忆的负担，而是启人心智的智慧。它贯通上下古今，各民族的历史在这之中只起补助说明的作用。各民族历史的叙述，不是根据它们本身的情况，而是根据它们同更高的历史

发展过程相关联的程度来决定,即根据它们对人类共同的财富所作出的努力的时间和程度来决定。"

中华文化在世界历史上的影响主要表现在两个方面,一是在公元第一个一千年形成了覆盖整个东亚,远播南洋与塞北的华夏文化圈;二是在第二个一千年启发了西方的现代文明,并完成自身从相对比较中的衰落到由边缘而中心的复兴。

汉唐中国,从世界的中心之一到世界的中心。千年帝国持久的文化影响,不仅在东亚塑造了一个地域广阔的华夏文化圈,而且将文明的种子远播到连当时的中国人都无法想象的地方。怛逻斯战役(755)之后,中国工匠流落到中亚、西亚,不久造纸术就由西亚传播到西班牙。1150年,西班牙出现欧洲第一家造纸厂。宋人毕昇发明了活字印刷术,至少在13世纪朝鲜已学会用金属活字印刷朝文书籍。又过了两个世纪,德国人古腾堡才用活字印刷出欧洲的第一本书《古腾堡圣经》。宋朝军队曾用火药打败金人,蒙古军队围攻开封,守城金军用"震天雷",可能是原始的火炮,13世纪的英国哲学家罗杰斯·培根曾将火药的秘密配方用暗码记在自己的书里,1326年,佛罗伦萨市政会宣布了造炮的命令,同年德·米勒梅特作的爱德华三世画像上就出现一门金光闪闪的铜炮。《梦溪笔谈》详细说明指南针在风水术中的应用,《萍洲可谈》《梦粱录》中记载"舟师识地理,夜则观星,昼则观日,隐晦则观指南针"。三个多世纪以后,葡萄牙亨利王子的舰队装上了磁罗盘与船尾舵。地理大发现开始,西方进入现代文明时代。英国著名哲学家弗兰西斯·培根在《新工具》中写道:"……印刷术、火药和磁铁。因为这三大发明首先在文学方面,其次在战争方面,第三在航海方面,改变了整个世界许多事物的面貌和状态,并由此产生无数变化,以致似乎没有任何帝国,任何派别,任何星球,能比这些技术发明对人类事务产生更大的动力和影响。"

如果说盛世大唐是世界文明的中心,宋元中国则是转动世界的轴心。大唐衰败之后,阿拔斯王朝曾经一度独领世界风骚,《一千零一夜》里著名的哈里发哈伦·赖世德统治下的巴格达变成世界之都。但是,很快中华帝国又在故土上复兴了。唐强宋富。在西方的现代化之前,宋代中国是世界上最"现代"的国家。人口增长快,社会规模大,文官制度确立,城市发达,经济市场化,技术先进……

宋代中国是世界上人口最多、人民生活水平最高的国家，它有最完善、最有效的文官制度，有最大的城市与最大规模的贸易，有世界上最先进的科学技术，17世纪最博学的英国人培根对那些改变世界的发明的"起源……模糊不清"，20世纪他的同胞李约瑟用毕生的精力研究中国科技史，证明那些伟大的发明都来自宋代中国。然而，幸福到苦难的转化往往在一瞬之间。蒙古征服对西方来说是个发展的机会，对中国却是灾难。随着蒙古大军，从中亚到南欧的冒险家、商人、传教士，赶着骆驼骑着马，或乘季风航船，涌向大汗的国土——中国。中国是世界财富的源头，人源源不断地流向中国，洗劫或贸易，或洗劫式贸易，财富又源源不断地从中国流出，丝绸之路海上与陆上的那些商镇，在蒙古劫难后迅速恢复繁荣，中国是它们的财富的源头。

在那个波澜壮阔的时代里，中国是转动世界的轴心。从孟加拉湾一直绵延到鞑靼海峡横贯中亚的大山界限被超越了，东西两个世界进入一个蒙古帝国的版图。蒙古铁骑以战争的方式创造了旧大陆的"世界和平"，人从西方流向东方，物资从东方流向西方。不论是现实中的世界市场还是观念中的世界地理，中国既是这个世纪的起点，也是这个世纪的终点。蒙古帝国开放了世界，旅行与贸易、观念与知识，即开始了一场革命；全世界都在动，只有中国不动，它是一个将耗尽自己力量转动世界的、即将被奴役的轴心。

宋元时代开始，中国的文化国力的影响，开始超出东亚华夏文化圈，通过启发西方的现代化运动，最后影响到全世界。中华文化对西方现代的影响，经历了从器物到制度到思想的三个阶段，"东学西渐"与"西学东渐"的过程上基本相同。首先是中国的科技发明促成了文艺复兴与地理大发现，然后是启蒙思想家塑造的中国开明君主制度与孔夫子哲学的典范影响到西方政教改革与革命。世界文明是个由不同国家民族不同力量在不同领域的相互创造生成的相互依存的系统，现代化既不是西方独自的发明创造也不可能为西方所独享。

中华文化从未停止过它对世界文明的贡献。作为转动世界的轴心的中国，衰落的时代也没有最后到来。当西班牙腓力二世在更大地域上复兴了罗马帝国的国力时，明代中国依旧是世界上最先进的国家。就华夏文化圈而言，郑和远航代表着中华文化远播东南亚的高峰，在以后的几个世纪里，中国向东南亚的移民、贸易，使整个东南亚地区成为华夏文化圈的边缘，只是西方扩张才使这种文化同化力量受到抑制。明清帝国进入中国帝制时代的终结期。从马可·波罗离去到马戛尔尼来华这500年间，中华文化影响的主要收获在西方的现代化。

三　从16世纪末开始，中国自身经历了衰落与磨难，中华文化从一种强势文化转变为弱势文化；21世纪伊始，中华文化迎来了伟大的复兴，并昭示了西方模式之外的世界现代化的另一种模式

从16世纪末叶开始，世界进入资本主义时代后，中华文化由于封建统治者抱残守缺和封闭自守，才落后于快速发展的西方科技文明，从一种强势文化转变为弱势文化。18世纪20年代以后，清朝政府长期奉行一条闭关自守，拒绝学习外国先进文明，也拒绝改变自己的政策，结果导致政治腐败，科技落后，经济落后，经济凋敝，国势衰微，在外国侵略者面前割地赔款，丧权辱国，使曾经是世界上先进国家的中国落伍了。

中国从发动世界的轴心逐渐变成被西方中心冲击带动的边缘，它不仅降低了中国的国力，也一度动摇了华夏文化的价值与世界影响。我们承认中国在近代的落后，但是，既不能将这种落后的时段在历史中加长，也不能将落后作为非历史的所谓文明本质在观念中绝对化。

中国在比较文明史视野内的相对落后，并不像流行观点想象的那么久。明末中国仍是世界上经济技术最发达，生活水平最高的国家。康乾盛世清朝的国力并不亚于汉唐盛世，也不亚于正如日中天的英国。马戛尔尼访华时，中国仍是世界上最大的政治实体，中国的国民生产总值仍居世界第一，人均收入在平均水平上也不落后于欧洲，即使在启蒙运动的"百科全书"时代，中国出版的书籍总数也比整个欧洲还多。康乾盛世之后，中国开始衰落，主要原因除了中国内部的问题，如人口膨胀超出农业经济的限度，帝制周期性的政治腐败，更重要的原因是西方的工业革命打破了世界平衡。

清帝国最后一个世纪痛苦地衰落，是在西方的冲击下发生，在与西方

的比较中显现的。东西消长，大国沉浮。鸦片战争以后，中国的文化国力基本上停止了它两千年持续不断的世界影响。衰落在屈辱与抗争中到来，但是，中华文化的生命力却没有就此完结，它已经经历了许多劫难，迎来过一次又一次的光荣复兴。这一次衰落，终将证明的，不是中华文化沉寂与败落，而是中华文化的生机与活力。

中华文化的复兴从华夏文化圈的边缘开始。19世纪中叶西方资本主义扩张达到高峰的时候，世界格局发生了一系列将改变未来的事件。欧洲内部出现了《共产党宣言》，预示着一个世纪以后世界范围内对抗西方资本主义阵营的出现；印度爆发了雇佣军起义，印度一个世纪的独立运动从此开始；中国的太平天国起义，是中国现代革命的起点，最终将在帝制废墟上建立一个共和国；日本"明治维新"也在世纪中叶开始，它使日本迅速变成一个现代化的国家。东方现代化运动中最初成功的，不是与西方对抗的东方国家，而是主张"脱亚入欧"的日本。

英国在其扩张的高潮的19世纪，自称是亚历山大与罗马帝国的继承人，日本在二战期间幻想用武力在华夏文化地域基础上建立"大东亚共荣"，也自称是汉唐文明的真正继承者。中国创立的华夏文化圈为日本在东亚与东南亚扩张提供了帝国主义战争意识形态的基础。从世界格局内看，华夏文化圈的复兴从日本的现代化开始。传统观点认为，日本的成功完全在于摆脱华夏文化。这种观点既有西方中心主义的现代化理论的影响，又有华夏文化普遍失败的背景，看上去是合理的。但是，如果华夏文化国家在世界现代化运动中的成功者不止日本，还有后继的"四小龙"、中国，西方中心主义的现代化理论与华夏文化普遍失败主义观点就都变得可疑。

日本的现代化是第一波，华夏文化圈内的现代化第二波在亚洲"四小龙"的崛起中到来。20世纪90年代，新加坡、中国台湾、中国香港、韩国的人均收入已与西方发达国家不相上下。全世界除了西方文化圈（包括西欧、北美、澳大利亚与新西兰）外，只有华夏文化圈内的国家，不仅成功地完成了现代化，而且开辟了另一种现代化模式。东亚现代化在几个华夏化的国家相继获得成功，使世界开始关注这种成功的文化基础及其个性。只有华夏文化的儒家传统，才可以为这些崛起的东亚与东南亚国家提供共同的文化基础与解释性理由。华夏文化不仅可以完成现代化而且可以开创不同于西方的另一种现代化模式。华夏文化的复兴不仅在历史中挑战了西方在世界现代化运动中的权力中心，而且在理论上挑战了从黑格尔到韦伯形成的西方中心主义的现代文化理论。

华夏文化圈开始了它的现代化复兴，从边缘逐渐走向中心。日本的经济发展20世纪90年代出现停滞，亚洲"四小龙"也受到金融风暴的冲击。但这既不能阻碍华夏文化复兴的大潮，也不能动摇人们对华夏文化的现代化信念，因为中国的现代化复兴最终开始了。30多年来中国经济一直保持着高速增长，如果按照日本与"四小龙"的经验，这种经济高速增长可以维持近半个世纪，那么，到21世纪中叶，中国的综合国力有望重新成为世界至强。

学术界一直在比较中日现代化历程的差别，为什么日本成功了，中国失败了，日本迅速而顺利，中国缓慢而曲折。这种研究将着眼点放到日本社会结构，文化价值与中国的不同之处，因为其前提是中国失败了。如果假设中国的现代化成功，问题可能就是中日文化的共同背景了。这个文化背景无疑就是华夏文化。日本成功了，"四小龙"成功了，中国正在以更大的力量更大的规模崛起，它将最后最有力地证明华夏文化的创造力。

只有中国的崛起，才能最终证明华夏文化圈在世界文化格局中的复兴及其永恒活力。如果相信韦伯的观点，文化传统决定现代化，那么华夏文化决定了中国独特的现代化。如果相信马克思的观点，经济基础决定上层建筑，现代化的中国将使中华文化越发强盛，中国不断加强的国力正在复兴着中华文化，并重新开始贡献世界。中国曾经创建了华夏文化，这种文化为东亚国家的现代化准备了必要的文化基础或底蕴，这是中华文化传统的活力所在，华夏文化圈的复兴从边缘向中心，中国的现代化将开辟不同于西方的华夏文化模式，这是中华文化的创造力的体现。中华文化从未停止过它对世界文明的贡献。在公元第三个一千年到来的时候，中华文化将以现代化的方式影响世界。

复兴中华文化，实现中国梦，是历史赋予我们这一代和后几代人的一项重要历史使命。既要在社会和经济发展水平上赶上世界先进水平，也要在文化上保持自己的独特性，使中华文化继续保持世界主流文化之一的地位，能长期与西方文化并行发展。要达到此双重目标，烛照着我们前行的依然是鲁迅先生所倡导的中国文化发展的基本思路——"明哲之士，必洞达世界之大势，权衡较量，去其偏颇，得其神明，施之国中，翕合无间。外之既不后于世界之思潮，内之仍弗失固有之血脉，取今复古，别立新宗。"

温习中国历史，可以看到，中华民族经历了几千年时间的考验和兴衰变化，而一直能稳固地聚集在一起，并保持一个伟大民族的生机。中华民族的历史从来没有中断过，经历风雨沧桑，有过兴旺发达和一时衰落的历史命运。中华民族在近代几乎遭受过所有列强的欺凌和宰割，并没有被任何一个侵略者完全吞并或消灭，可见中华民族是具有强大活力的民族，这和中华文化中的优质联系在一起。习近平总书记讲，中华民族创造了源远流长的中华文化，也一定能够创造出中华文化新的辉煌。

为此，笔者认为，如要复兴中华文化，应该继承与创新相结合，引进与输出相结合。

四　正确处理继承与创新的关系，是繁荣和发展中华文化的关键，同时也是保持中华文化传统的关键

习近平在参加纪念孔子诞辰 2565 周年国际学术研讨会开幕会上强调，不忘历史才能开辟未来，善于继承才能善于创新。只有坚持从历史走向未来，从延续民族文化血脉中开拓前进，我们才能做好今天的事业。中华文化积淀着中华民族最深沉的精神追求，包括着中华民族最根本的精神基因，代表着中华民族独特的精神标示，是中华民族生生不息、发展壮大的丰厚滋养。中华传统文化是我们民族的"根"和"魂"，如果抛弃传统、丢掉根本，就等于割断了自己的精神命脉。要坚持马克思主义的方法，采取马克思主义的态度，坚持古为今用、推陈出新，有鉴别地加以对待，有扬弃地予以继承，既不能片面地讲厚古薄今，也不能片面地讲厚今薄古。

继承与创新是相辅相成的互依关系。继承的目的是使社会稳定和谐，变革、创新的目的是使社会发展进步。继承是尊重传统，尊重历史，尊重祖先的智慧。因为传统是历史长河中积累起来的智慧，经受了时间的检验，而且为人所熟悉，给人以安全感和实在感。纵观历史，没有传统作为依托，任何创新都难成功。因此，传统是创新的基础，同时也是创新成功

的保障。梁启超在《新民说》一文中，论述了一个民族的保守性与进取性相互调和的必要性，他说："世界上万事之现象，不外乎两大主义：一曰保守，二曰进取。人之运用两大主义者，或偏取甲，或偏取乙，或两者并起二相冲突，或两者并存而相调和。偏取其一，未有能立者也。"[1]

文化的民族性是世界文化繁荣发展的根基。只有保留自己的民族性，才有可能长期与世界其他民族的文化平起平坐。如果丧失民族性，将会成为其他民族文化的附庸，永远低人一等。孙中山在《三民主义·民族主义》讲演中说："我们要知道世界主义是从什么地方发生出来的呢？是从民族主义发生出来的。我们要发达世界主义，先要民族主义巩固才行。如果民族主义不能巩固，世界主义也就不能发达。"[2]也就是说，要发展世界文化，先要复兴自己的文化。

当前中国正处于大变革、大转型时期，同时又受到全球化浪潮的冲击，因此，"保守"优秀传统的意义更为深远：首先，有利于维护社会稳定和谐，保障改革开放正常有序地进行；其次，有利于保持本国、本民族文化的独特性，不被西方文化所同化或淹没；第三，具有经济上的独特意义，例如韩国，由于传统文化保护较好，"每年都有大量的国内外游客到韩国传统的文化景点旅游，其经济效益也很可观。"[3]

弘扬中华优秀传统文化，要处理好继承和创造性发展的关系，重点做好创造性转化和创新性发展。中华优秀传统文化与社会主义市场经济、民主政治、先进文化、社会治理等还存在需要协调适应的地方。创造性转化，就是要按照时代特点和要求，对那些至今仍有借鉴价值的内涵和现代表达形式，激活其生命力。创新性发展，就是要按照时代的新进步新发展，对中华优秀传统文化的内涵加以补充、拓展、完善，增加其影响力和感召力。

保守优秀传统文化的方式有多种：其一，凡是与现代化没有冲突的传统文化，都应加以保留，如与现代化没有冲突或冲突不大的岁时礼仪、人生礼仪、年节风俗及各种祭祀仪式等。日本是世界上最发达的国家之一，但日本保留传统文化之多却令人惊奇。例如，日本保留的传统祭祀名目繁多，有睡猪祭、温泉祭、豆腐祭、雏祭、裸祭、水口祭、开河祭、开山祭、求雨祭、樱花祭、梅花祭、文化祭、音乐祭等等，[4]并以此吸引了大量游客。英国和法国也十分注重自己的传统文化，在风俗、语言、建筑等方面努力保留自己的传统,以与其他国家相区别。

其二,有利于社会稳定和发展的优秀伦理道德和风尚要加以弘扬。例如,中国传统文化中的"仁"一般解释为"爱人",也就是人与人之间平等相待,互尊互敬。它是儒家思想的核心观念,也是中国古代传统文化模式的核心观念,就值得大力提倡。再如中国的家庭伦理、道德观念、价值观念,是维护社会稳定、人际关系和谐的重要因素,都应加以弘扬。此外,少数民族中有许多优秀传统风尚,如塔吉克族路不拾遗、夜不闭户;哈萨克族、柯尔克孜族等的相互济助、扶弱帮穷习俗都应加以继承和提升,使其升华为更高一级的文明。

其三,要大力弘扬中国传统的人文精神。所谓人文精神,是指对人的生命存在和人的尊严、价值、意义的理解和把握,以及对价值理想或终极理想的执着追求的总和。人文精神不仅仅是道德价值本身,而是人之所以为人的权利和责任。每一个民族均有自己的人文精神,人文精神是一个民族文化的精髓。弘扬人文精神有助于培养和熏陶人的独立性和创造性,同时也能够引导创新活动始终沿着造福于人类的方向发展。张立文认为,儒学作为中国传统文化的核心,其人文精神主要表现为5个方面:忧患精神、乐道精神、和合精神、人本精神、笃行精神。[5] 它们不仅适用于过去,而且适用于现在,应该大力弘扬。

其四,通过立法程序,保护传统的各类有形和无形文化的传承和发展,以免其衰落和消亡。目前中国只有有形文化保护法即《中华人民共和国文物保护法》,没有无形文化保护法。而在日韩等国,对无形传统文化的保护倍加重视,并有专门法律加以保护。如果国家不通过立法形式加以保护,不在财政上予以支持,完全通过市场调节和自负盈亏经营是很难维持具有民族特色的各种戏剧、舞蹈、工艺和体育活动等生存的,并有可能逐步消亡。我国应参照日本和韩国的有关法律,立法保护优秀传统文化。

创新与继承相辅相成,继承不反对创新,创新有利于更好地继承。保守主义者希望传统与现实相互适应,在审慎和渐进中变革。近代西方"保守主义"的先驱、英国著名学者布尔克(Edmund Burke)在其名著《法国革命的反思录》中说:"一个国家若没有改变的能力,也就不会有保守的能力。没有这种能力,它将不免冒着一种危险:即失去其体制中它所最想保存的部分。"[6]

中国著名哲学家冯友兰先生一生追求的理念是振兴中华，希望古老的文明之邦走上现代化的道路，用他自己的话说，即"旧邦新命"，也就是尊重传统并弘扬传统，但不因袭传统，而是适应时代前进的要求，吸收新思维、新概念，对传统进行新诠释，推陈出新，从而丰富中华文化的内容。[7]

文化创新的形式多种多样，一是在传统文化的基础上增加新的内容。例如，在前述儒学的人文精神基础上必须吸收当代的民主、科学精神，丰富和发展中国的人文精神，以适应当代世界；二是文化再造，使传统文明升华为现代文明。近几年来，一些民族地区也积极对自己的文化进行再创造，以促进旅游业的发展；三是转换功能，使某些传统文化在现代社会中具有新的功能。

五　在全球化的过程中，要维护中华文化作为世界主流文化之一的地位，应在"引进"的同时，主动向外输出，尤其应注重输出民族性较强的优秀传统文化，为世界文化作出应有的贡献

"引进"与"输出"是一对结构，但两者并不矛盾。引进是为了发展自己的文化，赶上或超越发达国家；输出是让世界了解自己的文化，扩大自己的影响，使中华文化在世界文化中占有较高的地位。

一个民族是否善于引进、采借先进民族的文化，决定着该民族社会和文化发展的速度。在当代世界，只有大量引进世界上的先进文化尤其是物质文化和科技文化，并进行加工和改造，使之与本民族的固有文化融为一体，才有可能复兴自己的文化。鲁迅先生曾倡导"拿来主义"，在他看来，民族生存发展是第一位的，如果不学习西方先进文化，中国将失去世界。

在世界民族之林，日本人可以说是历史上最善于吸取国外先进文化的民族。它具有海绵一样的吸收能力，多方位、多层次地吸取先进文明。日本之所以能从一个文化后进的国家，在不太长的时期内发展成为高度发达的现代强国，其主要因素之一是善于吸取先进文明，并加以选择、改造和

融合。正如美国著名文化人类学家本尼迪克特曾指出："在世界历史上，很难在什么地方找到另一个自主的民族如此成功地有计划地吸取外国文明的。"[8] 美国著名学者赖肖尔认为，日本人在吸收外来文化时，"首先借用外国技术、制度和文化，然后同化它，使其变形，继之在此基础上创造出新的独自的制度和文化特质"。[9]

日本人成功的经验十分值得中国人学习，我们既要保留优秀的传统文化，又要引进国外的先进文化。这样才有可能在实现现代化的前提下，保留自己文化的特性。

引进国外先进文化，应该有目的、有计划、有步骤地吸取。一是要多元地引进世界上最先进的科学与技术，不能照搬某一个国家的模式；二是要进行改良和应用创新，在吸取外来文化的基础上，进行改进，使之更趋完善，更适合于中国人，更适合于世界市场的竞争。

从文化性格来看，中华文化是内向型文化，古代我国文化的传播有两大特点：一是无意识的传播，是周边国家自愿前来学习或自愿接受所造成的，并不是中国人主动向外输出的结果；二是传播到世界各国的主要是技术文化，如古代的四大发明。相比较而言，西方文化是外向型文化，主动输出自己的文化，尤其是精神文化输出更为明显。例如，近两千年来，为数众多的基督教传教士到世界各国传教，特别是近代以来，几乎所有国家和地区都有西方的传教士，使基督教遍布世界各地。再如近几十年来，美国不断把自己的价值观念和人权思想输出到非西方国家。由于中西两种文化的差异，同时也由于近代以来西方国家在经济上处于支配地位，西方文化的输出和扩张不断增强，使西方文化成为现今影响最大、辐射最广的文化，致使当代世界国际间的各种规则和国际法均以西方文化理念和价值为准绳。而中华文化近一百多年来影响力逐步减弱，辐射范围日益缩小。

在全球化浪潮下，中华文化只有主动地向外输出，传播中华文化的理念和价值观，扩大自己的影响力和辐射范围，才能使中华文化被世界吸收。

中华文化是在长期历史积淀中形成的，其中包含着许多中国人特有的智慧，有些对解决全球化时代人类面临的共同问题有重要的参考价值。中国主动向外输出自己的文化，不但应该，而且必要，理由有二：其一，中西两种文化虽然类型不同，但可以互补。中华文化重视人与人之间的关系，西方文化重视人与自然的关系。有些学者认为，中华文化所走的路向是人文哲学，西方文化所走的路向是自然哲学。中华文化的成就是"成人之性"，而西方文化的成就是"成物之性"。[10]两者均有不足，两者交流与互补确有必要。正如国学大师王国维所言："余谓中西二学，盛则俱盛，衰则俱衰。风气既开，互相推动。且居今日之世，讲今日之学，未有西学不兴而中学能兴者，亦未有中学不兴而西学能兴者"（《观堂别集·国学丛刊序》）。

其二，在当代世界，西方文化主导下，以个人主义为取向的价值观，刺激了"自我中心主义"的膨胀，误导了现代人的基本行为方式和道德心态，不仅导致了西方现代社会和现代文化的内在分化与冲突，而且导致了国与国之间、地区与地区之间的冲突日益复杂化和多样化。尤其是经济全球化的浪潮下，竞争有余、互助不足。而中华文化的核心是"和"，"和"乃和平、和解、和睦、和谐、和美、和合之谓。在传统的中华文化中，无论是哲学、文学、医学还是农学等，都以"和"为最高境界。求稳定，求和谐，求平安，相互忍让，互助互爱，以"和为贵"，均是中华文化"和"的思想体现。这一"和"的思想，对于竞争激烈、矛盾重重、冲突频繁的当代世界来说，是十分需要的。化解世界各种危机，缔造一个和平、和睦、其乐融融的人类理想社会，十分需要中华"和"的文化。

一些有眼光的西方学者已经认识到：中国哲学中"天人合一""万物并育而不害"的智慧，为解决人与自然环境的协调和可持续发展提供了正确的指导思想；孔子提倡的"己所不欲，勿施于人"，应该成为处理人与人之间关系的基本准则；在处理不同民族国家和不同文化的关系时，现实的最佳选择就是中国人讲的"和平共处""和而不同"，如此等等。应该说这些认识基本上是符合实际的。但是，在中国以外的世界，有这种认识的毕竟还只限于少数学者，远不是大多数人的共识。中国文化要真正走向世界，让世界上大多数人都能够认识到它的宏富和精美，还需要我们作长期艰苦的努力。

融入全球化潮流的中国文化，获得了与世界各民族文化平等地进行交流、对话的机会。这种交流不是单向的，而是双向的。一方面，以西方文化为主流的世界各民族文化通过各种渠道大量传入中国；另一方面，中国文化也可以利用各种现代传媒手段传向全世界。历史上的中西文化交流就是双向的，有"西学东渐"，也有"东学西渐"，今天同样应该是中西文化双向交流。但直到目前为止，这种双向交流是很不平衡的。一百多年来，中国人一直在向西方学习，不论是通过"走出去"还是"请进来"的方式，中国人学习西方文化的态度是很认真的，学习成绩也是不错的，以致今天中国的物质文化、制度文化和精神文化，在很大程度上都已经"西化"了。相对于西方文化的输入来说，中国文化向世界传播的情况却差很远，影响十分微弱，除了少数汉学专家之外，大多数西方人由于语言文字的隔阂，对中国文化的了解相当肤浅，甚至还有许多误解。为此，中国政府委托国家汉办从2004年至今，在全球123个国家和地区已建立465所孔子学院和713个中小学孔子课堂，开展汉语教学和文化交流活动。全球化给中国文化走向世界提供了难得的历史机遇，包括互联网在内的各种现代传媒手段，都可以为我所用，作为对外传播中国文化的渠道。目前中文网站在国际互联网上只占1%，而中国人口却占全球的1/5，比例极不相称。今后我国要大力发展信息产业，扩大中文网站，让中文成为世界上最重要的网络语言之一；同时也要利用英语等国际网络语言来宣传中国文化。目前我国在世界各地举办了许多"中国文物展""中国画精品展""中国电影周"、中国艺术团体的友谊演出等对外交流活动，都扩大了中国文化的世界影响。我们还要主要通过中国学者自己的努力，把中国文化精品翻译介绍给外国读者，让东方文化智慧为全人类所共享。

  21世纪是中华民族复兴的世纪。中国人和全世界华人对中华文化的认同感就建立在民族复兴的基础上。这是一百多年以来人们饱经忧患和痛苦得出的结论。一个富强、文明、民主的中国屹立于世界的东方，这就为中华优秀文化的发扬提供了一个宏大的舞台。如果没有强盛的综合国力作为依托，中华文化在世界上将会变得黯淡，必然失去认同感的立足点，这是一个朴素而坚实的真理。20世纪初，我国现代文明的启蒙者鲁迅先生曾经提出向外国"拿来"优秀文化，作为本民族前进发展的借鉴，并为清除本民族文化糟粕和改造"国民性"提供思想武器。经过了一百年，到了21世纪，不能只有"拿来主义"，还应当加上"送去主义"；现在已经具备将中国优秀文化"送去"国外，使世界逐渐了解她，并逐渐拓宽她在世界活动空间的条件。正如季羡林先生所说："我虔诚的希望，人类能聪明起来，认真考虑我的'东西文化互补论'。"[11]

习总书记在系列重要讲话中广泛引用中华传统文化经典，这充分体现了中国领导人重构话语体系的强烈自觉意识。他讲道，现在国际舆论格局总体是西强我弱，我们往往有理说不出，或者说了传不开。习近平强调，要"着力打造融通中外的新概念新范畴新表述，讲好中国故事，传播好中国声音"，增强在国际上的话语权。习近平总书记在最近的"七一"重要讲话中明确提出："中国共产党人和中国人民完全有信心为人类对更好社会制度的探索提供中国方案。""中国方案"来源于我们对发展道路、理论、制度和文化的自信。而文化自信，是更基础、更广泛、更深厚的自信。我们对道路、理论和制度的实践也会慢慢内化为文化的基因。这个方案，是一个区别于西方资本主义国家传统发展模式，体现中国智慧的创新方案，以推进人类对更加美好制度的探索。

可以预见，在 21 世纪，世界优秀文化和民族主体文化的内在融合，可望将中华文化提到一个新的高度，使它增添新的内容。民族主体文化的创新与发展，与世界优秀文化的互补，促进人类的进步，这就是 21 世纪中华文化走向的一种预测。著名哲学家罗素在《中国问题》一书中曾说："我相信，假如中国人对西方文明能够自由地吸收其优点，而扬弃其缺点的话，他们一定能从他们自己的传统中获得有生机的成长，一定能产生一种糅合中西文明之长的辉煌之业绩。"[12] 我们期待着这一天的到来。

参考文献

[1]《梁启超选集》，上海人民出版社，1984 年，第 212 页。

[2] 何星亮：《保守性与进取性——日本民族性探索之一》，《世界民族》，1999 年第 1 期。

[3] 孙中山：《三民主义民族主义》，《孙中山选集（下）》，人民出版社，1956 年，第 632 页。

[4] 陈蓬：《东西文化是互补的——访汉城国立大学教授金光忆》，《光明日报》，1999 年 11 月 9 日。

[5] 张立文：《儒学的人文精神》，《光明日报》，2000 年 2 月 22 日。

[6] 布尔克：《法国革命的反思录（企鹅丛书本）》，余英时：《中华文化与现代变迁》，台湾：三民书局，1995 年，第 106 页。

[7]《传统与创新——冯友兰学术思想研讨会召开》，《光明日报》，2000 年 12 月

29日。

〔8〕本尼迪克特：《菊与刀——日本文化的类型》，吕万合译，商务印书馆，1990年，第41页。

〔9〕赖肖尔：《近代日本新观》，卞崇道译，生活·读书·新知三联书店，1992年。

〔10〕金耀基：《从传统到现代》，广州文化出版社，1989年，第173页。

〔11〕季羡林：《拿来和送去》，选自《季羡林漫谈人生》，百花文艺出版社，2000年。

〔12〕B. Russell. The Problem of China. London：George Allen, 1992. 金耀基：《从传统到现代》，广州文化出版社，1989年，第42页。

中国文化的再展开

山东社会科学院国际儒学研究与交流中心　石永之

从种种迹象判断，中国文化已经度过了寒冬，可以说已经是贞下起元，一阳来复了，伴随着中国经济的快速强力崛起，国人对中国文化的信心也必将随之增强，一浪高过一浪的国学热就说明了这一点。但是，民主制度与市场经济并不能有效解释中国的快速强力崛起，至少到目前为止，我们从西方所引入的各种各样的解释系统都没有很好地说明这个问题，当然仅仅靠中国传统也不可能解释现代中国的快速强力崛起，但不可否认的是，中国这么大一个经济体的快速强力崛起，它后面一定有自身的文化内涵，因此，需要融贯中西文化形成一种新的解释系统，这就涉及中国文化的再展开。

回顾历史可以发现，中国文化大致可以分为三个阶段：

从上古至东汉，中国文化是自我形成、自我发展、自我完善的，在此期间，形成众多的学术流派，西汉刘歆的《七略·诸子略》，将先秦和汉初诸子学派分为十家，即：儒、墨、道、法、阴阳、名、纵横、杂、农、小说家，并分别指出其学术渊源及主要特点。十家中小说家属于艺文，除去不算，称为九流。在诸子百家的争鸣之中，由孔子开创的儒学经过孟子、荀子以及董仲舒等诸大儒的努力，从百家之中脱颖而出，在汉武帝时，"罢黜百家、独尊儒术"，儒学取得了在中国文化中的主流地位，自此以后，在中国文化中，儒学与其他的学派形成了一种主从关系。这可以说是中国文化的形成期，其传播范围主要在中华大地。

自东汉至清朝，中国文化主要与以佛学为代表的印度文化相激荡，一是形成了以禅宗为代表的中国佛学；二是道家也得到了长足的发展，产生了魏晋玄学，隋唐的重玄学等新的思想形态，其间道教的外丹、内丹也很可观；然后是宋明理学的形成与发展让儒学稳住了在中国文化中的主导地位。这期间基本是儒、释、道三教共存，而以儒为主导。是为中国文化的第二期，这是应对外来文化的初次展开，主要内容是关于"内圣"的，影响波及东南亚，形成了一个汉字文化圈，亦曾传播到欧洲等世界的其他地域。

自清末迄今，中国文化主要受到西方文化的磨砺，主要内容就是科学和民主，这是关乎外王的。虽然西方文化早已传入中国，但其撼动中国文化的时间则是在清朝末年。清末的洋务运动主张"中体西用"，想仅仅学习西方的科学技术而图自强；而维新变法开始触及中国传统的政治文化；孙中山引入西方的民主思想，形成了他的新旧三民主义；中国共产党学习和发展了马克思主义，成就了毛泽东思想、邓小平理论，短短百多年，变化多端，这说明，东西方文化的交流与融合正在逐步走向深入，时下马克思主义中国化研究的热潮，也是这种文化融合走向深入的表现。

那么我们是否可以进一步追问：儒学能够凤凰涅槃、浴火重生，再次稳住中国文化的主导地位吗？如果中国文化能够做到这一点，方可以称之为中国文化的第三期，是为中国文化的再展开。而这次的思想视域是全球性的。

一　中国文化的初次展开

从上述回顾可以发现，中国文化有着丰富的内涵，亦有其自身独特的文化个性，同时，中国文化也是开放的、发展的，这从中国文化的初次展开中就可以清楚地看出来。中国文化的初次展开，是因为佛学的传入。印度佛学产生于公元前5世纪左右，公元前3世纪前后，在孔雀王朝的全盛时期，开始向中亚各国传播，传入中国的时间约在公元2世纪左右，具体时间现无定论，最早明确记载佛教传入的典籍是《三国志·魏书·东夷传》。

佛教的传入，首先固然是当时的社会需要，但更重要的是，接受了中国文化对它的改造，推动了中国自身传统文化对它的接纳和认同，如此佛教才得以在中华大地广泛传播。佛教初传中国，便在思想上依附道家，尤其是黄老道，在魏晋时间亦曾与玄学相磨荡。从汉朝到魏晋南北朝时期，中国文化对佛教的吸收，经历了一个从"格义"到"得意"的过程，汤用彤先生说，佛教初传中国，由于文化观念不同，"初均抵牾不相入"，"乃以本国之义理，拟配外来思想"，"所以有格义之方法兴起"，"殆文化灌输甚久，了悟更深，于是审知外族思想自有其源流曲折遂了然其毕竟有异"，"格义自卫不必要之工具矣"。① 从"格义"到"得意"的转变，鲜明地表现了佛教与中国文化由概念的拟配到思想的融会贯通这样一个过程，其结果便是"六家七宗"的出现。

佛教在中国进一步传播的结果就是中国佛学的产生和发展壮大，在隋唐的鼎盛时期产生了唯识宗、天台宗、华严宗以及禅宗等著名佛教宗派。以慧能的《坛经》为代表的中国佛学经典的出现，代表着中国佛学的成熟，意味着中国文化不仅能够很好地吸纳印度文化，而且还能发展之。这里，应该很清楚地意识到，中国佛学不是印度佛学的简单的翻版，吕澂先生明确说："总之，我们不能把中国佛学看成是印度佛学的单纯'移植'，恰当地说，乃是'嫁接'。两者是有一定距离的，中国佛学的根子在中国而不在印度。"② 应该说，中国佛学是中国文化初次展开的成果之一。但是，仅只如此还是不够，还得说到中国文化初次展开的成果之二：宋明理学。

要说到这第二个成果，不得不提到韩愈，对于中国文化的初次展开而言，韩愈的思想尤其是《原道》有特别重要的意义，下面尝试分析之：

> 博爱之谓仁，行而宜之之谓义；由是而之焉之谓道，足乎己无待于外之谓德。仁与义为定名，道与德为虚位。……今其法曰："必弃而君臣，去而父子，禁而相生养之道。"以求其所谓清净寂灭者。……《传》曰："古之欲明明德于天下者，先治其国；欲治其国者，先齐其家；欲齐其家者，先修其身；欲修其身者，先正其心；欲正其心者，先诚其意。"然则古之所谓正心而诚意者，将以有为也。今也欲治其心，而外天下国家，灭其天常，子焉而不父其父，臣焉而不君其君，民焉而不事其事。孔子之作《春秋》也，诸侯用夷礼则夷之，

---

① 汤用彤：《汉魏两晋南北朝佛教史》，中华书局1988年版，第168页。
② 吕澂：《中国佛教源流略讲·序论》，中华书局1979年版，第4页。

进于中国则中国之。……曰:"斯吾所谓道也,非向所谓老与佛之道也。尧以是传之舜,舜以是传之禹,禹以是传之汤,汤以是传之文、武、周公,文、武、周公传之孔子,孔子传之孟轲。轲之死,不得其传焉。荀与扬也,择焉而不精,语焉而不详。由周公而上,上而为君,故其事行;由周公而下,下而为臣,故其说长。然则如之何而可也?"曰:"不塞不流,不止不行。人其人,火其书,庐其居,明先王之道以道之,鳏寡孤独废疾者有养也。其亦庶乎其可也。"①

韩愈先说了自己对仁义道德的理解,然后从理论上批判佛老"弃君臣,去父子,以求其所谓清净寂灭"之道,接着他从中国文化传统发掘出《大学》的三纲八目作为依据,批判佛老是"欲治其心,而外天下国家,灭其天常",为了增强说服力,他进一步创造了一个"道统说",认为自己继承的就是从尧舜到文武周公再到孔孟的内圣外王之"道"。

韩愈的思想难说精微,也有人批评说,对于形而上者,韩愈是有所不知的。但是应该看到,固然韩愈对于形而上者有所不知,但并非完全不知的,实际上韩愈有着深刻的思想感悟,比如,他用家国天下之外王来批评佛老,却认为专论此道的荀子与扬雄"择焉而不精,语焉而不详",而对孟子情有独钟,认为是孟子而不是荀子接续了道统,开启儒学的心性论传统,自韩愈而后,孟子在中国文化中的地位得以急剧提升而成为亚圣,《孟子》最终也成为儒家十三经的最后一部经典。不仅如此,韩愈从传统经典抽出的《大学》也从此受到重视,直至成为四书五经之首。

我个人认为,韩愈实际上指出了中国文化后来的发展路径,那就是,中国文化要想很好吸纳印度文化,应该是内圣不离外王,但是重点在于发展儒家的内圣之学。看宋明理学后来的发展进程就可以很清楚地看出这一点。

儒家讲格物致知正心诚意的时候是不外家国天下的,在所谓本体论的意义上持"有"的立场,在"有"的立场上如何吸收佛老"无"的智慧就是宋明理学的主题之一,应该说,这个问题到王阳明这里才从理论上得到彻底解决。

---

① 韩愈:《韩愈文集》,人民文学出版社1980年版,第216—219页。

在宋明理学中，先是张载用变化多端且具有物质属性的"气"来对治佛家之空，道家之无。他说："气之聚散于太虚，犹冰凝释于水。知太虚即气，则无无。"（《正蒙·太和》）他的意思就是说，如果我们知道太虚是由气构成的话，那就没有"无"。在张载的气本体论之后是二程和朱子的理本体论，朱子说：

> 天地之间，有理有气，理也者，形而上之道也，生物之本也。气也者，形而下之器也，生物之具也。是以人物之生，必禀此理然后有性，必禀此气然后有形。①

如果说张载气本体是从形而下的角度应对佛家的无本体的话，那么程朱理学的理本体则是直接从形而上的角度与佛家的无本体相反对，显然进了一层。

最后到了王阳明这里，则是采取釜底抽薪的办法，以儒家本有的"无"的智慧来收摄佛老之"无"。王阳明说：

> 仙家说到虚，圣人岂能虚上加得一毫实？佛氏说到无，圣人岂能无上加得一毫有？但仙家说虚，从养生上来；佛氏说无，从出离生死苦海上来：却于本体上加却这些子意思在，便不是他虚无的本色了，便于本体有障碍。圣人只是还他良知的本色，更不着些子意在。良知之虚，便是天之太虚；良知之无，便是太虚之无形。②

这里的意思是说，佛家说到"无"，儒家也不能在无上加得一点点"有"，道理很简单，加得一点点"有"便不再是"无"，但道家说虚，从养生上来的，用的虽然是清静无为之法，但却执着于养生了，佛家从出离生死苦海上来说"无"，其法门众多，但慧定双修，修的就是心，六根清净，清净的是心，六道轮回，轮回的也是心，总而言之，佛家是"空

---

① 《答黄道夫》，《朱文公文集》卷五十八。
② 王守仁：《王阳明全集·传习录下》，吴光等编校，上海古籍出版社1992年版，第106页。

现象不空本体"，所以，王阳明说佛老"却于本体上加却这些子意思在，便不是他虚无的本色了"。他接着说："圣人只是还他良知的本色，更不着些子意在。"

下面进一步看王阳明怎么理解儒家"无"的智慧。《论语》中记载有："子绝四：毋意，毋必，毋固，毋我。"（《论语·子罕》）《传习录》中有一段对话：

> 问："孔门言志：由、求任政事，公西赤任礼乐，多少实用；及曾晳说来，却似耍的事，圣人却许他，是意何如？"曰："三子是有意必，有意必便偏着一边，能此未必能彼；曾点这意思却无意必，便是'素其位而行，不愿乎其外'，'素夷狄行乎夷狄，素患难行乎患难，无入而不自得'矣！三子，所谓'汝器也'；曾点，便有'不器'意。然三子之才，各卓然成章，非若世之空言无实者，故夫子亦皆许之。"①

所以阳明说："圣人之学，以无我为本。"（《别方叔贤序》）又说："诸君常要体此，人心本是天然之理，精精明明，无纤介染著，只是一无我而已；胸中切不可有，有即傲也。古先圣人许多好处，也只是无我而已。"②

融贯儒释道的牟宗三先生曾说："王学一出，佛教就衰微而无精彩了。"③ 牟先生的这个判断从一个侧面表明，王阳明在继承宋明诸儒成果的基础上，最后在所谓形而上的角度完成了对佛学的消化吸收，再次稳住了儒学在中国文化中的主导地位。

从中国文化的初次展开中可以看出：首先，中国文化自身的特点是在与外来文化交流与融合中展现出来的，那就是内圣不离外王；其次，中国文化是开放而非固步自封的；最后，中国文化本身就是多元的，有多种资源应对外来文化的冲击，但也是有其核心和灵魂的，儒学就是她的核心和

---

① 王守仁：《王阳明全集·传习录上》，吴光等编校，上海古籍出版社1992年版，第14页。
② 同上书，第125页。
③ 牟宗三：《中西哲学会通十四讲》，上海古籍出版社1997年版，第19页。

灵魂。

二 中国文化的再展开

中国文化的第一次展开经历了一个从"格义"到"得意"的过程，显然中国文化的再展开也要经历同样的过程。但这次"格义"不同以往的是，这次是双向格义同时进行的，一方面是中国文化对西方文化的"格义"，大约在同时西方文化也在进行着对中国文化的"格义"，是为双向格义。中西文化的双向格义是伴随着基督教的传教活动开始的。

基督教初传中国是在唐贞观年间，时称"景教"。第二次传入是在元代，当时称为"也里可温"教，由于元朝的势力直至欧洲，元代的基督教是得到罗马教廷认可的。但这两次都没有留下什么影响，明清之际基督教第三次伴随着西方学术的传入，才对中国文化有些影响。

基督教在第三次传入之初就发生了所谓的"译名之争"，主要是关于拉丁文"Deus"如何翻译成中文的争论，"Deus"在基督教中，是全知全能全在的真神，是天地万物唯一创造者和主宰者。开始有人主张音译为"陡斯"，但这让中国人不明就里，不利于在中国传教，因此，罗明坚、利玛窦便翻译为"天主、上帝、天"等词语，反对派认为，在中文中，上帝没有造物主的含义，天也可以是"苍天"，所以应该废除，有人主张中文没有"天主"一词，也就不存在用中国固有观念诠释基督教最高真神的问题，可以采用。

如果说"译名之争"仅限于传教士内部，是西方文化对中国文化的"格义"，那么"礼仪之争"，就是"双向格义"的结果，由于在1645年罗马教廷的传信部颁发部令"禁止中国教徒参加祭祖、祭孔等礼仪活动"，康熙批示："尔教王条约与中国道理，大相悖戾，尔天主教在中国行不得，务必禁止。"[①] 自此而后清朝采取了"节取其技能，而禁传其学术"[②] 的基本国策，直至清末的洋务运动。这次"双向格义"以失败告终，由此中断了中西方文化交流。

---

① 顾卫民：《中国基督教编年史》，上海书店出版社2003年版，第253页。
② 《四库全书总目》上册，中华书局1965年版，第1081页。

在中国,"礼仪之争"中断了中西文化交流,中国学习西方技能的愿望基本落空,而在欧洲,却引起了宗教界、思想界对中国文化的关注,并掀起了一股"中国风"。"四书五经"最早是由利玛窦介绍到欧洲的,至1592年底,利玛窦将四书翻译成了拉丁文,传教士们也对其他一些中国文化典籍进行了介绍和翻译,引起了欧洲学术界的关注,从而对欧洲学术的发展产生了积极的影响,欧洲学术界从中国儒学中所得到的收获,突出表现于哲学、政治学、伦理学领域。顾立雅在他的《孔子与中国之道》一书的开头明确说:

> 众所周知,哲学的启蒙运动开始时,孔子已经成为欧洲的名人。一大批哲学家包括莱布尼茨、沃尔夫、伏尔泰,以及一些政治家和文人,都用孔子的名字和思想来推动他们的主张,而在此进程中,他们本人亦受到了教育和影响。法国和英国的实情是,中国在儒学的推动下,早就彻底废除了世袭贵族政治,现在儒学又成为攻击这两个国家的世袭特权的武器。在欧洲,在以法国大革命为背景的民主理想的发展中,孔子的哲学起到了相当重要的作用。通过法国思想,它又间接地影响了美国民主的发展。①

但是应该注意到,中国文化对他们的影响只是一种借鉴。近年来,东西方学者开始探讨中国文化西传欧洲的问题,张成权、詹向红两位对这些研究做了"综述",他们认为:

> 欧洲对中国、对儒学的兴趣,主要来自两个方面的需要:一是在现实世界找出一个由理性支配的国家,作为欧洲的参照;二是用理性主义态度挣脱基督教的枷锁。……在欧洲人的"他者"与"自我"的分际中,中国始终是"他者"。所以当他们抛弃中国和儒学之后,又回到古希腊—罗马去找寻欧洲文化的源头。在他们心目中,那里才是他们真正的根。②

---

① 顾立雅:《孔子与中国之道》,高专诚译,山西人民出版社1992年版。
② 张成权、詹向红:《1500—1840 儒学在欧洲》,安徽大学出版社2010年版,第308页。

他们还认为,"儒学在欧洲的命运,恰好与它在中国的相反,当社会处于变革时期,人们大多肯定它,而当社会变革时期过去,人们对它就不那么看好"①。这恰恰说明了文化交流与融合中的一个现象,当社会进行变革的时候,往往会在可能的条件下,从不同质的文化那里寻找能够支持社会变革的思想资源作为借鉴,当社会稳定的时候,他们又会回到自身的文化传统,毕竟对自身文化传统的认同更有利于社会的稳定。西方启蒙运动借用儒学的理性主义态度挣脱基督教神本主义的枷锁,中国近现代学习西方的科学和民主都是如此。

由于这一次是"双向格义","格义"也就提出了更高的要求。先是严复先生提出了"信、达、雅"的三个条件,基本满足这三个条件的就是合格的翻译,这是翻译的一般原则,对于哲学思想方面的翻译,陈康先生进一步提出了自己的看法,他在解释了严复"信、达、雅"的三个条件之后说:

> 如若我们再统观这三个条件,我们可以发现,这里有一个缄默的假设。……即翻译只是为了不了解原文的人的。……在学说方面有价值的翻译,同时是了解原文的人所不可少的,……如若一种翻译在学说方面是有价值的,凡遇着这一类问题时,读者皆可从它看出,译者的看法怎样。……希望他对我们表示他对这一问题的看法,以扩充我们的眼界,以便自动地解答问题。……也能使欧美的专门学者以不通中文为恨(这决非原则上不可能的事,成否只在人为!),甚至因此欲学习中文,那时中国人在学术方面的能力始真正的昭著于全世界;否则不外乎是往雅典去表现武艺,往斯巴达去表现悲剧,无人可与之竞争,因此也表现不出自己超过他人的特长来。②

陈康先生的看法很有见地,欧美哲学思想的翻译当然是为了不了解原文的人而做的,同时翻译也是为欧美的专门学者准备的,首先翻译者对这些思想有很深入的研究,有自己独特的看法,是专门学者必须要了解的,

---

① 张成权、詹向红:《1500—1840 儒学在欧洲》,安徽大学出版社 2010 年版,第 12 页。
② 陈康:《巴曼尼得斯篇》序,商务印书馆 1982 年版,第 8—10 页。

这是对翻译者学术研究的要求,即是说,格义者必"得意"。其次,翻译也必然蕴含了一个文化对外来哲学思想的理解与阐释,这也是专门的学者所希望了解的。如果中国文化对西方文化的学习要从"格义"到"得意"的话,这样的翻译是必不可少的,进一步,如果文化的交流与融合是大势所趋的话,这样的翻译与研究也是题中应有之义。

这次的"双向格义"也确实呈现出了不同以往的形态。一方面,中国对西方文化的格义产生了中国的自由主义、演变中的中国式民主和中国的马克思主义;另一方面,出现了"文化中国"的概念,文化中国圈以海外新儒家为主体,也出现"波士顿儒学"(Boston Confucianism),他们自称为"儒家的基督徒"。"波士顿儒学"其实往往就是指南乐山、白诗郎所代表的纯粹西方人士对于儒学的理解、诠释和建构。[1] 还有安乐哲(Roger Ames)、郝大维(David Hall)将儒学作为一种理论资源与美国本土的实用主义相结合进行新建构的尝试,当然还有欧美汉学家对中国文化进行的所谓客观性研究。这与曾经盛行一时的"冲击—反应"模式对中国文化的研究是不一样的,这个模式是西方文化中心论的产物。还有中国在海外开办的孔子学院、孔子中医学院等等。

通过以上事实,可以看出,中国文化的第二次展开与第一次展开只涉及宗教不同,这次的再展开是从外王到内圣全面的交流与融合,其地域也不仅仅是中国本土,而是全球范围的,参与的也不仅仅是宗教界的人士,而是包含了政治、文化、经济以及科技等各种人群。

三　中国文化再展开的理路和任务

这也表明,中国文化再展开的总体框架仍然是内圣不离外王,如果说上次内圣外王的理路仅仅限于学术层面,那么这一次则是实实在在的内圣外王的全面展开。就新内圣而言,如何重建信仰就是首要的问题。启蒙运动之后,理性主义盛行,信仰难以植根,各大宗教花果飘零。由于启蒙理性实际上代表的是一种世俗的人文精神,很难完成道德劝善,缺少终极关

---

[1] 彭国翔:《儒家传统与中国哲学:新世纪的回顾与前瞻》,河北人民出版社2009年版,第24页。

怀。在今日，儒学对于重建信仰当有所作为，因为儒学比其他宗教更理性一些，能够与理性主义相融合。

这一点从利玛窦对儒学的看法中就可以看出来，他认为：第一，儒学"承认和崇拜一位最高的天神"——天帝，它"还教导说，理性之光来自上天，人的一切活动都必须听从理性的命令"；第二，儒学的信条中包含一种"善有善报、恶有恶报的学说"，尽管只是把报应局限于现世，而且之适用于干坏事的人并按他们的功过及于其子孙；第三，它"不大怀疑灵魂不朽"，因为他们常常谈到死去的人，说他们上了天；第四，在儒学著作中，详尽地解说了仁爱的第二戒："己所不欲、勿施于人"；第五，"儒家这一教派的最终目的和总的意图是国内的天平和秩序。他们也期待家庭的经济安全和个人的道德修养。他们所阐述的箴言确实都是指导人们达到这些目的，完全符合良心的光明与基督教的真理"。[①]

从上述利玛窦的论述可以看出，儒学包含了宗教的基本要素，但重要的是，儒学更理性一些。这就是说，在启蒙理性之后，儒学可以为信仰植根，对于重建信仰大有可为。

就新外王而言，民主思潮进入中国已有百多年的时间了，但中国社会与民主总让人觉得有些扞格。究其原因，我认为民主政治是以"不破不立"的方式强力进入中国的，没有经历中国文化从"格义"到"得意"的过程，所以融入中国社会有些困难。这就需要从中国文化内部顺理成章地推出民主思想的要素来，并与西方的民主思想相比较，成就有中国文化特色的民主思想和民主政治。从民主在全球范围的发展来看，每个国家在接受和实践民主的过程中，都经过了本民族文化的损益，也做了符合本国国情的调整。中国也应如此，眼下中国的改革进入了政治改革的深水区，对这一问题的研究和探讨尤为迫切。

对于科学不得不说的是，植根于西方文化的西医并不能解释产生于中国文化中的中医的有效性，这意味着西方的认识论范式并不能涵盖中国传统的认识论模式，因此，需要在元认识论层面，研究新的学术范式，以说明中西医各自的有效性及有限性。这个问题也应该在中西方文化的"双

---

① ［意］利玛窦、［法］金尼阁：《利玛窦中国札记》，何高济等译，中华书局1983年版，第99—104页。转引自张成权、詹向红：《儒学在欧洲》，安徽大学出版社2010年版，第132页。

向格义"中开展起来,中国在海外的孔子中医学院之开办,欧美对中医中药研究的开始,都是解决这一问题的新契机。

而时下中国文化的任务首先是要解释中国经济的快速强力崛起,因为民主、自由、市场经济、马克思主义以及中国文化的单一因子都不能很好地说明这一现象。而说明中国经济的崛起对中国、对世界都有非常重要的意义。对于中国而言,合理解释中国经济的崛起,有利于中国下一步的发展,如果这一步都没有解释清楚,那么下一步就会陷入盲目和被动。对于世界而言,解释了中国的崛起,可以为后发国家乃至于发达国家提供参照。

其次,由于中国文化的再展开是与全球化相伴随的,所以中国文化不仅应该思考本国的问题,也应对国际关系问题提出不同于西方的理念并付诸实践。现代世界,西方国家往往打着民主、自由、人权乃至人道主义的旗号干涉他国内政,局部战争不断,从根子上,这是西方文化中心论在作怪。而中国文化,无论从历史到现在,其理念和做法则完全不同,在历史上,利玛窦对此有敏锐的观察,他说:

> 虽然他们有装备精良的陆军和海军,很容易征服邻近的国家,但他们的皇上和人民却从未想过要发动侵略战争。他们很满足于自己的东西,没有征服的野心。在这方面,他们和欧洲人很不相同,欧洲人常常不满意自己的政府,并贪求别人所享有的东西。西方国家似乎被最高统治权的念头消耗到筋疲力尽,但他们连老祖宗传给他们的东西都保持不住,而中国人却已经保持数千年之久。①

四百多年前,切身感受到中西文化差异的利玛窦之真知灼见,在后来的历史进程中得到了印证,最先发展起来的英国曾殖民全球,号称"日不落帝国""被最高统治权的念头消耗到筋疲力尽",但最终差点连老祖宗传给他们的东西都保持不住。试问今日充当"国际警察"之美国又将如何?阿富汗战争之后,在没有得到联合国授权的情况下,就悍然发动伊

---

① [意]利玛窦、[法]金尼阁:《利玛窦中国札记》,何高济等译,中华书局1983年版,第58—59页。

拉克战争，时下又主导对利比亚的空袭，随后又不得不把指挥权交给北约，因为美国已经感到了"精疲力竭"的滋味。

而中国则采取了完全不同的对外策略，从周恩来的"和平外交五项基本原则"，到邓小平的"韬光养晦"，再到今天"和谐世界"观念与实践，这和中国历史上，虽有装备精良之军队，却从未想过要发动侵略战争，以及"厚往薄来"善待邻国的做法一样，都渊源于中国文化中主张"悦近来远"，反对"以邻为壑"的思想。这也就是说，中国文化完全可以提供一种不同于西方处理国际关系的观念和实践。

综上所述，中国文化的再展开是从内圣到外王的以"双向格义"的方式全面展开的，这就注定了其视野是世界性的，其地域是全球范围的。就新内圣而言，它面临着重建信仰的重任，这需要深入的文明对话和文化融合，就新外王来说，仅仅靠学习西方的民主是不够的，还需要从中国文化传统中发掘民主的思想资源，科学问题则需要从元认识论层面整合中西方文化资源。而时下紧迫的任务是合理解释中国的快速强力崛起，其次是提供一种不同于西方处理国际关系的观念和实践，这对当今世界来说是福音。

东北亚"命运共同体"中的儒学使命[*]

吉林省延边大学政治与公共管理学院　方浩范

"命运共同体"最早出现于 2011 年 9 月国务院发布的《中国的和平发展》，2012 年 11 月，这一理念被正式写入党的十八大报告。从此以后，习总书记在国内外重大场合都强调了要用"命运共同体"的理念观察和处理中国自身及外交问题，并将其作为中国关于对外交流与合作的基本主张，"人类命运共同体"已成为习近平外交理论与实践的内核。这种"命运共同体"不仅要包括"人类命运共同体"，也指包括东北亚在内的区域性"命运共同体"。"东北亚"作为一个"独立概念"也已经被人重视，乃至于世人的目光往往聚焦在这处"多事之地"。因为，无论从历史的，还是现实的；无论是从政治的、经济的，还是文化的；无论是民间的，还是官方的，不管你承认与否，以中朝韩日为核心的"东北亚"已经无法割裂开来看待和对待。虽然，"东北亚"还处在"内乱"之时，但所属成员逐渐感觉到已经谁也离不开谁，形成了东北亚特殊的"命运共同体"。

一　东北亚"命运共同体"思想基础

众所周知，区域"共同体"逐渐要取代国家概念、民族定义，成为"利益"的代名词。"共同体组织"的声音在国际舞台上越来越高，在国际重大问题上起着至关重要的作用。而此时的"东北亚"却面临着另外一种"繁忙的景象"：中国的"崛起"与"中国威胁论"相提并论；日

---

[*] 本文是在本人的国家社科基金项目：《儒家思想对构建东北亚区域"和谐"文化环境的角色定位》，课题编号为 06XZX008 的基础上修改、补充、整理撰写的，特此说明。

本的经济大国与"政治大国"联系在一起；朝鲜半岛成为"不安全"和"核"的代名词。东北亚主要成员国——中朝韩日一直处在进行角力的过程中，既存在着历史的、文化的千丝万缕的联系，又离不开历史和文化的交融，因而，中朝韩日的关系长久呈现出错综复杂、"剪不断、理还乱"的状态。[1] 在这样的现实面前，我们不得不思考这样的问题，那就是东北亚作为一个整体概念何去何从？应该说，答案就是一个，那就是东北亚必须要构建属于自己的区域"命运共同体"，不管这个命运共同性质如何？模式如何？不管是政治的、经济的，还是文化的。因为这个"命运共同体"的构建将有助于区域经济的健康发展，有助于提高区域政治稳定与安全，有助于提高区域综合竞争力水平。

面对设计中的"命运共同体"，我们又要思考这样一个问题——构建"共同体"的思想基础应该是什么？长期以来，大家普遍关心的是共同体的政治倾向、经济利益，而往往忽视其"共同体"的文化背景与思想基础。但无论是什么形式的共同体，最终都离不开共同体得以生存的文化环境，更离不开共同体能够发展的思想基础。探寻"共同体"文化背景与思想基础之时，必须要回顾共同体曾经共同拥有过，而且正在起一定作用的思想文化到底是什么？考察东北亚历史发展脉络，不难发现符合上述条件的之中，儒学应该是最有资格成为该共同体的文化背景与思想基础。这是因为，如果人们思索一下孔子所创始的儒家思想对当今世界的意义，人们很快便会发现，人类社会的基本需求，在过去的2500多年中，其变化之小，是令人惊奇的……当今一个昌盛、成功的社会，在很大程度上，仍立足于孔子所确立和阐述的很多价值观念，这些价值观念属于中国，也属于世界，属于过去，也鉴照今天和未来。也就是说，影响东北亚的共同体传统文化中，尽管有包括儒释道在内的一些思想，但是，无论从历史上，还是从现实来看，儒学是最符合这个共同体的哲学基础。我们应当承认儒家思想的确存在着很多与现代化格格不入的因素，但它2500多年来所积淀的优良特质在现代化中的动力作用却是不能被抹杀的。因为，在东北亚社会发展过程中，儒家思想在维护社会秩序、普及教育，以及稳定区域等方面也起到了至关重要的作用。

---

[1] 吴虹：《中日韩之文化融合与政治掣肘》，《科学决策月刊》2007年第1期，第42页。

尽管对于儒学的历史地位问题，后人对其功过评判不一。但是，一种文化能够养育一个民族两千多年，已经深深积淀在人们心中，没有什么能将民族文化从代代相传的血脉中删除殆尽。① 东方文明可以看成是一脉相承的儒家文化，几千年来在中国和邻近的东亚各国产生了根深蒂固的影响，它塑造了东北亚人民的思维方式和精神气质，也规范着东北亚人民的言行举止和风俗习惯。儒学成为了这个"文化圈"，或者"汉字文化圈"的核心思想，而东北亚则是这个"文化圈"的中心。儒学何以成为了推动人类文明？为什么一些学者胆敢主张"东方文明"时代的来临呢？儒学之所以能够推动世界文明对话，首先在于儒学体现了人类的道德自觉，揭示了人生常道，维护了人类的尊严。人类如果不想堕落，而要摆脱野蛮走向文明，就不能不接受儒学所倡明的仁爱忠恕之道，以维持社会的正常运转。儒学具有贵和的传统，一向尊重其他的文明，承认文化的多样性，所以能够成为沟通各种文明的桥梁。② 儒学又何以要成为肩负再一次推动人类文明发展的重任的主要承担者？何以可能？也许我们无法准确地回答这个问题，但是，毫无疑问的是，儒家思想蕴含的"天人合一""厚德载物""民胞物与"的博大情怀，"崇尚道德""见利思义"的价值取向，"乐群贵和""推己及人"的行为准则，"家和万事兴""和而不同""和气生财""和平发展"等等，都会成为构建和谐的东北亚文化环境的重要思想基础。

二 构筑东北亚"命运共同体"文化前提

不同的文化背景往往意味着不同的价值取向，不同的价值取向又意味着不同的行为方式。因此，打破原有的价值观念，建立一个全新的价值观念，是十分困难的。文化共同体的构建，就是要打破原有的价值观，而建立一个新的价值观的过程，困难肯定存在，部分利益的损失也肯定存在，但是，"共同体"的命运亦将决定着成员国所有人将来的命运，因此，以

---

① 袁锡宏：《儒学对中国现代社会的几点启示》，《河北经贸大学学报》（综合版）2005年第1期，第11页。

② 牟钟鉴：《儒学是推动世界文明对话的重要精神力量》，《探索与争鸣》2005年第1期，第6页。

大局为重，尽力满足构建共同体所需要的基本条件。

第一，共同的价值观是共同体必要的、重要的先决条件之一。现在的东亚地区也许没有共同的价值观，过去的东北亚也许不曾拥有属于该区域共同的价值观，但是将来的东北亚不能不构建自己的"共同价值观"，因为共同的价值观是构建"命运共同体"的必然选择。东北亚各国价值观的不同是不可否认的事实，而且文化共同体内最大的冲突正是来自于这种价值观的冲突。"东北亚价值"是指东北亚地区所特有的文化传统以及建立在这种文化传统之上的对价值进行判断的基本观点，即东北亚各国在历史时代由于相互学习与交往而形成的、并且被各国所认同的文化价值即是"东北亚价值"。① 从东亚文化价值来看，应包括如下一些内容："以人为本"的道德取向；对整体价值的认同，即社会、国家比个人更重要，国家之本在于家庭的理念；提倡"和合"精神"天人合一"是中国文化的基本精神，"中庸""和谐"是儒家学者追求的最高价值，也是中国、日本、朝鲜、韩国文化思想的普遍性原理之一。② 东北亚各国所具有的"差异性"价值观接触在一起，必然会相互摩擦、相互碰撞，每一个体都出于本能，极力维护自己长时期形成的价值观，轻视别人的价值观，使之不能形成统一的行为准则。因此，区域文化共同体的形成过程中，冲突首先集中反映在成员国个体不同的价值观上。现代社会的语境下所说的"亚洲价值"与传统意义上是有差异的，它在保留了在现代社会依然有价值的部分的同时，还加入了亚洲社会在近代和现代社会中形成的共同的价值观和社会追求。因此，亚洲在历史上的确存在着源于共同的相似文化的"亚洲价值"，而且由于我们无法摆脱的历史烙印和相似的近现代经历，现在依然存在着与传统意义有差异的现代语境下的"亚洲价值"。③ 比如：作为影响东北亚安全与合作秩序形成的重要因素的朝鲜半岛问题，同样始终渗透着意识形态和价值观念的对立。东北亚主要成员国的价值观也存在着严重的分歧，甚至是对立的。价值认同是社会认同的根本，因此，共同体通过相互交往在观念上和社会生活中进行价值定位和定向，并最终确立

---

① 王屏：《近代日本的亚细亚主义》，商务印书馆2004年版，第351—358页。
② 盛邦和：《新亚洲文明与现代化》，学林出版社2003年版，第37—51页。
③ 杨静：《对"亚洲价值"的再认识》，《东南亚研究》2005年第5期，第55页。

共同价值观念。

　　第二，构筑相互信任为基础的文化认同。文化认同就是指人们之间或个人同群体之间的共同文化的确认，它是指民族、国家、区域范围内成员对其文化的理解、接受和实践的文化心态，是一种特殊的心理状态。文化的认同不意味着文化的同一与同化，不同国家对异质文化的尊重是重要的。只有相互尊重不同国家的文化，才能有助于维护和促进各国文化的利益，否则，只能导致不同文化间的对立和冲突，最终损害本国与区域文化的利益。在区域一体化过程中，共同体成员国由于分享共同的，或者是相近的历史传统和集体记忆，并意识到彼此间的存在共同利益而形成的对作为一个整体的归属感。多种文化并存的局面中，出现一种或几种占据主导地位的文化是正常现象。然而，占据优势地位的文化总试图排斥、消解其他文化，实现自己的垄断性和控制性，也可把它称之为文化霸权。① 文化霸权的出现，必将不利于共同体的健康发展。因为在"文化霸权"的话语下，共同体将失去共存的基础——"信任"，相互间的信任是文化共同体赖以生存的基础。如果能把东北亚历史上的和文化上的有利因素，转化为一种能够增强各国彼此信任、相互友好的现实可能性，进而实现东北亚各国在各个领域的友好合作，这才是我们实现跨文化认同的核心问题。② 东北亚各国的文化虽然都具有儒家文化的传统根基，但却对儒家传统有不同的理解，而且在价值观、生活方式、人生态度上有明显差异。当然，有一点是不可否认的，那就是说伴随着新的认同，东北亚内的另一种"文化冲突"也是不可避免的课题。但不管是什么形式的"冲突"，如果是以相互信任为前提和基础的文化认同的话，构建东北亚命运共同体的过程会更加顺利。

三　构筑"命运共同体"儒学资源

　　虽然对儒学的评价不尽相同，但是综合考察东北亚所面临的各种思潮，我认为儒学思想能够成为构建东北亚共同体的过程中的思想基础和理论根据之一。"人类命运共同体"是中国政府提出的关于人类发展的新理

---

① 汤道化：《文化霸权的当代思考》，《广西社会科学》2006 年第 5 期，第 191 页。
② 焦润明：《略论东北亚的跨文化认同及其意义》，《东北亚论坛》2005 年第 2 期，第 88 页。

念。在全球化日益深入的今天，不同制度、不同类型、不同发展阶段的国家和人民相互依存、利益交融，已经形成"你中有我、我中有你"的命运共同体。这一理念与中华文化"天人合一"的哲学理念、"天下为公"的政治理念以及"和而不同"的文化理念都有着密切的联系。① 尤其是儒家的"和而不同""中庸""和合"等思想，在尊重东北亚各国民族差异和崇尚和谐的前提下，反对狭隘的民族主义和国家保护主义，防止发生各国家间、民族间的对立和冲突，积极促进东亚及世界文明的对话。

（一）"和而不同"：构筑"命运共同体"的前提

"命运共同体"就是你中有我、我中有你的命运共同体，表示了当今世界的差异性和世界各国的相互依存性。因此，所谓命运共同体，是指存在着诸多差异的国家、民族所组成的命运攸关、利益相连、相互依存的国家集合体。2014年3月，习近平总书记在联合国教科文组织总部演讲时指出："当今世界，人类生活在不同文化、种族、肤色、宗教和不同社会制度所组成的世界里，各国人民形成了你中有我、我中有你的命运共同体。"这段话表达了两层含义：其一，当今世界的差异性；其二，世界各国的相互依存性。因此，所谓命运共同体，是指存在着诸多差异的国家、民族所组成的命运攸关、利益相连、相互依存的国家集合体。根据习近平总书记的一系列论述，"命运共同体"思想包含着差异观和统一观两方面的基本内容。② "和而不同"是儒家思想中一条重要法则，主张和谐而又不千篇一律，不同而又不相互冲突，和谐以共生共长，不同以相辅相成。以海纳百川之胸襟，求多样统一之旨归，这显然是一种较高的境界追求。在文化的全球化与多元发展中，儒家文化作为其中的一元，它本身与其他文化处于互动与对话之中，这种互动与对话将促进儒家文化的现代转型，而儒家文化的仁爱精神、实践理性与"和而不同"的思想也将在人类文化达成"重叠共识"的过程中发挥积极的作用。③ 儒家文化中的"和而不

---

① 方光华：《"命运共同体"彰显中华文化精髓》，《中国社会科学报》2015年11月19日，第1版。

② 邱耕田：《"命运共同体"：一种新的国际观》，《学习时报》2015年6月8日第2版，第1页。

③ 李存山：《文化的全球化与多元发展》，《求是学刊》2002年第1期，第23页。

同",就是尊重差异,崇尚和谐,反对搞单一的同质化,也反对不同事物的冲突、对抗。"和而不同"的基础是"不同","不同"是事物存在的常态,调强的是事物的差异性,认为事物只有在差异的基础上才能得到和谐发展和整体进步。如果否认事物间的"不同",一味追求其"同",事物不仅不能发展,还会败亡毁灭。相反,如果把不同的给予合理的配合的话,却可能导致"和",犹如用各种作料作出可口的汤,用不同的乐器弹奏出和谐优美的乐章一样。和而不同,一方面肯定了事物的差异性和多样性,强调了多样事物间的互补与和谐,主张事物的统一是多样的统一。

"和而不同"用于全球化方面,包括两方面的内容,一方面是指不同民族国家的多元文化应当和谐相处,相互吸收与融和,形成人类文化统一体;另一方面则是指不同民族国家的单元文化应当追求差异性,保持和发展自己鲜明的特殊性。[①] 因此,"和而不同"的文化原则不仅正确反映了文化全球化发展态势的要求,而且有利于正确处理各民族国家文化之间的关系,促进人类文化的健康发展。在全球化背景下,文化霸权主义往往凭借自己政治、经济和文化的优势,进行文化渗透和扩张,严重威胁其他民族国家的文化安全,破坏全球文化的多元化态势,以造成全球文化的单一化局面,很容易激发尖锐的矛盾冲突。"和而不同"是世界的本来面目与状态,也是正确处理人与人之间关系,不同国家、民族、文化之间关系的基本原则。在今天全球化时,世界各国、各民族之间广泛、深入地进行全方位的接触,就更需要这种"和而不同"的思想作为指导,承认其他民族生存、发展的基本权利,承认各民族的文化及其信仰的宗教具有同等的价值,都是人类精神世界的重要财富,不必幻想用自己的文化、宗教替代其他民族的文化、宗教,这样各民族之间发生"文明冲突"的几率就会大大降低了。[②] 中国文化的整体和谐观不仅体现为先贤的哲学理念,更主要的是体现在上古以来的历史发展过程中,它作为一种民族精神、文化传统存续着,而不仅是某家某派的哲学观点而已。不同文化可以在竞争中实现对话与合作,在吸收与创新中保持文化的活力。"和而不同"也是一种对

---

① 袁金刚:《全球化的基本原则"和而不同"研究反思》,《西北师范大学学报》(社会科学版) 2007 年第 6 期,第 30 页。

② 张践:《中华文化是解决全球化时代民族宗教冲突的重要思想资源》,《当代中国民族宗教问题》2012 年第 6 期,第 74 页。

当前新的国际关系规范和新的国际政治文化的解说与期待。在经济全球化时代，可以作为国际处理不同政治文化冲突与融合的原则。不同文化交往时当努力寻求彼此间的共同点，把分歧暂时搁置，通过耐心对话沟通缩小分歧。每个民族都以平和与宽容的心态，共同构建多元共存的人类文化。在全球化的价值取向中，我们必须寻求"双赢"和"皆大欢喜"。和平共处，求同存异，"和而不同"——这是全球共同繁荣的唯一出路，也是构建和谐的东北亚文化共同体的最佳选择之路。

（二）"中庸"：构筑"命运共同体"的方法

"中庸之道"作为我国优秀文化理念，长期以来对国人的思想行为起着潜移默化的作用，影响着国家民族的发展。因此，学者认为"中庸文化观具有纳万物于胸中，不自设藩篱的宏大气魄"之观点。因此，中庸思想特别受到"儒学大师"们的青睐，并广泛应用于他们政治、生活的方方面面。孔子对中庸思想极为推崇，他在《论语·雍也》中讲，"中庸之为德也，甚至矣乎"，认为中庸是至德，是道德的最高境界。孔子的中庸思想有其内在的逻辑来看，"尚中"是中庸的逻辑起点，"时中"是中庸的内在本质，"中正"是中庸的规范准则，"中和"是中庸的理想目标。孔子推崇中庸，要求君子的道德修养既不能"过"也不能"不及"，如果违背了中庸之道，美德就会变成恶德。也就是说，做任何事都不能过度。这实际上是要人们把握一个客观的"度"，就像掌握物体的重心一样。这个度就是介乎两端之间的"适中"，超过一定限度便是"过度"，达不到某种程度便是"不及"。孔子的中庸，既是一种思想方法，又是一种行为准则，更是一种理想目标。作为一种思想方法，它能使人适其"度"；作为一种行为准则，它能使人合于"礼"；作为一种理想目标，它则帮助人们体认并受用宇宙自然的和谐之美。① 作为一种思想方法，中庸要求人们在处理各种社会关系时，要"致中"和"时中"。致中是指"叩其两端而竭之"，时中则指人们在处理问题时要坚持中庸之道，又要因人因场合随时变化其具体形式，在复杂的事物中穷尽各种可能性以施行最符合道德要求的行为。

---

① 杨庆中：《论孔子中庸思想的内在逻辑》，《齐鲁学刊》2004年第1期，第53页。

中庸之道的"中",不同于折中主义、调和主义的"中",不是不讲原则、善恶不辨的折中与调和,而是指事物存在适中、合适、合理的观念,符合"中"这个界限和标准的事物存在方位和存在状态就是合宜的,"无过无不及";中庸之道的"和",不是指两个事物彼此完全相同,而是指不同事物相互间比例协调、配合得适当,从而达到总体上的和谐状态。① 如果说折中主义是一种机械地、无原则地拼凑在一起的哲学观点的话,中庸则意味着一种能力,它可以在一个特定的情况下积极地运用各种有效的手段方法,是一种积极的处事方式。② 儒家思想从根本上反对折中主义,认为它只对道德的破坏。实现中庸,必须达到两点:第一,看问题、做事情全面而不偏激,讲求包容精神,追求事物和谐;第二,在一定原则的基础上实现多样的统一。这种原则在行为方面集中表现为适中(适度)、恰到好处。③ 儒家中庸之道的关键、要害是"恰到好处"。执中强调执守善德,可理解为从静态强调坚持恰到好处的中道,时中则从动态角度强调坚持恰到好处的中道,即持守中道要因时因地制宜,随时间条件变化而变化。因此,儒家追求勇于进取而又考虑全局、为人正直而又与人合作、能够实现节度精神与兼容精神的统一境界和方法。中庸是恰如其分地把握事物、协调矛盾的正确思维方法,中庸阐明任何事物都有一定的界限,超过或未到达一定的界限都要影响事物的质,势必向相反的方向转化,事情就不会有理想的结果,它要求人们做事恰如其分,不走极端。

我们怎样面对各种各样的文化和信仰撞击中的"东北亚",应该用儒家的"中庸之道",是十分必要和重要的。在重视自己的文化价值观时要尊重他人的文化和价值观,追求自己的利益和价值应以不损害他人的利益和价值为前提,这对实现人类的和平和繁荣是很重要的。当然在思考东北亚整体问题的时候,"中庸"思想不是西方政治中的"妥协",也不是在强国的威逼下,那些弱国只好妥协让步,牺牲自己的利益以求得和平,从而建立不平等的国际秩序。"中庸"则强调充分考虑各方面利益,制订一

---

① 唐晖:《论〈中庸〉的和谐理性》,《内蒙古农业大学学报》(社会科学版)2007年第4期,第349页。

② 许金龙:《论儒家的中庸之道及其现代价值》,《沈阳师范大学学报》(社会科学版)2005年第1期,第55页。

③ 戴劲:《论孔子中庸之道》,《社会科学论坛》2008年第2期,第29页。

个各方面都能接受的方案，各方面的利益都得到适当满足，结果是双赢甚至是多赢且没有受挫感。在此基础上建立的国际关系才会带来真正永久的和平。总之，中庸的历史价值在于有利于维护社会稳定，有利于提升道德境界，不利于协调国与国之间的关系。

（三）"和合"：构筑"命运共同体"的理念

在多元文化、多元发展、多元模式的全球化背景下，尽管世界是有差异的存在，并要允许并承认他人、自然、社会及各国、各民族走自己的发展之路。但是，国际社会已经相互融合在一起，你中有我，我中有你，已是一个不争的事实。面对共同面对的问题，各国需要加强相互间的合作，加强彼此之间的对话机制，共同创建一个共赢的、相互依赖的体制。构建"共赢"环境和相互依赖的体制，需要大家普遍认可的价值理念，我认为儒家的"和合"就可能成为这个理念的核心。张立文先生的《和合学》对此作了深刻论述，他在发掘中华民族传统文化的基础上创立了和合学，并从中概括出和生、和处、和立、和达、和爱五大原理即五大中心价值。张立文教授认为"和"指和谐、和睦、平等，"合"指融合、结合、联合、合作等等。"和合"是指自然、社会、心灵、文明中诸多形相和无形相的相互冲突、融合的动态变易过程中诸多形相和无形相和合为新的结构方式、新事物、新生命的总和。笔者认为，和合的涵义由三个维度构成：第一个维度是异质元素的存在，这是和合的前提，只有许多性质不同或对立的事物、要素之间，才可能和合融通，绝对同一无差别的存在不叫和合；第二个维度是动态的冲突融合，这是和合的过程，不同的事物经过不断冲突，彼此协调，而后融合，以至和；第三个维度是和合而生，这是和合的目标，即不同事物共生共存，且可融通产生新事物，生生不息。简言之，和合就是异质元素通过冲突融合的过程，实现平衡协调，达到和生。①儒家的"和合"思想可以融合不同的价值观，使之互相协调统一，而且作为一个民族的文化理念和精神支柱，深深根植于中华民族文化的沃土之中。和合文化的内涵就是在承认"不同"事物之矛盾、差异的前提下，

---

① 安辉：《中国古代的和合思想及其现代价值》，《法制与社会》2009 年第 14 期，第 377 页。

把彼此不同的事物统一于一个相互依存的和合体中,并在不同事物和合的过程中,汲取各个事物的优长而克服其短,使之达到最佳组合,由此促进新事物的产生,推动新事物的发展。儒家和合思想提出了一系列旨在实现人类和谐与社会和谐的道德原则,把构建和睦、和平、和谐的各种关系,作为君子人格修养的重要方面和社会协调、稳定的价值尺度。

"和合",作为中国传统文化的基本价值原则之一,其初义是指具有两个或两个以上要素融合、结合的意思,确立于我国周朝与春秋战国时期,是先秦各家"同归而殊途,一致而百虑"的"一致"和"同归"之所在。① "和合"是一种文化气度、"和合"是一种文化理念、"和合"是一种文化境界、"和合"是一种文化力量,中国的对外思想正是体现了中国的这种"和合"文化精神。"和合"思想强调国际关系主体之间的相互依存、相互依赖;强调无论是社会制度、政治制度、意识形态、政治需求,还是经济领域、安全领域,无不共存于相互联结、相互依存的国际社会。同时和合文化所固有的整体认知观有利于我们建立一种正确的文化观,克服以往的文化冲突论,而且对内有利于推动社会的长治久安和国家的安定团结。因此,胡锦涛主席提出构建"和谐社会""和谐亚洲""和谐世界"的重要思想,构成了中国国内政治和对外战略的完整的指导原则,向转变中的国际体系明确了中国所追求的目标和方向。著名社会活动家程思远曾指出:"和合"是中华民族独创的哲学概念、文化概念。"和合学立足全人类的生命福祉,以全球意识面向 21 世纪的现实生活,面向 21 世纪人类所共同面临的严峻冲突和危机,面向人类未来发展。"②和合思想强调对各种思想文化兼容并蓄、共生共长的同时,必须坚持独立自主的原则,确立民族文化的本源主体地位,发挥民族文化的主体能动力。"和合"精神的基本含义是指在多元存在、多种要素的相互关联和作用中形成一个有秩序的整体。正如胡锦涛在美国耶鲁大学发表演讲时所说的那样,中华文明历来注重亲仁善邻,讲求和睦相处。始终秉承"强不执弱""富不侮贫"的精神,主张"协和万邦"。提倡"海纳百川,有容乃大"。和合不是否定矛盾,它承认冲突,

---

① 张立文:《和合学概论》,首都师范大学出版社 1996 年版,第 479 页。
② 张立文:《和合学》,中国人民大学出版社 2006 年版,第 933 页。

但冲突必须经过融合,才能新生。和合创新法不是一方消灭一方、一方打倒一方的单一方法、唯一法,而是"万物并育而不相害,道并行而不相悖"的互补法、双赢法。在全球化、地区主义、民族主义潮流的伴随下,包括中国在内的东北亚各国周边充满各种复杂的矛盾和变数,因此,中国如何面对国际形势的挑战,这势必影响中国的稳定和发展,影响整个东北亚文化环境的稳定发展。

四 儒学在东北亚"命运共同体"中的角色定位

一个文化有无"生命力",有什么样的生命力,决定在于该文化定位问题。因为世界上没有完美的文化,无论是曾经辉煌的文化,还是现在的优秀文化,并非就是完美无缺的。但是,儒家文化能够养育一个民族两千多年,而且,已经深深积淀在人们心中,没有什么能将民族文化从代代相传的血脉中删除殆尽。众所周知,儒学的一些思想成为了世界公认的伦理原则,如:"己所不欲,勿施于人""推己及人"的仁道、"和为贵""睦仁善邻"的共生共处之道是相互依存时代处理国际关系不可或缺的基本原则。儒家思想本身是一个多元化、多层次的内容复杂殊异的矛盾统一体,简单地肯定或否定都显得感情用事或狂妄无知。梁漱溟先生曾坦言:"世界文化的复兴就是中国文化的复兴。"[1] 梁先生不仅看到了中国文化的竞争力,也表达了他的厚望和心声。我们必须实事求是地、准确恰当地估价我国的传统文化。既不能估价过低,使国人妄自菲薄,不求进取;也不能估价过高,使国人狂妄自大,故步自封。儒学既具备适应中国古代社会发展的内容又能以开放的心态、批判吸收其他学派的思想,实现自我更新;既有自强不息、不畏挫折的奋斗精神,又能采取行之有效的传播方法。具备了这些在中华文明土壤中生根、发芽、壮大的素质,儒学能从诸多学派中脱颖而出,担当起引领中国传统文化发展的重任,成为中国传统文化的主流,成为古代中国人精神世界的主导也就不足为奇了。[2] 但是,

---

[1] 梁漱溟:《东西文化及其哲学》,商务印书馆2005年版,第202页。
[2] 唐明燕:《儒学何以成为传统文化的主干》,《大连理工大学学报》(社会科学版) 2008年第1期,第76页。

中国传统文化是有不少缺点的；它里面缺乏促进中国现代化、使中华民族稳固地自立于世界民族之林的两个重要因素"民主"与"科学"的种子，使中国在发展生产力、发展经济和废除专制制度、发展公民权利方面步履维艰。中国社会从汉代到清代变化不大，发展很小。[①] 中国的现代化建设主要靠集人类文明大成的马克思主义及其与中国具体实践相结合的毛泽东思想、邓小平理论，要依靠科学、民主与法治，而儒学本身是不能提供这些东西的。

儒学的现代定位问题是现代中国思想家都力图回答的问题："中体西用"论者把西方文化定位为保卫儒学的技术或工具，"全盘西化"论者把西方文化定位为消灭儒学的武器，"现代新儒家"认为儒家思想中有生长出民主、科学的种子与土壤。在此三种定位之外，现代哲学家张东荪提出了可名为"儒学退缩说"的第四种方案。[②] 同样的一个儒学，人们对待的态度迥然有别，事实上对儒学的简单肯定和简单否定都是片面的。在近年的文化讨论中，一些学者对中国文化与儒家价值的评估并不是很理性的。有的人过多强调儒家文化的消极性、阴暗面；有的学者又抱住中国儒家的传统思想不放，不加分析地全面肯定儒家文化。提出"复兴儒学"的模式，认为未来的中国文化必然是以儒家文化为主体的文化，甚至更有人提出"21世纪是儒学文化的世纪"，用儒家文化解决现代化或后现代化问题。[③] 尤其值得一提的是，在近年的"国学热"中存在着一种倾向，就是非常重视国学或儒家学说的意识形态功能，很想把它们作整饬人心、拯救社会的良方或标的。因此弘扬国学的实际举动，往往就表现为"说古、读经、学艺、习礼"等等。然而，我们并不能因此肯定儒学在东北亚占据非常重要的地位，因为儒学所起到的作用并非如此重要。任何民族的传统文化，都是在特定的时空背景下形成和发展的，如果用某个现代标准去衡量，都会有一个适应还是不适应现代化发展的问题。儒家文化同任何一种传统文化一样，如果放在社会现代化的价值体系中去考察，也是一个具

[①] 刘绪贻：《试论儒学与传统文化的关系》，《学术界》2007年第6期，第117页。
[②] 张耀南：《简论儒学的现代定位问题——兼论张东荪何以不能被称为"现代新儒家"》，《首都师范大学学报》（社会科学版）2004年第5期，第45页。
[③] 赵吉惠：《儒学价值与21世纪中国文化建构》，《阴山学刊》2002年第4期，第42页。

有两重性的文化实体。① 儒家学说可以有自己的治国之道，儒家学说也可以对现实政治施加影响，但对于现代法治国家的治理，对于社会发展方向的选择和国家制度的安排，儒家学说实际上是帮不上什么忙的。但是，儒家文化提倡的人文精神，积极追求的理想人格，激励民族成员实现个人价值与社会价值，成为了民族凝聚力的核心要素，支撑着中华民族的发展与进步，维系着全体民族成员的情感与信念。尽管儒学文化也有过衰落的时候，但是，随着儒家圈经济、政治等方面的发展，更加彰显出它所具有的文化特性和价值的力量。儒教文化的变化只是自身的一种嬗变，它既不会抛弃传统，也不会因循守旧；既不会邯郸学步，失去自我，也不会发生所谓的西化。它植根历史，面向现实，在从传统向现代的转换过程中，正焕发出无限生机。由此可见，儒学在东北亚命运共同体中的角色是相当重要的，但绝非就是"一枝独秀"。东北亚命运共同体建构中同样需要多元文化思想资源，但儒学肯定是相当重要的和优秀的资源。

五 儒学在东北亚"命运共同体"中的生命力

"和平与发展"仍然作为当今世界主流话题之下，东北亚环境所面临的困难与问题是大家有目共睹的。大家普遍认为，东北亚地区与欧洲不同，冷战坚冰迄今未彻底融化，特别是朝鲜半岛和平仅靠一纸停战协定维系，恐怕很难满足区域安全保障。尤其在朝核问题上，美国和朝鲜双方往往加大有利于自己的"筹码"，日本对朝政策左右摇摆，韩国努力增加美韩联盟的平等色彩，中国也想在朝核问题掌握自己的主动权，因此，朝核问题出现长期化趋势或"既成事实"。与此同时，东北亚区域内存在着比较复杂的领土领海争端：日韩之间的"独岛"或"竹岛"的主权争端；日中之间的"钓鱼列岛"和"东海大陆架"争端；中韩、中朝之间的"黄海海域"划分和"东海大陆架"的石油开采权争端等。能源安全问题已成为东北亚国家共同面临的重大问题，东北亚在能源需求增加而导致的竞争等成为各国关注的焦点。按韩国前总统卢武铉所讲的那样，目前东北

---

① 马传松：《现代化价值体系中的儒学二重性问题断想》，《重庆三峡学院学报》2003 年第 1 期，第 39 页。

亚地区还没发生严重的问题，但并不意味着问题不存在。在处理历史遗留问题、建立相互信赖关系、推进区域政治与安全的稳定、区域合作等问题上，有关各国的认识和行动并不一致。从整体看，东亚地区主义表现出明显的功能性合作色彩，政治与安全合作明显滞后于经济合作，呈现出高度的不同步性。这就是东北亚的现实，是东北亚给世人呈现的面貌，东北亚的这种局面显然与全球范围掀起的"地区一体化""区域共同体"是背道而驰的选择。究其阻碍东北亚"命运共同体"根源，莫非就是各种利益的冲突和分歧，但是，这种分歧不应成为阻碍这个区域政治、经济、文化等诸方面的全面合作。因为东北亚的"共同体"之路，将决定着该区域共同体的"命运"。

东北亚既是世界大国关系最集中、最复杂的地区之一，也是未来国际格局变化的温床，更是切实关系中国和平与发展的一个重要周边区域。加强区域合作、实现共同繁荣已经成为东北亚乃至东亚各国的共识。[①] 东北亚区域格局的战略走向，对世界战略格局影响甚巨。东北亚只要相互尊重，平等相待，求同存异，互利合作，就一定能够建立起牢固稳定的伙伴关系，更好地造福于东北亚人民，为本地区的和平与发展作出更大的贡献。东北亚"命运共同体"需要有一个"和谐"的文化环境，并在"命运共同体"范围内的多元文化的协调、和谐发展。问题的关键在于，如何在世界化"经济一体化"趋势中，凝练和提高东北亚"命运共同体"精神实质，并使之在共同体内成为多元文化和谐健康发展基础。

我们知道，哲学是人类智慧的结晶，是文化的灵魂。但每一种具体的哲学形态，又同培育它的民族文化现状息息相关。它既是民族传统精神（或云历史智慧）的积淀，又是一定社会历史阶段的时代精神的体现。所以，任何哲学既是历史的又是现实的；既有继承传统精神的一面，又有反映时代特征的一面，儒家哲学也不例外。[②] 传统的儒学文化，作为一种文化体系已经破产百年。对于其中大量的负面的恶质文化，那些早已伴随着中国晚期古代社会的腐朽而腐朽的文化内涵，"五四"先辈早已控诉、批

---

① 沈海涛：《东北亚和谐区域的构建与日本外交的课题》，《现代日本经济》2006年第6期，第58页。

② 吴光：《儒学在衰落时期的变革——论清代实学》，《浙江学刊》1991年第5期，第91页。

判过的，我们今天更应痛加扬弃！要特别警惕这类落伍和保守的东西乔装打扮，为今天的中国文化建设服务，那将是饮鸩止渴，危害性极大。① 对待传统文化一定要"扬弃"，"扬"什么？"弃"什么？怎么"扬弃"？都是当代学者和政治人应该思考的重大问题。因为没有传统的现代是不可想象的，同样，没有现代意义的传统也是无须眷恋。其实，用历史的观点看，古老的中国文化与中国的现代化应该说是无缘的，中国古老文化既不能导致资本主义，也不能导致社会主义，因为缺乏历史转化的中间环节。我们只有转化社会，转化文化，转化观念，对中国文化的长处与短处进行分析后，才能扬长避短，用中国文化的积极精神、优良传统、积极思想去推动并影响中国的社会主义现代化步伐，去积极适应现代社会生活，达到传统文化与中国社会互动之目的。② 此语道破了传统文化与现代文化的关系，也比较适合于中国儒家思想在现代东北亚区域文化环境中的"定位"。如何评价儒学的现代性，如何定位儒学在东北亚的文化地位和影响，都是我们应该认真反思的问题。关于儒学在现代化中所起的作用，大家基本上有一个共识：既不能过分抬高，认为儒学在东北亚的现代化中能起决定作用；也不能轻易全盘否定其作用，把它说得一无是处。"儒学的复兴"让人很容易与"中国崛起""中国霸权"和"中国威胁论"联系起来理解。因为，古代史上东亚文化圈的存在和不断发展，既为今天的东亚文化奠定了基础，也留下了阴影。给中国人留下了不切实际的幻梦，使朝鲜、日本等国人民产生了不愿屈服的自尊感，有很强的警惕性和抗拒感。③ 因此，基于对传统和重建的东北亚文化区域合作，东北亚共同体要建构的是一种多元共生的理念，要建构东北亚共同体的集体认同或共有文化。

总之，一个时代的思想文化的形态、性质和意义不是取决于历史传统，不是取决于这一传统的强劲、坚韧或脆弱、无力，也不是取决于这一传统的"常道性格"或"天命"力量，而是取决于这个时代人们基于自己

---

① 何芳川：《21世纪东亚文化建设与文化自觉》，《北京大学学报》（哲学社会科学版）2006年第1期，第8页。

② 赵吉惠：《我的中国文化观——关于中国文化的对话》，《蒙自师范高等专科学校学报》2000年第1期，第13页。

③ 褚颖春：《构筑东北亚文化圈》，《宁波党校学报》2007年第3期，第72页。

的利益而做的选择,取决于他们根据自己的社会需要和思想需要而做的重新建构。① 面对全球化浪潮需要重构东北亚,新的东北亚需要新的思想精神来支撑,新的东北亚要创建属于自己的文化价值观,东北亚的这种重构我们可以称之为东北亚"命运共同体"。在人类文明史上,任何思想学说、宗教信仰都不会局限于自身的存有,其必然要发生社会影响及作用,即产生一定的社会价值功能,儒学也不例外。随着东亚国家综合国力的提升,世界上所流行着"儒教国家""东亚模式""亚洲价值观"等热门话语,已经说明儒家文化已被拥推到现代世界的前沿。所以,儒学在构建和谐的东北亚"命运共同体"中必将起到重要的作用。

---

① 刘东超:《论儒学的当代性问题》,《社会科学》2004 年第 2 期,第 81 页。

当代日本人的中国观
——以大禹信仰为例

日本法政大学　王　敏

前言　对日本97处祭祀大禹文化景观的调查

在还没有文字出现的日本列岛，日本人第一次接触文字的记载是5世纪，主要通过朝鲜半岛的来客王仁携带的《论语》和《千字文》为媒介。从此，日本借用汉字为表述符号，推进了以汉字文明为主机轴的进化历程，继而创造了源于汉字的日语体系。因此，日语表述由两个体系合成：古汉语式的汉字体系和源于汉字的日语体系。而主流社会的教养结构基本上取材于中国古典，直至16世纪以来的西方文化的流入。基于日本与中国之间的这种特殊关系，中国古典的精品不仅早已化为日本知识结构和文化素养的一部分，直至今日依然是日本教科书中的组成部分。而日本教育大纲明文规定，小学毕业其间必须掌握1006个汉字，完成义务教育者则需掌握2136个常用汉字。因此，日本人一般都熟知诸多与中国传统文化相关的知识，尽管从来没有去过中国。他们通过阅读古典和传统，憧憬古代中国的圣人德君的和平昌盛治理。从北海道到冲绳，遍布日本列岛的97处大禹景点和文物史迹就是日本人民教养体系中混合流淌着大禹以及中国传统文化血液的印证，而中日关系之根本难以脱离相互交叉并共同开创的结果性轨迹。因为这是古往今来连接两国民生的生命共同体。

大禹何以定居日本？这与四书五经的定位息息相关。从汉字成为日本的国语之时，四书五经就被定位为经典范本和文明开化的教科书。其中，"禹"一共出现了31次。大禹乘四书五经之风东进日本后，立刻被古来深受地震水灾之苦的日本人民奉为信仰的对象，祭祀大禹治水的文物和史迹不仅仅是往昔，也是今日生活中所必备的日常活动的真实写照。显然，也是走近日本，解析当代日本中国观的一扇门户。

一 发现日本中的大禹文化圈

对日本的大禹祭祀进行考察时于2007年的一次会议。我的邻座原开成町町长露木顺一告诉我该町有几座纪念大禹的建筑。于是，在该町的乡土文化研究会的帮助下，我便开启了对大禹在日本的传播实况进行考察的幕布。

此后，在日本各地的支援之下，全国性的民间研究组织"治水之神禹王研究会"结成。2010年10月18日，日本第一届禹王文化节在开成町举办。2012年10月20日，第二届禹王文化节在群马县名胜景点尾濑召开。第三届禹王文化节于2013年7月7日在高知县高松市召开。第四届本应在广岛市召开，因为当地突然发生了泥石流，不得不采用网站会议的形式。第五届于2015年10月在大分县臼杵市成功举办。大禹不仅造福于中华大地，而且成为了当代联系中日的桥梁。禹王文化节委员会决定，从2016年起，日本禹王文化节隔年在大禹文物史迹之地轮流举办。

二 日本的大禹文物史迹

1. 日本最早的禹王庙

1228年的京都，鸭川禹王庙。众多文献中有关于"夏禹王庙"的记载，在京都的四条路和五条路之间禹王庙一直存续到江户前期。

据《日本书纪》钦民天皇5年条款记载，位于新潟县的佐渡岛在544年曾经存在一个叫作"夏武邑"的部落。"夏武邑"的地名虽然现今不复存在，自古以来就有大陆移民通过朝鲜半岛来此定居的流传。

2. 日本现存最古老的禹王碑或其他膜拜物

在此仅举两例。

1637年香川县高松市的"大禹谟碑"。

1630年铸造的禹王金像。高度约为80cm，现为名古屋的德川美术馆

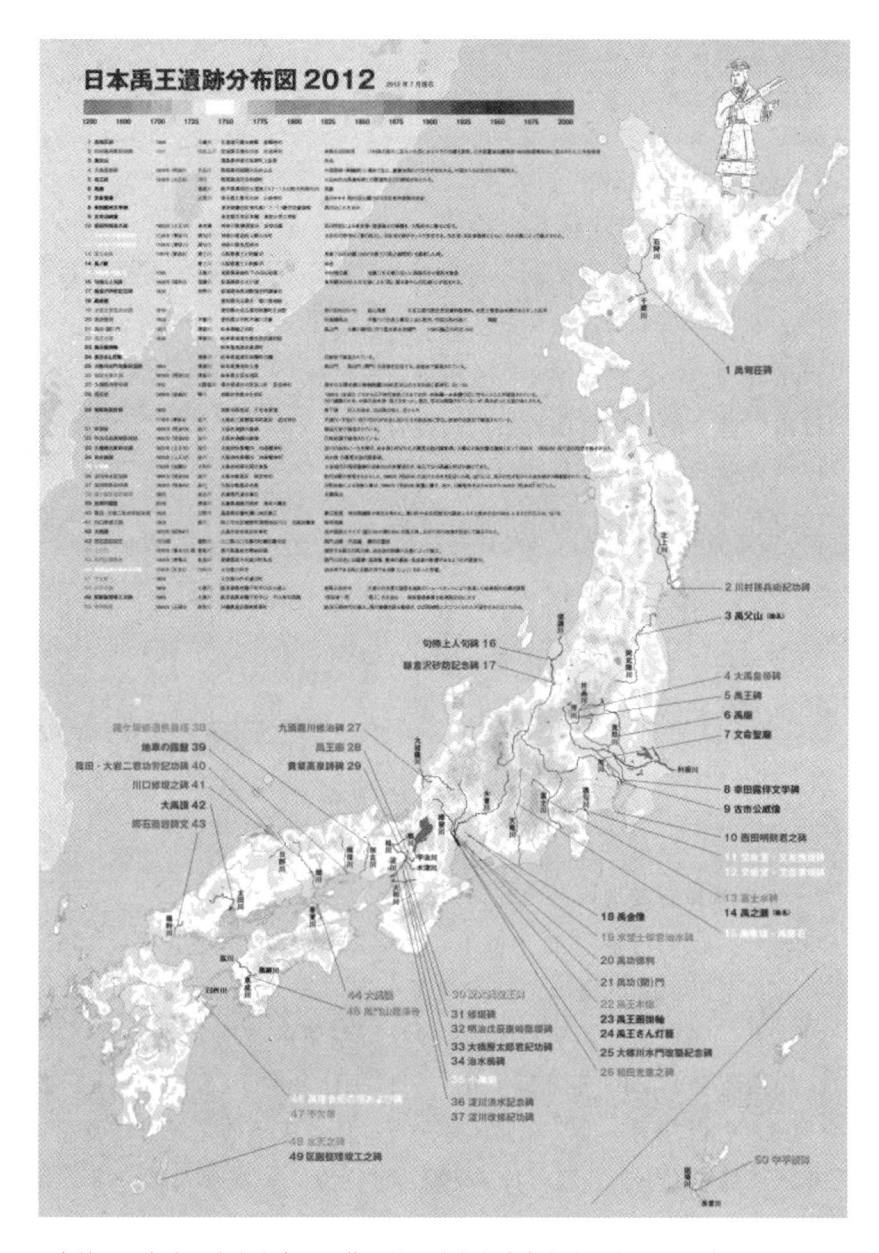

资料：日本禹王遗迹分布图 第二届大禹文化节准备委员会于 2012 年 10 月制作

所收藏。

3. 最早的日本文献记载

712 年编纂的《古事记》序言。

4. 日本最早的禹祭

据推测，1228年建成的京都鸭川的"夏禹王庙"举办过祭祀，尚需调查考证。

5. 现存的禹祭

持续至今的祭祀地点及其年代：

1708年建立的埼玉县内的文命圣庙

1719年建立的大阪府岛本町的夏大禹圣王庙

1726年建立的酒匂川岸文命东堤碑和西堤碑

1740年建立的大分县臼杵市的禹稷合祀坛

1838年建立的岐阜县揖斐川的禹王灯笼

1919年建立的群马县沼田市的禹王碑

近年开始的祭祀地点与时间：

2012年建立的兵库县姬路市的鱼吹八幡宫

2013年建立的广岛县广岛市大禹谟

三　重点史迹简介

1. 神奈川县南足柄地区的神禹碑

1726年，在德川幕府的支持下，著名农政专家田中丘隅（1662—1729）在神奈川县南足柄市主持修建了一座以大禹别命命名的神社，名为"文命社"（现名福泽神社）。该神社所祭奠的神明就是"夏禹王"。然而，明治政府于1909年推行实施"一村一社"政策，将文命社近邻的11个神社统筹合并为一处。在此风潮之下，值得庆幸的是对于"夏禹王"的祭祀依然被保留下来并连绵传承300多年至今，治水神大禹护佑了南足柄地区的一方平安。

笔者新编论文集《共同研究的参考：国际日本学研究》（2013年3月，法政大学国际日本研究所发行）的封面采用了当地文命东堤碑碑文中的一部分。其间的"神禹"二字清晰可见。特此介绍如下。

石碑的现场照片:

2. 群马县片品村的"大禹皇帝碑"

1874年建于群马县片品村的"大禹皇帝碑"的碑文，与位于中国绍兴市会稽山的大禹皇帝碑的碑文（篆书体）极为相似。群马县片品村的大禹皇帝碑表彰会的宫田胜会长对该碑的来历进行了初步的考察，认为还有诸多问题待解。显然该碑文经何人之手，何时传入日本等课题备受日本各界的关注。

资料：日本群马县的大禹皇帝碑

资料：尾濑特产：禹王酒

3. 战乱中香火未断的大禹祭祀

从1894年的甲午战争开始，直到1972年中日之间正式恢复国家邦交关系正常化，在这漫长的78年里，日本对大禹的祭祀活动从未间断。其间在大阪的淀川，在群马的泙川，以及广岛的太田川等共计8个地区增建了大禹纪念碑，成为日本国民对中国文化之信赖的佐证。而超越战争，横跨国交断层的大禹始终屹立在中日文化交流的最前沿。

四 日本对大禹的传承脉络

公元2—3世纪，大和民族统一了日本，开始摸索建国的途径，并于670年，从倭国更名为"日本"。在这段时期，日本为早期获得国家强盛，以吸取来自大陆的先进文化和技术为当务之急。为此，有目的有计划地拓展了与大陆的多方位交流。当时，日本主动移植中国主流文化主要使用了两条主要途径。

1. 中国途径

比如公元前5—3世纪的稻米及铁器等先进技术的通路、派遣遣隋使、遣唐使学习大陆文化和技术之路、汉人大举东迁日本等等。

2. 半岛途径

经乐浪、带方而东渡的汉人（约公元300年）与百济半岛人的合流，共同迁移日本（4—6世纪）之路。

以大禹为模式的主要日籍文献集中从两个方面推崇大禹。

（1）品德高尚的君王

这类书籍有：《古事记》，《三教指归》，《性灵集》，《徒然草》，《太阁记》，《折りたく柴の記》，《政谈杂话》，《一人寝》，《都鄙问答》等。

（2）治水的丰功伟绩

如《三壶记》，《政谈杂话》，《诽风柳多留》，《风来山人集》，《地方凡例录》等。

五 日本帝王教育中的大禹戒酒防微图

明清时代出版了许多宣传圣贤的图鉴，如万历本胡文焕刊的《新刻历代圣贤像赞》《古先君臣图鉴》、崇祯刊吕维祺辑《圣贤像赞》等古代君臣群像都是当时兴盛和流行的书画中的人物。诚然，这种现象与当时儒学的深入和社会民众所需息息相关。

当时的日本正值室町、战国、江户时代，之所以也产生了对帝王图鉴或者是圣贤图的需求，当与彼时尊王、尊皇思潮和以儒学为核心价值，力统内政的官学发展有关。因此，以大禹为楷模的大禹戒酒防微图才东进日本，成为境外大禹文化圈中之一员。

日本的大禹戒酒防微图

画在京都御所的御常御殿内隔扇之上的"大禹戒酒防微图"意味深长。那是一幅描绘酒祖仪狄向大禹献酒的代表性隔扇画。作者鹤泽探真（1834—1893）是日本江户末期与明治初期的狩野派画家。狩野派是日本绘画史上最大的画派，活跃于室町时代中期（15世纪）到江户时代末期（19世纪）的400年间。该画派的最大特点之一是专注源于中国的伦理道德体系，将其全方位地体现于画面。其画法则结合日本式欣赏习惯和特色，具有雅俗共赏的效果，长期占据朝野各界的殿堂。

进驻京都御所的其他以中国帝王为原型的狩野派的作品还有"高宗梦赉良弼图"和"尧任贤图治图"，这两幅作品也以隔扇画的形式描绘在京都御所的御常御殿内，与大禹戒酒防微图联手合为隔扇画三图，作者分别为座田重就和狩野永岳。

"高宗梦赉良弼图"描绘的是殷商的高宗寻找梦中出现的贤人的场景。"尧任贤图治图"描绘的是尧王任用贤人治国的场景。

在京都御所生活过的天皇共有28位，从御醍醐天皇到明治天皇，他们从1331年至1868年生活工作在此，与大禹戒酒防微图同呼吸共命运。大禹戒酒防微图伴随 28 位君主的目的十分明确：以大禹为楷模，保持传统的自重、自尊、自戒、自勉、自强不息的精神，以期成为万众所望的德君。

六　日本的天皇与大禹

自古以来，日本的天皇就是学习并引进大陆文化的推手，他们的日常规诫中基本上以大陆文化中的君王和圣人的仁德为座右铭。如《禁秘抄》是顺德天皇（1210—1221）撰写的一本研究古代典章制度的书籍，里面记录了作为天皇应该铭记的典章制度。这本书还被看作是天皇必须遵守的准则手册，也被认作是天皇的家训。《禁秘抄》中说，天皇治学的目的，是要通晓历代天皇治理国家的方法，从而更加有的放矢地为政，维系天下太平。而此书是以帝王学教科书《贞观政要》中的言行录为标准编写而成。由此可见，中国的伦理道德融入皇室的教化深层，并形成了言行的指南。因此，直至今日，东方式传统的伦理道德更贴近历代皇室所传承的价值体系，更容易被皇室所理解和接受。

作为该体系中的大禹成为皇室楷模的背景也在这里。不过，在圣贤群像中独钟大禹的最主要原因大概是与日本的风土特点有关。众所周知，日本古来多地震和水灾，保障日本的民生的最优先工作就是抗洪防震。对于原始农业生产状态的日本统治阶层来讲，大禹不仅是祈求保佑的神明，也是具有超人技能的科学家。他们坚信以疏通为主的大禹治水方法经过大陆的成功性洗礼，再利用于日本也自然有效。直至今日，日本的土木建设行业仍然奉大禹为开拓者。日本传统体育相扑中的代表性姿势也取材于大禹治水时代的人工垒夯，用脚奋力踏实堤土。日语中也叫"禹步"。

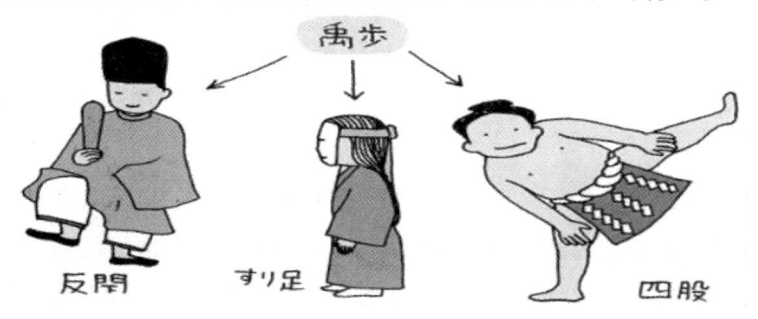

由于大禹和日本皇室自古就保持有这种近距离关系，当今的年号：平成便出自《尚书·大禹谟》中的"地平天成"。水土治理为"平"，万物丰收为"成"，短短四个字鲜明地表达出上古贤王治理天下所期望达到的理想境地。

资料：出自日本著名画家笔下的圣贤图中的题词选自《尚书》中的地平天成。

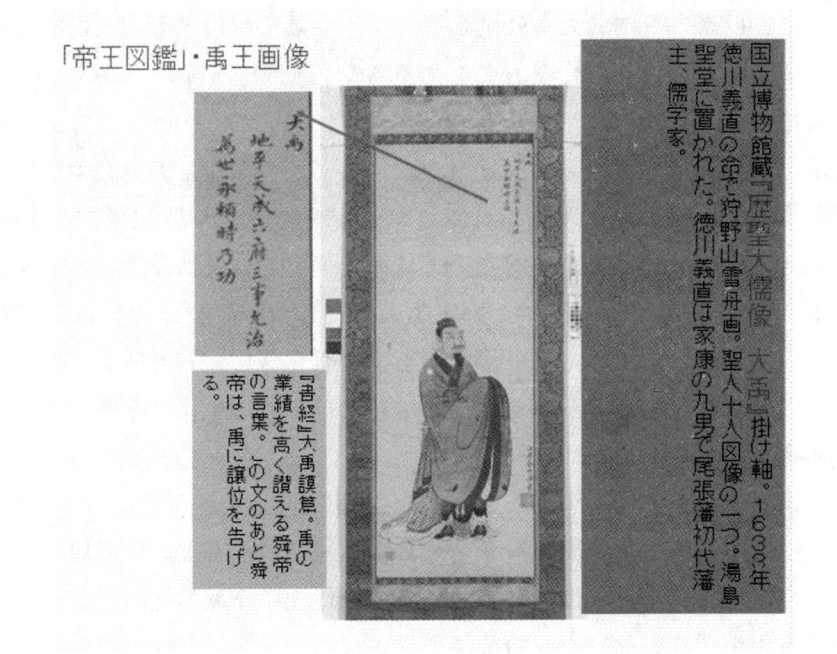

「帝王図鑑」·禹王画像

《尚书·大禹谟》刻在唐文宗太和四年（830 年）的《开成石经》中。其中包括《周易》《尚书》等 12 种经书，被誉为"世界上最大最重的一部书"，由 114 块石刻组成，共计 65 万余字。

回首 1992 年 10 月 26 日上午 11 点，首次访华的天皇夫妇抵达西安碑林博物馆，亲临目睹了《开成石经》中的平成字迹，感慨万千。时值中日邦交正常化 20 周年之际。

综上所述，至少从 5 世纪汉字与汉籍传入日本起始，皇室就对大禹抱有非同一般的深刻的认识和感情。大禹在日本的定位与而后的帝王学与帝王图鉴的东进相互宜章，深得朝野拥戴，自然而然地加入日本文化中的信

· 1992年10月26日上午11点，首次访华的天皇夫妇抵达西安碑林博物馆，亲临目睹了早就期待看到的《开成石经》，找出其间的平成字样。时值中日邦交正常化20周年之际。

仰对象行列，并逐渐演化为日本的大禹信仰。

结语　让大禹解析当今日本的中国观

　　小文对日本97处祭祀大禹的文物史迹以及祭祀活动的背景予以大致地梳理和浅显的介绍，以大禹为例凸显了中日对传统的汉字文化之共同的传承和升华的连接点及交叉口。同时也烘托出日本的混合型文化的特色以及对外来文化尤其是汉字文化的汲取方式的特点和在不同历史阶段的提炼背景，印证了中日间的文化互惠关系承受了千年单位的岁月洗礼，吞吐和升腾出用之不尽的文化积累。

　　然而，由于近代以来的日本的国家价值观在实现富国强兵的过程中取向脱亚称霸，以西方合理主义和实用主义为核心标准，造成了中日之间有史以来的正常关系的恶化、扭曲。尽管日本曾经致力于战败后的和平建设，于1972年的日中邦交正常化以来努力调整改善关系，却依然不时堕入恶性循环。那是因为日本16世纪前以中国伦理道德为参照的价值观念发生了根本性的扭转，其结果也导致了国民的关注重点的移位，结果上造成了与中国相关的各方面的知识的萎缩和淡化，中国观的内涵也随之逐渐发生了演变。因此，提到"中华"二字，当今日本人最先联想到的大概就是"中华料理"了，相对而言，昔日日本人所关心和热衷的中国的文史哲方面的知识框架已接近古董，即非参照模式。而居住在全方位改装成西式客房里的住户也随之无意识地被调整、被改造。

但是，一经追宗求源、以史为鉴的文化清理，当代人大都应运而悟，敏感呼应。小文所述内容便充分反映了这一倾向。这是窥测当今日本对华认识和意识之一角。它不可能笼括整体，也不是天方夜谭。把握时代的变化与时代精神的流向以及生活在不同时代的生活者的价值取向，大概有助于读解日本。而具有对日本的调查研究以及生活体验的积累的人都有所自觉：读解日本的同时，也是读解中国的"双向"过程，是一种自发的"对应的相互探讨"。

参考文献

王敏：《大禹和日本人》，NHK 出版，2014 年 12 月

王敏：《汉字是连接东亚的纽带〈生活共同体〉〈5 伝统文化〉〈生活共同体〉 丸善株式会社》，《NARASIA 东亚共同体》2010 年 6 月 15 日，页 393–395

王敏：《相互依存的深化 相互不信的增幅——如何化解日中深心的〈隔阂〉》，《日中〈歴史的转折点〉——日中関系再考》第一部 第三章 2013 年 3 月 20 日，页 40、页 55–56

王敏：《日中韩歴史文化的共性——东亚文化圈的连结》，《相互探究的国际日本学研究—日中韩文化関系诸相》2013 年 3 月 29 日，页 438–441

王敏：《中国人観光客人 造访地方文化観光交流》，《朝日新闻》2010 年 8 月 2 日

王敏：《日中韩共同幸福的根本——东亚的〈公共教育〉和〈公共哲学〉的基础》，《公共的良识人》11 月号，2012 年 11 月

王敏：《治水之神 日中桥梁》，《朝日新闻》2013 年 6 月 17 日

王敏：《汉字圈下的认知与选择》，《行走的愉悦》，明报月刊出版社 2013 年 11 月，页 383–396

天児慧编：《日中〈歴史的转折点〉——日中関系再考》《第一部 第三章 相互依存的深化 相互不信的增幅——如何化解日中深心的〈隔阂〉》，劲草书房，2013 年 3 月 20 日，页 40、页 55—56

新井白石：《折りたく柴の记》

荻生徂徕：《政谈》

新井白石：日本の名著 15，桑原武夫编集

荻生徂徕：日本の名著 16，尾藤正英编集

《水の文化第 40 号 ミツカン水の文化センター机関志》2012 年 2 月

《第二回全国禹王まつり 禹王サミットin 尾瀬かたしな》2012 年 10 月

田中健夫:《勘合贸易》,吉川弘文馆 2009 年

杉原たく哉:《中华図像游覽》,大修馆书店 2000 年

武田恒夫:《狩野派絵画史》,吉川弘文馆 1995 年

高木文惠:《伝统と革新 京都画坛の华 狩野永岳》,彦根城博物馆発行,2002 年

（二）儒学与君子之道

弘扬君子之风、建设美德威海、构筑威海人共有精神家园

威海市委常委、宣传部长 王 亮

威海有着千公里海岸线，仿佛一幅优美山水画，是著名的蓝色休闲之都、世界宜居城市。这里位于孔孟之乡齐鲁之邦的东部，长期受儒家思想的浸润，民风热诚淳朴，文化底蕴深厚。近年来，全市上下在加快建设现代化幸福威海进程中，始终把精神文明和道德文化摆在重要位置，大力弘扬君子之风，倡导以君子人格操守为标尺，持君子之志，行君子之道，育君子之德，立君子之品，着力建设"君子之风·美德威海"。"君子之德风，小人之德草，草上之风，必偃。"君子之风浩荡的社会必定是文明和谐的美好社会。几年来的工作实践，我们体会到：

（1）弘扬君子之风是传承中华优秀传统文化的撮要之举。传统文化是中华民族的精神命脉，是中华民族在世界文化激荡中站稳脚跟的坚实根基。传统文化的主流是儒家文化，而儒家文化的精髓又是君子文化。儒家经典《论语》当中论述"君子"达107次。近现代很多学者都认为儒学就是君子之学，儒家思想学说概括起来就是君子之道。面对浩如烟海、博大精深的中华文化宝库，聚焦君子之道、弘扬君子之风可以说就抓住了传统文化的精髓要旨。

（2）弘扬君子之风是培育践行社会主义核心价值观的积极创新。君子德才兼备，有文化、有知识、有修养、有担当。做人做君子，是中国人的深层文化心理结构和始终不渝的追求。君子文化所倡导的向上向善的价值取向和价值理想，与24字社会主义核心价值观一脉相承、根脉相通。弘扬君子之风，不仅为培育核心价值观提供了丰厚滋养，更重要的是使核心价值观建设有了人格化、形象化的代表和载体。

（3）弘扬君子之风是提升城市文明素质水平的内在要求。中华民族自古以来对君子人格推崇备至，君子文化所饱蕴的仁爱友善、正心诚意、克己守礼、讲信修睦、崇廉重义等诸多美德，在当今社会转型发展期，对于凝聚社会正能量、规范公共秩序、引领文明风尚等有着古为今用的重要现实借鉴意义。

（4）弘扬君子之风是深化城市内涵、提升文化软实力的有效途径。深厚的道德文化底蕴体现着城市的内涵品质和精神高度，对一个城市的精神生长和气质形成具有决定作用。弘扬君子之风，将君子之道君子之德内化为城市发展基因，能够使我们的城市更有精神特质、更有文化品位，从而让文明城市的品牌形象更加靓丽。

君子在不同的社会和时代有着不同的文化内涵。我们倡导的君子，不是完全传统意义上的君子，而是既继承传统文化合理内核，又与时俱进、与时偕行的时代君子。主要是鼓励引导人们争做爱心君子、诚信君子、明礼君子、有为君子、忠勇君子。为此，我们坚持内在抓思想道德修养培育、外在抓文明行为习惯养成，努力将君子之风君子之道内化于心、外化于行。我们组织创作了一首歌曲《君子之风》，并通过媒体等渠道广泛推介，让美丽海滨城洋溢君子风。以歌曲《君子之风》为背景音乐，编排创作了君子之风系列广场舞，目前已成为社区、公园、广场的主要健身舞蹈。组织专家编撰出版了书籍《君子之道格言》，从进取之道、为政之道、为人之道等8个方面深入解读阐释君子美德。将弘扬君子之风与社会主义核心价值观内容有机结合，通过融入城市景观、无处不在的公益广告以及主题公园、主题广场、主题社区，让人们时刻受到潜移默化的提升、一念之间的提醒。大力实施"社区儒学"和"乡村儒学"计划，鼓励引导儒莲、福道等民间文化组织积极普及国学知识和君子之道。广泛开展经典诵读进学校、文化讲座进社区、传统文化进企业进机关活动，举办"君子之道·幸福人生"百场文化公益讲座，满足人们不断增长的高层次道德文化需求。坚持寓教于乐、以文化人，深入开展广场演出、文艺汇演、艺术展览、公益培训等群众文化活动，以本土人物的美德事迹为题材创作推出系列原创文艺精品，不断提升人们的文艺素养和审美品位。通过积极争做时代君子，推动爱心、诚信、明礼、有为、忠勇等君子之风逐步成为人们的自觉遵循。

1. 争做爱心君子。"仁者爱人"。做爱心君子，就是传承弘扬"老吾老以及人之老、幼吾幼以及人之幼""民胞物与"等仁爱之风，引导人人像爱自己的家人一样爱他人，像爱自己的家庭一样爱共同生活的城市，用爱化解隔阂，用爱拉近距离，用爱增进感情，用爱凝聚力量。我们紧紧抓住志愿服务这一滋养时代君子的生长点，坚持"服务对象所需"与"志愿者所能"有机结合，以项目化品牌化规范化的思路管理运作志愿服务，建成了志愿服务综合管理系统和社区12349居家服务平台，长城爱心大本营等2000多个志愿服务团队、25万多名志愿者常年活跃在城乡基层，"邻里守望""我是你的眼睛"等志愿服务活动覆盖社会20多个领域，每年累计提供100余万人次、超过300万小时的志愿服务，受益群众达40多万人，关爱他人、乐于助人、热心公益蔚然成风。

2. 争做诚信君子。"诚者，天之道；诚之者，人之道。""人而无信，不知其可也。"做诚信君子，就是要内诚于心、外信于人，待人正心诚意、对事守信重诺，言必信、行必果。我们重点是积极推进建立覆盖全社会的征信体系，建成了市级公共信用信息平台，向社会公众提供信用查询、应用、监管、共享和分析服务，并建立健全守信联合激励和失信联合惩戒机制，让"守信者一路绿灯、失信者处处受限"。同时，广泛开展诚信教育实践活动。在党政机关开展创文明机关、做诚信公仆等活动，在企事业单位开展厚道鲁商、诚敬做产品、做榜样企业等活动，在窗口行业开展诚信之星、美德之行等活动，在法院、工商、税务等10多个部门建立诚信"红黑"榜发布机制并定期发布"红黑"名单，有效推动诚信意识和诚信理念在各领域各行业深深扎根。

3. 争做明礼君子。"文质彬彬，然后君子。""道德仁义、非礼不成，教训正俗、非礼不备。"做明礼君子，就是要时时处处注重从身边细微小节做起改起，强化市民的角色意识、公德意识和规则意识，弘扬公序良俗，提升文明自觉。"文明市民"讲礼仪、讲规范、讲秩序，本身就体现着君子的标准和要求。一个合格的文明市民就是君子。在城市，我们大力实施文明市民培育工程，特别是以第1名的成绩获评全国文明城市后，在深化"城"的文明基础上更加聚焦"人"的文明。以"爱文明家园 做文明市民"主题活动为主线，按照每隔几年集中抓好几个小的文明行为养成、坚持不懈抓下去的思路，近两年扎实开展了"排队上下车、礼让斑马线、不乱扔杂物"三项行动。目前，排队上下车逐步成为文明交通新品牌、礼让斑马线逐步成为文明行车风景线、不乱扔杂物逐步成为广大市民的自觉行为。在农村，持续深化乡村文明行动和移风易俗活动，组织开展村训家训等"六训"建设和"新农村、新生活"培训，大力倡导孝老爱亲、邻里和谐、节俭养德、文明生活、厚养薄葬等时代新风。全市2500多个村已普及建立道德宣传栏或道德文化墙，善行义举"四德"榜实现了农村社区全覆盖，80%以上的村达到了县级以上文明村标准。

4. 争做有为君子。"士不可以不弘毅，任重而道远。""天行健，君子以自强不息。"做有为君子，就是要不断增强事业心使命感，不论从事何种职业，都积极主动、奋发向上、谋事创业，努力干出不平凡的业绩、做最好的自己。我们在各行各业广泛培育选树各种层次的先进典型，让行业能人、劳动模范、服务标兵、杰出青年、创业明星等充分发挥榜样示范引领作用。坚持每两年评选表彰"道德模范"、每年在各行业评选"最美威海人"、每月评选"威海好人"。全市先后推出120多名市级以上道德模范、300多名"威海好人"，有12人入选"中国好人榜"。

5. 争做忠勇君子。"忠"就是忠于祖国、忠于人民、忠于职守，"勇"就是诚心尽力、勇于任事、勇于担当。做忠勇君子，就是积极传承威海人积淀丰厚的爱国爱党的家国情怀，挖掘总结历代威海名人的先进事迹，大力加强爱国主义宣传教育，弘扬激流勇进、敢闯敢干、顽强坚韧、争创一流的开拓进取精神，紧跟时代前进步伐，为社会发展进步竭诚尽智、奉献智慧力量。

弘扬君子之风、建设美德威海，从小处说是在培养一种理想人格、修养修为、处世态度和生活方式，从大处说是在立心铸魂、探索建立安身立命之道和精神价值体系。下一步，我们将立足威海实际，进一步挖掘阐发海洋文化、耕读文化、红色文化和勤劳进取、开放包容、仁爱信义、正直善良、厚德忠勇等文化传统的精神内涵和时代价值，完善君子之风的现代表达形式和时代君子的选树评价机制，在大众化、常态化、生活化上持续用力，在扩面、提质、增效上持续下功夫，不断把"君子之风·美德威海"建设引向深入。我们相信通过久久为功、化性成俗的努力，优秀传统文化一定会在新的形势下焕发新的生机活力，推动社会主义核心价值观在威海大地落细落小、落地生根。

君子：中华民族千锤百炼的人格基因

安徽省社会科学院研究员　钱念孙

文化的重要功能是文以化人，其最深层的积淀和影响是对人格的培养。源远流长、博大精深的中国传统文化，在数千年漫长发展中不断塑造和培育的正面人格，或者说集体人格，就是被历代中华儿女广泛接受并尊崇的君子人格。

"君子"一词早在西周时期已经流行，主要是贵族和执政者的代称。到了春秋末期，孔子在构思和传布自己儒家学说时，对"君子"概念的内涵进行改造，赋予其许多优秀道德的意蕴，使其基本骨架、内在气质和俊彦风貌，在《论语》多视角的反复琢磨和刻画中脱颖而出，惊艳四方。"君子喻于义，小人喻于利"（《论语·里仁》）；"君子坦荡荡，小人长戚戚"（《论语·述而》）；"君子和而不同，小人同而不和"（《论语·子路》）；"君子尊贤而容众，嘉善而矜不能"（《论语·子张》），如此等等，"君子"一词在《论语》里出现109次，是使用频率最高的一个核心概念，由此足见孔子对君子人格的百般钟爱和悉心打造。如果说，孔子在构思和传扬儒家学说时，思考的轴心问题是探求如何立身处世，即如何做人的道理，那么他苦苦追寻的结果，或者说最终给出的答案，就是做人要做君子。

为了让世人认识和理解他所设计的君子人格，孔子睿智地在《论语》里采取比较排除法，同时论述了比君子高大的"圣人"和比君子矮小的"小人"。关于圣人，他对弟子把他奉为"圣人"的做法，表示不满和反对："若圣与仁，则吾岂敢"。他还明确说："圣人，吾不得而见之矣，得见君子者，斯可矣"（《论语·述而》），意在表明君子并非让人高山仰止的圣人。关于小人，他在与君子一系列对举和比照中予以贬责和否定，如

"君子泰而不骄,小人骄而不泰";"君子求诸己,小人求诸人"(《论语·卫灵公》);"君子成人之美,不成人之恶。小人反是"(《论语·颜渊》)等等。这就告诉我们:君子一方面不是难以见到、难以企及、仰之弥高、乃至高不可攀的圣人,另一方面也与目光短浅、心胸狭隘、见利忘义、斤斤计较的小人判然有别。君子作为孔子心目中的崇德向善之人格,既理想又现实、既尊贵又亲切、既高尚又平凡,是可见、可感,又可学、可做,并应学、应做的人格范式。

孔子塑造的君子人格,伴随《论语》的流传而走入人们的心灵,可谓登高一呼,山鸣谷应。儒家学派的后继者如孟子、荀子等,对君子人格张扬申说,自不待言。"君子"一词,在《孟子》中出现82次、在《荀子》中出现了304次,其推波助澜,可谓不遗余力。与儒家学派颇多论争的墨家学派和法家学派,对君子人格也欣赏有加,如墨子说"君子不义不富,不义不贵,不义不亲,不义不近"(《墨子·尚贤》);韩非子说"君子不蔽人之美,不言人之恶"(《韩非子·内储说上》)等等,都是对君子人格的高度肯定。影响深远的道家学派,虽然诸多思想观念与儒家学派判然有别,但在如何看待君子人格这一点上,两者却颇为一致。老子说:"兵者不祥之器,非君子之器,不得已而用之,恬淡为上,胜而不美"(《道德经·三十一章》);庄子说:"君子之交淡如水,小人之交甘若醴,君子淡以亲,小人甘以绝"(《庄子·山木》);他还说:"以仁为恩,以义为理,以礼为行,以乐为和,熏然慈仁,谓之君子"(《庄子·天下》)。凡此种种,无不表明道家学派对君子人格的认同和称许。至于被誉为"群经之首"的《周易》,更是对君子人格赞不绝口,推崇备至。《周易》64卦爻辞中,36卦爻辞都谈到君子,其中广为人知的名句:"天行健,君子以自强不息"(乾卦),"地势坤,君子以厚德载物"(坤卦),张岱年等哲学家认为:这是对君子形象的生动描绘,也是对中华民族精神的最佳概括。

儒家学说乃至整个中华传统文化,很重要的内容是阐扬仁、义、礼、智、信,以及忠、孝、廉、悌等众多为人处世的伦理和规范。这些伦理规范或者说美好品德,最终都聚集、沉淀、融入和升华到一个理想人格即"君子"身上。孔子被尊为"万世师表",被誉为高于历代帝王之上的"素王",最能体现其思想情怀和超迈气质的人格形象,或者说真正让他自觉内化于心、外化于行的人格模式，就是君子人格。由孔子孕育培养、诸子百家呵护成长的君子人格，在此后中华文化奔腾不息的历史长河中，受到上至历代政治家、思想家及文人士大夫，下至社会各阶层人士包括普通百姓的广泛认同和景从。

从先秦至清末，有关君子和君子文化的描述不仅在汪洋浩瀚的历代典籍中星罗棋布，数不胜数；而且在传统戏剧、民间说唱、民俗礼仪及家教家训中汗牛充栋，俯拾即是。君子文化及君子形象还渗透和融入我们的日常生活及器物之中，如中国人自古就有爱玉的传统，实缘于"君子比德于玉焉，温润而泽"（《礼记》）、"言念君子，温其如玉"（《诗经》）的观念。中国画自宋代以来画得最多题材是梅兰竹菊，也缘于人们把梅兰竹菊看作"四君子"。苏东坡所以说"宁可食无肉，不可居无竹。无肉令人瘦，无竹令人俗"，原因正在于他推崇竹子劲节虚心、清雅脱俗的君子品格。周敦颐的名篇《爱莲说》，所以称颂"莲，花之君子者也"，也缘于他欣赏莲花"出淤泥而不染，濯清涟而不妖"的君子风范。

君子概念历久而弥新、古老而鲜活，至今仍保存着旺盛的生命力。当今社会尽管发展迅速，观念多变、文化多样，但只要是中国人，不论居庙堂之高，抑或处江湖之远，哪怕是目不识丁的山村老农，也乐于被人看作君子，而绝不愿意被人视为小人。君子人格在不同阶层人群，包括社会底层老百姓中都有相当的知晓度和认同度，君子风范今天仍为绝大多数中国人奉为做人的圭臬。做人做君子，这是中华民族世代相传的祖训，像血液一样涌动在每个中华儿女的内心。"君子一言，驷马难追"；"君子爱财，取之有道"；"君子成人之美"；"君子不夺人所好"；"君子动口不动手"；"以小人之心，度君子之腹"；"近君子远小人"；等等，这些至今活在人们口头的君子格言，已不同程度地成为中华儿女做人做事的人生信条。每一个中华儿女身上都传承着君子人格的干细胞，它以一种习用而不察、日用而不觉的方式，规范和调整着我们观察事物、思考问题、行为处事的视野、心态、作风与格调，影响着人们做人做事的价值判断和行为准则。

君子作为中华民族千锤百炼的人格基因，是凸显中华文化"精气神"的典范人格模式，彰显着中华民族深沉精神追求和独特精神标识，是中国优秀传统文化的聚焦之点和闪光之源，是烛照中华儿女历经坎坷而跋涉向前的人格力量和心理支撑。君子文化作为中国优秀传统文化的精髓，以水滴石穿、润物无声的方式，在每个中华儿女身上都植入了文化的 DNA（基因），或者说在每个中华儿女心底都埋有一颗君子的种子。习近平同志反复强调：培育和弘扬社会主义核心价值观必须立足中华优秀传统文化，必须从中吸取丰富营养。我们可以通过挖掘和倡导君子文化，让君子这颗最能体现中华优秀传统文化"精气神"的种子在新时代生根发芽开花结果，在当代社会竖起一面具有深厚传统底蕴和时代精神的文化旗帜。

我们培育和践行社会主义核心价值观，需要下文件发号召、需要广宣传造声势、需要编读本做讲解、需要评模范树标杆，关键是要激活和焕发人们内心由传统文化长期熏陶而形成的价值理念，简单说就是对"自强不息、厚德载物"为典型特征的君子人格的遵从和追求。面对市场经济浪潮席卷社会生活每个角落，导致一些人信仰缺失、价值迷失、道德失范等诸病连发的状况，我们尤其需要在当代开展"新君子文化运动"，在社会生活各方面大兴君子文化、大倡君子之风、大行君子之道，让君子文化这剂传统良方在培育和践行社会主义核心价值观这项宏大工程中，发挥补气固本的独特作用。这样才能做到如习总书记所说："使中华民族最基本的文化基因与当代文化相适应、与现代社会相协调，以人们喜闻乐见、具有广泛参与性的方式推广开来。"

孔子到底离我们有多远

银川市文联　郭文斌

若干年前，我得了一种怪病，遍寻良医均不得治。就在我心灰意冷的时候，上苍让我碰到了一位高人。那是一个想来有点传奇色彩的邂逅。在去北京的列车上。故事的过程在此不赘，单表结果，那就是折磨我多年的顽症居然被他治好了。许多亲戚朋友问我，那人到底用了什么灵丹妙药，竟有如此神效。我说说来你们也许不会相信，他开给我的全部药只是一个词儿：安详。但事实确是这样。他说所有的疾病都来自非安详，一个人，一个家庭，一个单位，一个国家，要想康泰就要长养安详之气。我问如何才能安详。他说安详有许多层次，获得安详是一生的事情。我请教他就我而言当下应该怎么做。他说，读安详的书，做安详的事。我问哪些书是安详的书，他给我介绍了七八部。当我听到《论语》《老子》《庄子》《六祖坛经》首先出现在他的书单中时，心中大为震动，我没有想到这些平时再熟悉不过的经典竟被他配在这味汤剂里，以安详的名义。最后，他特别给我介绍了一本书，名叫《了凡四训》，这倒是我此前从未听闻过的。他还叮嘱我，每天用于阅读这些书的时间不能少于两小时，是否读懂并不重要，关键是读，一遍遍地读。病急乱投医，带着试试看的态度，我按他的书单开始读书，不想身体果然渐渐好起来；两个月后，折磨人的病痛基本消失；半年后，我成了一个让大家羡慕的健康人，生活和事业也顺起来。

我首先开读的是南怀瑾老先生讲的《论语别裁》，后来直接读原著，反复地读，读着读着，从前觉得十分枯燥的文字出味儿了，活起来了，好像能够感觉到心里有一扇扇窗户打开了，那种渐次亮堂起来的感觉真是美好。后来的一天，我的脑海里出现了一个大胆的猜想：孔圣一生所做的事大概就是教弟子如何找到安详。"三十而立，四十而不惑，五十而知天命，六十而耳顺，七十而从心所欲，不逾矩。"可能我这样猜度有些大逆不道，我想那个"三十而立"，大概就是初证安详；然后他又修行了二十年，通过不惑，知天命，才达到"耳顺"境界，应该是无漏安详；"七十而从心所欲，不逾矩"，就是究竟安详了。再看有关孔子家族的报道，几千年绵延不绝，我想这可能就是安详的绵延不绝，他的子孙从他那里继承下来的不是金银珠宝，而是万贯安详。那部《论语》本身，就是一个大安详源。由此推论，中华民族几千年的绵延不绝，也是安详的绵延不绝。又想，四大文明古国中，两个追求速度的国家都灭亡了，而两个追求安详的国家却存下来了。总之，有那么一段时间，对安详很着迷，也对有关安详的一些方法论很着迷。再后来，当安详能够被随时"操作"时，我发现它的另一面是一种全新的快乐，一种从前没有体会过的快乐，一种能够感觉到它的长度、宽度和厚度的快乐。

有许多全新的感受想让大家分享，没有缘由。也有许多在传统儒学家看来可能非常"反动"理解想就正于大方之家，于是便有了以下这些文字。

"反动"是个褒义词

众所周知，孔子的核心主张是仁。那么到底什么是仁？千余年来，仁者见仁，智者见智，至今没有定论。在我看来，它和"反动"大有牵连。

"颜渊问仁。子曰：克己复礼为仁。"怎么理解？关键在"克己"。如果从字面上理解，这两个字非常简单，就是战胜自己，而战胜自己的什么？众说不一。我的理解是，自己身上什么最难以管束就战胜什么。比如各种感官享受，比如贪嗔痴慢。假如我们把这些难以管束东西称为生命的惯性，那么"克己"的过程就是战胜生命惯性的过程。按照圣哲的观点，人的成长过程从一定意义上说是一个不断被污染的过程，所谓"人之初，性本善"，而且彼此"性相近"，只不过因为"习"而"相远"。这种"习"在我看来就是生命的惯性，它来自欲望，来自后天的污染。因此，"克己"就是一个往回走的过程，克服生命惯性的过程，"反动"的过程。因此，"反动"在古代应该是一个褒义词，它的出处我没有考证,但应该是老子的"反为道之动"。老子非常喜欢婴儿,他说你看那初生的婴儿成天啼哭却嗓子不嘶哑;你看那小拳头紧紧攥着,连大人都扳不开;你看那小鸡鸡成天挺着,却丝毫没有不雅的感觉。一切看上去都是美不可言,为什么?因为他是当初,当初最美,当初也最有生命力。婴儿脑海里想的是什么,我们不知道,但是有一点是肯定的,那就是他没有过分的欲望,没有房子、票子、车子、位子和美女,包括自我实现等马斯洛讲的人的五种需要,在小肚子吃饱的情况下,他更多的是处在安详和自足里,可谓大自在。

把一个成年人"克"成一个准婴儿状态,那个境界,应该接近于"无我",应该接近于孔子心中的"仁"。我们想想,当每一个人都达到"无我"境界,心里连自己都没有了,还有私欲吗?皮之不存,毛将焉附?如果按照非此即彼的公理,那么一个心里没有自己的人,肯定只有苍生,只有别人了。试想,假如社会上人人心中都只有别人,这个社会还能不和谐吗?因此,我一直认为,物质的极大丰富不可能成为实现共产主义的大前提,因为物质的丰富是没有止境的,共产主义只有在每一个人都成为君子,都达到"无我"的境界、"仁"的境界时,才有可能实现。

但这个"克"说起来容易,做起来却非常难。古人把人的这种后天"习气"形容为"飓风",一点也不过分。许多时候,我们明明知道某件事是错的,不合道的,但就是忍不住去做,那个惯性真是太强大了。"习相远",正是这种像飓风一样的"习",使我们的"性"不再"相近",因而人心不古,因而礼崩乐坏。为此,孔子才要我们"克己复礼",才要我们向回走。

两个指标

在"克己"方面,颜回是一位成功的实践者。在孔子的三千弟子中,他最喜欢的就是颜回了。《论语》中有多处孔子对颜回的赞美,大家最熟识的是"贤哉回也!一箪食,一瓢饮,在陋巷,人不堪其忧,回也不改其乐,贤哉回也。"孔子甚至这样在子贡面前夸颜回:"弗如也,吾与女弗如也",连他自己都不如他,这个评价够高了。但我特别看重的却是另一句赞美:"哀公问:弟子孰为好学?孔子对曰:有颜回者好学,不迁怒，不贰过，不幸短命死矣，今也则亡，未闻好学者也。"

孔子赞扬颜回的两个依据是"不迁怒，不贰过"。孔子认为，他的三千弟子中，能够做到这两条的，没有第二个人了。孔子为何如此重视"迁怒"？当年读《论语》，读到此处，还不服气呢，心想如果"不迁怒，不贰过"就可以是一个贤者，一个君子，那做一个贤者一个君子也未免太容易了。后来有了生活阅历，才发现孔圣简直是太伟大了，才发现是否动怒是衡量一个人修养的极重要指标、极重要的尺度。贪、嗔、痴是佛家说的三毒，三毒中治其他两毒相对容易，唯治"嗔"难，因为当一个人还"嗔"的时候，说明那个小我还在；换句话说，只要一个人还有"我"在，就会有"嗔"在，"嗔"之于"我"，可谓如影随形；我们看那个"嗔"字，是一个"口"把"真"吃掉了，就是在你"嗔"的时候，是假的在做主，是鸠占鹊巢；再看那个"怒"字，是心被奴役了，被什么奴役了？被小我，或者说是假我，或者说是魔。所以孔子在《论语·为政》篇中讲："吾十有五而志于学，三十而立，四十而不惑，五十而知天命"，直到六十才"耳顺"。就是说，他从十五岁开始"克己"，一直克了整整四十五年，到六十岁的时候才"耳顺"。什么叫"耳顺"，"耳顺"就是荣辱不惊，就是别人赞美你的时候，你开心，别人诅咒你的时候也开心，所谓别人打你左脸的时候，你能够把右脸给他，别人把痰吐在你脸上你也能够说声谢谢。在众多需要我们"克"的惯性中，最难的是面子——脸皮关。当一个人能够在别人侮辱的时候不发怒，说明他的脸皮关已经过了。士可杀，不可辱，说明受辱比受杀难，从这个意义上说，受辱是一个已经超越了生命本身的概念。释道两家说如果"杀身成仁"为"仁"，那这个境界还不究竟，还是一个限量境界，还有一个"杀身成仁"的"求"在。如果一个人不是为了苍生，不是为了大众，而仅仅是为了那个"仁"而杀身，还不圆满，那还是一个贪，还是一个自私，只不过它更隐蔽，仍然需要"克"。甘地说，真正谦逊的人意识不到自己的谦逊。可见这个"克"是一个了不得的功夫。再比如，"子贡曰：贫而无谄，富而无骄，何如？子曰：可也，未若贫而乐，富而好礼也。"子贡所言还是小我，还暗藏着有求，还在有为里，还在执着里，还有一个对比的外在对象在，是贫时不怎么，富时不怎么。而孔子所言则大平常心了，是向内用功夫了，贫时向内求乐，富时向外施爱，仍然是乐。是贫时怎么，富时怎么。一个是否定,一个是肯定,功夫却差了十万八千里。

当一个人能够真正做到"耳顺",说明那个人的小我已经没有了,大我也没有了,既然什么都没有了,当然不可能有那个动怒的了,自然也就没有那个"怒"了(有一次,佛陀在树下禅坐时,一位婆罗门气急败坏地上前大骂佛陀,随侍在旁边的阿难听到后心里很不舒服,可是佛陀却如如不动,非常平静。婆罗门见状怒不可遏,用力吐了口水在佛陀的脸上,扬长而去。回家的路上,婆罗门想起刚刚的粗言恶行,相对佛陀的平静,感到很羞愧,于是决定向佛陀忏悔。佛陀笑答:"昨天的我,已经过去了;未来的我,还没有到;当下的我,刹那刹那生灭,请问你要向哪一个我道歉呢?"佛陀认识到世间万法本是"缘起缘灭",所以能以平常心去对待婆罗门无礼的谩骂,这便是因见性而得到的菩提之忍,是由于深刻体悟到自性、法性本来空寂,本是不生不灭、便无所谓忍与不忍了,以至于在境界当前,能够以静制动,以不变应万变)。而当一个人没有我的时候,心里只有众生了,只有众生了,那就能够做到全心全意为人民服务了,作为决策者,肯定也没有失误了,可谓"从心所欲,不逾矩"了。所以,只有成为一个君子,才能做一个合格的决策者。

生活中,迁怒伤身;工作中,迁怒误事;治理国家中,迁怒甚至可以亡国。这方面的例子举不胜举,刘备就是一个,当时举兵伐吴,就是典型的迁怒,结果被火烧连营。司马懿就修到家了,诸葛孔明以女人衣羞辱他,他也不动怒,不发兵。周瑜就不行,被诸葛亮气死了。所以最后得到天下的是司马家族。当然,这是演义中的三国,但也可以看出作者对一种人生境界的理解。1993年7月,中国"银河"号货轮驶向科威特,美国硬说货轮上载有化学武器,派出军舰跟踪,飞机拍照,还强行登船检查;1999年5月,以美国为首的北约,用精确制导炸弹袭击中国驻南斯拉夫联盟大使馆;2001年4月,美国军机侵入中国南海领空,明目张胆地收集情报,还撞毁中国飞机。面对美国一次次挑衅,中国既予以谴责,又采取克制态度。这无疑是颜回之学在新时期的成功传承。美国前国家安全顾问兹比格涅夫·布热津斯基佩服中国人的理性和智慧。他说,美国是头号经济强国,是中国最大的外部投资来源,中国如果奉行对抗性外交政策,经济增长就会中断,民众的生活将会受到影响。因此,中国专注于自身崛起的努力之中,是妥善之策。因为中国必须为经济发展赢得长久的国际和平环境。

不迁怒如此,不贰过就是更高深的境界了。先哲认为,人的一生要完成八万四千个功课,才能圆满毕业,如果一个人在一件事上犯同样的错误,那就意味着有一个功课永远完不成了,所谓不圆满,就是指这个。假如太阳在它的轨道上稍微打一个盹,那这个太阳系就要出问题。这个世界上之所以有时间,有历法,就是因为我们拥有一个永远"不贰过"的太阳。手表是我们每个人的必需品,但是很少有人想过,它是太阳"无过"的成果,因此,那永不停歇的滴滴答答声,其实是对太阳的礼赞。因此,古人用"战战兢兢,如履薄冰"来形容人生。当然,人非圣贤,不犯错误是不可能的,问题是,一个错误犯了,立即改掉,就没有错误,如果不改,就是两个错误,如果再犯,那则不是用倍数能够计量的了。故而有曾子在《论语·学而》中曰:"吾日三省吾身,为人谋而不忠乎?与朋友交而不信乎?传不习乎?"其实这个"三",我认为传统的解释还是讲错了,他并不是说我一天要三次反省自己,而是时时刻刻,看自己是否在道中,在仁中,即"君子无终食之间违仁,造次必于是,颠沛必于是。"就是说,如果你一顿饭的工夫离开仁,那你已经不是君子了,就是罪人了;一个人只有时时刻刻在仁中,在道中,才能做到"不贰过";否则就会给自己留下"非仁"的缝隙;而只要有缝隙,强大的狡猾的生命惯性,就会乘机而入;所谓"留下一个缝,黄金捅个洞"。所以一个人能够做到"不贰过",说明那个人心中已经是一片"仁"的晴空了。而一个人只有处在一种绵延不断的仁中,身心才能得到大滋养,对于外界,也才能随处结祥云。就像打太极拳,如果一套拳打下来,你能够做到"意"始终不断,身心就会感到通泰;假如"意"断掉,你就会觉得身心特别难受,比不打还难受,就像身心被什么分割了一样,打过太极拳的同志都知道,要从"坚守"过渡到"不守而守",再到"随心所欲",需要一个漫长的训练过程。而颜回能够做到不贰过,就意味着他人生的太极拳已经没有那个"断",而是"不守而守"了。先贤们为了训练觉知,有许多办法,比如头顶一碗水长时间站着,比如在悬崖上走钢丝,假如你有一丝杂念,前者就会洒水,后者就会葬身深渊。而我们的一生,又何尝不是顶水而立,何尝不是走钢丝。而依佛陀关于觉悟的第次,当一个人能够"不贰过"时,他的知觉应该是到了"圆觉"的境界了,已经超越了"过觉"了。过觉的大意是指，当一个错误或者错误的念头发生，自己能够马上意识得到，这时一个人已经能够自己"牧牛"了，不需要别人时时刻刻盯着了，这个境界已经很了不起了。过觉上去是圆觉，圆觉上去是妙觉，妙觉上去是正等正觉。可见一个人能够"不贰过"，之于觉悟，已经快要登堂入室了。当然，这只是一个类比，因为他们一个是世间法，一个是出世间法。

前几天看中央电视台采访深圳爱心大使著名歌星丛飞，他有一句口头禅：停不下来了。就连好事做到一定程度都会停不下来，何况坏事，所以历史上有许多腐化堕落分子，从他们的交代中我们知道有些人也是有过回头动机的，但是他们停不下来了，所以孔子说一个人要有"慎终追远"的功夫，就是说当一件事没有发生时，我们就要察觉它，把握它，所谓众生畏果，菩萨畏因，因为你种下一个因，肯定就有一个果，肯定就要你去收场，就是说，我们要学会把错误消灭在起心动念那里。所以孔子说："道之以政，齐之以刑，民免而无耻。道之以德，齐之以礼，有耻且格。"法治是必要的，但法治是不究竟的，你在墙上弄上玻璃，只不过是提醒小偷翻墙时更加小心而已。因此，管理和教化要从开头做起，要从那个"因"上做起，让那个念头一升起就被照灭。我们老祖先创造的这个"照"字真是好，勉强说就是你的自觉要像日月高照，不要让心里有瞬间的暗影存在，丝毫的杂念升起，一旦升起，就照灭它。用"照""灭"之，真是妙不可言。我们想想，一个人心中连一丝一毫的杂念都没有了，他还能够去犯罪吗？

一个标准

"子曰：参乎，吾道一以贯之。曾子曰：唯。子出。门人问曰：何谓也？曾子曰：夫子之道，忠恕而矣。"许多年来，在"吾道一以贯之"的理解中，大家更多地把重心放在"贯"上，但在我看来，它的重心应该是"一"。这个"一"，应该是那个"道生一，一生二，二生三，三生万物"中的"一"，它是孔子之道的总纲领，就像释家一样，修行的法门四万八千种，但最基本的还是那个"不二法门"，也即"一"。因此，通过这个"一"，儒释道三家相见了，也相通了（《黄帝内经》中那个修身养性的最高法门"抱圆守一"的"一"，大多专家把它解释为"身体"，我觉得还是讲错了,它应该是和儒释道三家所讲的"一"相等或者相近的一个概念)。但是这个默契只能在孔子和他的高足曾参间达成,要给其他弟子讲,他们会觉得不可思议,也有可能既"失人"又"失言"。果然,孔子出去后,师兄弟们围着曾参问"吾道一以贯之"是什么意思?曾参说"夫子之道,忠恕而矣",这是一个无奈的勉强的说法,但也道出一些"道"的意思。我们再看"忠恕"二字的会意,"忠"者"中间的心",不左不右的心;"恕"者"如心",我想这更应该是对一个觉悟者的当下状态描述:不左不右,不偏不倚,不增不减,不垢不净,不生不灭,就像那个源头上的没有被污染之前的"心",它大概接近那个"一"那个"仁"了。因此,我坚决相信汉字绝对是圣人所造。我们看那个儒字:社会需要的人,非儒,多余人也;禅:别的都没有了,包括妄念,只剩下心了(如果一个心还有附加条件,那就不是"禅",不是"人之初,性本善"的那个"性");佛:已经不是人了,无我了;道:首人(第一个人)走的路(首人是谁?),最初的那个道路,那是一个大宇宙原则,或者说是一个人首先要走的路,或者说是一个人必须要走的路;忙:"心"的死,意即人在忙乱的时候,"心"已经不在现场,亦即"亡",因此"亡"了"心"的那个状态,就是"忙";念:现在的心,当下的心;再看"安贫乐道",只有安贫才能乐道,只有乐道才能安贫。真是让人不由得拍案叫绝。因此,曾子用"忠恕"来表述"夫子之道",虽然达不到拈花境界,也算得上大高明了。

假如我们把它拿到现实生活中经世治用,不妨可以理解为将心比心,设身处地。事实上,一个人能够真正做到设身处地,恐怕已经离君子不远了。当发动战争者能够站在难民的角度考虑问题,这个世界上的战争可能会少掉一些;当开发者能够站在自然的角度考虑问题,生态失衡的状况可能会改变一些;当包工头能够站在民工的角度考虑问题,拖欠工资的现象可能会少掉一些;当管理者能够站在被管理者的角度考虑问题,当被管理者能够站在管理者的立场上做事,对抗肯定会大幅度下降;当丈夫能够站在妻子的角度考虑问题,当妻子能够站在丈夫的角度考虑问题,家庭暴力肯定会大幅度减少,离婚率肯定会大幅度下降;当父母能够站在儿女的角度考虑问题,当儿女能够站在父母的角度考虑问题,真正的父慈子孝才会发生;当老师能够站在学生的角度考虑问题,当学生能够站在老师的角度考虑问题，真正的尊师重教才会发生。

慈悲，差不多应该是"夫子之道"的一个最为重要的标准。

曾看到这样一个故事：

无著是第四世纪最著名的印度瑜伽士。他进入山中闭关，专门观想弥勒，热切希望能够见到弥勒，从他那里接受教法。无著极端艰苦地做了六年禅修，可是连一次吉兆的梦也没有。他很灰心，以为他不可能达成看见弥勒的愿望，于是放弃闭关，离开了闭关房。他在下山的路上走了没多久，就看见一个人拿着一块丝绸在磨大铁棒。无著走向那个人，问他在做什么。那人回答，我没有针，我想把这根大铁棒磨成针。无著惊奇地盯着那人看；他想，即使那人能够一百年内把大铁棒磨成针，又有什么用？但又一想，人们居然能够如此认真地对待这种荒谬透顶的事，而自己在做真正有价值的修行，还如此不专心，于是调转头，又回到闭关房。三年又过去了，还是没有见到弥勒的丝毫迹象。现在我确实知道了，我将永远不能成功。因此，他又离开了闭关房。不觉间，到了一个巨大得几乎要碰到天的岩石下，看见有一个人拿着一根羽毛浸了水刷石头。无著问，你在做什么。那个人回答，这块大石头挡住我们家的阳光，我要把它弄掉。无著甚感讶异，对自己的缺乏决心感到羞耻，于是，他又回到闭关房。可三年又过去了，仍然没有一个好梦，这下子他完全死心了，决定永远离开闭关房，在下山的路上走了没多久，他看到一只狗躺在路旁，整个下半身已经腐烂，布满密密麻麻的蛆。无著的心中一阵难过。他从自己身上割下一块肉，拿给狗吃。然后蹲下来，要把狗身上的蛆抓掉。但他突然想到，如果用手去抓蛆的话，会把它们抓死，唯一的办法就是用舌头去舔。无著于是双膝跪地，看着那堆恐怖的、蠕动的蛆，闭上他的眼睛，倾身靠近狗，伸出舌头。下一件他知道的事是舌头碰到了地面。他睁开眼睛，那只狗已经不见了，同样的地方出现了弥勒，四周是闪闪发光的光轮。

终于看到了，无著说，为什么从前您却不示现给我？弥勒说，你说我从前不示现给你，那不是真的，我一直都跟你在一起，但你的业障，你心上的灰尘（所以才要"时时勤拂拭"）却让你看不到我。你十二年的修行，慢慢溶化掉一些你的业障，因此你终于能够看见那只狗。今天，由于你难得的慈悲心，业障完全消除了，你就能够以自己的双眼看到我。如果你不相信这件事，可以把我放在你的肩膀上，看别人能不能看到我。

无著就把弥勒擎在他的右肩上,到市场去,逢人便问能看到我的肩膀上有什么东西吗?没有。人们说。只有一位托钵僧说,你把一条腐烂的老狗扛在肩上做什么。无著终于明白,是慈悲的力量转化了他的业障,打通了他和弥勒的通道。于是五体投地,向弥勒顶礼。弥勒就传给他无上的瑜伽法门,使他成为四世纪印度最著名的瑜伽大士。

在此,我更愿意把这个故事看作一个寓言,一个象征。它告诉我们,慈悲是一条道路,一条通往光明,通往真理的唯一通道。

什么人最快乐

有一次,孩子问我,这个世界上什么人最快乐?我说你说说看。孩子说有人说得到爱情的人最快乐,有人说得到财富的人最快乐,有人说得到权力的人最快乐。我说你这个问题提得好,我用孔子的一句话向他作了回答。"子曰:不仁者,不可心久处约,不可心长处乐。"可见仁是大快乐之源。

我还要帮孔圣加一句,不仁者,不可久处美,因为"里仁为美",住在仁里最美,最享受啊;曾经沧海难为水,除却巫山不是云;尝过了那个大快乐,一切小情小调就没有多少诱惑了,一切痛苦于他也是小菜一碟了。在《论语·述而》中,孔子的弟子是这样描述夫子的:"子之燕居,申申如也,夭夭如也。"申者,舒展状,夭者,灿烂状,既舒展又灿烂,大快乐啊。

看完《论语》,我的脑海里冒出一个句子:大快乐者孔子。他对万事万物看得是那么开,他是那么随缘,自在,通情达理,活泼,不执着,不僵化,申申也,夭夭也,活活泼泼,开开心心,那么讨人喜欢,让人看着心生欢喜,所以有那么多弟子愿意终生跟着他,像颜回,为了常和夫子在一起,居然愿意吃粗食,穿布衣,住在高危的房子里,而不出仕,如果他是一个僵化的老头子,不讨人喜欢的老头子,大家会如影随形地跟着他吗?

孔子师徒在前往楚国的路上被困在陈蔡,粮食吃完了,只能以野菜充饥,后来野菜都没有了,弟子们都愁苦不堪,孔子却兀自在那里抚琴,更让弟子们受不了的是那琴声无比的欢快,了无愁情怅绪。子路终于沉不住气了，他想，都什么时候了，你还有闲情弹琴啊。子路听到孔子在心里说，那你说我应该怎么做才对。子路说至少不应该在现在寻开心吧。孔子说真正的君子是在任何情况下都不能改变他的开心的；或者说只有在任何情况下都不改变他的开心，包括无饭吃，无房住，甚至被杀头，那才是君子。这是我的演绎。真实的情况是子路站起来向孔子提问：君子也有贫困的时候？孔子说这要看你如何理解贫困，一个人如果不能处在道中（《论语·里仁》），或者说与道无缘，或者说错过了道，那才是真正的贫；而一个人如果因为挫折降低自己求道的志向和追求，那才是真正的困。简言之，无道为贫，失道为困。子路听了夫子的话后，一边惭愧得流泪，一边把琴从孔子的行帐里抱出来，说，夫子，你接着给我们弹吧。于是，在陈蔡之地，在月黑风高的夜里，随着夫子的琴声，响起了众弟子"关关雎鸠，在河之洲，窈窕淑女，君子好逑"的合唱。从中，我们听到了大富有，大快乐，尽管，他们一个个面如菜色。这个"窈窕淑女"，我想不是别的，就是"仁"，就是"道"。

一个人得到快乐不是一件难事，难的是"长处乐"，永远处在快乐中，在任何情况下都处在快乐中，无条件地快乐。

孔子为什么能够久处乐？

心理学家说人的痛苦都来自理想和现实的矛盾，其实说得更准确些，是来自物质企图和现实的矛盾，来自想住华屋而不得，想食美味而不得，想泡美妞而不得。试想，当一个人把他的生活目标定位为孔圣说的"食无求饱，居无求安，就有道而正焉"。那他的人生还会有多少烦恼呢？亚历山大大帝在征服了印度之后，谁都不想见，就想见一下大乞丐第欧根尼。他听说第欧根尼一贫如洗，却是天下最快乐的人。第欧根尼奉行的是大减法原则，他不要房子，不要老婆，不要钱财，甚至连衣服都不要了，最后手里只剩下一只讨饭钵了。这天，他生命中的一个无比重要的导师出现了，那是一条到河里喝水的狗，他无比震惊地发现，有一条狗到河里喝水，居然不用钵，他就把那件最后的家产扔到河里去了，狗不用钵能够喝水，我为什么不能？这个攀比真是精彩到家，第欧根尼把此视作自己的最后革命。扔掉钵之后，他高兴地在河边手舞足蹈，把那条狗都惊呆了。现在，他终于成了一名地道的无产者。

一天，亚历山大在海边找到了第欧根尼，看见第欧根尼赤身裸体地躺在海滩上晒太阳，他以一种无比优越的救世主的语气问第欧根尼：第欧根尼先生，请问我能为你做些什么？他的部下说，知道他是谁吗，他就是亚历山大大帝。不想第欧根尼连眼皮都没有抬一下，说，在下没有什么要劳驾您，只是请您往开挪一挪，不要把我的阳光挡住了。亚历山大受到的打击是可想而知的，但他的心里又分明是羡慕和尊崇。杀人如麻的亚历山大带着几分恭敬离开了第欧根尼，他给自己说，如果说我的快乐和富有是河，他的快乐和富有则是海，下辈子，我要做第欧根尼。这个画面真是有趣，包括展现两人内心的那一面。一个是世界的超级富有者，一个是世界的超级贫穷者，但是这时，超级富有者却主动在心里打起了白旗。造化就是这样平等地爱着他的每一个孩子，和亚历山大比起来，第欧根尼的确是穷，但是他却没有被人谋国的烦恼，没有被人谋妻的烦恼，没有被人谋财的烦恼，没有被人谋命的烦恼，他可以在任何地方闭着眼睛睡大觉，但是亚历山大就不行，他即使睡觉也要睁半只眼睛，他有太多的事在心头。若无闲事在心头，便是人间好日月。他的心头有太多太多在第欧根尼看来的闲事，他有这个世界上最漂亮的妻子怕被人偷，他有这个世界上最多的财富怕被人窃，他有世界上最大的权力怕被人夺。尤其可怜的是，他想放弃这一切都不可能了，他穷到连想做个穷人都不可能了，他怕一旦失去手中的权力就有人要他的命，他贫穷到连停下来的一点点可能都没有了，是真正地被剥夺了政治权利终身了。现在，你说谁是这个世界上最富有的人？这就是圣贤和英雄的区别：王者征服天下，圣人征服自己；王者享受大荣耀，圣人享受大自在，各得其所。一个人只有彻底达到无我境界，才会得到无漏快乐，当然，我这样称许第欧根尼，并非教唆世人无所作为，事实上很少有人能够成为第欧根尼，我的担心肯定是多余的，但我相信没有人不喜欢第欧根尼，特别是在一个被欲望和速度摩擦得火星四溅的时代，第欧根尼的"反动"无疑是一味清凉剂。

　　如果说第欧根尼的喜悦来自于大无为，那么孔子的喜悦则来自大有为。无为和有为，通过那个"大"相通了。甘地说："只有永不停息的信念才能换来真正的休息，拥有从不懈怠的激情才能最终抵达无法言说的平静。"孔子虽然马不停蹄地在大地上奔波，但因为他的无我和忘我，大地变成了他的海滩，信念变成了他的阳光，马蹄声变成了他的风。如果我们稍微留心就会发现，在孔子身上有一个和第欧根尼扔掉讨饭钵一样的无比经典无比优美的动作在不停地发生：世人心中的那个小家，那个安逸，就像第欧根尼手中的钵，被他一次次扔到生命的逝川里去了。于是，"子在川上曰：逝者如斯夫，不舍昼夜"。

为此，把人们从欲望中堵住是无用的，当人们找到比欲望更高的那个享乐时，欲望肯定会自动终止。对此，佛陀看得最清楚，和法制比起来，和极大的物质满足比起来，开发那个更高的快乐更有利于生命和社会的和谐，你要让贪官不贪，就必须让他找到一个比贪更快乐的东西，那才是治贪的根本途径。

孔子能够久处乐，还因为他的大无畏。"子畏于匡。曰：文王既没，文不在兹乎？天之将丧斯文也，后死者，不得与于斯文也。天之未丧斯文，匡人其如予何？"（《论语·子罕》）。宋国有个叫阳虎的人，为非作歹，引起公愤，被追缉，这人长得非常像孔子。一天，孔子在匡被宋人误认为是阳虎，欲围而杀之，形势非常严峻，他的弟子都吓坏了，但孔子却从容如常。他说，你们放心，他们杀不了我的，因为自文王之后，文化衰落到现在，如果上天有意要让礼崩乐坏，那我该死，如果上天不想断绝中华民族的文化命脉，那我就死不了，何其坦然。知人者智，自知者圣，这是一种大看破。甘地说，奉献者不必为自己担忧，把一切担忧留给神，奉献者甚至不会为明天储备粮食。何其相似尔。

我小时候特别喜欢风水，什么山环水抱必有气一类，因为常听老人说人物出在坟里，为此，把能够找到的有关风水的书都看完了，谁想最后却发现，压根就没有风水，只有德行，种瓜得瓜，种豆得豆，你种下瓜绝对收获不了豆，你种下豆也绝对收获不了瓜。所谓有福人不睡无福之地，如果功德配睡在福地，死后各种因缘自然会让你睡到那个地方，不具足，即使睡到龙穴上，也会因为地震什么的，让你出局。

有段时间也喜欢占卜，在当地都小有名气了，但是最后还是放下了，同风水一样，一个人的命运是卜不出来的，还得靠你去奉献，去积功累德，还是"瓜豆原理"，所谓善易者不卜。所以五代时的冯道说：但知行好事，莫要问前程。这话真是好。试想一下，当一个人超越了幻想，超越了企图，超越了担心，超越了对技术的诉求，只问耕耘，不问收获，他能不快乐吗？

孔子周游列国的时候，各国都排斥孔子，生怕他夺取政权，唯有在卫国,卫灵公、南子、一般大臣,都对孔子很好,孔子的弟子听了谣言,认为孔子可能要当卫国的国君。一天,冉有给子贡说,夫子是否真像大家说的那样,要在卫国做王?子贡去问孔子。"伯夷叔齐何人也?曰:古之贤人也。曰:怨乎?曰:求仁而得仁,又何怨?出曰:夫子不为也。"宁为帝王师,不为帝王位。

多年来,我们一直都在误读孔子,认为他一生在为出仕奔波,事实恰恰相反,他的不出仕不得志是故意的,他如果想当国王,那太容易了,在当时小国寡民的情况下,他有弟子三千,贤者七十二,其中有像颜回那样的道德家,子路那样的军事家,子贡那样的外交家(当时有人问楚王,楚国有这样的人才吗,楚王说,一个都没有)。但他就是不那样干,他是故意在大地上奔走,他故意不如意,他的身影,让我想起和他遥相呼应的佛陀,那个不做国王要做苦行僧的佛陀。

仁会遗传

有一个大秘密孔子没有讲破,那就是仁的遗传学意义,当一个人到达仁的境界以后,除了自己快乐,还有什么好处?孔子自己没有回答,但是别人替他作了回答。据载,当年孔家向颜家求亲,颜父一听是孔家,立即同意了这门亲事。颜母说,女儿的终身大事,你也不去考察一下,至少应该面视一下当事人。不想颜父说,不用,孔门乃积善之家,不会有错。颜父的话果然应了验,后来孔门出了一位圣人不说,而且家道两千余年不衰,现在家谱已经记载到第七十几代,仍未有衰相。当然,孔子是大济世家,肯定不是出于求得善报才去行道,但是对于世人,特别是讲究现实功用的世人,这个秘密不应该不让它公开。据研究,人的遗传基因中有一种类似于计算机芯片的东西,自动记载着人的善恶,并且按照一定的程序定时结算,阶段性地或者永久性地公布一下,那就是报应;被奖励者鸿运当头,被惩罚者运气扫地。这种结算有时是以家族为单位的,有时是以个人为单位的;只要你活着,就不能逃脱它的监控。有许多生命科学家已经发现,接受别人的良性祝愿可以改良人的细胞组织,而一些非常的大祝愿可以改变人的细胞组织,当一个人在万分感激的情况下,发出的感激会把一种类似遗传密码的东西发送给施恩者,这种东西,就是人们所说的好运制造者。窃想，这才是真正意义上的祝福吧？古人肯定是看破了这一点，过去的那些郎中，四处行医，一不收钱二不收财三不留名，他们肯定是知道这一秘密的。有人考证过全国不少高考状元，居然有一半他们的祖上是被世人传颂的教育世家。

报载，新加坡有一老太太，今年已经一百一十岁了，还能像小孩一样翻跟斗，好像不知道老是怎么回事似的。她的一生没有什么爱好，就是收养孤儿，办孤儿院，一百岁时，政府不让她工作了，给她发津贴，"勒令"她在家休息，可是没用，公差前脚走，她后脚又溜到孤儿院去了。报载，宁夏某县有一位名叫田振业的老人，八十岁时被大夫宣判"死刑"，不想八十四岁了，还能骑着自行车上街，截至此年，他已经有十四个孙子考上大学。据知情人讲，这位老人一生行为特别，有许多关于他的"段子"：当年给中学当出纳，煤油照明时代，一天傍晚，校长端了两盏灯去盛煤油，其问为何，校长说，一盏是爱人的。他说你爱人在小学，你到小学盛去。我们可以想象，校长如何尴尬。电力照明时代，上自习停电了，其把蜡烛依剩余的自习时间按比例切成半截给教师分发，教师们气得叫"田半截"。集资办学期间，盗贼半夜来偷木料，他为了追回一根松木椽子被小偷打得住院。许多辍学的学生被他悄悄叫回来，悄悄地接济，学校和教师却一概不知，直到后来这些学生考上大学了，工作了，人们才从他们的文章中知道田振业老人的这一善行。更让人不可接受的是有许多过路的乞丐，都被他收留过夜，翌日走时，还打发盘缠，等等。同这些"段子"一样，人们也传颂着在他身上发生的许多奇迹：骑自行车从几十米深的渡口掉下去，换了石头，也要摔碎，不想他翻起来扛了摔得稀巴烂的自行车没事似的回家；把新房子让给年轻教师，自己住危房，有天夜里，在他去上厕所的时候，房子塌了，等等。

前段时间，有朋友强烈地推荐一本书，说这个世界上什么书都可以不看，唯独这本书不能不看，说他的孩子原来是个问题学生，五毒俱全，看此书后，焕然一新，脱胎换骨一样。我问是什么书竟有如此魔力，他说《了凡四训》。又是《了凡四训》，当年那位高士推荐给我，因为书店没有卖，就作罢了，这次就想知道它到底是一本什么书了。上网一查，原来是明神宗年间一位名叫袁黄（号了凡）的大进士给自己的儿子写的，果然了得。他对"仁"的遗传学秘密做了革命性的阐述。古人讲，错过是罪，就我多年的阅读经验，不敢说"书无未曾被我读"，但也读了不少了，但我觉得，这本书的确是不能错过的。宋儒朱熹有一首诗讲得非常好，他说"昨夜江边春水生，艨艟巨舰一毛轻。向来枉费推移力，此日中流自在行。"我读过此书的感觉是，以前我们的教育大多都是"枉费推移力"，如果让孩子们自己读了此书，就可以"中流自在行了"。话说回来，如果让世人懂得了"仁"的遗传学秘密，那么也可以"中流自在行了"，社会也许可以不必要那么多警察了。

"学而时习之"和"学习"无关

"学而时习之，不亦说乎？"什么意思？解释很多。有人说学习并且常常温习，不是一件很快乐的事情吗？有人说让仁德的思想成为社会的一种时尚，不是很快乐吗？我的理解是拿"仁"到生活和工作中去实践，不是一件很快乐的事情吗？古之"习之"者举不胜举。范仲淹、岳飞、辛弃疾、文天祥、谭嗣同、林觉民等等。他们一个个用生命的耀眼弧线划亮了儒学的天空，众所周知，在此不谈。这里我想说说《四库全书》中记载的一位大儒赵清献。赵清献名抃号阅道，人称"铁面御史"，以太子少保致仕，卒谥清献，其诸多事迹中最让我动容的是"日之所为，夜必焚香告帝"。请问我们有谁敢把自己白天所做的事情悉数告之天地？因为俯仰无愧天地，所以才有"晚年学道有得，临终于后人诀别，神志不乱，安坐而殁"。有研究者取证，人在临终时会有那么一个瞬间，一生的所作所为会在几十分之一秒的时间里像电影一样在眼前浮现，许多人的大恐惧大慌乱大痛苦都是在那时发生，赵阅道能够安坐而殁，是其"日之所为，夜必焚香告帝"功夫对他的应现和表彰。设若我们的每个官员都能够将"日之所为，夜必焚香告帝"，那将是一种什么局面？因此，我在多个场合说，从一定意义上来说，道德才是第一生产力。

"仁乎远哉？我欲仁，斯仁至矣！"孔子说难道"仁"离我们很远吗？只要你想"仁"，那"仁"就在你身边。一天晚上，我和一位朋友在办公室里聊完天回家时，听到女厕所里的水哗哗响，我连着问了两声有人吗？里面没有人应，就冲进去关掉水龙头。出来朋友笑我，你也不怕人家说你耍流氓啊，我说听着水这样哗哗地淌，我心里就难受。朋友说你又何必，大家都在浪费，靠你一个人能给地球节约多少水。我说别人怎么做我管不了，但我可以管住我自己，当我把水龙头关上的那一刻，我的内心是快乐的，我已经知足了。在如此顺便的情况下，收获了一份快乐，何乐而不为呢？有段时间，我每天上班时总是背着一个大包，知道里面是什么吗？是一个饭盒。别人买早点都用一次性塑料袋，我不用，我不用并不是担心它是医院里的那些废旧垃圾做的，而是不想通过我的手给地球增加一个癌细胞。那段时间，我动员爱人买菜也用布包，但是坚持下来很难，但难就不意味着你要放弃，你可以在别人用两个时用一个啊，你可以力所能及地去做啊。

这是"习之"吧？

每到一些单位和学校去讲课，讲台就成了我"习之"的一个好去处。

我的一位学生分配到质量技术监督局工作。参加工作不久，他来给我说，现在的每一个工程，如果严格地追究，质量过关的不多，大多时候大家都是睁一只眼闭一只眼。我就给他讲了吕洞宾的故事。当年吕洞宾的师父给吕洞宾教点石成金之术，当他得知这金子五百年后还会变成石头时，他给师父说自己不学这法术，师父问为什么，他说这不是叫我坑五百年之后的人嘛，师父高兴地说洞宾你考及格了，就把最上乘的法理教给了他。我说你在质量技术监督局工作，可不是一份简单的工作，造化把你放在这个位置上，就是让你替他把关，你就要有一种吕洞宾的精神。这位学生听了我的话，严格执法，坚决爆了一桩豆腐渣学校工程，代价是不久就被调离质量技术监督局。他来向我诉苦，我给他说和那些在自己的岗位上混一辈子的人相比，你的生命已经被你自己点石成金，哪怕只有一次，但你已经尽力，造化会因此奖励你。曾参说："为人谋而不忠乎？"现代人说："把敬业当成一种习惯。"作为人，你已经是一个君子；作为公务员，你已经是一个称职的公务员。学生释然。不久，他在另一个岗位又干出了出色成绩。

仁乎远哉？我欲仁，斯仁至矣！

我常给儿子说，我不要求你一定要考第一名的学分，但我必须要求你争取第一名的人格。我常拿先贤的"勿以恶小而为之，勿以善小而不为"

教育他。他说事实上他也想做好事，只是没有时间。我说你不做坏事就是做好事，再说，你可以在顺便的情况下做好事啊，比如，喝完饮料你总可以把易拉罐扔在垃圾箱里吧，上完公厕你总可以把水龙头关上吧，到公园你总可以绕过草坪吧，到大街上你总可以做到不随地吐痰吧，遇到哪位同学有困难你总可以力所能及地帮他一下吧。等等。有时，饭不可口，他不免会发些小脾气，这时，我说："子曰：饭疏食饮水，曲肱而枕之，乐亦在其中矣。""君子食无求饱，居无求安，敏于事而慎于言，就有道而正焉，可谓好学也已。"儿子会面生愧色，把掉着的脸子放下来，拿起筷子吃饭。平时，儿子讲起他们同学谁谁的父亲在如何重要的部门，如何日进斗金。我说，"不义而富且贵，于我如浮云"。儿子神情中的艳羡也会去之大半。等等。儿子没有想到，孔子的每一句话，都是说给他的。

初中时，有位老师来家访，听得出她的最高教育目标是教会学生竞争。我说我的要求正好相反，我不要求你一定要给我带出来一个状元，我希望几年后你交给我一个懂得敬畏，知道廉耻，具有爱的能力、感恩的能力、回报的能力、快乐的能力的产品，而不是一个考试机器，竞争的机器。

儿子没有让我失望。高中分文理班时，被班主任争抢，我把他看作是"习之"的成果。

　　　　仁乎远哉？我欲仁，斯仁至矣！

就文化工作者而言，我们编发有益于世道人心的稿（片）子，就是在"习之"。我也常给同事讲，一部（篇）文字垃圾被签发，要比洪水猛兽还可怕，其罪业和印数成正比，和读者成正比，有一千个读者就等于你种下了一千个恶因，有一万个读者就等于你种下了一万个恶因，种瓜得瓜，种豆得豆，你就等着收获等量的恶果吧。电影《英雄》里有个情节，音乐可以杀人，我觉得不是演绎，音乐的确可以杀人，文字也可以杀人，当我们每天看着安详的文字，就心平，而只有心平才能气和，而气，在中国就是原始生命力。恶劣的文字通过眼睛，种在心田，无异于毒药。所以，作为出版工作者，真应该以一种战战兢兢如履薄冰的姿态供职。

作为一个作家，又何尝不是如此。当年，我在应宁夏人民出版社约请编选拙著《大年》和《点灯时分》时，一改从前哪篇都舍不得的优柔寡断，毫不犹豫地删去了那些可能污染人心的文字，结果受到大家欢迎。在北京召开的《大年》研讨会上，评论家一致的评价是它温暖、智慧，特别是干净。有评论家说，读了《大年》，才知道作者是一个不忍心把世界弄脏的人，这让我惭愧，事实上我没有完全做到这一点。已有相当一段时间，每有新作诞生，我都先让儿子看，我把能够拿给儿子看作为我写作的一个标准之一。现在有人把拙作《大年》和《点灯时分》当作枕边书每晚给自己的小孩读，有学校把它作为辅助教材，有心理医生把它作为心灵鸡汤推荐给患者，我觉得这是我的无比光荣。

我想这也是"习之"。

作为一个党员来说，按照党章要求自己，就是在"习之"；作为公务员来说，敬业奉献就是"习之"；作为国家来说，落实"三个代表"重要思想，实践科学发展观，构建和谐社会，就是"习之"；作为世界来说，不以强欺弱，和衷共济，就是"习之"。

学而时习之，不亦说乎？

论儒家道德的基础

山东大学儒学高等研究院　沈顺福

虽然以儒家为主体的中国古代思想体系中并无道德概念，这并不意味着儒家文化思想体系中没有道德观念。那么，儒家道德观念体现在哪里呢？儒家道德的基础是什么呢？本文将通过历史性考察，试图指出：儒家的仁义概念比较集中地表达了儒家的道德观念。同时，本文将通过考察仁义的观念的产生本源，试图指出，人性和教化是儒家道德产生的双重本源。这看似矛盾的双重本源，到宋明时期转换为体用模式，即，虽然二者都是本源，但是二者视角不同，人性是体，教化是用。双重本源因此统一于体用论中，形成了儒家的新型道德本源论。

一　义的道德属性

查德·汉森说："孔夫子对道德效率的关注甚于对道德标准的关注。……基于此点，我们可以理解芬加勒特和罗森文的观点，即儒家没有道德理论。"[①] 严格说来，这一立场不无道理。然而这并不意味着古代儒家没有道德、政治等观念。中国古代的道德观念蕴含于人道概念中，即，儒家的人道包含了道德、政治、经济、民俗等相关内容。对儒家道德理论的追问，必须落实为对儒家人道理论体系相关内容的思考。

儒家人道理论主要由仁义礼智信等概念或范畴构成。其中，仁毫无疑问是人道理论体系的核心。孔子曰："不仁者，不可以久处约，不可以长

---

① Chad Hansen, A Daoist Theory of Chinese Thought, New York: Oxford University Press, 1992, p. 86.

处乐。仁者安仁，知者利仁。"(《论语·里仁》)安心于仁便可以成人。朱熹曰："不言智、礼、义者，仁该全体。能为仁，则三者在其中矣。"①仁是全体，发用为四德。义便是这一理论核心的理论形式与规范。孟子曰："居恶在？仁是也。路恶在？义是也。居仁由义，大人之事备矣。"(《孟子·尽心上》)做人无非取仁义，由仁出义。义源自仁。礼则是这一理论形式与规范的具体形态。"仁者，义之本也，顺之体也，得之者尊。故治国不以礼，犹无耜而耕也；为礼不本于义，犹耕而弗种也；为义而不讲之以学，犹种而弗耨也；讲之于学而不合之以仁，犹耨而弗获也；合之以仁而不安之以乐，犹获而弗食也；安之以乐而不达于顺，犹食而弗肥也。"②义由礼得以实现。上述理论最终落实为成圣。"学做圣人"③成为古今儒者的口号。孟子曰："规矩，方员之至也；圣人，人伦之至也。"(《孟子·离娄上》)做人当如圣人。荀子曰："是故穷则必有名，达则必有功，仁厚兼覆天下不闵，明达用天地理万变而不疑，血气和平，志意广大，行义塞于天地之间，仁智之极也。夫是之谓圣人；审之礼也。"(《荀子·君道》)圣人是做人的楷模。

  从伦理学的角度来看，以等级爱人为主的仁是儒家伦理学的中心与主旨。孔子曰："不仁者，不可以久处约，不可以长处乐。仁者安仁，知者利仁。"(《论语·里仁》)仁是安身立命的根据，类似于正确的人生观和道德观。孟子曰："仁，人之安宅也。"(《孟子·离娄上》)仁如家园。故，子曰："志于道，据于德，依于仁，游于艺。"(《论语·述而》)仁为纲领或道德基本原理。它具体于义与礼等人道之中。孟子曰："仁，人之安宅也；义，人之正路也。旷安宅而弗居，舍正路而不由：哀哉！"(《孟子·离娄上》)仁是人的安宅，义是出行之路、正确的或道德的行为方式。故，孟子曰："居恶在？仁是也。路恶在？义是也。居仁由义，大人之事备矣。"(《孟子·尽心上》)做人如果能够做到"居仁由义"即以仁安身、以义做事，便可以成为伟大的、有道德的人了。荀子曰："仁、爱也，故亲；义、理也，故行；礼、节也，故成。仁有里，义有门；仁、

---

① (宋)朱熹：《孟子集注》，天津市古籍书店1988年版，第26页。
② (汉)郑玄注、(唐)孔颖达疏：《礼记正义》，《十三经注疏》，上海古籍出版社1997年版，第1426—1427页。
③ (宋)朱熹：《朱子语类》，中华书局1986年版，第2441页。

非其里而处之，非仁也；义，非门而由之，非义也。"（《荀子·大略》）仁是爱，如同家园（"里"），只能通过义存在，故，义是门。仁由义而出。《礼记》曰："仁者，义之本也，顺之体也，得之者尊。"① 义以仁为本。同样，仁也具体于礼等道德规范与事实中。子曰："人而不仁，如礼何？人而不仁，如乐何？"（《论语·八佾》）如果离开了仁的精神，礼和乐便失去了意义。

如果仁是道德纲领，那么，义便是道德原则或道德规范。比如兄弟之间，孟子曰："仁之实，事亲是也。义之实，从兄是也。"（《孟子·离娄上》）兄弟、君臣之间的交际所遵循的原则便是义。在讨论仁义内外时，孟子问："何以谓仁内义外也？"告子的回答是："彼长而我长之，非有长于我也。犹彼白而我白之，从其白于外也。故谓之外也。"（《孟子·告子上》）尊敬长者便是义。孟子明确指出："亲亲，仁也；敬长，义也。无他，达之天下也。"（《孟子·尽心上》）义即尊重他人。故，程子曰："'义者宜也，尊贤为大。'唯能尊贤，故贤者在位，能者在职。仁义，尽人之道矣。"② 义便是尊贤。义便是尊敬他人。对长者、贤者的尊重便是道德的行为。《礼记》曰："何谓人义？父慈、子孝、兄良、弟弟、夫义、妇听、长惠、幼顺、君仁、臣忠十者，谓之人义。"③ 义包含十类，即慈、孝、良、弟、义、听、惠、顺、仁、忠。这十种品德皆属于道德品德。孟子曰："羞恶之心，义也。"（《孟子·告子上》）羞恶之心是义的来源，义与羞恶相关联。羞恶与道德、人格尊严相关联。故，义可以被视为能够正确规范人际关系的道德律。故，孟子曰："仁，人之安宅也；义，人之正路也。"（《孟子·离娄上》）义是路，人们的举止应该遵循的原理与规范。这种应然原理包含了道德原理与规范。

作为原理与规范的义具体表现为合理的、正当的利益分配原则。孔子曰："君子喻于义，小人喻于利。"（《论语·里仁》）义是君子处理利益时所应该遵循的原则。故，孔子曰："饭疏食饮水，曲肱而枕之，乐亦在

---

① （汉）郑玄注、（唐）孔颖达疏：《礼记正义》，《十三经注疏》，上海古籍出版社1997年版，第1426页。

② （宋）程颢、程颐：《二程集》，中华书局2004年版，第1178页。

③ （汉）郑玄注、（唐）孔颖达疏：《礼记正义》，《十三经注疏》，上海古籍出版社1997年版，第1422页。

其中矣。不义而富且贵，于我如浮云。"（《论语·述而》）义是利益分配原则。子曰："今之成人者，何必然？见利思义，见危授命，久要不忘平生之言；亦可以为成人矣！"（《论语·宪问》）义是君子行为所应该遵循的基本原理与规范。孟子曰："否，不然。伊尹耕于有莘之野，而乐尧、舜之道焉。非其义也，非其道也，禄之以天下，弗顾也；系马千驷，弗视也。非其义也，非其道也，一介不以与人，一介不以取诸人。"（《孟子·万章上》）义是获取名利的基本原则。这个原则不仅仅指合理性，而且指道德上的合法性或正当性。故，义的道德行为具有道德属性。

从儒家人道论体系来看，仁、义、礼、圣等范畴均具有一定的道德属性，即，仁包含道德纲领，义包含道德原则或规范，礼包含道德规范与道德事实，圣包含道德人格形象等。这几个范畴之间密切关联、发挥各自的功能，并形成一个体系。在这个体系中，义无疑具有典型性：它上承无法明说的仁、下达过于具体的礼，也是圣的抽象存在形式，即，义基本能够体现出仁、礼、圣等核心思想。同时，义包含了道德原则或道德规范等内涵。这种道德原则或道德规范，用康德的术语来说，即道德律。义包含了道德律。从现实来看，道德主要体现于道德律中。因此，我们对道德与道德律不作细致的区别。在此，我们通过分析作为道德律的义的概念的内涵与起源等，试图从总体上窥视出儒家道德或道德律的一些基本特点，比如道德的基础、道德的发生原理、道德的性质等。本文将重点放在道德的本源上，即，儒家道德（律）的基础是什么？

二 德性与儒家道德的本源

儒家的道德律体现于义概念中。对儒家道德律的追问其实也是对义的本源的追问。那么，义的本源是什么呢？

关于本源问题，在孔子时期儒家便有所研究。孔子曰："是闻也，非达也。夫达也者：质直而好义，察言而观色，虑以下人；在邦必达，在家必达。夫闻也者：色取仁而行违，居之不疑；在邦必闻，在家必闻。"（《论语·颜渊》）义与质是一致的。质含有性情之意。质义一致体现了义与性情的内在联系。性情直而好义，表里如一。这便是达。故，孔子曰："君子义以为质，礼以行之，孙以出之，信以成之，君子哉！"（《论语·

卫灵公》）义出于质，经礼、逊、信等得以成就。有子曰："信近于义，言可复也。恭近于礼，远耻辱也。因不失其亲，亦可宗也。"（《论语·学而》）信接近于真性。信近于义，即，义近于真性。

同时，孔子曰："德之不修，学之不讲，闻义不能徙，不善不能改，是吾忧也。"（《论语·述而》）对于百姓来说，义来源于后天的教化（"闻"）故，孔子曰："今之成人者，何必然？见利思义，见危授命，久要不忘平生之言；亦可以为成人矣！"（《论语·宪问》）义依赖于后天的学习或教化（"思"）。有子曰："其为人也孝弟，而好犯上者，鲜矣；不好犯上，而好作乱者，未之有也。君子务本，本立而道生。孝弟也者，其为仁之本与！"（《论语·学而》）他似乎强调孝悌乃是人道与道德的根本。正如后来的宋明儒者的解释，有子的看法，更突出于经验视角：如果要践行仁义，从哪里开始？有子的观点是：孝悌是行仁、践行道德的起点。经验性起点也是本源。从上述文献来看，《论语》中已经出现了些许对义的本源问题的思考。这些思考的结论大约有两类，即义近"质"和义在"闻"。前者体现了义与天生性情的关系，与孟子的性本论比较接近，后者反映了义与后天教化的关联，直接启发了荀子的教化论。

对义或道德的本源的哲学性讨论，开始于孟子。孟子认为，人天生有四端："所以谓人皆有不忍人之心者：今人乍见孺子将入于井，皆有怵惕恻隐之心，非所以内交于孺子之父母也，非所以要誉于乡党朋友也，非恶其声而然也。由是观之，无恻隐之心，非人也；无羞恶之心，非人也；无辞让之心，非人也；无是非之心，非人也。恻隐之心，仁之端也；羞恶之心，义之端也；辞让之心，礼之端也；是非之心，智之端也。人之有是四端也，尤其有四体也。有是四端而自谓不能者，自贼者也；谓其君不能者，贼其君者也。凡有四端于我者，知皆扩而充之矣，若火之始然，泉之始达。苟能充之，足以保四海；苟不充之，不足以事父母。"（《孟子·公孙丑上》）四端即四心。四心是本有之心即本心，"本心主要指作为本原的人性。"① 故，四端是性。其中，羞恶之心为义的本源。羞恶之心属于性。故，义的来源是性。或者说，性是孟子道德的基本。

孟子将天生之性称之为良知、良能："人之所不学而能者，其良能

---

① 沈顺福：《人心与本心——孟子心灵哲学研究》，《现代哲学》2014 年第 5 期。

也;所不虑而知者,其良知也。孩提之童,无不知爱其亲也;及其长也,无不知敬其兄也。亲亲,仁也;敬长,义也。无他,达之天下也。"(《孟子·尽心上》)良知、良能是仁义的本源。天生有之,待其成长或长大些,便会知仁行义。良知、良能之性是义或道德的基础。

告子以实物为例解释性与义的关系,以为义是后来灌输的结果。告子曰:"性,犹杞柳也;义,犹桮棬也;以人性为仁义,犹以杞柳为桮棬。"(《孟子·告子上》)孟子回答曰:"子能顺杞柳之性,而以为桮棬乎?将戕贼杞柳,而后以为桮棬也?将戕贼杞柳而以为桮棬,则亦将戕贼人以为仁义与?率天下之人而祸仁义者,必子之言夫!"(《孟子·告子上》)告子的事例本身便很好地解释了孟子的立场:人性是材料,顺其性便可以制成桮棬。义来自于性。孟子曰:"水信无分于东西,无分于上下乎?人性之善也,犹水之就下也;人无有不善,水无有不下。今夫水,搏而跃之,可使过颡;激而行之,可使在山。是岂水之性哉,其势则然也。人之可使为不善,其性亦犹是也。"(《孟子·告子上》)性是本源,顺势而产生义。义本源于性。

孟子认为义来出自人本有之性,这便是"义内"。针对告子的仁内义外说,孟子提出:"白马之白也,无以异于白人之白也。不识长马之长也,无以异于长人之长与?且谓长者义乎?长之者义乎?……吾弟则爱之,秦人之弟则不爱也,是以我为悦者也。故谓之内。长楚人之长,亦长之吾长,是亦长为悦者也,故谓之外也。……嗜秦人之炙也,无以异于嗜吾炙。夫物则亦有然者也,然则嗜炙亦有外与?"(《孟子·告子上》)规范之义源自人自身,如同人对美味的爱好一般。爱好美味便是欲。欲源自性。故,义终究本源于性。孟子指出:"其为气也,至大至刚;以直养而无害,则塞于天地之间。其为气也,配义与道;无是,馁矣。是集义所生者,非义袭而取之也。行有不慊于心,则馁矣。我故曰:'告子未尝知义,'以其外之也。"(《孟子·公孙丑上》)其中的"浩然之气"便是性。一旦它获得了聚集和充实,便自然产生义,这便是"是集,义所生者":义生于浩然之气、性。性是义的本源。性是儒家道德的本源。

王弼之义近似道德。王弼曰:"夫载之以大道,镇之以无名,则物无所尚,志无所营,各任其贞,事用其诚,则仁德厚焉,行义正焉,礼敬清焉,弃其所载,舍其所生,用其成形,役其聪明,仁则诚焉,义其竞焉,礼其争焉，故仁德之厚，非用仁之所能也；行义之正，非用义之所成也。"① 行义而正，符合道德。这种作为道德的义，王弼吸收了孟子义内的主张："夫仁义发于内，为之犹伪，况务外饰而可久乎？……守母以存其子，崇本以举其末，则形名俱有而邪不生。大美配天而华不作，故母不可远，本不可失。仁义，母之所生，非可以为母。"② 仁义源自内即自然之性。自然之性是母、本，义是子、是末。性与义的关系是母子、本末关系。性是作为道德的义的基础。道德源自自然本性。

儒家道德与人性的关系，学术界不少人早就注意到。牟宗三曰："性是道德行为底超越根据。"③ 文碧方指出："儒家是以'仁'或道德'心''性'作为伦理道德的本源根据的。"④ 心、性是道德的本源根据、基础。无疑具有一定的见地。不过，仅仅指出这一点是不够的。

三　教化与儒家道德的本源

孟子的性本论，解释了儒家道德的本源或基础，即，人人皆有道德之性，循性而行，自然成人成为一个有道德的人。但是，现实似乎又不是这样。荀子对此产生了疑问，并最终开发出另一种道德的本源说，即，道德来源于教化的教化说。

荀子将义视为人类社会的主要特点："水火有气而无生，草木有生而无知，禽兽有知而无义，人有气、有生、有知，亦且有义，故最为天下贵也。力不若牛，走不若马，而牛马为用，何也？曰：人能群，彼不能群也。人何以能群？曰：分。分何以能行？曰：义。故义以分则和，和则一，一则多力，多力则强，强则胜物；故宫室可得而居也。"（《荀子·王制》）人区别于禽兽的地方便是义。义的功能便是规定与约束，即，导向："先王之道，人之隆也，比中而行之。曷谓中？曰：礼义是也。道者，非天之道，非地之道，人之所以道也，君子之所道也。"（《荀子·非

---

① （魏）王弼著、楼宇烈校释：《王弼集校释》，中华书局1980年版，第95页。
② 同上书，第94—95页。
③ 牟宗三：《智的直觉与中国哲学》，中国社会科学出版社2008年版，第166页。
④ 文碧方：《试论作为儒家道德本原根据的"心""性"范畴》，《天津社会科学》2005年第2期。

十二子》）仁义是道，"凡得人者，必与道也。道也者，何也？礼义、辞让、忠信是也。故自四五万而往者，强胜非众之力也，在信矣。"（《荀子·议兵》）它是人们行为的指南，同时具有道德规范的内涵和功能。那么，具有道德原理或道德规范的内涵的义从何而来呢？

荀子曰："今是人之口腹，安知礼义？安知辞让？知廉耻隅积？亦呥呥而噍，乡乡而饱已矣。人无师无法，则其心正其口腹也。……仁者好告示人。告之示之，靡之儇之，铄之重之，则夫塞者俄且通也，陋者俄且侗也，愚者俄且知也。"（《荀子·荣辱》）对于百姓来说，他们怎么会知道仁义之道呢？百姓等俗人只能给因自己的性情而为，而无知于仁义之道。荀子将世人的这种性情称作性恶："人之性恶，其善者伪也。今人之性，生而有好利焉，顺是，故争夺生而辞让亡焉；生而有疾恶焉，顺是，故残贼生而忠信亡焉；生而有耳目之欲，有好声色焉，顺是，故淫乱生而礼义文理亡焉。然则从人之性，顺人之情，必出于争夺，合于犯分乱理，而归于暴。故必将有师法之化，礼义之道，然后出于辞让，合于文理，而归于治。用此观之，人之性恶明矣，其善者伪也。"（《荀子·性恶》）圣人看到世人因情欲而乱，便制定了礼义之道来管理他们。仁义之道源自圣人。圣人创造了仁义之道，然后将其教化于百姓，百姓因此得以"化性起伪"："故圣人化性而起伪，伪起而生礼义，礼义生而制法度；然则礼义法度者，是圣人之所生也。"（《荀子·性恶》）百姓的仁义之道来源于后天的学习与教化。荀子明确指出："今人之性，固无礼义，故强学而求有之也；性不知礼义，故思虑而求知之也。然则性而已，则人无礼义，不知礼义。人无礼义则乱，不知礼义则悖。然则性而已，则悖乱在己。用观之，人之性恶明矣，其善者伪也。"（《荀子·性恶》）礼义之道源自后天的教化，与天生无关。教化是义等道德原理与规范的本源。

汉儒董仲舒继承了荀子的教化论。董仲舒提出："如其生之自然之资，谓之性。性者，质也，诘性之质于善之名，能中之与？既不能中矣，而尚谓之质善，何哉？性之名不得离质，离质如毛，则非性已，不可不察也。"① 天生之质便是性。据此，董仲舒将人性分为三等，即，圣人之性、斗筲之性和中民之性："圣人之性，不可以名性，斗筲之性，又不可以名

---

① （清）苏舆撰、钟哲点校：《春秋繁露义证》，中华书局1992年版，第291—292页。

性，名性者，中民之性。中民之性，如茧如卵，卵待覆二十日，而后能为雏；茧待缲以涫汤，而后能为丝；性待渐于教训，而后能为善；善，教训之所然也，非质朴之所能至也，故不谓性。性者，宜知名矣，无所待而起生，而所自有也；善所自有，则教训已非性也。是以米出于粟，而粟不可谓米；玉出于璞，而璞不可谓玉；善出于性，而性不可谓善；其比多在物者为然，在性者以为不然，何不通于类也？卵之性未能作雏也，茧之性未能作丝也，麻之性未能为缕也，粟之性未能为米也。……性者，天质之朴也，善者，王教之化也；无其质，则王教不能化，无其王教，则质朴不能善。质而不以善性，其名不正，故不受也。"① 大多数世人都承袭了中民之性。中民之性仅仅是一种材质，如同鸡蛋之于鸡一样。中民之性经过教化之后才能够致善。因此，董仲舒提出："何谓本？曰：天地人，万物之本也，天生之，地养之，人成之；天生之以孝悌，地养之以衣食，人成之以礼乐，三者相为手足，合以成体，不可一无也；无孝悌，则亡其所以生，无衣食，则亡其所以养，无礼乐，则亡其所以成也；三者皆亡，则民如麋鹿，各从其欲，家自为俗，父不能使子，君不能使臣，虽有城郭，名曰虚邑，如此，其君枕块而僵，莫之危而自危，莫之丧而自亡，是谓自然之罚。自然之罚至，裹袭石室，分障险阻，犹不能逃之也。"② 人为的教化因此成为成人、治国的基础之一。

陆贾完全赞同教化论，认为："民知畏法而无礼义于是中，圣乃设辟雍庠序之教，以正上下之仪，明父子之礼、君臣之义，使强不凌弱，众不暴寡，弃贪鄙之心，兴清洁之行。"③ 百姓本来不懂得礼义等人道，只有通过设立学校予以教化，才能够确保社会稳定。任何东西都需要教化等改造方式："夫驴骡骆驼，犀象玳瑁，琥珀珊瑚，翠羽珠玉，山生水藏，择地而居，洁清明朗，润泽而濡，磨而不磷，涅而不淄，天气所生，神灵所治，幽闲清净，与神浮沉，莫之效力为用，尽情为器。故曰，圣人成之。所以能统物通变，治情性，显仁义也。"④ 圣人能够以教化的方式人文化质朴的百姓。贾谊强调以德为本，却又曰："物所道始谓之道，所得以生

---

① （清）苏舆撰、钟哲点校：《春秋繁露义证》，中华书局 1992 年版，第 311—313 页。
② 同上书，第 168—169 页。
③ （汉）陆贾：《新语》，《诸子集成》（七），上海书店 1986 年版，第 2 页。
④ 同上。

谓之德。德之有也，以道为本，故曰道者德之本也。"① 德源自道，以道为本源。德的本源是道。道是仁义道德的本源。道依赖于学习和教化。故，以道为本其实与教化本源论基本一致。所谓"人道有教训之义"② 便是这个意思。人道是学习和教化的内容。刘向完全继承了董仲舒的三本，甚至提出："是以反本修迹，君子之道也。天之所生，地之所养，莫贵乎人。人之道，莫大乎父子之亲、君臣之义；父道圣，子道仁，君道义，臣道忠。"③ 人道甚至比天道还要重要（"贵"）。人道教化是人成才的重要基础。扬雄曰："鸟兽触其情者也，众人则异乎！贤人则异众人矣！圣人则异贤人矣！礼义之作，有以矣夫！人而不学，虽无忧，如禽何！"④ 人们学习礼义才能够真正成人。礼义教化是成人的必要保证。扬雄进一步指出："君子为国：张其纲纪，议其教化。导之以仁，则下不相贼；莅之以廉，则下不相盗；临之以正，则下不相诈；修之以礼义，则下多德让。此君子所当学也。"⑤ 学习或教化才是治国安邦的重要工作。

四 体用论体系下的道德本源论

从上述分析来看，关于义或道德的本源问题，传统儒家形成了两个传统，即，以孟子为代表的性本论传统和以荀子为代表的教化论传统。或者说，孟子的性本论与荀子的教化论分别从不同的角度，发展了孔子的关于义的理论。孟子的性本论，强调了性（德性、自然之性、天理、良知等）对于义的本源性地位，以为性是义等道德规范的本源，并最终形成了儒家关于道德本源理论的性本论传统。荀子的教化论，强调了后天的学习或教化对于义的本源性地位，认为教化才是义等道德原则、道德规范等的本源，即，只有经过教化，人们才能够知晓道德、形成道德行为。

性本论与教化论显然是矛盾的。按照性本论，道德产生的原理是自然或自发，无须人为。教化是一种人为。性本论显然对立于教化论。按照教

---

① （汉）贾谊：《新书》，《二十二子》，上海古籍出版社1986年版，第756页。
② （汉）王充：《论衡》，《诸子集成》（七），上海书店1986年版，第180页。
③ 《说苑校证》，中华书局1987年版，第58页。
④ （汉）扬雄：《法言》，《诸子集成》（七），上海书店1986年版，第2页。
⑤ 同上书，第26页。

化论，道德产生的原理是后天的、人为的教化与改造，也直接对立于自然。因此，性本论与教化论显然是矛盾的。二者之间的矛盾在早期儒家那里是显而易见的，比如荀子对孟子的批判，以及后来的玄学家们对偏重于教化的汉儒的批判等。这两种看似矛盾的道德本源论在宋明时期得到了统一，并最终形成了新型的儒家道德本源论，即，理学道德本源论。理学道德本源论的范式便是体用论。

宋明理学继承了佛教的体用论，尝试着用体与用的关系来解释存在。朱熹曰："仁只是一个理，理举着便无欠缺，但如言着仁则都在仁上，言着诚则都在诚上，言着忠恕则都在忠恕上，言着忠信则都在忠信上。只为只是这个道理，自然血脉贯通。体是这个道理，用是他用处。如耳听目视，自然如此，理也；开眼看物，着耳听声，便是用。江西人说个虚空底体，涉事物便唤做用。"① 体是道理，用即道理的发用与流行，比如眼睛与视觉、耳朵与声音的关系。理是体、展开与显现为用。或者说，体是所以然者，用是所然者。在某些情形下，体是本体，用为现象。

宋明理学家用体用论来解释德性与教化的关系。二程曰："以己及物，仁也。推己及物，恕也。违道不远是也。忠恕一以贯之。忠者天理，恕者人道。忠者无妄，恕者所以行乎忠也。忠者体，恕者用，大本达道也。此与'违道不远'异者，动以天尔。"② 忠即天理、德性，是体，恕是人道为用，比如人之心，二程曰："心一也，有指体而言者，寂然不动是也；有指用而言者，感而遂通天下之故是也。"③ 心为寂然不动之体，比如德性，发而为感通之用，认知。德性为体、认知为用。教化是一种认知。故，从体用论来看，德性是体、教化是用。程子曰："总之，后儒谓性生于有生之初，知觉发于既生之后。性，体也；知觉，用也。性，公也；知觉，私也。不可即以知觉为性。"④ 德性是体、教化（"知觉"）为用。胡瑗弟子（刘彝）则明确指出："臣闻圣人之道，有体、有用、有文。君臣父子，仁义礼乐，历世不可变者，其体也。《诗》《书》《史》《传》《子》《集》，垂法后世者，其文也。举而措之天下，能润泽斯民，

---

① 黄宗羲：《宋元学案》，中国书店1990年版，第722页。
② 《二程集》，中华书局2004年版，第124页。
③ 同上书，第1183页。
④ 黄宗羲：《宋元学案》，中国书店1990年版，第266页。

归于皇极者，其用也。"① 仁义之道是体、经典文献是文、教化为用。

朱熹继承了张载的心学思想，指出："心有体用，未发之前是心之体，已发之际乃心之用，如何指定说得！盖主宰运用底便是心，性便是会恁地做底理。性则一定在这里，到主宰运用却在心。情只是几个路子，随这路子恁地做去底，却又是心。"② 心有体有用。心体便是性、理，心之用便是情、知等。朱熹曰："诚虽所以成己，然既有以自成，则自然及物，而道亦行于彼矣。仁者体之存，知者用之发，是皆吾性之固有，而无内外之殊。既得于己，则见于事者，以时措之，而皆得其宜也。"③ 知便是用。朱熹曰："盖人之一身，知觉运动莫非心之所为。则心者，所以主于身而无动静语默之间者也。方其静也，事物未至，思虑未萌，而一性浑然，道义全具，其所谓'中'，乃心之所以为体，而寂然不动者也。及其动也，事物交至，思虑萌焉，则七情迭用，各有攸主，其所谓'和'，乃心之所以为用，感而遂通者也。"④ 心有体用，其体为性，其用为知（"知觉"）。德性、理是体，知、教化是用。

王阳明习惯于用传统的本原论思考道德基础："夫物理不外于吾心，外吾心而求物理，无物理矣。遗物理而求吾心，吾心又何物邪？心之体，性也；性即理也。故有孝亲之心，即有孝之理，无孝亲之心，即无孝之理矣。有忠君之心，即有忠之理，无忠君之心，即无忠之理矣。理岂外于吾心邪？晦庵谓：'人之所以为学者，心与理而已。'心虽主乎一身，而实管乎天下之理，理虽散在万事，而实不外乎一人之心。是其一分一合之间，而未免已启学者心理为二之弊。此后世所以有专求本心、遂遗物理之患，正由不知心即理耳。夫外心以求物理，是以有闇而不达之处：此告子'义外'之说，孟子所以谓之不知义也。心，一而已，以其全体恻怛而言谓之仁，以其得宜而言谓之义，以其条理而言谓之理。不可外心以求仁，不可外心以求义，独可外心以求理乎？外心以求理，此知、行之所以二也。求理于吾心，此圣门知、行合一之教，吾子又何疑乎！"⑤ 心是本原，

---

① 黄宗羲：《宋元学案》，中国书店1990年版，第27页。
② 朱熹：《朱子语类》，中华书局1986年版，第90页。
③ 朱熹：《中庸章句集注》，天津市古籍书店1988年版，第12页。
④ 黄宗羲：《宋元学案》，中国书店1990年版，第710页。
⑤ 《王阳明全集》，上海古籍出版社1992年版，第42—43页。

本原是性。知晓等是它的发用处。心是体或本原，知或教化是用。"性无不善，故知无不良。良知即是未发之中，即是廓然大公、寂然不动之本体，人人之所同具者也。但不能不昏蔽于物欲，故须学以去其昏蔽，然于良知之本体，初不能有加损于毫末也。知无不良，而中、寂、大公未能全者，是昏蔽之未尽去，而存之未纯耳。体既良知之体，用即良知之用，宁复有超然于体用之外者乎？"① 真知或良知是未发之中、是体，它必然显现于现实的仁义道德举止中。

在体用论中，德性是体、教化是用，德性与教化获得了统一。从哲学的角度来看，虽然体用论中的体与用的关系不能够被解释为本体界与现象界的关系，但是，体与用的关系显然具有这种解释的维度，即，体是抽象的、超验的存在者，用则是这个超验的存在者的相对具体的存在方式。这个相对具体的存在方式，可能还是形而上的，比如理学家视野的"道"，但是它也有可能是形而下的现实存在，比如朱熹的道心为体，人心便是用。人心之用便是现实的认知与教化。教化便是德性之体的现实形态。

有时，理学家们也将体用之体称作本源。朱熹："然义之所以能行，却是仁之用处。学者须是此心常存，方能审度事理，而行其所当行也。此孔门之学所以必以求仁为先。盖此是万理之原，万事之本，且要先识认得，先存养得，方有下手立脚处耳。"② 仁体义用。仁是理、是体，体是大本。故，理、性是义之本源。或者说，理或性是道德的本源。王阳明更喜欢用本源来解释心与义的关系，即义的本源是心或良知。"心，一而已。以其全体恻怛而言谓之仁，以其得宜而言谓之义，以其条理而言谓之理；不可外心以求仁，不可外心以求义，独可外心以求理乎？外心以求理，此知行之所以二也。求理于吾心，此圣门知行合一之教，吾子又何疑乎？"③ 义本根于心、良知。"固是事事要如此，须是识得个头脑乃可。义即是良知，晓得良知是个头脑，方无执着。且如受人馈送，也有今日当受的，他日不当受的；也有今日不当受的，他日当受的。你若执着了今日当受的，便一切受去，执着了今日不当受的，便一切不受去，便是适莫，便

---

① 《王阳明全集》，上海古籍出版社1992年版，第62—63页。
② 朱熹：《朱子语类》，中华书局1986年版，第114页。
③ 《王阳明全集》，上海古籍出版社1992年版，第43页。

不是良知的本体，如何唤得做义？"① 良知即心，它是义的本源或基础。有了良知，自然行义。故，"心得其宜之谓义，能致良知，则心得其宜矣。"② 义即妥当地处理事情。

体用论或本原论的道德本源说，回答了道德本源问题，即，道德或本源于先天（先验的）的德性，或本源于后天的教化。前者源自孟子的性本论，后者继承了荀子的教化论。这两种本源说，按照体用论的思维模式，有机地形成了新型的理学的道德本源论。按照这一体系，儒家的两种道德本源说，分别从本体的角度（性本论）与现实的角度（教化论）回答了道德的本源，即，从哲学本体论的角度来说，性是本源，且是终极性本源，道德以这个终极性本源为本。同时，从经验的角度来说，教化是现实人们道德的本源，所有的人都必须依靠学习或教化，才能懂得道德规范、形成道德修养、完成道德行为。后天的教化是道德产生的基础。这两种本源论最终依靠体用论巧妙而合理地形成一个崭新的道德理论体系。

结论 从矛盾到融合

从孟子思想来看，人性是义的本源，这意味着人性是儒家道德的本源。从随后的荀子思想来看，教化是义的本源。这意味着后天的教化或学习是儒家道德的本源。由此形成了两种道德本源论，即孟子的性本论和荀子的教化论。这两种看似矛盾的道德本源论分别代表了两种不同的道德本源论传统，并在儒学史上产生过一定的影响。孟子的性本论，虽然遭到了后来的荀子的批评，但是在后来的思想史上或明或暗地得到了吸收与继承。汉代儒学暗地里吸收了孟子的性本论。到了魏晋时期的玄学家们那里，孟子的性本论得到了公开地继承和拥护。至宋代时，性本论被并入了理学体系中。同时，以荀子为代表的教化论，在汉代儒学那里得到了公开的继承，汉儒董仲舒、扬雄、王充等虽然一并吸收了孟子与荀子的思想，但是，从形式上来看，对荀子的继承要明显突出一些。汉儒是对荀子思想的继承与发扬。到了宋代，荀子的教化论传统与孟子的性本论传统一并转

---

① 《王阳明全集》，上海古籍出版社1992年版，第102页。

② 同上书，第73页。

换为体用论，形成了新型儒家道德本源论。

宋明理学的道德本源论，完全吸收了孟子的性本论与荀子的教化论，并将二者进行了哲学性转换，即，用体用论思想模式，重新整理儒家的道德本源论。理学家将存在视为形而上的理世界与形而下的器世界，性本论回答了形而上世界里的问题，教化论回答了形而下世界里的问题。换一句话说，理学家完全赞同两个本源说，以为性本论与教化论分别从形而上的角度与形而下的角度回答了道德的本源或基础。由此，侧重于形而上的思考的性本论与倾向于形而下的经验的教化论联袂组成了儒家新型道德本源论。

按照中国传统思维模式，本源决定生存与存在。儒家道德本源也决定了儒家道德的性质、形态和功能等。对道德本源问题的追问，也是我们深入理解儒家道德的本质的基础。

论儒家的人权伦理

中国政法大学 单 纯

人权通常被认为是人在社会中的自然资格，是确立公民法定权利的思想渊源，它所蕴涵的无上崇高性和神圣性揭示出其权利的伦理基础，包括人性尊严与身体完整。因此，蔑视人性和损伤身体则构成侵权犯罪。而作为人性尊严和身体完整的延伸则是财产，包括物质和精神方面；这两大类的财产是我们常讲的法定物权和知识产权。所以，人权伦理是指人性尊严、身体和财产的完整性，它是人的社会性和社会制度的正确性的共同基础。但是，在基督教的传统中，人权伦理是建构在上帝和客观法则之上的，即上帝的"绝对他在性（the absolute otherness）"和"上帝立法（God as law‐giver）"所涵摄的规则必然性或物质的客观必然性，也被称为"外在超越性（external transcendence）"，如上帝自身的"样子"、上帝按照自己样子造人时发出的指令、使用的材料，以及维系人生命的教会组织、作盐作光、地狱的惩罚或天堂的救赎。但是，东方的儒教则大不相同，其人权伦理是建构在人的良知与主观体验之上的，如认为人是天地自然演化出来的，天地人三者同为一个生命体共同，都有神性，即天神、地神和人神，天地的神性被儒教信仰为"天经地义"，而人的神性则为"良知"，也是"天地之心"，故此，儒教中人常讲"人者，天地之心也"。这与基督教说"人是上帝的仿制品"或希腊哲人说"人是完美理念的劣质品"是多么的不同啊！它强调了人的自主性、自觉性和自为性，与现代人权理论中突出的"道德与政治"二重意蕴多所契合。

一 仁义与心性

儒教在知识谱系的源头被定义为"孔仁孟义"，即孔子思想的核心概念是"仁",而孟子思想的核心概念是"义",这就是人们常讲的"孔孟之道"。然而,这两个概念在许多场合又是互为表里的或关联并用的,故亦有"仁义"或"仁义道德"之谓。

正像"仁义"可以谐音为"人"和"宜"一样,古典儒教学者对其解释充满着世俗和人伦的意味,以揭示其人的"道德权利"的特色。孔子在回答鲁君哀公关于为政之道时说:"文武之政,布在方策,其人存,则其政举;其人亡,则其政息。天道敏生,人道敏政,地道敏树。夫政也者,蒲卢也,待化以成,故为政在于得人。取人以身,修道以仁。仁者,人也,亲亲为大。义者,宜也,尊贤为大。亲亲之杀,尊贤之等,礼所以生也。礼者,政之本也,是以君子不可以不修身。"这段话扼要地阐明了儒教的世俗政治本质和人权的伦理特征。周文王、周武王开创的周朝政治,最后以"周公制礼作乐"的形式固定下来,成为社会治理型态,即"礼乐之治",其主权管辖的范围就是"礼乐之邦",即周天子管辖的"天下"。但是,到了周代的后期,包括孔子生活的春秋时代和孟子生活的战国时代,社会治理却完全失序了,出现了"礼坏乐崩"而"天下大乱"的局面。文王、武王和周公的政治法律文件和制度尚存,但是周天下的"礼乐之邦"已经陷入战乱和失序。这就是"人存政举、人亡政息",而能够决定"政治兴衰"的人是什么人呢?是掌握军政权力的人还是知道尊重自然权利的人?这是涉及儒教"德治"或"人治"中的核心问题。照孔子的思想来看,决定政治兴衰的人应该是具有"仁义道德"的"圣贤"人物,而不是仅仅掌握了军政大权、发布命令的特权人物,他们与自然万物和普通民众在"道德"面前都是平等的。道德具有最高的神圣性和权威性,是生养万物包括人类的精神和物质渊源,"敏"就是生命的呈现,相当于基督教的"道成肉身(incarnation)",所不同者:基督教"道成肉身"只限于"三位一体"的耶稣,而儒教认为"道"存在于每一个生命体中,即人物和草木都被赋予了自然的生命之道,这就是"自然权利(natural rights)",中国人正是根据儒教的思想将西方人信奉的"自然权利"翻译成为"天赋权利",如果涉及到人,就是"天赋人权";涉及到物,就是"天生万物"。不过,人是对"天赋权利"有自觉者,所以要为"天地立心"。自觉人为"天地立心",将此心呈现于社会就是"仁义",孔子因此将此"仁义"视为一种"自然权利"的伦理,以约束文王、武王和周公的"行政权力"。

根据孔子的思想，为政之道从社会现象上看是文王、武王之类国君的权力，周公"制礼作乐"的立法和行政程序等，但是在本质上却受到人道伦理—仁义的制约。如果没有仁义伦理的制约，就一定会出现"礼坏乐崩"的"天下大乱"，其结果就是"天下无道"。因此，孔子评论说："人而不仁如礼何！人而不仁如乐何！"如果没有政治伦理作为确立权力的基础和权力运行的目的，表达政治权力的礼乐形式就不会为人们所遵循，这是人性在政治中的必然趋势，即人在礼乐制度下的伦理——仁。人在社会关系中的本质是仁，而不是礼乐形式，义则是仁为礼乐制度确立的政治正确性和制度合法性的标准。所以，孔子在其他场合又说："君子之于天下也，无适也，无莫也，义之与比。"春秋战国时代，人们常讲的"仁至义尽""仁义之师""当仁不让""大义灭亲""见义勇为""伯夷叔齐，义不食周粟"，以及"杀身成仁，舍生取义"等，其中可以看出孔子"求仁得仁"的思想。

由此可见，儒家最初的"仁"是作为批判礼乐制度的局限性而提出来的，是判断天子权力的伦理标准，存在于人的自然秉性之中，是"天赋人权"，其政治伦理上的涵义在于限制礼乐型态的制度权力，以人权伦理的自然性和神圣性限制礼乐制度权力的强制性与合法性。从仁所表现的人权自然神圣性讲，遵循儒教的人相信人权高于君权，王道仁政伦理上优先于霸道暴政，这就是孔子著书立说、创立儒家学派的动机和目的："贬天子，退诸侯，讨大夫，以达王事而已矣。"孔子在当时的社会环境中，政治上失意，生活上颠沛流离，"诸侯害之，大夫壅之"，"累累若丧家之狗"，但是他坚持自己的人权伦理，以批判公卿大夫的政治权力："天生德于予，桓魋其如予何？""文王既没，文不在兹乎？天之将丧斯文也，后死者不得与于斯文也；天之未丧斯文也，匡人其如予何？"显然，面对各种政治权力的威胁和袭扰，孔子的自信来自于他所信仰的"天赋人权"，即以"仁义"为本的"道德权利"，并以之抗衡诸侯国君们的"军政权力"。这就是儒家常讲的"分庭抗礼"和"以德抗位"。

如果说孔子是以"仁义"为人权伦理反思天子、国君、卿大夫的政治权力，那么孟子则是从"心性"方面论述了儒家特色的人权伦理。在孔子解释"仁"时说："夫仁者，己欲立而立人，己欲达而达人。能近取譬，可谓仁之方也已。"这是说人的自然权利都是利他的、伦理的，是约束政治权力的道德标准，满足了这个道德权利的政治权力或者二者的合一就是儒教理想的人格，因为其中蕴含了人性的善意和尊严，其"道成肉身"者就是传说中的圣人。而从人权伦理讲，每一个人在本质上都是如尧、舜、禹、文武、周公一样的圣人，即"人皆可以为尧舜""途之人可以为禹"或"满街都是圣人"。但是，在《论语》中，我们没有直接看到孔子对"仁义"的知识论阐述，只有对于"仁义"的主体信仰和社会运用。因此，《论语》中对于人权伦理的知识论推论并不显著。

实际上，关于儒教人权伦理的系统论证在《孟子》书中表达得更加清晰，因为孟子本人参与了该书的讨论和编辑，《论语》则是孔子弟子在老师去世很长时间之后再陆续编辑的。因此，读《孟子》书可以沿着其有关"心性"的论述来理解儒教的人权伦理。照孟子的思想逻辑讲，人的"心"不仅具有认知功能，而且通过"性"的生命呈现还表达了无限的"善"意，所以，儒教通过"心性"统一了知识与伦理，是有价值取向的知识论和有认知程序的伦理学，这个特征满足了现代人权概念中"道德与政治"相互契合的双重标准。关于心的认知功能，孟子说："心之官则思，思则得之，不思则不得也，此天之所与我者。"他又进一步说，这个"心思"的对象是什么："心之所同然者何也？谓理也，义也。"这里的"理义"既有天的"自然生意"也有天的"良知良能"；因此是"尽其心者，知其性也，知其性则知天矣。"宋代儒者陆九渊对此也加以具体阐述："人皆有是心，心皆具是理，心即理也，……所归乎学者，为欲穷此理，尽此心也"；这当然是对孟子"尽心知性以至于命"的创造性解释，是中国思想传统中"心性之学"的滥觞，其基本精神在于：在孟子哲学中"心"是具有伦理特色的知识论的基础，"性"则是具有伦理特色的宇宙观的基础。孟子在反思自己的优长时说："我知言，我善养吾浩然之气。""知言"是对自己言说或他人言说的分析和判断，言为心声，这是人心的认知能力，如其不是"废话"则必然表达确定的思想内涵，自然也就成为分析和判断的对象。不过，儒家所讲的"知言"并不限于纯粹的分析和判断能力，而且还有伦理特色，即孔子的"不知言，无以知人也"和孟子的"诐辞知其所蔽，淫辞知其所陷，邪辞知其所离，遁辞知其所穷。"所以，中国人说的"语言"不仅仅是西方人所谓"思想的工具"，而且总是与价值相关联的，如"人之将死，其言也善""君子绝交，不出恶声""义正辞严"等。同样，孟子的"浩然之气"中的"气"，本来也只是一种价值中立的宇宙材料，具有自然之"性"，如"通天下一气耳""气化流行""自然气息""朝气暮气"及"阴阳五行之气"等，但是孟子在"浩然之气"中却赋予"气"以伦理特性——天地道义中的"义"，即"配义与道"的气，使中国哲学特别是儒家哲学中关于宇宙论的材料具有了特殊的价值含义，即"义气"或"正气"。如果说，知识论的"知言"和宇宙论的"浩然之气"都被赋予了伦理的价值特色，那么儒家的"内圣外王"之道与孟子的"心性"之学就体现出了学理上的契合性。因此，以"入世哲学"为特征的儒家思想自然就蕴含了人的普遍道德权利（仁义之士）和与之关联的普遍义务（义不容辞）。这些就是孟子"心性学"基础上的人权伦理。

二　道德权利与政治权力

春秋战国时代儒家的创立者不像后来宋代朱熹似的书院学者，也不像明末清初王夫之那样隐居山林的学者，而是积极入世的；他们不仅有修身养性的思想内涵，而且也有治国平天下的政治抱负，其行谊也不仅见于杏坛讲学授徒，而且还见于穿梭在各诸侯之间的政治活动。孔子在鲁做过中都宰和大司寇，孟子在齐担任过国卿，荀子三为齐稷下学宫祭酒，也做过楚兰陵令，但他们入世涉政的主要活动还是限于充当诸侯国间政治、军事和外交事宜的顾问。大体上讲，孔子和孟子作为当时影响重大的"国际政治顾问"都对自己的身份和权力进行了比较全面的论证，从中引申出了具有儒家伦理特色的"人权"思想，即人的道德权利。

在孔子的思想体系中，"道德权利"是以"仁义"表现的天命价值，即"天生德于予""天托付斯文于我（文王既没，文不在兹乎）"，以及"人能弘道，非道弘人"等。这是他生命中道德权利是神圣使命，性质上超越于"桓魋"或"匡人"的政治权力。孔子教授学生时区别了具有伦理性的道德权利和具有工具效能的行政权力，前者属于"知道"，后者属于"知识"，即孔子所谓"志于道，据于德，依于仁，游于艺"。而根据"士志于道"和"君子不器"的人生价值取向，儒教在"形而上者谓之道，形而下者谓之器"的思维方式中，将"道"和"仁"置于形而上的本体层面，而将"德"和"艺"置于形而下的表象层面。作为表现层面的权力可以用经验数据的"大小"或"高低"来描述，如说"位高权重"或"官大一级压死人"；可是作为本体层面的"道"和"仁"则是以本体概念宣示的，如说"天道（天命之谓道）""当仁不让于师"和"三军可夺其帅，匹夫不可夺其志"和"道通天地有形外"等。孔子一方面告诫弟子"志于道"，另一方面又明确《诗经》所蕴含的政治价值"诗言志"，孔子针对《诗经·大雅·蒸民》第一章开篇就讲"天生蒸民，有物有则，民之秉彝，好是懿德"评论说："为此诗者，其知道乎！""知道"的对象就是"天生懿德"，即天赋的自然权利，在人身上就是道德权利，其他则属于"《诗》可以兴，可以观，可以群，可以怨。迩之事父，远之事君。多识于鸟兽草木之名。"这属于"知识"层面，可以类比于形而下之器，在社会治理或政治层面则属于权力。"知道"与"知识"的辩证关系就是道器之辨，也是道德权利与行政权力之辨。故此，主张"无为而治"的道家就说："为学日益，为道日损。损之又损，以至于无为，无为而无不为。"尽管儒道两家的最终价值取向不同，但是先秦思想家的思想方法和学术话语是统一的，因此，可以相互争辩和砥砺。

对于道德权利与行政权力的关系，孟子的理解和解释比孔子又更进了一步。像儒教"大丈夫""浩然之气""与民同乐""天爵人爵"和"独夫民贼"之类的概念，都是通过孟子思想的阐发而广为流传。孟子的弟子彭更曾经问老师："后车数十乘，从者数百人，以传食于诸侯，不以泰乎？"孟子则回答说："非其道，则一箪食不可受于人；如其道，则舜受尧之天下，不以为泰，子以为泰乎？"从当时孟子所享受的待遇来讲，相当于较大诸侯国中的地位比较高的权臣，在一般人的眼里这种待遇是不是太高了？会不会引起权臣们的忌恨，因而惹上杀身之祸？从当时流行的"权力本位"——"礼不下庶人，刑不上大夫"观点看，这种担忧是自然的。但是孟子则主张"权利本位"的原则，即每个人在本质上都从天道那里被赋予了神圣的道德权利，因此转换到世俗社会，神圣的道德权利自然也就高于国君，甚至是天子的行政权力。所以，在孟子的思想体系里，由人神圣的自然本性"四端"或"天良"转化出来的"天爵"高于国君任命的"人爵"。他说："有天爵者，有人爵者。仁义忠信，乐善不倦，此天爵也；公卿大夫，此人爵也。古之人修其天爵，而人爵从之。今之人修其天爵，以要人爵；既得人爵而弃其天爵。则惑之甚者也，终亦必亡而已矣。""天爵"是指天所赋予人的道德权利，所以类似于社会中的"人爵"，但它的神圣性和公平性使它具有绝对的价值，而"人爵"只是一种相对的世俗权力，它的予夺取决于其权力赋予者，其来源并不是神圣的、公平的和永恒的，而是随意的，因此缺乏主体性，低于"天爵"。这两种对比性的"爵位"表达了孟子对"人权"价值的基本判断，是从人天赋的内在道德权利与人授的外在政治权力的对比中明确起来的。因此，他推论说："欲贵者，人之同心也。人人有贵于己者，弗思耳。人之所贵者，非良贵也。赵孟之所贵，赵孟能贱之。""良贵"是人通过"心思"认识到的天赋道德权利，认识不到这种神圣的权利，即会产生迷惑，误以为"人爵"的政治权力高于一切，这样就混淆了权利与权力的关系。当时的晋国是"权力至上"的"无道"诸侯的典范——孔子说"晋文公谲而不正，齐桓公正而不谲"和史书上所谓"三家分晋"，都是就晋的权力本位无道传统讲的，《孟子》首章以"王道仁政"和"与民同乐"所告诫的梁惠王就是春秋战国时"三家分晋"的"魏国"尤者，赵孟则是"三家分晋"之前晋的倾国权臣赵简子，其祖父就是《赵氏孤儿》中的遗孤赵武。赵简子厉行变革，成为赵国基业的开创者，其子赵襄子继承父业，使赵国发展成为"七雄"之一；他们的业绩并称为"简襄之烈"，赵氏后裔亦以"赵孟"自命高贵。可是照孟子看来，即便如此，其所"高贵者"不过世俗权力而已，况且此权力在公平性和永恒性方面远低于人的道德权利。

实际上，明代的大儒黄宗羲从孟子的"心性天命论"中也做过同样的发挥，他说："古者天下之人爱戴其君，比之如父，拟之如天，诚不为过也。今也天下之人怨恶其君，视之如寇雠，名之为独夫，固其所也。而小儒规规焉以君臣之义无所逃于天地之间，至桀、纣之暴，犹谓汤、武不当诛之，而妄传伯夷、叔齐无稽之事，使兆人万姓崩溃之血肉，曾不异夫腐鼠。岂天地之大，于兆人万姓之中，独私其一人一姓乎？是故武王圣人也，孟子之言，圣人之言也。后世之君，欲以如父如天之空名禁人之窥伺者，皆不便于其言，至废孟子而不立，非导源于小儒乎！"这样看起来，说儒家思想是以"君臣之义"张扬君主的权力而抑制百姓的道德权利只是俗儒陋见，完全抹杀了孟子"以德抗位"的道德权利思想。这种俗儒陋见的关键处是没有从道德权利的观点理解"义"的涵义。"义"在孔孟思想中是"天下道义"，它蕴含对任何世俗权力的神圣超越性，所谓"义不食周粟""义不帝秦""春秋大义""微言大义""见利思义""大义灭亲""义不容辞""见义勇为"以及"使民也义"等等，都旨在说明"义"这种道德权利的公平性、绝对性、超越性和神圣性。因此，孟子赞扬汤武革命就是在伸张"天下道义"，揭示和维护人的普遍道德权利。

而且，孟子在赞扬汤武革命的时候还发挥出了"以德抗位"和"吊民伐罪"相关联的思想，用现代法治的术语讲，侵害人的普遍道德权利就是犯法，任何地位上的权力都不能成为这项侵权免责的依据。因为"德"是"民"的基本权利，权位对之产生的"侵权"即构成犯法，而以"吊民伐罪"（中华法系并不刻意区别"侵权和犯罪"）为目的的"革命"正是维护"民"的权利，是人人皆有的义务，它的价值远远高出于任何权位，甚至高出于生命。所以，"革命"不仅仅是社会历史的"改朝换代"，而是关乎人的基本权利的神圣职责，人与天下万物的根本区别在于其特有的"道义"，道德权利就是人的社会和政治"性命"。启蒙运动之后的西方人将人从上帝的造物中区别出来，其主要依据是人有"自由意志"，它是人的生命见证，所以说："不自由，毋宁死！"孟子则从"心性"而自觉"天下道义"，以"民心得失"所体现的普遍道德权利制衡"天下得失"所体现的政治权力，因此，也是以"舍生取义"和"不失本心"的价值取向彰显儒家特色的权利哲学。

三 道德权利的宪政意义

近代以来，中国儒家学者在接受西方近代的"天赋人权"观念时大都接受了孟子"心性"思想对于孔子"仁义"政治价值和《中庸》"性命"观念所作的创造性发挥，其实质是揭示出了"天赋性命"论所蕴含的普遍道德权利思想。对于孔子所开创的儒教志业（vocation），当时的人赞许说："天下之无道久矣，天将以夫子为木铎。"这也是对孔子面临各诸侯国君和权臣的威胁和各种艰难险境时的内在信仰，即天赋道德使命，并以之作为神圣的道德权利抗衡各种世俗的外在权力。当代新儒家学者杜维明指出:"在这方面孔子很像苏格拉底。苏格拉底觉得,他是受神的命令的指派,来唤醒希腊人。孔子同样觉得,他接受了神的使命。《论语》记载:'子畏于匡,曰:文王既没,文不在兹乎?天之将丧斯文也,后死者不得与于斯文也;天之未丧斯文也,匡人其如予何!有个与孔子同时的人说:'天下之无道也久矣,天将以夫子为木铎。'所以孔子在做他所做的事的时候,深信他是在执行天的命令,受到天的支持;他所认识到的价值也就高于道德价值。"孔子以传播"斯文"为己任,以"仁义"价值启发"天下无道"的政治,按照现代政治哲学讲,就是以宪法赋予公民的道德权利抗衡政府机构的公权力,汉代史学家司马迁用当时的话语解释说,这就是"天下君王至于贤人众矣,当时则荣,没则已焉。孔子布衣,传十余世,学者宗之。自天子王侯,中国言六艺者折中于夫子,可谓至圣矣!"中国历代大儒沿用"三代圣王"论衡各代"英雄帝王",皆秉承了司马迁对孔子"布衣"身份而以"世家"纪传,表明其志业中所蕴含的道德权利高于帝王的行政权力。孔子传播的是"天下为公"的道德权利,而各英雄帝王所创建者不过是"天下为家"的功业(regime),因此,"汉唐盛世"在历代大儒的话语中不过"刘汉"和"李唐"之"家天下"而已。孔子开创"仁义"思想体系,其政治上的论衡对象就是当时人们口中立有大功业的帝王,如尧舜禹文武周等,所以才说:"(子贡问:)如有博施于民而能济众,何如?可谓仁乎?子曰:何事于仁,必也圣乎!尧舜其犹病诸!"对尧舜的帝王事业进行超越性的评价,孔子当然是站在道德权利的立场上,这就蕴含了人权伦理的超越性,其自然的结果就是将帝王的行政权力降低了。这种"贬天子、退诸侯、讨大夫"的思想传统与当代社会的宪政思想十分相类,宪法体系中对于权利的规定是神圣的、无条件的和普遍的,自然也就是"天赋的",而行政权力相比之下就成了世俗的、有条件的和特殊的,自然也就是"约定的"。因此,凡是世俗人为"约定"的权力,在逻辑上都受限于"天生"的自然权利。程明道曾就古代帝王祭泰山、宣誓公权力的合法性一事评论说:"泰山为高矣,然泰山顶上,亦不属于泰山。虽尧舜之事,亦只如太虚中一点浮云过目。"这就是将形而下的帝王权力放在形而上的道德权利来评判,泰山之上有"天道",尧舜事业之上则有良知,而良知就是儒教所谓道德权利之下,因此,道德权利在宪政意义上高于行政权力。

在儒教传统中，孟子的"心性论"对于道德权利的宪政意义作了十分震撼人心的发挥。由于中华民族有根深蒂固的"天道"或"天命"信仰，所以普遍的道德权利在孟子的语境里被称之为"天生的性端"，其特点在于与普遍的人心相连接，心虽小，但是其理性思想的功能足以将宇宙万物的普遍本性揭示出来。因此，"心性"既是人的特殊功能性权利，又是这种权利所连带的宇宙义务，宋儒张载著名的"四句"——"为天地立心，为生民立命，为往圣继绝学，为万世开太平"所要表明的就是：人的"所为"都是由人心所发动的，但是人心区别于万物恰好在于此心通宇宙并承担"替天行道"的普遍伦理义务，因此又是"宇宙的心"并应尽宇宙性命精神所赋予的"天职"。而这个"宇宙的心"就是孟子的"心性"所开创的传统，它蕴含的"尽心尽职"的人的功能性权利与伦理性义务平衡恰好表达了儒家借"天命"所欲展现人的普遍道德权利。

孟子把"心性"与"性命"连通之后所标举的"大丈夫"志向，其本质是揭示出儒家特色的"人格权"，其"配义与道"而"塞于天地之间"的神圣超越性，则是将"天地"所表达的宇宙公平性和合法性赋予了每个心性自觉的人，形成人的普遍道德权利。从中国人"道生德蓄"的宇宙论传统讲，道德权利就是普遍的生存权利，也是对这种生存权利普遍尊重和珍惜而产生的连带义务。因此，当各种世俗的权力对普遍道德权利造成"侵权"时，人人都应该对这类侵权进行合法性的惩罚，在中国的社会历史中这叫"替天行道"，在政治和法理层面这就是"行天之罚"。沿用孟子的"心性"传统而接引西方近代"天赋人权"思想的人总结说："权者乃天之所为，非人之所立也。天既赋人以性命，则必畀以颁此性命之权；天既备人以百物，则必与以保其身家之权。"这就是近代儒家的人所继承的"天赋性命"思想传统，而在孟子所创新的思想体系里，它已经具备了人的普遍道德权利的奥义。

总之，联系到人们将儒家传统与"孔孟之道"或者更具体的"孔仁孟义"，研究孔孟思想或儒家的道德权利无论如何也不能绕开"仁义"的政治法律意义及其人权意蕴。在孔孟所处的"天下大乱"的政治社会格局中，其思想中的"道义"和"仁政"具有特殊的道德权利所蕴含的法理"应然性"，是"德礼政刑之辨"和"王霸之辨"中"德政"和"王道"的政治法律神圣性和超越性的表述，其理论旨趣在于限制"刑制"的"德治"或限制"霸道"和"法势术"的"仁政"所蕴含的法理"实然性"，最终在"仁义与礼乐""君君臣臣父父子子""桓公之正与文公之谲""天爵与人爵""德与位""道德权利与世俗权力""民与君""与民同乐"和"独夫民贼"之间确立权利与义务、权力与责任的平衡关系。所以说，孔子的"仁义论"和孟子的"心性学"不仅开创了一个儒家的主体性政治学和道义性知识论的传统，而且还开创了一个伦理特色的人权理论和法哲学传统，其由"仁义"或"天经地义"所揭示的人的普遍道德权利与西方基督教传统由"爱神""义神"和"选民""义人"所开创的契约权利相比较，足可以看出儒家权利哲学所蕴含的丰富而独特的伦理性、主体性、公平性和革命性。

四　结语

儒家的人不像西方学者那样，首先认定人是一个理性的动物，将自己的头脑当作计算和预测功利得失的工具，然后再支配自己的行动。儒家的人相信人是道德的动物，如果"丧尽天良"就只是个动物了，骂人"畜牲"就是这个意思。不甘下流入畜牲者，此所以人之有良知也，故孟子说："人皆有不忍人之心。先王有不忍人之心，斯有不忍人之政矣。以不忍人之心，行不忍人之政，治天下可运之掌上。""不忍人之心"是说人所普遍具有的"于心不忍"的道德品质，即儒家人常讲的"良知"，是治理天下的人性基础；"三代之王"的圣贤之治就是理想的社会治理，它自然折射出作为社会治理规范的法律的人性论本质。因为相信每个人在本性上都是圣贤，法治才是可能的，所以宋儒程颢才说："必有《关雎》《麟趾》之意，然后可行周公法度。"周公的"法度"就是儒家所理想的社会治理规范——"礼乐制度"，但它的前提是确立规范的动机和实施治理的目的必须符合圣人的道德意图，而圣人的道德意图就是对自然规范的伦理性解释，如雎鸠之交配、麒麟脚趾踏步都有深远的道德启示：雌雄交配非为寻欢作乐而是延续自然永恒生命的道德责任，麒麟踏步非任性奔跑而是不践生草、不履生虫，表达对自然生命的平等尊重。这些都是国家社会治理的道德风范，所以《诗经》第一章"国风"就以"关雎"开头、"麟之趾"结尾，表达了自然法则对于社会法则的道德启示，人权伦理对于制度权力的超越性，满足了现代法治思想中政治的正确性和公权力的合宪性。

"横渠四句"与士人生命主体意识自觉

山东大学哲学与社会发展学院 王新春

长期在陕西凤翔府眉县横渠镇授徒讲学，而被尊称为横渠先生的张载（1020—1077），与周敦颐、邵雍、程颢、程颐一道，开创历时700余年之久、影响广被东亚、南亚乃至波及西方的理学，而有"北宋五子"之称。他所标举的"横渠四句"，典型体现了理学语境下士人的生命主体意识自觉，典范体现了东亚士人的价值观。

一

众所周知，"横渠四句"传世有三种表述：（1）"为天地立志，为生民立道，为去圣继绝学，为万世开太平"（张载，第320页）；（2）"为天地立心，为生民立道，为去圣继绝学，为万世开太平"（朱熹，第拾叁册，第190页；张载，第376页）；（3）"为天地立心，为生民立命，为往圣继绝学，为万世开太平"（黄宗羲、全祖望，第769页）。三种表述，明末清初之后，以最后一种表述流传最广，影响最大。各表述间，差异有二，一是"立志"与"立心"之异，二是"立道"与"立命"之别。至于"去圣"与"往圣"，就谈不上什么差别了。

"为天地立志"，承《孟子·公孙丑上》讲述养浩然之气的一段文字"夫志，气之帅也；气，体之充也。夫志至焉，气次焉"而来，可从张载《西铭》"天地之塞，吾其体；天地之帅，吾其性"（张载，第62页）进一步得到确解。"天地之塞"，即充塞于天地之间的气；"天地之帅"，即统帅、决定天地之气与天地之所以为天地者，即天地之性或天地之德。志为气帅，则"天地之帅"可换言为"天地之志"。于是，"天地之帅"

"天地之志""天地之德""天地之性"四者基本可以互换。后文可知，在张载看来，天地之德即天地之心。他曾言："天下之心，天下之志，自是一物，天何尝有如此间别？"（同上书，第97页）因此，"为天地立志"与"为天地立心"，可互换。《中庸》云："天命之谓性，率性之谓道，修道之谓教。"天所赋谓之命，人及物所受谓之性，顺着本性行事即为道。张载亦称："天授于人则为命（亦可谓性），人受于天则为性（亦可谓命）。"（同上书，第324页）则他所云"为生民立道"与"为生民立命"意思相承而不悖。有鉴乎此，本文主要针对第三种表述方式，作出探析。

二

质而言之，"横渠四句"属于对易学三才之道融旧铸新般的"接着讲"。

作为理学的奠基人，北宋五子大致主要是以经学中易学的资源为深层学术根底，构建起各自贯通天人的理学体系的。正是在易学的大语境下，张载继《易传》三才之道的三立说之后，不满足于"照着讲"，而是守正开新"接着讲"，最终推出了其二立、一继、一开的"横渠四句"。为此，易学三才之道的三立说，成为理解"横渠四句"的基本前提。

《周易》揭示，宇宙浩瀚，大化流行，天地人物生化于其中，构成色彩纷呈的大千世界，汇为宏大无上的有机生存生命共同体和息息难隔的生命性洪流。基于人的生命自觉，以人置身于其中而恒常在场作为提出问题、探讨问题以立论、言说的基本出发点，立足于宇宙大化有机整体之一，《易》发现了其构成因素差异纷然之多，由多溯本于一，而分别正定万物之位，由一下贯至多，而分别正定万物之性命，进而揭示了在此一与多中具有举足轻重意义的天地人三者，称其为三才，显立了三才之道。凸显人的生命自觉的三才之道，即此成为易学的核心论域。《系辞下传》称："《易》之为书也，广大悉备，有天道焉，有人道焉，有地道焉。兼三才而两之，故六。六者非它也，三才之道也。"《说卦传》又称："昔者圣人之作《易》也，将以顺性命之理，是以立天之道，曰阴与阳；立地之道，曰柔与刚；立人之道，曰仁与义。兼三才而两之，故《易》六画而成卦。"天地为造化之源，人为造化所成最高境界的生命存在。言大千世界，必及造化之源的天地与造化优秀之果的人。撇开人而泛论宇宙大化，离开人而言《易》，从未进入易学的语境，遑论成为易学的旨归。宇宙大化、天道地道，本然如是，不是因人才确立。"立天之道""立地之道"之"立"，指的乃是天道地道由人所揭示、标举、守望、护持而得以彰显、畅遂和立住。人道则接续宇宙大化而来，本乎天道地道，由人基于价值自觉而确立、挺显。这是"立人之道"之"立"之所指。天道展现于阴阳，地道展现于刚柔，人道展现于仁义。以六十四卦的六爻之位而言，地位正定于初二两爻，初刚二柔；天位正定于五上两爻，五阳上阴；人位正定于天位地位之间，值三四两爻，三仁四义。人若悖天逆地，迷失其位，则不三不四，不仁不义，人而非人，直白言之，即不是人。大化所成三才并显于其中的大千世界这一共同体，成为人的整个完整的生活世界。《易》六十四卦的符号系列所涵摄符示与卦辞、爻辞以及《传》文的文字系列所诠释彰显的，就是三才在其中的大千世界或人的生活世界的各种情势，就是三才之道落实情形差异所促成的各种格局与境域及其价值应然。此可谓由人、由圣人所创作出的浸润着人的价值理想与宇宙关怀、人文关切的有符号有文字之《易》。而大千世界、生活世界所呈现的一切，则可谓一本然的无符号无文字的活生生的宇宙大《易》。前者本于后者并更开显、升华了后者。

三

"为天地立心"，打通《易传》"立天之道""立地之道"与"立人之道"的三立说，融摄会通《易》"复，其见天地之心乎"与《礼记》"人者，天地之心也"二说而提出，有着立天地之道与立人之道双重意义上的意蕴。

《易》中有复卦（䷗）。卦辞说："复：亨。出入无疾，朋来无咎。反复其道，七日来复。利有攸往。"《彖传》称："'复，亨'，刚反动而以顺行，是以'出入无疾，朋来无咎'。'反复其道，七日来复'，天行也。'利有攸往'，刚长也。复，其见天地之心乎！"张载首先借此勾画出立天地之道意义上的"为天地立心"之意蕴。

他说："自姤而剥，至于上九，其数六也。剥之与复，不可容线，须臾不复，则乾坤之道息也，故适尽即生，更无先后之次也。此义最大。……大抵言'天地之心'者，天地之大德曰生，则以生物为本者，乃天地之心也。地雷见天地之心者，天地之心惟是生物，天地之大德曰生也。雷复于地中，却是生物。"（同上书，第113页）

张载的诠释，顺承《易传》与汉代易学卦气说的相关思想而来。

《系辞上传》云："一阴一阳之谓道，继之者善也，成之者性也。"《易传》一方面揭示了阴阳二气消长盈虚、交感变化、化生万物大千世界、引发生生不息、无有终穷的宇宙生命性洪流的阴阳消长交感化生之道；另一方面，又揭示了接通、接续此道，继善成性，实现应然生命存在的性命之理。在它看来，宇宙之道，归根结底，就是这种阴阳消长交感化生之道；接通、接续此道的基本价值期许，就是秉持此性命之理。阴阳消长交感化生之道实现的过程，就是大千世界经历往复循环的生长收藏而生化日新、彰显盎然坚韧生机生意或生命力的过程。阳气来自于天，阴气来自于地。天地借阴阳消长交感化生之道的实现，促成了这一切，显现了天地作为万物大千世界终极根源性意义的父母所具备的令人无上景仰的伟大好生之德，所谓"乾，天也，故称乎父；坤，地也，故称乎母"（《说卦传》）；所谓"天地之大德曰生"（《系辞下传》）。这一好生之德及其所促成的一切，令生生成为宇宙的第一义。尤有进者，"乾道变化，各正性命。保合大和，乃利贞"（《乾·彖传》）；"坤厚载物，德合无疆。含弘光大，品物咸亨"（《坤·彖传》）。天地在如此造化万物大千世界的同时，又赋予事物各自彰显着其独特价值与引人震撼赞叹之奇妙的本然至正性命，从而为宇宙的整体和谐奠定了终极性命层面的根基根据。接续天地阴阳的造化，守望生机生意或生命力的价值，呵护性命本然，期许宇宙整体的大和谐，成为至正最大的善。视此为至正最大的善，显然意味着对于生命本身、对于每一生命存在本身内在价值的发现、正视、肯定与善待。基于此，因阳气、阴气分属生气、杀气，二者的息长或给万物带来生机生意，或造成万物生机生意的衰退闭结，所以二者的息长就分别具有了善与不善的正面、负面价值。而在阴阳二气消长的过程中，天地绝然不会令前者无限息长以至后者消失，前者息长到一定程度，后者即会来复，即此典型体现了天地的好生之德。复卦所符示的，正是阴气息长到一定程度后一阳来复的情势，天地的好生之德因之得以显现出来。好生成了天地的内在终极本然品质。这一品质，又可视为天地之心。因此，复卦所符示的，就是天地之心得以显现的情势。

《易传》以天地人三才之道为核心，打通阴阳之道与性命之理，构建起典范意义的易学天人之学。降及汉代，因孟喜、魏相、焦赣、京房、《易纬》等的大力推阐，阴阳的消长交感化生之道，被解读为易学所开显的根本大道，由此确立起以探究阴阳二气消息、物候节气时序交替、万事万物生化为中心的卦气说的易学大语境。在此语境下，天地之心的内涵获得了进一步的诠释。依卦气说，六十四卦内包括复的十二个阴阳爻排列有序的卦，被称为十二消息卦，它们直接涵摄符示着年复一年十二个月阴阳二气消息的过程与各月所成消息常态格局。其中，复（䷗）、临（䷒）、泰（䷊）、大壮（䷢）、夬（䷪）、乾（䷀）六卦，符示从子月至巳月阳气渐次息长、阴气渐次衰退从而引发生机渐显、万物生长的过程；姤（䷫）、遯（䷠）、否（䷋）、观（䷓）、剥（䷖）、坤（䷁）六卦，符示从午月至亥月阴气渐次息长、阳气渐次衰退从而引发生机渐隐、万物收藏的过程。（参见王新春）亥月为夏历十月，杀气大盛，但随之子月即夏历十一月一阳来复，生气动于地下，天地不会令生机消失之义，得以豁显。因此，承续此见的汉末易学家荀爽，对复卦所昭示的"复，其见天地之心乎"作了如下诠释："复者，冬至之卦，阳起于初九，为天地心，万物所始，吉凶之先，故曰'见天地之心'矣"（李道平，第263页）。

不难看出，张载会通了《易传》与汉易卦气说的相关识见，在他看来，"学至于知天，则物所从出当源源自见"（张载，第349页）。姤符示一阴息，阴息阳消过程开始；至剥，符示五阴息，阳剩其一；消尽最后一阳，坤所符示的阴盛阳尽局面出现；而阳尽之时，恰是阳生来复随即发生之际，间不容发。阳尽即生，间不容发所内涵的意义不可小觑，它透显出了浩浩天地宇宙间最大的秘密：创生事物，赋予万物以生命，间不容发地保持大千世界的生机生意，这就是天地的本务，也是大千世界之能出现并往复循环、无有终穷地生化日新、从而保持色彩纷呈、气象万千的奥妙所在。即此本务，人们不难解读体认出最能表征天地之所以为天地的本然盛大无上的好生之德，而这就是天地之心。借助阴阳刚柔得以展现的天道地道，其展现的过程，就是促成万物形体形成与生机获得的过程，这也正是天地好生大德或天地之心的集中体现。阳刚之气瞬间不复，天地之道即宣告灭息，而这恰恰是天地之心所不容许发生、也从未发生过的。程颐的诠释与此相通："岁十月，阴盛既极，冬至则一阳复生于地中，故为复也。……阳气复生于下，渐亨盛而生育万物。……一阳复于下，乃天地生物之心也。"（《二程集》，第817—819页）即此可见，那种认为北宋之后的义理易学完全摈弃了汉代的象数易学的观点，不攻自破。朱熹更以其一首题为《春日偶作》的诗，生动表达了与张载、程颐同样相通的识见与体认："闻道西园春色深，急穿芒屩去登临。千葩万蕊争红紫，谁识乾坤造化心？"（朱熹，第贰拾册，第285页）

"为天地立心"，其第一层的内涵，依张载之见，就是在立天地之道的意义上立作为宇宙大化根基的天地的好生大德。天地之心即天地好生之德。此心此德本然如是，亦非因人才确立，而是在天地造化的过程中得以显现。"为天地立心"，就是从被天地造化出的一方出发，由人明确揭示开显出造化大千世界的天地的此心此德，并经由人的努力，让天地的此心此德，在造化洪流中，在万物大千世界内，得以最大限度地下贯而显用。

《礼记·礼运》有两段著名文字，对张载当有很深的触动，促发他进而勾画出立人之道意义上的"为天地立心"之意蕴。

《礼运》称："故人者，其天地之德，阴阳之交，鬼神之会，五行之秀气也。""故人者，天地之心也，五行之端也，食味别声被色而生者也。"此言人是天地造化出的最优秀分子，在形上之域禀受了天地之德而最具灵性与德性，在形下之域为上等阴阳五行之气交会赋予了高贵气质形体，生命中阳气伸而阴魄屈，汇通了神阳鬼阴之性。人的灵性与德性，使其成为最具生命自觉、价值意识和体认衡判能力从而最能与天地之德之性之心相契应并将其揭显的存在，天地之为天地、大千世界之为大千世界、人之为人及其所以然、所将然的奥秘与其价值应然，只有人才会明了、揭示并推出相应适切参赞举措。人即此成了充任令大化浑然之一进入莹澈澄明之境与自觉推进之地的卓荦关键角色。因此，宇宙大千世界有了人，好比人的生命中有了发挥事实认知、价值衡判、举措推出作用的心，在这个意义上，人就是天地之心。唐代经学家孔颖达所谓："天地高远在上，临下四方，人居其中央，动静应天地。天地有人，如人腹内有心，动静应人也，故云'天地之心也'。"（朱彬，第348页。标点有改动）

张载说："天地之德，谓人之德性，如'天地之性人为贵'是也。禀五行之气以生，最灵于万物，是其秀也。神之言申也，鬼之言归也。凡生即申，要终即归也。神之盛极于气，鬼之盛极于魄。一体兼此终始，此鬼神之会也。阴阳之交，鬼神之会，五行之气，物生皆然，而人为备焉。"（同上，第346页。标点有改动）

宇宙之奥、万物之秘存于实施造化赋予而含地于其中的天，人的奥秘也存于天，"故思知人者不可不知天，能知天斯能知人矣"（张载，第234页）。天地之德，是天地之所以为天地者，因之又可称为天地之性。天地在造化的过程中，因不同的阴阳五行之气，赋予万物以不同的气质与形体，同时也无一例外地将天地之德之性，赋予了万物，令其具备了共同的终极本然正性："天下凡谓之性者，如言金性刚，火性热，牛之性，马之性也，莫非固有。凡物莫不有是性，由通闭开塞，所以有人物之别，由蔽有厚薄，故有智愚之别。塞者牢不可开，厚者可以开而开之也难，薄者开之也易，开则达于天道，与圣人一。"（同上，第374页）万物气质千差万别，本然之性则全然一样。气质清通，则天地之性无阻无蔽，开通畅遂；气质浊滞，则天地之性遇阻遭遮，难开难通。人与物相较，前者气质相对清通，所以灵于后者，成为天地所造化出的最具灵性、最具生命自觉意识的存在。圣人气质尤为清通，所以较他人为极智，完全与天道相契合而令本然之性彻然显用。可见，在造化大千世界的过程中，天地之德之性虽下贯而赋予了所有生命性存在，但只有在所造化出的人那里，才得到理想的开显。人即此而成为令天地之德之性在自己身上得以顺利开显并进而借助自己的生命自觉与体认而在天地本身及由其所造化出的大千世界那里得以彻上彻下、彻里彻外豁显的最高境界的生命存在。人的生命自觉与体认，是人为万物之灵的基本表征，也是天地之德之性得以如此开显与豁显的究竟关键所在。前述立天地之道意义上的"为天地立心"，正是凭借此才会达成的。立人遂成为立天地的不二法门，同时借此也成就起人；立人既成为"为天地立心"的途径，更成为其目的。于是立人之道意义上的"为天地立心"的内涵，初步开显：那就是要清醒觉悟到人是天地所造化出的最高境界的生命存在，凸显人的生命自觉与体认，凸显人的地位与意义，以开启天地之德之性得以开显与豁显的无限可能之机。

人的德性就是天地之德之性。在自己身上得以开显的德性，既是自己的本然正性，更是天地之德之性。"为天地立心"，就是要人成为这样一种应然生命存在：即成为天地之德之性之心的自觉开显者、践行者与体现者。成为这样一种生命存在，人才称得上接通天地而与其构成三才的与"人"这一称谓真正相称相符的存在。是故，张载称："学者当须立人之性。仁者人也，当辨其人之所谓人。学者学所以为人。"（同上，第321页）反之，如若不能确立对于人之所以为人的生命应然价值自觉，那么人即会堕落到与草木禽兽无多大差别的境地。

"为天地立心"，立应然生命存在之人，成为问题的最终落脚处。

怎样才是天地之德之性之心自觉开显者、践行者与体现者的应然生命存在？基于易学的语境，张载作出了回答。

在他看来，放眼宇宙大化，直面整个生活世界，人应有三才格局的宇宙视野和呼应三才之道的生命价值自觉，基于三才格局，终极定好自己的位，牢固确立起三才之一的人的角色承当。造化大千世界、赋予万物性命的天地，与造化所成芸芸众类中具有生命自觉的最高境界的生命存在的人，构成三才的宇宙大格局，直接关系到大千世界、生活世界整体之命运。就此命运，人应有其承当。人生命置身于其中的整个生活世界，存在着一个三才的大格局，人的生命存在本身，更是一个三才三而通贯为一的生命。天地之气成人之形，天地之性成人之性，人岂非成为天地下贯、内在于自身之中而与己通而为一的生命存在？人又敞开自己，向天地及其所造化出的大千世界敞开，以自身于其中敞开的这个世界为其完整生活的世界，三才的格局岂非将贯穿人的整个生命历程的始终？着眼于天地这一造化之源，则人生命置身于其中的生活世界，就是一部三才大格局下时刻流转无穷的无符号无文字的活生生大《易》："《易》一物而三才备：阴阳气也，而谓之天；刚柔质也，而谓之地；仁义德也，而谓之人。……《易》一物而合三才，天地人一，阴阳其气，刚柔其形，仁义其性。"（同上，第235页）着眼于承当起三才之一的人的角色的人，则人一旦发动其三才三而通贯为一的生命，令天地之性下贯于己的本然正性畅达显用，那么其生命推展的过程，无疑就是迈向应然生命境地的过程，而这一过程就是由人所直接书写的一部活生生的《易》书。圣人根据前一活生生大《易》创作了《易》这部经典，后人则应凝聚一生的心血与工夫，认真书写好无愧于三才中人字称号的真正属于自己的一部《易》书。书写好这部书，天地之心以及人才算由自己立了起来。因此他特别强调："盖尽人道，并立乎天地以成三才，则是与天地参矣。但尽得人道，理自当尔，不必受命。"（同上，第178页）"不必受命"，即不必受命为王才如此而为。

以一生为长远持久的打算，写好一部《易》的大书，人就要在前述人的角色承当的基础上，进一步确立基于三才大格局的宇宙大家庭认同承当意识。这就是《西铭》所阐发的核心思想："乾称父，坤称母；予兹藐焉，乃混然中处。故天地之塞，吾其体；天地之帅，吾其性。民吾同胞，物吾与也。大君者，吾父母宗子；其大臣，宗子之家相也。尊高年，所以长其长；慈孤弱，所以幼其幼。……凡天下疲癃残疾、茕独鳏寡，皆吾兄弟之颠连而无告者也。于时保之，子之翼也；乐且不忧，纯乎孝者也。"（同上，第62页）面对将贯穿自己生命历程始终的三才格局下生活世界中的一切，在追本溯源、报本反始的生命自觉与情怀促动下，作为独立生命存在的我，应真切体认到，自己的生活世界为有机整体之一，在此天道性命相贯通的有机整体中，着眼于造化与被造化的关系，天地与我与万民与万物具备了大宇宙亲缘，基于此等亲缘，天地应被认同承当为我以及万民万物的终极根源性父母，我即成为父天母地之子，万民与万物也应被认同承当为我的同胞与伙伴，而此有机整体遂被认同承当为一命运共同体和宇宙大家庭。以孝子的角色定位，重构三才的大格局及此格局下的一切，我应敬畏感恩父天母地的好生之德及其所造化出的一切，珍视善待与我具有命运共同体关系和宇宙大家庭亲缘的万民与万物本身的内在价值，挺立自己生命的主体性，自觉承当起大家庭中的一切。天地之德可谓一终极本原性之仁，它在天地造化的过程中，落实为富有礼的秩序性内涵的宇宙大家庭："礼即天地之德也，……天地之礼自然而有，何假于人？天之生物便有尊卑大小之象，人顺之而已，此所以为礼也。"（同上，第264页）我即应以仁礼合一的价值自觉，守望天地之德，善待大家庭的一切成员："天体物不遗，犹仁体事无不在也。'礼仪三百，威仪三千'，无一物而非仁也。"（同上，第13页）遵循礼数，敬畏父天母地君臣长幼小大先后之序，落实善待一切成员之仁，期许构建起有序和谐通泰的理想大家庭，成为我毕生应致力的人生伟业。仁礼合一，成为我的人生态度、行为方式，成为我的生命存在方式与实现方式。我之准此所做的一切，最终凝练升华为对于父天母地的一个孝字。一切的一切，或直接针对父天母地，或出于为父天母地分担承当，最终都可归结为对于父天母地的敬畏感恩、孝事善待。由此，我的心即有望跻于盛大显用之境，通我生活世界中的天地万民万物与心为一，时刻挂怀敬畏善待，终至打通内外，全然接通契合天地之心，成就起宇宙式的大我；三才格局下构成命运共同体的生活世界中的一切，感通升华为一大我的有机生命存在。这一生命存在的达成，就是圣者天地境界的实现，我应以此为终极期许："大其心则能体天下之物，物有未体，则心为有外。世人之心，止于闻见之狭。圣人尽性，不以见闻梏其心，其视天下无一物非我。……天大无外，故有外之心不足以合天心。"（同上，第24页）以此为终极期许，我就会真正成为天地的良心、宇宙的良知之所在。

四

"为生民立命"，承"为天地立心"而来。

"为天地立心"由立天地的好生大德发端，最终落实为立应然生命存在之人。

"为天地立心"的是我，我透过针对立天地之道与立人之道双重意义上的涵括体认认知与躬行践履两个方面的知行并重的积极作为，令自身迈向了作为人的应然生命存在实现的历程。而我之外，还有千千万万与我具有宇宙大家庭亲缘关系而彼此构成命运共同体，且被我认同承当为同胞的民众，除其佼佼者之外，他们大都程度不同地存在着生命价值误区，有着价值上的疑惑乃至混乱迷失问题，离高度生命价值意识自觉下应然生命存在之人的要求，差距颇大。出于遥契敬畏天地好生之德、替父天母地分担承当而呵护善待生命本身内在价值的考量，"为生民立命"遂成为我"为天地立心"题中应有之义与其进一步具体落实。

"为生民立命"之"命"，核心就是《中庸》"天命之谓性，率性之谓道"的"命"，天所赋之谓。人的本性来自于天，从天所赋的角度言之称命，从人禀受的角度言之称性。言天，地即内含于其中。是天地在造化人的形体的同时，将天地之德之性赋予了人，令此德此性成为人之所以为人而接通父天母地、接通生活世界的终极本然正性和根基根据。让心念兹在兹专注于令此性充分开显发用，落实为人的正大安身立命之道，人们就会反向真切体认到此性之所自来的作为其源头的天、天道、天命："性尽其道，则命至其源也。……尽性然后至于命。……然至于命者，止能保全天之所禀赋，本分者且不可以有加也。……天道即性也，故思知人者不可不知天，能知天斯能知人矣。知天知人，与穷理尽性以至于命同意。"（同上，第234页）人的奥秘，在天那里。以天知人，则人豁显。以人反向知天，则人与天双向互显。人受天之所赋，则人负使命而来之意豁显。人人皆是带着天赋使命来到世间的。这既是对《说卦传》"穷理尽性以至于命"的诠释深化，也是对《孟子·尽心上》"尽其心者，知其性也；知其性，则知天矣。存其心，养其性，所以事天也。夭寿不贰，修身以俟之，所以立命也"的有力回应。"立命"，就是要明天之所赋、立天之所赋，就是要立天之所赋而来的人的本然正性，就是要立基于此的人道与人的正大生命，以期许天人合德的理想人格的达成与挺立。可见，"立命"已涵盖"立道"的意蕴于其中。

"为生民立命"，涵盖"为生民立道"于内，就是要在万民面前揭示天地所赋予人的性命本然和据此而来的安身立命大道，彰显天赋使命担当意识，并期其落实于万民的现实生命历程之中，让万民在明了天地好生大德及其所造化出的生活世界的前提下，明了大千世界的奥秘与真谛、尤其是生命的奥秘与真谛，明了自己的生命本然、所以然与价值应然，挺立自己生命的主体性，遵循由性命本然所开出的人生大道挺立自己的生命，撑开自己生活的天地，推展人生的一切，实现契合人字称号的应然人生历程。如此，万民的生命真正有了方向、目标与意义，其人生有了境界，其生活世界成为接通感通一切成员的富含意义的世界。

为实现这一目标，万民亦应在高度的生命价值意识自觉下，积极从事前述我所从事的作为天地之德之性之心自觉开显者、践行者与体现者的应然生命存在所应从事的、堪称带有使命意义的一切，以努力将自己塑造成这样一种生命人格：有整体天人宇宙宏识，敬畏感恩情怀，庄严使命担当，顾全大局，珍惜拥有的生活世界，接通父天母地，以仁礼合一方式，直接或间接落实对父天母地的孝事，珍重呵护善待宇宙大家庭一切成员本身的内在价值。这种人格，就是一种通体洋溢着得以升华了的孝的厚重底蕴的父天母地的孝子的人格。不难看出，这是一种超越肉体感性生命的形上精神追求，是一种整体生命价值理性自觉的集中体现。

禀天地之德之性而来的本然正性，促发这种追求与自觉。而所禀与肉体感性生命直接相关的不同气质，则每每诱发人们的各种无谓欲念，令其沉迷于狭隘短视的生命感性世界中难以超拔，以致功名利禄、富贵利达之追求，几乎占去了其生活世界的全部，而这恰恰就是芸芸世俗众生中所存在的普遍现象，是生命存在严重价值误区乃至混乱迷失的突出表现。

　　针对气质之蔽，人们一则应基于对人字意涵的真切生命体认，因应"心统性情"（同上，第374页），借心的价值自觉理顺本然正性与感性情欲的关系，领悟到："性于人无不善，系其善反不善反而已；……命于人无不正，系其顺与不顺而已。……形而后有气质之性，善反之则天地之性存焉。故气质之性，君子有弗性者焉。……德不胜气，性命于气；德胜其气，性命于德。"（同上，第22—23页）守望德性则人成其为人，为气质左右则终将与禽兽为伍。再则苦下变化气质之功，最大限度地消除气质所带来的各种弊端："为学大益，在自求变化气质，不尔皆为人之弊，卒无所发明，不得见圣人之奥。故学者先须变化气质。"（同上，第274页）以此"不以嗜欲累其心"（同上，第22页）。三则如孟子所指出的那样，对性与命有更深层的认知，豁达以对富贵利达与贫贱忧戚，全力以赴追求作为人所应当追求的德性，呵护天所赋予人的使其成为人的这一无上崇高之"天爵"（语出《孟子·告子上》）："口之于味也，目之于色也，耳之于声也，鼻之于臭也，四肢之于安佚也，性也，有命焉，君子不谓性也。仁之于父子也，义之于君臣也，礼之于宾主也，智之于贤者也，圣人之于天道也，命也，有性焉，君子不谓命也。"（《孟子·尽心下》）"求则得之，舍则失之，是求有益于得也，求在我者也。求之有道，得之有命，是求无益于得也，求在外者也。"（《孟子·尽心上》）德性是天赋予人的，即此可谓命，同时它更是内在于人的生命之中决定人之所以为人的，是有人的生命价值自觉者的自觉要求与追求，求之则得，不求则遭遮蔽，因而应被直接承当为性，而不视其为外在强制之命。声色臭味之欲，富贵利达之求，贫贱忧戚之厌，是因气质而来的肉体感性生命性向的自然展露，即此可谓感性生命之性，当正视其存在，所谓："饮食男女皆性也，是乌可灭？"（张载，第63页）但这些欲求与厌弃的满足，最终不是人所可左右的，满足与否不在求与不求，而决定于难以驾驭的外在力量，因而可视其为命。当然，这一命与上言天所赋意义上的命，其差异不言自明。对于这一命，人们最好还是从遇的意义上观照理解之："富贵贫贱皆命也。今有人，均为勤苦，有富贵者，有终身穷饿者，其富贵者只是幸会也。求而有不得，则是求无益于得也。道义则不可言命，是求在我者也。"（同上，第311页）"同行报异，犹难语命，语遇可也。"（同上，第322页）对于遇，人们可以超越以往的性命之辨，从敬畏感恩珍视善待父天母地造化出的宇宙大家庭的情怀和视域出发，获得一种更高境界的理解："富贵福泽，将厚吾之生也；贫贱忧戚，庸玉女于成也。"（同上，第63页）人生的境遇千差万别，但不外乎理想与不理想两大类。前类可视为父天母地对自己的惠泽厚爱，后类可视为父天母地为玉成自己而实施的磨砺考验。有此理解，各种境遇都将成为自己宝贵的人生经历与财富，气质之蔽将不在话下，人性人心将呈现其同于天地之性之心的难遮光辉。

五

"为往圣继绝学，为万世开太平"，是张载在第一人称我的名义下继"为天地立心，为生民立命"之后，遥契大化，面对古圣先贤，直面人生长河，所作出的庄严承当与确立的神圣自我期许。

在张载看来，往古圣人是达到应然生命存在最高境界的人格典范，他们以贯通天人的卓荦器识，放眼天下万世的使命承当，践行人生应然，推出拨迷去蔽导正而泽被天下万世的天人之学，昭示了何为圣人的学问。接续中唐韩愈《原道》所提出的标志文化意识自觉的道统观念，张载认为，圣人的学问，孔子之前，远有端绪："然传上世者，止是伏羲神农。……又安知上世无不如三代之文章者乎！"（同上，第212页）"'作者七人'，伏羲、神农、黄帝、尧、舜、禹、汤，制法兴王之道，非有述于人者也。"（同上，第37页）孔子则接续前圣之学，最终将其传给了孟子。一如《原道》所言"轲之死，不得其传焉"，张载断言孟子之后圣学失传。从《系辞传》开始，伏羲即被明确视为画卦作《易》的首位圣人，因之，不难看出，将伏羲列于诸圣之首位，透显出张载对易学天人之学的高度推崇。

依他之见，圣人的学问，就是一种以知天为究竟观照视野而下贯人与物、真正揭示了宇宙人生奥秘及其价值应然的天道性命贯通的天人之学。这一学问的核心内容，就是前文"为天地立心，为生民立命"所揭示的一切，它在孟子的时代遭受诸子之学的冲击，于秦汉以后渐趋隐晦，更在魏晋南北朝隋唐异端佛道的显赫声势下失掉本属于自己的地盘。其弟子范育在为其自认"予历年致思之所得，其言殆于前圣合与"（同上，第384页）的《正蒙》一书所作的序中，充分表达了乃师的关切与努力："自孔孟没，学绝道丧千有余年，处士横议，异端间作，若浮屠老子之书，天下共传，与《六经》并行。……子张子独以命世之宏才，旷古之绝识，参之以博闻强记之学，质之以稽天穷地之思，与尧、舜、孔、孟合德乎数千载之间。闵乎道之不明，斯人之迷且病，天下之理泯然其将灭也，故为此言与浮屠老子辩，夫岂好异乎哉？盖不得已也。"（同上，第4—5页）所言对韩愈《原道》有所绍承，堪称精辟到位。"为往圣继绝学"正是在此历史文化语境下提出的，张载期许透过自己的努力，重光圣学，从而为拨迷去蔽导正尽上一份应尽的绵薄。

他尖锐指出："知人而不知天，求为贤人而不求为圣人，此秦汉以来学者大蔽也。"（同上，第386页）"知人而不知天"，指的是不能在知天的终极视域下，借天与天道深层认识人与人道，不能明了天道下贯而成人的性命的道理，不能知晓天地以其好生之德造化大千世界、毓成万物之灵的人类、带来三才格局下的宇宙大家庭的奥秘，更不能明白为天地立心、成天地良心宇宙良知之所在的人生真谛与使命承当。"求为贤人而不求为圣人"，指的是汉唐经学礼乐文化的氛围下，认定多数人先天禀赋所限，只能接受先圣先王礼乐文化的教化熏陶，成为贤人已属难得，从未奢望成圣。这是生命缺乏自信、追求未臻高远的表现。实则天道下贯所成的人的性命本然，是人人皆可成圣的充足根基与资源。圣人，人也；我，亦人也。圣人合德于天而成其为圣，我完全也可透过合德于天的笃实努力而成我之为圣。

他尤其抨击了佛教视人置身于其中的应当百倍珍视善待的大千世界、生活世界为空幻的观念："释氏妄意天性而不知范围天用，反以六根之微因缘天地。明不能尽，则诬天地日月为幻妄。……其过于大也，尘芥六合；其蔽于小也，梦幻人世。……尘芥六合，谓天地为有穷也；梦幻人世，明不能究所从也。"（同上，第26页）

依张载之见，批驳异端之学及所有杂驳之说，重光显立圣学，"为万世开太平"就有了强有力的学问根基。

他认为，圣人的学问涵盖人生一切领域，下至个人的修身养性、安身立命，上至王者的治国平天下，其道其理其价值应然内中皆有开示。尤有进者，圣学更进而打通了这一切，它令个人的安身立命，直接关联承当起宇宙大家庭或整个生活世界的一切，平治天下遂成为个人安身立命之道题中固有之义——这正是前文所充分阐发过的；它令王者的治国平天下，直接与其安身立命接通，安身立命也成为王者治国平天下之道题中固有之义。于是，内圣成德和平治国家天下的外王大业，与万民与王者皆直接相关，他们都应立足于自己的分位承当起自己该做的一切，并相互应和，形成合力，共治天下，营造起太平盛世。在他看来，圣学所开示的一切如能得到成分落实，则不仅当下平治天下的大业可成，而且万世太平的盛业也非遥不可及。守望圣学，积极稳妥推展落实其所开示的一切，开创万世太平的盛业就有了无限希望。这也是他揭示、力倡圣学的最大愿景，是"横渠四句"的最终最高期许。

在充分阐发了个人安身立命与平治天下的直接关联后，他特别强调了王者治国平天下与其安身立命的应然接通，认为王者不应轻视圣学对于施政的价值，理应郑重遵循圣学治国平天下，将安身立命的做人正道与治国平天下有机结合起来，如此则王道可成，霸道让位，天下有序和谐太平的局面可期："朝廷以道学政术为二事，此正自古之可忧者。……大都君相以父母天下为王道，不能推父母之心于百姓，谓之王道可乎？所谓父母之心，非徒见于言，必须视四海之民如己之子。设使四海之内皆为己之子，则讲治之术，必不为秦汉之少恩，必不为五伯之假名。……能使吾君爱天下之人如赤子，则治德必日新，人之进者必良士，帝王之道不必改途而成，学与政不殊心而得矣。"（同上，第349页）圣学范围天人之道，可名为"道学"，是王者王道仁政德治的根基；圣学与王者治国理政之道有机合一，则王者行仁政施德治厚以待民，为治之德日新，内而德趋隆盛以安身，外而惠泽万民成王业，历史上所出现的各种为政之弊即可消除，类似五代十国时期乾坤颠倒、礼崩乐坏、伦序舛乱、国而非国、家而非家、君而非君、臣而非臣、人而非人的价值迷失与乖张之局，即可避免。

六

"为天地立心，为生民立命，为万世开太平"本属圣者之事；基于鲜明整体天下意识,接通天地,平治天下,本是推行王道仁政德治的帝王应然的角色承当,汉代大儒董仲舒所谓:"古之造文者,三画而连其中,谓之王。三画者,天地与人也,而连其中者,通其道也。取天地与人之中以为贯而参通之,非王者孰能当是?"(苏舆,第328—329页)张载在第一人称我之下所标举的"横渠四句",显然一则与此一天下意识完全相契合,再则更真切表达了接通、彰显天地之道,成就万民,平治天下,开创万世太平盛业,不仅是圣人、王者之事,而且直接也是、就是我之事。这无疑是在新的历史文化语境下对于汉唐礼乐文化的超越,和对先秦时期三代礼乐文化大传统与以孔孟为代表的原始儒家思想的接续与升华,是士人当仁不让于圣贤与王者的深切恳挚天赋生命承当与生命主体意识自觉的集中体现,有力呼应了曾子"士不可以不弘毅,任重而道远。仁以为己任,不亦重乎?死而后已,不亦远乎"(《论语·泰伯》)之论,它充分表达了士人内以成就应然生命人格、外以为万民之师、王者之师与万世之师的强烈期许。

  隋唐以来科举制的推行,使得中国社会慢慢由贵族主导的社会向平民化的社会转型。这是张载等新型士人生命主体意识得以觉醒与自觉的深厚社会历史土壤。正是在这样的社会转型境遇下,"宋代的'士'不但以文化主体自居,而且也发展了高度的政治主体意识;'以天下为己任'便是其最显著的标帜。"(余英时,第3页)提出"横渠四句"的张载,与揭示凭构建经典宝藏"以万世为土"成"万世之事业"的孔子而暗以期许自我的邵雍(邵雍,第424—425页),与赞孔子为王者之师与万民之师进而标举"希贤希圣希天"追求的周敦颐(周敦颐,第22—23、42页),其彼此的生命价值理念是相通的。正是在诸人的影响下,生命主体意识自觉,日趋深入人心,成了理学的基本精神。于是其后胡宏转进孟子"穷则独善其身,达则兼善天下"(《孟子·尽心上》)之论,提出"'穷则独善其身,达则兼善天下'者,大贤之分也;'达则兼善天下,穷则兼善万世'者,圣人之分也"(胡宏,第26页)之说;陆九渊则标举"宇宙内事,是己分内事;己分内事,是宇宙内事"(陆九渊,第273页)之承当;王阳明又提出"天地无人的良知,亦不可为天地矣"(王守仁,第107页)之论,阳明后学王艮更以"出则必为帝师,处则必为天下万世师"(《王心斋全集·语录上》)期许自我。这一生命主体意识自觉的伟大精神，激励着理学时代及其后的志士仁人，在现代则被转型为中国哲学家的崇高追求。1942年，冯友兰先生在为其著作《新原人》所作的《自序》中即言："'为天地立心，为生民立命，为往圣继绝学，为万世开太平。'此哲学家所应自期许者也。况我国家民族值贞元之会，当绝续之交，通天人之际、达古今之变、明内圣外王之道者，岂可不尽所欲言，以为我国家致水平、我亿兆安心立命之用乎？虽不能至，心向往之。非曰能之，愿学焉。"（冯友兰，第463页）在中华民族走向伟大复兴的今天，基于民族文化意识自觉，"横渠四句"的精神，经过一番创造性转化之后，必将在处理天人（人与宇宙自然）关系，营造契合生态文明的生存发展场域，构建和谐天人生态，塑造有使命有担当的健全人格，构建和谐社会与和谐世界诸方面，发挥其应有的作用。

可携式的东亚儒学传统与全球伦理
——以"礼"、"孝"与"亲隐"为核心

台湾政治大学中国文学系　曾暐杰

一　前言

儒学作为中国文化的核心,更是世界文明的重要资源。在当今全球化时代,儒学在中国甚至世界呈现百家争鸣的盛况,如何使儒学作为中国发展与和谐的内涵、发扬儒学在当代的价值,甚至是透过儒学促进世界的和平交流与文化融通,是当代儒学的重要使命。根据当代文明发展及波士顿儒家的经验,当代儒学的发展应该朝着礼仪、制度的方向发展,将是儒学作为世界性哲学、作为"可携式传统"(portable tradition)、作为跨文化交流下亟须讨论与开展的。

也就是说中国的儒家文化在今日不只是关系着中国自身的发展,儒学更是超越地区与国家的界线,被认为具有"普世"价值,得以在各个文化圈融合、开展。如此一来,儒学不只是中国的文化,还是东亚的文明资产,更是世界文明发展的重要资源。那么,作为儒学的发源地与引领者之中国,就更有责任与使命在21世纪推展儒学的当代价值。

因此,在全球化的时代,儒学将不只是中国一己之事,更是牵一发而动全身的枢纽。儒学文化的"中心"与"边陲"亦随着全球化而模糊,各个儒学文化圈之间不再是绝对的"从属原则"(principle of subordination),而是呈现多元核心的"并立原则"(principle of coordination);彼此间将可相互影响与关照。①

---

① 参见牟宗三:《中国文化之省察》,台北:联经出版公司1983年版,第68页。

二 儒学的"可携式传统"(portable tradition)

儒学现代化的意义及其在全球化脉络下的角色,我们可以"波士顿儒学"(Boston Confucianism)作为思考的起点。其理由如下:第一,波士顿属于英美基督文化圈,与东亚儒学圈各国具有历史文化上的脉络不同。正因为其文化差异与中国最远,在全球化的时代,儒学如何能够在异文化中开展,如何让多元文化交融共存、共创世界和平的愿景,这是值得深究的。第二,根据中国社科院2010年发布的《中国宗教报告》,中国信仰基督教人口约2305万,且相信在不久的将来将会成为世界基督教信仰人口最多的国家。在这样的情况下实有必要将基督教文化纳入未来儒学发展的考虑之中。尤其是一个神学院院长以被称为优秀的儒学家为荣①,这样的思维与态度,值得中国儒者思考如何在如此庞大的多元信仰社会中(包括伊斯兰文化),去确立"儒教"恰当的角色与地位。

(一)普世价值:儒学"可携式传统"的思索

正如波士顿儒家的创始人:前波士顿大学神学院长南乐山(Robert Cummings Neville)所说,儒家思想中具有某种普世价值,超越历史、区域及语言的限制,因此具有跨越民族、国界的可能。② 这样的普世价值是"波士顿儒学"之所以得以成立的原因,也是儒学在世界得以发展的可能。此一儒学的普遍性,即类似于荀子所说"言之千举万变,其统类一也"(《荀子·性恶》),是在各种具体的历史脉络中可以抽绎出超越时空限制的行事法则。

也就是说,儒学并非全然依附于中国历史的脉络之中,而是具有作为全人类行为准则的核心价值。《论语》中虽然记载着孔子与师生之间的具体互动情境,每一段话都有其相关人事物的时空背景,但是这之中却不妨碍我们从中吸纳行为准则。这也是黄俊杰教授所言,儒学经典中具有

---

① 参见[美]南乐山:《波士顿儒学具有讽刺性的几个方面》,收入哈佛燕京学社主编:《波士顿的儒家》,江苏教育出版社2009年版,第13页。
② [美]南乐山:《波士顿儒学具有讽刺性的几个方面》,第13页。

"历史叙述"与"普遍理则"相互渗透的传统。①

如《论语·为政》中各弟子问"孝"的定义,孔子皆有不同的回应:在孟懿子曰"无为"、在孟武伯曰"父母唯其疾之忧"、在子游曰"不敬,何以别乎?"、在子夏曰"色难"。看似在每个具体情境中,孔子对孝的定义都是针对弟子之不足处而发,专为该人而设之定义;然而,这每一个定义却又都可以说是放诸四海而皆准的理则,是不分种族与文化,都可以适用其中的精神。这既是所谓黄俊杰教授所谓的"具体的普遍性"②,也是波士顿儒学向我们证明的,儒学的普世价值是可以运用于西方社会与文化,是一种"可携式传统"。

(二)儒耶互通:儒学跨文化互动的可能

既然儒学具有普世价值,那么对于不同文化之间的认同与交流也就不会有在实践之前所想象那样大的鸿沟。南乐山就认为,儒学能够从古代北京传到今日的波士顿而为波士顿所用,就如同柏拉图哲学能够从古城雅典传到今天的北京一样,并没有什么不妥。也因为如此,南乐山身为一个在美国的基督徒,乐于作为一个儒者,接受杜维明称他为"优秀的儒家"而感到自豪。③

没有人会认为数千万人信仰基督会有语言、文化上的扞格,亦没有人会质疑在中国进行的"汉语神学"之研究的正当性,然而人们却往往对于儒学、对伊斯兰文化能否普遍运用于西方社会。这或许是自 18 世纪以后,西学东渐,挟着绝对的物质与军事优势,宰制了东方的思想与学术。如刘笑敢教授所说,"中国哲学"作为现代学科,是依照西方文化体系而建立的;其背后的方法与标准皆以西学为依归。④ 也因此,时至今日,我们的潜意识中或多或少还受到西方强势文化的制约。

因此,我们应该一方面跳脱西方学术的框架,一方面放下主(中国)

---

① 参见黄俊杰《儒家论述中的历史叙述与普遍理则》,收入氏编:《中国经典诠释传统(一):通论篇》,台北:台大出版中心 2006 年版,第 429—431 页。
② 参见黄俊杰:《儒家论述中的历史叙述与普遍理则》,第 431 页。
③ [美]南乐山:《波士顿儒学具有讽刺性的几个方面》,第 1 页。
④ 参见刘笑敢:《诠释与定向:中国哲学研究方法之探究》,商务印书馆 2009 年版,第 3、97—98 页。

客（西方）对立的思维，"以友辅仁，以仁会友"（《论语·颜渊》），与西方进行平等的互动。如南乐山所说："基督徒在这个多文化的世界中所应有的生活方式和儒家没有什么两样。"① 好比《论语》中有"己所不欲勿施于人"（《论语·颜渊》），而基督教中亦有"你要他人怎样待你，就要这样对待他人"（《路加福音》6：31）之教诲，同属"道德黄金律"（The Golden Rule）。以此为基础去开展儒学与基督宗教及西方文化之交流，则无所谓巨大的隔阂。

三 开展礼学：儒学作为异文化交流的媒介

在证明西方文化与儒学的可交融性，寻求其共通的普遍理则的同时，并不能忽略各文明宗教间的差异，这在当下全球化与异文化的交流处境中十分重要。因为这意味着能够理解彼此的不同，并给予尊重，如此也才不会重蹈18世纪以降，西方以强势霸权，强行将西方文化灌输于中国、灌输于第三世界的路径，而能够真正开展平行而对等的文化交流。

（一）跨文化交流的始点："礼"

如何让各种不同的文化以相互尊重的态度去进行互动与交流，是儒学当今的重要课题，关于这点，"波士顿儒学"提出以荀子所谓的"礼"作为交流的重要媒介。故查尔斯河南岸的波士顿大学学者，在孔子之外特别推尊荀子，因其继承发扬了孔子的"礼"学面向，故而自称"荀子的儒家"②；这点是值得我们借鉴的。

南乐山教授与白诗朗（John H. Berthrong）教授都认为，荀子的"礼"具有批判综合的效用，可以使不同的社会阶层共处而不发生冲突。③ 正如荀子所说："制礼义以分之"，足以"养人之欲，给人之求"；而"礼"除了"养"之外，亦重其"别"，使贵贱长幼皆能有等，这也就是孔子所说的"老有所终，壮有所用，幼有所长"（《礼记·礼运》）。

---

① ［美］南乐山：《在上帝面具的背后》，辛岩译，社会科学文献出版社1997年版，第31页。
② ［美］哈佛燕京学社主编：《波士顿的儒家》，编者手记第1页。
③ 同上书，编者手记第7、19页。

在现代全球化脉络下，就意味着彼此的差异能够被看见，在文化的交流求同存异，和谐与共。此即为《荀子》中所谓"礼也者，理之不可易者也""礼别异""穷本极变"（《乐论》），寻求具体人事中的普遍理则之最高理想。

由此可知，儒学无论在内部或外部的传播与交流，都可利用更高层次的礼仪来协调，以表示对彼此的尊重，进而能够在不断的互动交流中，达到有组织地融入彼此的文化之中。① 也就是说，"波士顿儒学"作为基督教徒所创发的儒家，其跨文化的容受性自然不在话下。他们借由荀子的"礼"，企图去尊重各种不同的流派、文化与宗教；他们没有中国思想史上的包袱，没有朱陆之辩、没有派系之争斗；也就如白诗朗所说，无论是孟子、荀子，不论程朱、陆王，对他们而言都是极具吸引力的，都是可以为北美世界所用的珍贵资源。② 这就是其身处中国以及东亚之外的一个优势，以及可以为我们所吸纳与敬重的特点。

然而，所谓的包容与容异，并不意味着完全地取消差异，毕竟世界不可能完全地同一化；过度强调绝对的超然态度，其实是一种虚伪，在现实上并不可能，也容易造成文化霸权对于他者的宰制。我们要了解："没有没有哪个'我们'不带来'他们'。"③ 正如白诗朗自己所说，学者们往往自称"价值中立"（value free），但我们根本很难持平地去推荐一个我们并不认同的学说或传统。④ 与其如此不如大方承认自己的立场、宗教与文化倾向，以公正而开放的态度去进行交流、讨论与吸收；否则当我们虚伪地强调同一性，那么随之而来的就是霸权宰制下的沉默。⑤

（二）将"礼"、"孝"与"亲隐"的儒学价值作为当代律法的补充

关于全球化世界的当下，大部分的国家都强调律法上的正义，强调

---

① ［美］哈佛燕京学社主编：《波士顿的儒家》，编者手记第7、19页。
② 同上。
③ 参见［美］马克·杨特：《激进诠释学的颤栗》，收入［美］罗伊·马丁内兹编：《激进诠释学精要》，汪海译，中国人民大学出版社2011年版，第119页。
④ 参见［美］白诗朗：《波士顿儒学：对北美"新儒家"的思考》，收入哈佛燕京学社主编：《波士顿的儒家》，第21页。
⑤ John D. Caputo, Radical Hermeneutics: Repetition, Deconstruction, and the Hermeneutic Project (Bloomington and Indianapolis: Indiana University Press, 1987), p. 40.

"绝对地"公正，然而法律在现代化的世界下，亦有其局限性，且往往造成现实道德上的冲突。也因为如此，波士顿儒学提出以中国的"礼"来补充西方世界的"法"，作为世界更为和谐的一种可能。除了"礼"之外，"孝"也是个儒学中值得作为中西文化交流与全球社会可吸取的重要"可携式传统"的概念之一。

关于正义是什么以及法律和亲情（也就是中国人所说的"孝"）之间，我们可以从传统儒家经典中的两个关于"亲隐"事件来讨论：《论语》中的"直躬论辩"[1]与《孟子》里的"桃应难题"[2]。即孔子认为，父亲偷羊，儿子不举报而为之隐匿，才是真正的正义；而孟子则说，假使舜的父亲杀人了，舜就应该带着父亲逃到化外之地去躲藏，由此才可以安心与得到真正的快乐。对于这两个"苏格拉底式"的设问，可以说把人伦道德与律法正义逼到了极端，塑造了一个具有高度张力与冲突性的情境。

正因为是亲情与律法间的困境，必定是难以抉择的情境，历来学者多从儒家以亲情为本、以人伦的概念去疏解孔孟之言、以"自然法"高于"人定法"的进路来说明"亲隐"的立场。[3] 这当然是极为合理，且如此说解亦是中国思维的特色与价值；但往往造成当代知识分子斥之为蔑视法律，甚至称中国传统文化中具有"伦理人情压倒司法"的弊端。[4]

但是这样的讨论进路，在当代社会的脉络下就会显得格格不入，甚至难以在西方文化中被理解与认同。因为如徐复观先生所说，中国传统思维是超越个体的权利观念，将个体没入对方之中，在自己的义务中呈现他者的权利（Hsu, 1956: 306）；也就是说传统中国通常只讲义务而不谈权利，

---

[1] 《论语·子路》："叶公语孔子曰：'吾党有直躬者，其父攘羊，而子证之。'孔子曰：'吾党之直者异于是。父为子隐，子为父隐，直在其中矣。'"

[2] 《孟子·尽心上》："桃应问曰：'舜为天子，皋陶为士，瞽瞍杀人，则如之何？'孟子曰：'执之而已矣。''然则舜不禁与？'曰：'夫舜恶得而禁之？夫有所受之也。''然则舜如之何？'曰：'舜视弃天下，犹弃敝蹝也。窃负而逃，遵海滨而处，终身欣然，乐而忘天下。'"

[3] 参见郭齐勇主编：《儒家伦理争鸣集：以亲亲互隐为中心》，湖北教育出版社2004年版；陈弘学：《从现代法观点论儒家"规范优位"思维——以孔、孟、荀三子为主要考察对象》，《高应科大人文社会科学学报》第9卷第2期，2012年12月，第13页。

[4] 周天玮：《苏格拉底与孟子的虚拟对话——建构法治理想国》，台北：天下远见1998年版，第60页。

认为权利即在于义务之中。①

在"直躬论辩"与"桃应难题"中,如果依照大多数的论辩,顺着传统语汇中强调人伦中作为儿子的义务,就容易被视为以私害公的迂腐传统。假使能够在新时代中重新建构儒学思维的价值,也就是提升到"创造的诠释学"中的"必谓"层次——"直躬论辩"与"桃应难题"在现今法治社会应该说出什么、解决什么问题,那么便可以使儒学的传统价值在现代社会中进行自我的转化②,符合全球化思维与法治社会的时代价值,而不显得突兀。

那么,在"直躬论辩"与"桃应难题"的争论中,便可以尝试由传统"义务的语言"转向"权利的语言"作探讨,这既是一个传统儒学的现代性发展,是一种儒学的自我转化,也是儒学融入现代性律法与规则中的一种"规范性重构"（Normativen Rekonstruktion）③。也就是说,可以超越"儿子的义务"之边界,进而从"亲隐的权利"来讨论。

正如德国社会理论学家霍耐特（Axel Honneth）所认识的,在以康德道德自由典范的思维下,人们往往在主体间发生冲突的状况下,期望人们可以摆脱某个角色的义务和规范,以一种超然而中性的道德反思主体去面对问题,但这样绝对公正的可能纯粹只是一种想象。④ 即便在现代法治社会,人们也不必放弃人伦关系,而应该有亲隐的权利与正当性。

四 "亲隐"的权利——在律法中的正义性概念的反思与重构

在"直躬论辩"与"桃应难题"中,最受当代知识分子争议的关键点就在于孔子与孟子——也就是儒家那里不尊重律法,视律法为第二义,永远排在人伦道德之后。但其实正反而是儒学的价值所在,是当代律法造成人的异化窘境下的一条出路。

这里呈现出当代知识分子的一个盲点即是,儒家的确十分重视人伦道

---

① 朱敬一、李念祖：《基本人权》，台北：时报出版 2003 年版，第 15 页。
② 参见傅伟勋：《从创造的诠释学到大乘佛学》，台北：东大图书 1999 年版，第 10、40 页。
③ ［德］霍耐特：《自由的权利》，王旭译，社会科学文献出版社 2013 年版，第 18 页。
④ 同上书，第 173—174、189—190 页。

德,如孟子说:"天下之本在国,国之本在家,家之本在身。"(《孟子·离娄上》)但所谓家为国本,人伦为国家律法的"根本",并非等同律法只是人伦的"从属"概念,这两者是不同层次的问题。正如荀子所言:"从道不从君,从义不从父,人之大行也。若夫志以礼安,言以类使,则儒道毕矣,虽舜,不能加毫末于是矣。"(《荀子·子道》)说明了儒家并非将伦理凌驾于司法之上,更无"权力大于一切"这样的思维。

以"桃应难题"的例子来说,舜带着杀了人的父亲逃走,不但不是蔑视律法的行为,反而是极大程度尊重律法的表现。① 因为贵为天子,舜假使不看重法律,大可以直接干涉律法的执行者皋陶,要求皋陶不要追捕瞽瞍、甚至不要判其杀人之罪,何必放弃天下与权位,带着父亲逃至化外之地?

也就是说,在传统儒家那里,甚至是中华文化的脉络中,并非蔑视法律,将人伦置于律法之上,反倒如陈弘学所观察到的,有一种"规范优位"的意识——也就是客观规范与法律享有优先于个人意志的高阶地位。②

(一)"亲隐"的抉择:人伦与律法共构的立体图像

但从更宏观的角度来看,其实不仅仅是客观规范优先于个人意志,而必须说"律法"与"人伦"是两个不同层次的概念,两者呈现出一种立体的图像,在各自的领域中卓然挺立,都具有其根源性的价值。只是在现实生活中,当两者被迫拉至同一个平面而招致冲突时,便必须同时安顿两个价值的扞格。

也就是说,就家国社会的脉络而言,"律法"是最高准则;对于血亲道德的层次而论,"人伦"具有绝对价值。舜在家国层次身为天子,必须依律法而行事;在人伦领域作为人子,则必须重视孝亲奉养,二者都是其所必须遵行。当两者平行于各自领域,律法与人伦本是不相冲突的;但当同时交织在一个事件点上,舜就必须同时面对这样的冲突。带父亲逃走即是一方面他不能蔑视律法,他有着"规范优位"的意识,"逃"代表他认可法律应该对其父亲之杀人做出处置;另一方面他也不能无视血缘之亲,

---

① 陈弘学:《从现代法观点论儒家"规范优位"思维——以孔、孟、荀三子为主要考察对象》,第14—15页。

② 同上书,第7页。

他有着"伦理优先"的道德意识,"逃"同时也代表他作为人子不能坐视父亲遭拘捕而处死。这是不得不的做法,也是"规范优位"与"伦理优先"两者并存的必要之举。①

(二)"亲隐"的正当性:律法中的道德意识与考虑

孟子此处所谓舜设想的行动方针,既不违背法的精神与规范性,亦不丢失人伦血亲的责任与情感,可谓在现实社会中站得住脚了!正如李明辉所说,"亲隐"不是鼓励以私害公,而是要避免使人陷入义务的冲突,这样的思维是建立在普遍人性的基础之上。② 如果像周天玮等学者,非得要求舜必须完全依法行事,将瞽瞍依杀人罪判刑处死,才是正确的行为与正义的行动,那是一种对于法的误解,以及对于"正确"行为的错误想象。

的确,或许如清代学者袁枚所质疑的"那些放纵自己父亲杀人的,难道都是孝顺的儿子吗?那些被杀的受害者,难道都没有儿子吗?"③ 但孟子并没有要瞽瞍不为其杀人负法律责任,甚至是舜也没有否认杀人者死的规范——否则舜不必带瞽瞍逃之夭夭;但是作为"人子"这个身份,他不能任由父亲遭到处死,否则即有违其"人子"的责任。我们当然悲悯被杀者之亲属,也认同法律的规范,孟子不也说:"执之而已矣。"于法,他认为瞽瞍应该被拘捕判罪;但于情,他则考虑到了人伦血亲,因此必须逃。

如霍耐特所言,在主体的冲突间,所谓"正确"的行为即是做到不伤害每个相关人员的意志,尊重每个主体的"主体目标"(self objective);"正确"只能作为成见或偏袒的反义词来看待。④ 那么在"桃应难

---

① "规范优位"与"伦理优先"分别属于社会规范与道德规范不同的向度,而儒家提出"亲隐"的概念,即是企图将这不同层次的规范整合起来,形成一幅立体的生活范式。林远泽教授即指出,儒家此一思维,类似于哈贝马斯(Jürgen Habermas, 1929—)所阐述,传统的统治借助一种渗透于各种社会秩序的整体风俗(gesamtgesellschaftliche Ethos),使得文化价值、社会制度以及那些早已深植于人格结构中的行为动机能够充分结合,如此也使得伦理、政治与法律的规范能够交织在一起。于此,可以说"亲隐"的提出是具有重整遭到割裂的生活世界,进而达到各层次规范整范的功能。参见林远泽:《礼治与正名——论儒家对于政治正当性之伦常奠基的道德文法学构想》,《汉学研究》第 31 卷第 1 期,2013 年 3 月,第 266 页。
② 李明辉:《为什么要研读经典——以〈论语〉为例》,收入王伟勇主编:《人文经典与创意开发》,台北:里仁书局 2011 年版,第 119 页。
③ (清)袁枚撰:《小仓山房诗文集》,上海古籍出版社 1988 年版,第 1655 页。
④ [德]霍耐特著:《自由的权利》,王旭译,第 172—178 页。

题"中，孟子假设舜的行为，即做到了尽量尊重每个主体的目的性、也尽量不去伤害任何一个主体——让瞽瞍依照自己的职责去追捕瞽瞍、让瞽瞍逃至海滨不被处刑、让受害者能够依法去追究瞽瞍之罪、让自己能够不破坏律法的恒定性又不至于任由自己的父亲受死；这种看似彼此矛盾的事件，其实皆是尽可能让每个主体达成自身的目的性而发。

且真正的法律不会要求人们违反自己的道德义务与尊严，只有独裁者才会要求人民完全抛弃道德情感与自律。① 像是"文化大革命"时期那种要求父母子女间相互批判与举报的情形；或是东德的秘密警察要求丈夫妻子与亲属朋友间相互监听举发的情况，都是如此不近人情而呈现出一种恐怖的氛围与世界。也就是说，律法一旦脱离"人性"，那将会是一种恶法；这样的律法不但不会带来社会秩序，反而会造成秩序的紊乱。如孟德斯鸠（Charls Louis Montesquieu，1689—1755）所阐明，违背人性的法律都是罪恶的，应该考察社会建立之前的人类，认识我们生命的本质来思考法的意义。② 所以孔子也才会说"父为子隐，子为父隐，直在其中矣"。父子相隐正是人生而为人的意义体现，也才可以称之为真正的正义与自由。

又如霍耐特所言，在生活的领域中"我们不会因为遵守法律规则而有一定的行为义务，我们应该在'自由'的意义上，只需遵循那些我们认为是理性的基本原则。"③（Honneth，2013：169）先秦时代孔子、孟子即可以说具有这样的理性原则与自由的相似概念，而这样的概念随着时代与价值的演进，进行了"规范性的重构"；因此，在中国台湾地区的法律中，即将"亲隐"的权利明确规范在法律之中④，"亲隐"这样的儒家传

---

① ［德］霍耐特：《自由的权利》，王旭译，第169页；陈弘学：《从现代法观点论儒家"规范优位"思维——以孔、孟、荀三子为主要考察对象》，第13页。
② ［法］孟德斯鸠：《论法的精神》，曾斌译，中国社会出版社1999年版，第36、462页。
③ ［德］霍耐特：《自由的权利》，王旭译，第169页。
④ 《刑事诉讼法》第180条："证人有下列情形之一者，得拒绝证言：一、现或曾为被告或自诉人之配偶、直系血亲、三亲等内之旁系血亲、二等亲内之姻亲或家长、家属者。"《刑法》第167条："配偶、五亲等内之血亲或三亲等内之姻亲图利犯人或依法逮捕拘禁之脱逃人……减轻或免除其刑。"

统与思维，是有其法律上的正当性与现代化意义的。①

（三）多重性身份：律法之外的综合性关系与规范

人作为一种社会性动物，可以说一切都是由"关系"中发展出来，社会的健全与否关键即在于"关系"的建构是否正常。（Brooks, 2012: 414）而人生活在这个社会之中，以主体为中心，必然具有多重身份角色；依照黄光国的划分，由内部到外部基本上可区分为情感性关系、混合性关系、工具性关系三个层次，而其间主体所据以行事的法则分别是需求法则、人情法则与公平法则。②

依黄光国的分类来看"直躬论辩"与"桃应难题"，父子间的关系即是情感性关系，彼此间有着认同与相互保护的需求；而直躬者在面对执法者与舜在面对瞽瞍时，却呈现着一种工具性关系，也就是以公平法则为行动法则。当这两重身份聚现在同一个事件点上，便会发生冲突，如何在需求、人情与公平之间取得平衡，就成了此一论辩与难题的关键。

在孔子所谓的直躬者那里，父子相隐实现了情感性关系中的需求法则，然而从孔子的话语中，只能得出父子不会"主动"去举报偷羊这件事，但他并没有否认偷羊这件事是错误的、亦未否定偷羊应该受到法律的处罚，这就另一方面体现了公平法则。同样的，舜使皋陶拘捕瞽瞍，这是在工具性关系上体现公平法则；而舜带瞽瞍逃之海滨，则保住了情感性关系的需求法则。此处的重点在于，儒家否定从集体的社会稳定来抹杀个人的自主性与独立性，而是透过关怀人在现实社会中的角色差异，允许成员作出差异的对待与行动。③

（四）隐性规则："亲隐"实践的必要性与合理性

因此，与其从传统人伦亲疏的语境来梳理，透过当代社会的脉络，去呈现此一关系与行动，将会更直观地表现出"亲隐"的合理性；并透显

---

① 陈弘学：《从现代法观点论儒家"规范优位"思维——以孔、孟、荀三子为主要考察对象》，第1—22页。
② 黄光国：《儒家思想与东亚现代化》，台北：巨流图书1988年版，第174—175页。
③ 林远泽：《礼治与正名——论儒家对于政治正当性之伦常奠基的道德文法学构想》，第255—284页。

出那些要求人们应该大义灭亲的论述，是多么不切实际而且不可能。

所谓公平与公正地面对法律，要求舜应该以超然的态度去处理父亲杀人的事件，要求儿子必须举报偷羊的父亲，这是对于主体道德意识的"虚幻想象"——认为主体在社会上没有任何"关系"，所有的原则都必然建立在人类共同的抽象价值之上，主体只能设定一个不带任何个人色彩的生活目标。① 也就是说，在社会的脉络中，每个主体本来就拥有多重性身份——父亲、母亲、儿子、女儿、同学、同事、上司等等。在"桃应难题"中的舜即同时具备了儿子、天子与上司的身份；那么舜作为主体的抉择就应该也有那个权利去针对每一个身份做思考，为何要求他放弃儿子的身份而独独去彰显天子与上司的角色呢？

正如霍耐特所说："我们根本不需对我们原先就已认同的那些关于父母、同事或朋友的规则弃之不顾，而只需看成是一种限制。"我们必须做的只是"确认一种尽可能均衡的、把所有已经存在的义务都考虑进去的原则。"② 那么舜在这个情境中，就必须同时考虑到身为天子与上司的公平原则，以及身为人子的亲密关性关系中的需求原则，我们没有必要也没有权利要他完全切割任何一端；在"直躬论辩"中的父子也是一样。

那种认为道德价值高于一切，甚至凌驾法律之上，要求人们应该完全依法而行、抛弃一切人伦或社会关系，那是一种道德的病态。在人类世界中，并非只有"法律"这个规则，还有友谊的意义、父母与孩子间的义务等等"隐性规则"；因此在现实社会中人所具有的多重性身份而言，是无法轻易将父母、友谊等关系拉开距离、弃之不顾的。③ 那么，同样作为社会体制规范的情感性关系中之需求法则，则与显性的法律公平原则一致，必须受到重视；这是"亲隐"显现出的道德自由与权利。

（五）从病态的律法原则回归现实生活世界

在现实社会中，法定的自由只是使每个主体蜷缩在自己之中，所以一旦执着于法律的规范，而放弃其他社会关系，会使人失去友谊或家庭生活

---

① ［德］霍耐特：《自由的权利》，王旭译，第186页。
② 同上。
③ 同上书，第179—180页。

关系的效用，成为一个"无情"的主体。相对而言，当进入到道德反思自由的追求，就会企图透过主体的互动来寻求合理的方法去解决冲突；如此我们的每个决定都必然会牵涉到他者。① 如"桃应难题"中，舜当然能够依法行事，透过不作为，让皋陶拘捕瞽瞍，让瞽瞍受拘捕处死，一切合乎"法"的规范；但如此做只是限缩在一己的无情主体之中，看似遵从规则，实则与现实世界脱节，忽视了隐性的情感需求法则。如同霍耐特所说，这样的人"只是有着一种道德绝对性的意志，面对已有的行动义务却如同一个瞎子。"②

在这个法治社会中，我们不应该再以法律的规范为唯一依归，而必须"重新回到生活世界"，即帕森斯（Talcott Parsons，1902—1979）所说"关系的机制"中。③ 所谓回到真实世界，即是回归与正视一切社会性关系的网络，而不是活在一个"法律的瓮中"。

"直躬论辩"中的儿子就必须回归"父子关系"与"执法者及人民"等多元关系中，不能只求后者而松脱前者；"桃应难题"中，舜则应该回归"父子关系""天子与执法者"等多元关系中。我们不该在追求公平与正义中忘掉了自己和社会的综合性关系；只有在尊重一切社会的基本责任与规范，才能确保那些早已存在主体间的关系④——父子、夫妇、兄弟、朋友、同事——我们有实践这些关系的权利，不能要求人们放弃这些关系而独尊律法上的规范。

如此才能真正体现生活的真实，也才是真正具有情感意识的抉择。真正的正义与自由，不是绝对的以法制为标准，而是在社会网络中尽可能地去避免伤害到任何一个主体。只有如此，才能彰显"人的道德自主性"（the moral autonomy of man），也才能体现人身而为人的自由与价值；否则法律赋予我们权利与自由，我们却让自己受到律法绑架，脱离生活的真实，反倒成为一个最不自由之人，而生活在律法的地狱之中。这也是陈弘

---

① ［德］霍耐特：《自由的权利》，王旭译，第181—182页。
② 同上书，第187页。
③ 同上书，第197—198、174、203页。
④ 同上书，第186页。

学提醒我们的:"不应该丢弃'道德情感'以建构法治社会。"①

(六) 从"孝"的本能到"亲隐"的权利

儒学此处给予处于法治社会的我们一些启示:"亲隐"是真实世界中必然的现象,也是人的情感上所必需,应该合理正视"亲隐"的权利;没有了"亲隐",没有了"私",这个世界将是黑暗而不真实的。

试想叶公所言的正直之人——"其父攘羊,其子证之",看似全然为公而无私,但此人对于父亲完全没有情感依恋,这个父子关系是有问题的;当这个世界的人都成了如此"无情"——没有情感基础的"法治人",这将会是何等可怖的社会?这样"法律至上"思维,将导向病态的法治社会——人人之间的讯息是不相通的,彼此只有防备之心,甚至成为极权的社会。

所谓的公平正义,并不是要我们在面对冲突时,抛弃所有情感、去人格化,以绝对中立的立场去面对法律;那不可能也不真实。我们要做的只是不将个人的利益放置在一种特权的位置之上,如同舜贵为天子,没有借着权位去干涉瞽瞍的职责、没有利用权位去破坏律法、更没有在律法上偏袒自己的父亲,而是在承认律法、尊重执法者的立场下放弃权位,带父亲逃亡。这就是带有人格立场、带有情感的公正之抉择。②

在"桃应难题"中舜的做法是法中有情,情中有法的"正确"行为。因为人生而不可能无"情",也不可能完全脱离我者与他者的"关系"而超然独立;任何要求人不得"亲隐"的论述都是值得反思与检讨的。"亲亲"本就是生而为人所必然有的反应,我们有权利以这样的法则行动与抉择,我们可以在这样"亲亲"的原则上去作出"不偏袒"的"正确"行为,而不须要刻意压制这样的情感。

由此,应该了解到,"亲隐"的儒学概念并非重人伦而轻法治,那是一种偏见与误解!"亲隐"这样观念的建构,并非中国社会所独有,在西方的文明中,或多或少普遍有着这样的思维;且综观世界各先进国家的法

---

① 陈弘学:《从现代法观点论儒家"规范优位"思维——以孔、孟、荀三子为主要考察对象》,第14页。

② [德]霍耐特:《自由的权利》,王旭译,第176页。

律，也都明确订定了亲隐的权利原则。① 实在没有理由将"亲隐"视为儒家传统的陋习，反而应该利用儒家的人文传统，弥补当今全球化下法治观念上关于正义的缺失。

五 结论

在全球化与多元化的时代，应该有更多的人能够以更友善的态度去面对他者与异文化的接触与交流，"波士顿儒学"以北美基督徒的身份去理解儒家、认同儒家进而倾心儒家，就是一个平等交流与融通的典范。透过"波士顿儒学"的儒耶交流经验，足以给处在历史发展中的我们一点省思。法国学者（Joel Thoraval）说，今天的中国成了"后儒学"（post-confucéen）的时代，儒学处于一个分崩离析的状态，这也意味着，这是个儒学风起云涌、百家争鸣的时代。② 然而，正因为儒学的崩解，也更有着重构以及与异文化交流、交融的可能与契机。

"礼"作为法律的补充，作为强制性法条下另一种道德性原则与规范，可以化解当代法治社会的僵化与异化。而"孝"这个概念，则提醒我们，在我们习以为常的法律规范之外，身而为人还有着其他的"隐性规则"处在我们彼此之中，这点"直躬论辩"与"桃应难题"的确给了我们很大的启发。

透过对于"法"的重新理解，对于人处于社会中的"多重身份性"以及事先即存在的"关系"网络，可以了解，即便在当代法治社会，"法律"并非行为准则的唯一依据。在固有的社会关系中，父子、兄弟、夫妇、朋友、同事等多元性关系，各各也都存在着隐性的规范——如法律即没有规范朋友间的权利与义务，但是我们在交友的时候，即已默认了朋友应有的行为规范——信任、分享、扶持等等。即便律法没有规定违反了这些隐性规范会有何后果，但假使朋友间打破此一规则，还是会受到他者相

---

① 参见范忠信：《中西法律传统中的"亲亲相为隐"》，收入郭齐勇编：《儒家伦理争鸣集——以"亲亲相隐"为核心》，第601页。

② ［法］Joel Thoraval：《儒学经验与哲学对话：反思当代儒学的艰难》，收入［美］哈佛燕京学社主编：《波士顿的儒家》，第72页。

应的惩罚与反应。① 父子之情也是如此，有着某些的隐性规则，每个人都有权利去实践这样的准则，就如同孔子所言的"子为父隐"（Lau，1992：127）、孟子所谓"carried the old man on his back and fled to the edge of the Sea"（Lau，2003：303）。这不只是一种"人伦优先"的概念，也不仅是所谓的权变，反而是在社会中必然的行为。

在多重身份性的关系网络下，"亲隐"就是一种"常"——在过去，儒家赋予人人都有实践这种隐性规范的权利，而这样的思维与共识，更透过社会的沟通与互动，规范性重构为一显性规范，即在我国现今法律中明文规定"亲隐"的权利。这是儒学价值的体系化与具体化，更是儒学迈向现代性的可能与典范。

也就是说，"亲隐"是应该被正视的价值，因为那是全人类共同的价值，当代美、日、英、德、法诸国法律中也都明订"亲隐"的权利。② 正如孟德斯鸠所说："妻子怎么能告发自己的丈夫呢？儿子怎么能告发自己的父亲呢？为了要报复一种罪恶的行为，法律竟规定出一种更为罪恶的行为。"③ 这正是人性的价值以及对于"法"的正确认知。

唯有了解"亲隐"的正当性与必要性，唯有赋予人们"亲隐"的权利，人们也才有机会去面对此一"道德的两难"（moral delimma）。否则，当一切只须要依法行事，虽然少了"两难困境"，却失去了人之所以为人的价值与意义，而形成了唯法至上之"单向度的人"（one‐dimensional）的人④——那是一种现代性的异化，这也是儒学中关于"礼""孝"与"亲隐"可作为"可携式传统"，适用于各个文化，在现代社会中所给予我们的启示。

---

① ［德］霍耐特：《自由的权利》，王旭译，第209、220页。

② 像是美国的《统一证据规则》即规定："在刑事诉讼中，被告人配偶享有拒绝作出对被指控配偶的不利证言之特免权。"日本的《刑事法典》也明确规范："任何人都可以拒绝提供有可能使下列人员受到刑事追诉或者受到有罪判决的证言：自己的配偶、三代以内的血亲或二代以内的姻亲。"英国的《刑事证据法》则强调："在普通刑案中被告人的配偶可以作证但只能当辩护证人，不能强迫其作证。"德国的《刑诉法典》同样明订："被告的订婚人、配偶、直系亲属或者直系姻亲有权拒绝作证。"法国《刑诉法》亦规定："被告近亲属自愿出庭作证时可不作无伪证之宣誓。"参见范忠信：《中西法律传统中的"亲亲相为隐"》，第664—713页。

③ ［法］孟德斯鸠：《论法的精神》，曾斌译，第462页。

④ ［法］赫伯特·马库色：《单向度的人：发达工业社会的意识形态研究》，刘继译，台北，麦田出版，2015年，第2—7页。

儒家礼乐教化精神与当代国民教育

贵州大学　龚妮丽

古老的中国曾被誉为礼仪之邦，这是文明走在前列的象征。文明必有理想（即我们今天所说的中国梦），儒学最具生命力的根源就是其思想中的两个理想：一是社会理想，即《礼记·礼运》所言的"大同""小康"理想；一是文化理想，即《史记·周本纪》中"兴正礼乐"，"民和睦，颂声兴"的理想。前一种理想具有世界普遍性，后一种理想则最具中华民族特色。实现后一种理想的途径是教化，通过礼乐教化使人与人在情理上相互默契，达到社会和谐，个人行而乐之，乐而行之。新儒家代表人物徐复观先生说："儒家的政治，首重教化，礼乐正是教化的具体内容。由礼乐所发生的教化作用，是要人民以自己的力量完成自己的人格，达到社会的和谐。由此可以了解礼乐之治，何以成为儒家在政治上永恒的乡愁。"[1]

以此看来，儒家礼乐教化的文化理想在当代社会仍然有着积极的意义，对于建构文明社会，个人修身提升道德，建构和谐社会，乃至获得"行而乐之，乐而行之"的生活模式，都可以是我们现代人的文化资源。

一　儒家礼乐教化的思想

儒家的礼乐思想发轫于周代，周公于成王年间制礼作乐，将上古祭祀祖先、沟通神明以指导人事的巫术礼仪，作了文化的转型，由重神道向重人道的方向过渡，使之理性化和体制化，成为治国兴邦，稳定社会的重要手段。

---

[1] 徐复观：《中国艺术精神》，春风文艺出版社1987年版，第20—21页。

到了春秋末期，周天子已经失去控制诸侯、卿大夫的实际能力，社会出现动乱，那些有权有势的卿大夫僭越周礼，自行其是，导致礼崩乐坏。先秦儒家的礼乐教化思想正是对周代礼崩乐坏反思的产物，经以孔子为代表的儒家群体对周公礼乐治国思想的继承和发展，对礼乐传统进行了系统的"述与作"，使礼乐文化基本定型，形成了一整套理想化的礼乐教化思想。

1. 何为礼？

礼是一套治理国家社会的重要手段，是治平天下的精神纽带，具体到社会中的个体来说，它是贯穿人一生无所不包的行为规范，礼的具体表现类型与表达方式涉及生命活动的方方面面，礼也必须随社会的发展而变化。

《礼记·曲礼上》说：

> 道德仁义，非礼不成；教训正俗，非礼不备；分争辩讼，非礼不决；君臣上下，父子兄弟，非礼不定；宦学事师，非礼不亲；班朝治军，莅官行法，非礼威严不行；祷祠祭祀，供给鬼神，非礼不诚不庄。

《礼记·仲尼燕居》又说：

> 以之居处有礼故长幼辨也，以之闺门之内有礼故三族和也，以之朝廷有礼故官爵序也，以之田猎有礼故戎事闲也，以之军旅有礼故武功成也。是故宫室得其度……鬼神得其飨，丧纪得其哀，辨说得其党，官得其体，政事得其施。

可见"礼"是对国家社会一切事务的治理，涵盖了政治制度、思想教育、道德诚信、立身处世、风俗礼仪、敬畏天地。小到个人修身齐家，大至治平天下。就如有学者指出："历史上所谓'周公制礼作乐'的礼乐，分明是指一套制度与文化的建构。若从后世《礼记》所说，'礼'根本是一个无所不包的文化体系。"[①]

---

① 陈来：《古代宗教与伦理：儒家思想的根源》，生活·读书·新知三联书店1996年版，第225页。

2. 何为乐？

在先秦"乐"是包括音乐在内的诗、歌、舞融为一体的文化活动。《礼记·乐记》中说："乐者，乐也，人情之所不能免也。乐必发于声音，形于动静，人之道也……故人不耐无乐。"① "乐"是与人的情感快乐相联系的生命活动，中国音乐的"乐"与快乐之"乐"同形异音，在很多时候其意义是相通的。儒家的理性精神中包含着浓厚的伦理道德意识，在认同音乐给予人耳目快乐的同时，将之与"善"紧密地联系在一起，强调音乐的美与伦理道德的善相统一。《礼记·乐记》强调"德音之谓乐""乐者德之华也"，乐是德的外在光华。为什么儒家对音乐如此重视，因为音乐可以与礼相配合，不仅能很好地配合礼仪活动，更重要的是与"礼"互补，起到教化民众的作用。

3. 何谓礼乐教化？

中国的礼乐教化早在尧舜时代就出现了，如《尚书》中就有对舜命夔以礼乐教化百姓的记载："夔！命汝典乐，教胄子，直而温，宽而栗，刚而无虐，简而无傲。"周代礼崩乐坏之后，孔子呼吁继承周代礼乐教化，将西周以来"官学"的礼、乐、射、御、书、数等"六艺"之教推广到民间，成为中国第一个兴办私学的教育家。孔子将教化视为社会的头等大事，由教观政，政由教出，《礼记·经解》载：孔子曰："入其国，其教可知也。其为人也：温柔敦厚，《诗教》也；疏通知远，《书》教也；广博易良，《乐教》也；洁静精微，《易》教也；恭俭庄敬，《礼教》也；属词比事，《春秋》也。"② 《论语·尧曰》记载孔子指出从政"四恶之首"为"不教而杀谓之虐"，他倡导通过礼乐教化使民知"仁"、而循"礼"；孟子也将教化提高到做人的前提，曰"人之有道也，饱食、暖衣、逸居而无教，则近于禽兽。"儒家非常重视通过礼乐教化，使人"明人伦"，懂得做人的道理，懂得按自己的名分尽职尽责，如何与人相处，如何与物相处，达到道德上的自我约束和提升。礼乐教化主要集中在社会性的道德伦理教化及个体人格修养两个方面，通过"礼教""乐教""诗教"为特征的"六艺"之教体现出来。用我们今天的话来说，形式是审

---

① 《礼记·乐记》，《十三经注疏》，中华书局 1980 年版，第 1544 页。
② 郑玄注，孔颖达疏：《礼记正义》，北京大学出版社 1999 年版，第 1368 页。

美教育，核心是道德教育。

4. 礼乐何以能相互配合，实现教化作用？

"礼"是社会中人的行为规范，侧重理性的行为，"乐"合乎人性中的情，即所谓的"乐者，乐也，人情之所不能免也"，人不能无乐，乐即是人道、人性。所以"礼"需要与"乐"相配合，因此，一方面要规范人情、人性；另一方面又要顺乎人情、人性，于是就有了礼乐的内外结合。

"礼"通过事神致福，教民明人伦秩序；"乐（yuè）"能宣情，弦歌吟唱可转化为乐（lè），礼乐相济，为秩序化的社会生活增添情感的润滑剂。礼乐教化思想中包含着情理交融的教育理念，即在快乐中接受严肃的理性教育，使人们对"礼"的履践，乐而行之。

《礼记·乐记》对"礼"与"乐"各自的作用作了精辟的总结：

> 乐由中出，礼自外作……乐至则无怨，礼至则不争。揖让而治天下者，礼乐之谓也。
>
> 礼节民心，乐和民声。（《乐本篇》）
>
> 乐者为同，礼者为异。同则相亲，异则相敬。（《乐论篇》）
>
> 礼义立，则贵贱等矣；乐文同，则上下和矣。（《乐论篇》）
>
> 乐极和，礼极顺，内和而外顺。（《乐化篇》）
>
> 乐也者，情之不可变者也；礼也者，理之不可易者也。乐统同，礼辨异，礼乐之说，管乎人情矣。（《乐情篇》）

"礼"强调社会中人的行为规范，注重伦理秩序；"乐"能表现人的内心情感，礼乐教化使人与人在情理上相互默契，既有分疏又有融和，使社会达到有秩序的和谐。从理与情的互补来看，礼乐活动中的行乐必然有对于人们心理情感的作用，乐舞以颇具感性特征的美感陶冶人情人性，在弦歌曼舞中，其乐融融，又恭敬肃穆，自然接受敬畏天道、尊祖崇德的教化。从序与和的互补来看，礼乐活动必然选择富有中庸精神的音乐以修正人心，在声律和谐的钟磬笙管合乐中，其乐奕奕，久而久之，温良文雅，自觉遵从君臣尊卑、明人伦秩序。《礼记·乐记》说："先王之制礼乐也，非以极口腹耳目之欲也，将以教民平好恶而反人道之正也。"因此，行乐活动中所体现出的审美心态一定是与道德教化相一致的,"乐者乐也"的美感意识也就更多地显示出崇德、致和、尚雅的特点。

孔子继承并深化了礼乐思想,认为礼乐教化必须以"仁"为前提,"人而不仁,如礼何?人而不仁,如乐何?"① 礼乐教化思想遂成为建构理想社会秩序的文化理念,成为中国儒家的文化向往。

二 儒家礼乐教化的内容与功能

礼乐教化的内容十分丰富,教化不仅是强调个人修身,还延伸到"齐家、治国、平天下",修身是前提,而齐家、治国、平天下是目标。《礼记·王制》记载掌管教化司徒,对民众要施以"六礼"——冠、昏、丧、祭、乡、相见;"七教"——父子、兄弟、夫妇、君臣、长幼、朋友、宾客;"八政"——饮食、衣服、事为、异别、度、量、数、制,使人们通过礼乐的浸染,修养身心,变换气质,形成崇德、礼敬、诚信、和美的人文环境,以安顿人的身心。

《周礼·春官宗伯》记载:

> (大司乐)掌成均之法,以治建国之学政,而合国之子弟焉。凡有道者,有德者,使教焉……以乐德教国子:中、和、祗、庸、孝、友;以乐语教国子:兴、道、讽、诵、言、语;以乐舞教国子:舞《云门》、《大卷》、《大咸》、《大磬》、《大夏》、《大濩》、《大武》②。

乐德之教的内容:"中、和、祗、庸、孝、友。"此为"六德",郑玄注:"中,犹忠也;和,刚柔适也;祗,敬;庸,有常也;善父母曰孝;善兄弟曰友。"实际上这六个方面包括了伦理道德的基本内容,乐德之教又是通过音乐教育方式,灌输受教育者德的内容,通过音乐活动,将"德"的内容化为情感体验,再上升为理性认同。一方面强调等级秩序,"教民明伦理",一方面又注重沟通调和,使民乐于接受秩序而各安其位,

---

① 《论语·八佾》。
② 《周礼·春官宗伯第三》。

礼乐同功,即是通过礼宜乐和来实现的。《礼记·乐记》中说:

> 是故乐在宗庙之中,君臣上下同听之,则莫不和敬;在族长乡里之中,长幼同听之,则莫不和顺;在闺门之内,父子兄弟同听之,则莫不和亲。故乐者,审一以定和,比物以饰节;节奏和以成文。所以合和父子君臣,附亲万民也,是先王立乐之方也。①

在人伦有别的社会秩序中,同听同乐沟通了人与人的情感,达到情感的融洽,使社会分而有和。礼之理性秩序,配以乐之情感和悦,礼乐教化贯穿着"中和"精神,通过礼乐教化,使人行为端正,性情和美。

"礼乐"教化的意义还在于移风易俗,维护社会秩序的稳定、人群之和谐。荀子在《乐论》中说:

> 君子以钟鼓道志,以琴瑟乐心。动以干戚,饰以羽旄,从以磬管。故其清明象天,其广大象地,其俯仰周旋有似于四时。故乐行而志清,礼修而行成,耳目聪明,血气和平,移风易俗,天下皆宁,美善相乐。②

乐与百姓的日常生活有紧密的联系,所谓十五国风,都是各地民间的歌诗,它们产生于民间,也影响着各地的民风,《毛诗序》中有"风以动之"的说法,音乐就像春风吹化万物那样影响着人心,因而儒家认为教化百姓用音乐,"其感人深"可以"其移风易俗"。汉儒董仲舒十分重视通过礼乐改变民风,教化百姓。他认为"其变民也易,其化人也著"的原因,那就是"故声发于和而本于情,接于肌肤,臧于骨髓",乐不仅通过听觉器官,并进入到内心深处,他深深体会到"故圣王已没,而子孙长久安宁数百岁,此皆礼乐教化之功也"③。

儒家的"礼乐"教化又是与政治紧密联系的,《礼记·乐记》中言:

---

① 《礼记·乐记》。
② 《荀子·乐论》。
③ (东汉)班固:《汉书·董仲舒传》,中华书局点校本,1962年,第2499页。

> 故礼以导其志，乐以和其声，政以一其行，刑以防其奸，礼乐刑政，其极一也，所以同民心而出治道也。

"礼""乐""政""刑"具有不同的性质、特征和功能，正好从不同的方面，相辅相成，相反相成，达到治理国家的目的。"礼乐"的作用是以不同的方式"治心"，"礼"侧重于"节民心"——通过以伦理秩序为基础的行为规范达到"治心"；"乐"侧重于"和民声"——通过对情感的影响调和、调适人们的心性，修养完善人格。"礼节民心，乐和民性"，将人民自觉调适自己的心性、行为，完善人格作为治国的前提，之后才是"政以行之，刑以防之"，这实际上是一种以人为本的政治理路，有其深刻的一面。音乐是人们有感于现实而发出的情感性心声表达，社会的政治状况必然会在音乐中有所反映。音乐与政治之间的这种关系受到儒家特别的重视，认为既可以通过音乐观察政治得失，又可以通过音乐教化百姓，即所谓"本仁以聚之，播乐以安心"[①]。

礼乐教化还通过各种各样的礼仪，实现对人的教化。人的一生，要经历各种生命成长的阶段，以及各种重要的角色转变，乃至生命的终结，与之相配和的礼仪活动都内含着重要的文化价值观。礼仪是具有丰富内涵的象征体系，具体的礼仪各不相同，但都指向一致的"意义"，即通过礼乐教化，使体系中的人和事，皆"动得其宜"，从而达到个体、家庭、社会乃至天人的秩序与和谐。如通过"冠礼"给予一个正在跨入成年的青年人以做人的尊严；通过"婚礼"，使你知道将要承担起家庭的责任，上对得起祖先，下对得起子孙；通过葬礼、丧礼慎重地对待一个死去的人，慎重地对待生命的终结。即谓"慎终"；通过祭礼，不忘以往的祖先，即所谓"追远"，祭礼还扩大到"祭天地"，感恩让我们能够生存的天地万物。《论语》中写道："慎终追远，民德归厚矣。"如果大家都能做到慎终追远，心怀感恩，民风就纯化了。

---

① 《礼记·礼运》。

三 礼乐教化的当代意义

当今的社会，在功利欲求与技术竞争的推动下，物质极大丰富，但同时，在欲望与功利的障蔽下，对于终极性的价值目标——信念、信仰、理想等精神上的追求正在淡化。极端的利己主义，使个人利益与社会价值产生冲突，出现人文精神的危机；残酷的市场竞争，使人与人之间产生激烈的利益冲突，导致道德的危机。人只要生活在社会中，就要与人和物打交道，人的生命热情不可能只来源于物，在冷漠的人群中，精神生命将失去光泽与温暖，在物的压抑下，人也只能是微不足道的存在。中国儒学充满生命的智慧，是我们解决人类生存危机的文化资源。礼乐教化理想根源于儒家的伦理哲学理念，虽然是宗法制等级社会的产物，但是它所包含的教育方式与价值理想是超越时空的。礼乐教化体现了儒家"生民之道，以教为本"的思想，是实现人与人在情理上相互默契，达到社会和谐，个人行而乐之，乐而行之的途径，对当代的文化建设仍然有着积极的意义。

1. 礼乐教化是构建文明社会的重要途径

今天的文明社会讲究行政法制，但仅仅依靠刑罚来治理社会是不够的，也是被动的。儒家的礼乐教化是对社会人群的人文教化，是对人的心灵与行为的价值建构，这是文明社会建设的重要途径。"礼乐不兴，则刑罚不中，刑罚不中，则民无所措手足。"① 礼乐教化是将礼的内在精神——仁爱、正义、和谐、节制、忠孝、诚信等，诉诸于人的理性精神，并通过人的行为表现出来。儒家讲"不知礼，无以立也"②，"知礼"是指思想行为的文化养成，"立"是指以文化养成的行为融入社会、立身社会。礼乐教化通过"乐由中出，礼自外作"，"致乐以治心"，"治礼以治躬"，使人们从内部得到精神文化的提升，从外部习得与内部精神相应的、合乎礼仪的行为，美好的外在行为与内在的道德精神相统一，人人都成为有道德、有爱心、知廉耻、讲诚信的公民，社会风气就会好起来，国家的文明程度就会提高。可以说，礼乐教化与行政法制相配合，文明社会

---

① 《论语·子路》。
② 《论语·尧曰》。

的建构才是完整的。

2. 礼乐教化是个人修身提升道德境界的重要途径

人与动物的区别，是具有理性的自觉与超越的生命境界。礼乐教化是情理的教化，通过礼的教育，"使人以有礼，知自别于禽兽。"① 儒家希望礼的教化，使每个人都能"明伦"，明白自己的身份，儒家把人与人之间的关系分成五大类——君臣、父子、夫妇、长幼、朋友。"明伦"就是要明白社会中人与人之间的这五种关系，明白自己社会角色的责任与义务，自觉地承担自己的责任和义务。通过礼的教育，每个人都能明白做人的道理，自觉地尽职尽责，在家庭中懂得孝敬父母，爱护子女；在社会中，懂得尊重他人，诚信待人，远离非理性的粗野、庸俗、愚昧、贪婪、迷乱，成为有道德修养的人，我们的社会就和谐有序，安定团结了。礼乐教化带给人的不应该是"禁令"，而是自觉地、愉快地接受从情感到理性的品格修养，自觉地、愉快地获得主体道德境界的提升。

3. 礼乐教化是建构和谐社会的重要途径

当今社会讲民主法治，人与人之间在政治上和人格上是平等的，应该取消等级的尊卑区别。但是人与人之间却存在着长幼、性别、亲疏、才能、特长、职业的区别，每个人在社会中扮演着不同的社会角色，各自发挥着相应的作用。礼教可以使有区别的人以自己的角色身份各安其位，各尽其责，使社会正常地、协调地运转，这样的社会才是健康的、有序的、长久的、稳定的。荀子说："人何以能群？曰分。分何以能行？曰义。故义以分则和，和则一，一则多力，多力则强……"② 荀子还说："人，力不若牛，走不若马，而牛马为用，何也？人能群，而牛马不能群。"荀子提到的这个"群"的概念，就是人与人联系在一起的社会性。礼乐教化就是要"致天下之和"，建构人人"安其位而不相夺"的和谐人际关系。乐教与礼教配合，让人们分中有和，通过音乐活动使人们在审美快乐情景中沟通情感，达到和谐。和谐社会的建构需要有分有和，儒家礼乐教化的智慧中包含着人与人和谐相处的辩证道理。西方汉学家早在19世纪末20世纪初就注意到了中国礼乐文化的这一意义。英国汉学家亚瑟·韦利在他

---

① 《礼记·曲礼》。

② 《荀子·王制》。

的《道德及其力量》这本书中说:"全部中国哲学本质上就是研究如何才能最有效地促进人们在和睦与良好的秩序中生活在一起。"①

4. 礼乐教化是获得"行而乐之,乐而行之"生活模式的重要途径

礼乐教化思想中包含着情理交融的教育理念,所谓"言而履之,礼也。行而乐之,乐也。"中国音乐的"乐"与快乐之"乐"同形异音,其意义的关联有着中国文化的特色,唐君毅先生说:"音乐者,人之所同乐者也。……音乐之乐者,下顺凡情之求乐,上希圣境之曰乐,故同其字而异其音,以见其义之相通,此亦唯中国有之,非他土之文字之异音者必异形之所能有者也。"②礼宜乐和的文化传统内含着充盈的"行而乐之,乐而行之"生活模式。礼乐教化使人与人之间的情感交流与思想交流充满积极的生命热情;礼乐双修,使受教者在快乐中获得恭敬而温文的气质,在快乐中修成正道。乐教帮助人们把道德教育规范变成自己内心情感的要求,自觉地与周围的世界建立和谐、美好的关系。例如,多声部的合唱,特别能激发人的向心力,各个声部协调一致,在这种完美和谐的音响氛围中感受到整体的理性美。这就是中国古代社会推崇的"乐从和""乐者敦和"的乐教思想。音乐中这些和谐、整体的观念如果变成人的纯理性的能力,人就会自觉地克服和战胜那些基于生理本能的自然感性和非理性的情绪,养成在生活中以人为善、真诚待人、宽容仁爱的道德修养。在一个充满和谐、友善、仁爱的人群社会中生活,这难道不是一种"行而乐之,乐而行之"的生活模式吗?

总之,礼乐教化——"兴于诗,立于礼,成于乐"③ 是中国人快乐人生的基础;礼乐教化,使仁人君子在"志于道,据于德,依于仁,游于艺"④ 的人生中获得生命的意义。

---

① 转引自金尚理:《礼宜乐和的文化理想》,巴蜀书社2002年版,第37页。
② 唐君毅:《中华人文与当今世界》,广西师范大学出版社2005年版,第321页。
③ 《论语·泰伯》。
④ 《论语·述而》。

古代礼仪与现代价值

山东社会科学院国际儒学研究与交流中心　李文娟

近年来,传统文化复兴带动了国人对传统礼仪的研习,人们对青年教育的重视使"冠礼"备受推崇。从目前情况来看,社会上对"冠礼"的认识和研习存在着问题:一是过多地把古代礼服礼器当作文明的"救生衣",甚至照搬古代礼仪规范,容易导致"原教旨主义";二是倾向于大规模的集体宣誓仪式,使礼仪流于形式。对我们今天来说,"冠礼"的真正价值在于其制度设计背后的伦理意义,唯有把握了这种伦理意义才能知道如何对其进行"损益"。

一　古代"冠礼"简释

"冠礼"是古代贵族男子的成人礼,在19周岁后一个月举行,即所谓"二十曰弱,冠"[①]。(《礼记·曲礼上》)杨宽先生考证"冠礼"的出处,认为它是以氏族时期的"成丁礼"(入社礼)为基础,后由儒家"损益"而来。[②]

在儒家思想中,"冠礼"之为"成人",关键不在其年龄,更加注重的是道德上的修养和完善。当颜回向孔子请教"成人之行若何"的时候,孔子说:"达于情性之理,通于物类之变,知幽明之故,睹游气之原,若此可谓成人矣。既能成人,而又加之以仁义礼乐,成人之行也,若乃穷神

[①] 此据曹元弼先生之说,见《礼经校释》卷一。他是依据《丧服传》"年十九至十六为长殇",《丧服小记》"丈夫冠而不为殇",并依《荀子》十九而冠之说论定。

[②] 杨宽:《古史新探》,中华书局1965年版,第235—237页。

知礼，德之盛也。"① 以儒家思想来看，成为"人"需要一个过程。安乐哲先生这样理解儒家的"成人"，他说，我们人类做人，不是一出生而做一个人，我们出生的时候什么都不是，可是如果我们把家庭关系做得很密切，很丰富，很有意义的话，我们就会变成人，我们不是 human beings，而是 human becomings。② 即：一个达到一定年龄，具备对社会基本的认知，有一定道德素养的人才能被社会认可为真正的"人"。

"成人"而后"治人"。在夏末之前，从士以上直至诸侯、夏王之子都须行"冠礼"，才能获得相应权利，否则，即被视为非"礼"。值得注意的是，在夏末之前无大夫、诸侯之"冠礼"，《仪礼·冠礼》言："无大夫冠礼，而有其婚礼。古者五十而后爵，何大夫冠礼之有？"但是，从夏朝末年开始，封侯封爵及世袭祖先封号的情况日益增多，于是出现了诸侯行"冠礼"的现象。"诸侯之有冠礼，夏之末造也。"（《礼记·郊特牲》）在古礼系统中，天子及诸侯的"冠礼"与士之"冠礼"纳入同一体系，虽然"诸侯四加，天子五加"③ 之说，但过程大体类似。④《孔子家语·冠颂》中有一段相关材料，时为公元前507年，孔子45岁时，邾庄公卒，邾隐公即位，遣使孟懿子来鲁国向孔子请教加冠之礼，孔子对于天子"冠礼"的描述与《冠礼》中的仪节相似："冠于阼""三加弥尊""冠而字之""行冠事必于祖庙"。"冠礼"虽仪节繁多，但"三加冠"活动是其核心，其余则是前期准备和后续活动。

以《冠礼》为基础，钱玄先生将整个"冠礼"仪程归纳总结为三个部分。⑤ 第一部分为行礼前期：筮日戒宾；筮宾宿宾；为期。第二部分为三加与宾字冠者：陈设器服；主人、迎宾及赞者就位；始加、再加及三加；宾醴冠者；见母；宾字冠者。第三部分为正礼后诸仪节：冠者见兄弟赞者姑姊；冠者见国君与乡（卿）大夫乡先生；醴宾；归宾俎。

《六艺纲目》曰："冠礼，人伦之所重者也。""冠礼"作为先秦时期

---

① 杨朝明、宋立林：《孔子家语通解》，齐鲁书社2009年版，第225页。
② [美] 郝大维、安乐哲：《先贤的民主》，江苏人民出版社2010年版，第121页。
③ （清）阮元校刻：《十三经注疏》，卷六十一。
④ 戴庞海：《冠礼起源于母系氏族时期考》，《河南师范大学学报》（哲学社会科学版）2006年第3期。
⑤ 钱玄：《三礼通论》，南京师范大学出版社1996年版，第558—561页。

贵族青年成为"成人"必经的仪式，承载着规范伦理秩序的社会功用，具有明显的伦理学意义。

二 《冠礼》的伦理意义

在历史发展过程中，"冠礼"的研习经历了几个阶段。从周代金文以及《尚书》《逸周书》《孔子家语》《国语》《左传》等文献看，当时已经出现了一些比较程式化的仪礼，在贵族当中广为研习。春秋战国时期，社会动乱人心不稳，"冠礼"一度衰微。两汉时期，"三礼"学曾是热门显学，研究者众多，朝间"冠礼"之风隆盛。自魏晋南北朝到隋唐时期，"冠礼"再度衰微。宋代情况略有改观。至元明清时期，罕有研究《仪礼》的学者，几成绝学。值得注意的是，"冠礼"发展到今天，又以一种新的面貌——"成人礼"的形式在社会上广为推崇。"冠礼"之所以几度受到重视，这与其蕴含的伦理思想所发挥的作用有着分不开的关系。

（一）促进社会道德教化，增进个体人生修养

"冠礼"标志冠者人生的转折，社会道德在此一转折中内化了。行"冠礼"，意味着应担负起家庭与社会的责任和义务，由孩童情感的家庭教育、父母的言传身教开始转向社会的调控情感。《礼记·内则》详细描述了从幼儿就开始的礼节及内化于情感的过程：

> 子能食食，教以右手。能言，男唯女俞，男鞶革，女鞶丝。六年，教之数与方名。七年，男女不同席，不共食。八年，出入门户及即席饮食，必后长者，始教之让。九年，教之数日。十年，出就外傅，居宿于外，学书记，衣不帛襦袴，礼帅初，朝夕学幼仪，请肄简谅。十有三年，学乐，诵诗，舞勺，成童，舞象，学射御。二十而冠，始学礼，可以衣裘帛，舞大夏，惇行孝弟，博学不教，内而不出。

其中"男唯女俞"讲的是幼儿学说话时男女应答的声音应有直与婉。八岁以后，饮食要在长者之后，开始教他们谦恭礼让。到了20岁，举行

加冠礼，表示已经成人，出现在世人面前的已经是一个知书达理、按礼自抑的青年了。

"冠礼"提倡庄整齐肃的"主敬"修养，动容貌、修辞气，培养一种"敬畏"的境界。每次"加冠"之前，赞者都要把冠者的头发打散、重新梳理，盘发、插簪等。它的象征意义在于"正容体、齐颜色、顺辞令"。

> 《冠义》："凡人之所以为人者，礼义也。礼义之始，在于正容体、齐颜色、顺辞令。"

以儒家来看，庄重仪表意在庄重内心，在内心产生一种"敬畏"的心理，使心回到本真情态，这也是"致良知"的根本工夫。

"冠礼"是一个向美向善的开端。冠者行"冠礼"后要一次拜见国君、乡大夫，接受一番劝诫和引导，这对于成年的人非常有益。《国语·晋语六》记载韩献子戒赵文子的一段话："成人在始与善，始与善，善进善，不善蔑由至矣；始与不善，不善进不善，善亦蔑由至矣。"这是说，刚刚成年的人一定要谨慎戒惧。进入成人阶段贵在开始，开始就要学习美善之道，进而吸收、增加更多才德和学识，摒弃不善的东西；而如果开始时接触的是邪恶，则会滑向善的反面。[①] 长者善意的劝诫能够给予成年人正确的引导。良好的品德和深厚的学识，是一个美好的开始，是冠者今后在社会立足的必要条件。

（二）传播父慈子孝之义，承载家族伦常要道

"冠礼"是孝道的重要表现形式。"冠"字有一个异体字，从"示"得义，写作"𥛰"。"示"在古文字中是神主的意思，即已故先祖之灵位。古人对于先祖极为崇拜，是经常祭祀的对象。而宗庙则是古人供奉、祭祀先祖的处所。古人在行"冠礼"之前，要在总庙前"筮日""筮宾"，即用占卜的方法选择黄道吉日与嘉宾，同时，"冠礼"也是在宗庙举行。《冠义》："是故古者重冠，重冠故行之于庙。行之于庙者，所以尊重事，

---

① 杨朝明：《传统"成人礼"与学校人文教育》，《济南大学学报》（社会科学版）2010年第6期。

尊重事而不敢擅重事。不敢擅重事，所以自卑而尊先祖也。"面对祖先神灵举行象征成年的"冠礼"，不仅具有告慰祖先，取得祖先承认福佑的意味，而且也向冠者强烈暗示：从今天起，你就是一个成年人了，你应该担负起光宗耀祖、显亲扬名的神圣义务，担负起传宗接代、光大门楣的职责。①

"冠礼"在宗庙的阼阶上进行，以表明子继父业的意思，即嫡长子成人后可以代替主人的位置。《冠义》："冠于阼，以著代也。"汉·贾谊《新书·礼》解："阼阶者，主之阶也。"阼阶属主人所行之处。行"冠礼"的男子，如果是家中的嫡长子，在行礼时，须在阼阶上举行。《冠礼》载："主人玄端，爵韠，立于阼阶下。直东序，西面……将冠者采衣，紒，在房中，南面。"②庶子不同于嫡长子，行"冠礼"时只能在东房外、面朝南进行；只能行醮礼，而不得行醴礼。《冠礼》："若庶子，则冠于房外，南面，遂醮焉。"③由此我们可以看出，宗法制度下，庶子与嫡长子之间有着地位上的差异，在宗族中所拥有的权利和所要承担的责任也不同，两者所举行的"冠礼"对于整个宗族的意义不同，规模也有大小之分。行"冠礼"后，嫡长子与庶子之间在宗族中所取得不同的继承权利，只有嫡长子才具备继承"宗子"的资格，而且有大宗、小宗之分，还有长幼行辈的排列。这种亲疏有差、长幼有序、尊卑有等的伦理秩序，对于宗族来说都关系重大。

（三）整肃政治伦理秩序，维护宗法纲常制度

杨宽先生在《古史新探》一书中讲道：西周贵族所应用的"冠礼"，虽然其仪式和习惯是由氏族时期的"成丁礼"变化而来，但是由于贵族、私有制和国家的产生，"冠礼"已成为巩固贵族组织和保障贵族成员特权的手段。所以当时"庶人"一般是不举行"冠礼"的。由此看来，在先秦时期，"冠礼"仅是"上层社会"的政治活动。④《冠颂》记载孔子讲周成王之"冠礼"的一段话：

---

① 张弛：《从"冠"字看周代的冠制礼仪》，《汉字文化》1999年第1期。
② 姚际恒：《仪礼通论》，新华书店1998年版，第15页。
③ 同上书，第16页。
④ 杨宽：《古史新探》，中华书局1965年版，第254—255页。

孔子曰："……天子冠者，武王崩，成王年十有三而嗣立，周公居冢宰，摄政以治天下，明年夏六月，既葬，冠成王而朝于祖，以见诸侯，亦有君也。周公命祝雍作颂曰：'祝王达而未幼。'祝雍辞曰：'使王近于民，远于年，啬于时，惠于财，亲贤而任能。'其颂曰：'令月吉日，王始加元服，去王幼志，服衮职，钦若昊命，六合是式，率尔祖考，永永无极。'……"

杨朝明先生所著《孔子家语通解》为此段话作注：当时武王去世，成王十三岁就即位为天子，周公担任冢宰之职，代为主政治理天下。第二年夏六月，安葬了武王后，便为成王举行"冠礼"并让他在祖庙接受诸侯的朝见，以表示诸侯有了自己新的君王。[①] 依《礼记·内则》所载"二十而冠"来看，男子行"冠礼"的年龄一般为"二十"；而周成王"十三"而行"冠礼"，且安葬了武王后便"迫不及待"地举行，并立即接受诸侯的朝见；"为天子加冠，始于周成王"；以上事实不得不说天子之"冠礼"为政治产物，是为宗法制度服务的。

对于帝王而言，"冠礼"具有特殊的意义。周代实行嫡长子继承制，在位之王去世，嫡长子无论年长或年幼都可以即位，但一般情况下若未成年行"冠礼"则不可亲政。《左传·成公二年》载：鲁成公二年（公元前589年），晋国与鲁、卫两国联合攻打齐国。双方激战，齐军大败。楚共王为了救齐，派令尹子重率兵与蔡、许二国一同攻打鲁国、卫国。在楚国大军出发时，"悉师，王卒尽行。彭名御戎，蔡景公为左，许灵公为右。二君弱，皆强冠之"。《左传·襄公九年》记载：晋侯说国君12岁就可以行"冠礼"。由此看来，蔡景公、许灵公既然已经十几岁，为何还未行"冠礼"，反而要被"强冠之"呢？戴庞海先生作出解释：诸侯12岁行"冠礼"只是在极为特殊的情况下才可以，社会上人们所普遍接受的行礼年龄仍是20岁左右，所以为了本国的利益，才要"强冠之"。[②] 由此可见，在西周时期，君主行"冠礼"是要获得"治人"的权力，最终目的还是为了巩固政治统治地位。

---

① 杨朝明：《孔子家语通解》，万卷楼，2005年版，第392页。
② 戴庞海：《先秦冠礼研究》，中州古籍出版社2006年版，第151—159页。

三、《冠礼》的现代价值

(一)"成人礼"现状评述

20世纪八九十年代改革开放以后,一些成年人价值观受西方资本主义思潮的影响,拜金主义、享乐主义、极端个人主义滋长,以权谋私等消极腐败现象屡禁不止等等,也给未成年人的成长带来不可忽视的负面影响。政府提倡要对未成年人进行有效的责任教育。1994年,中共中央印发了《爱国主义教育实施纲要》中明确指出:"提倡各地组织年满18周岁的公民举行对国旗宣誓的成人仪式。"1994年之后,全国各地许多省、直辖市、自治区和县市,都由共青团出面组织这项活动。① 1996年4月18日,共青团中央发出《关于规范十八岁成人仪式教育活动的暂行意见》,使方兴未艾的"成人礼"活动进入了有章可循的理性化引发阶段。② 目前,"成人礼"受到重新审视。对"中华成人礼"认知问题,中国社会调查所和中南社会调查研究所做了一项问卷调查,受访者为武汉、上海、北京的455名家长和学生,调查结果显示:47.5%的人愿意适龄青年受礼;普遍认为成年时行"成人礼"有意义;八成受访者认为"成人礼"对增强成人意识有效。③ 由此可见,"成人礼"的重要性并不仅仅体现在儒家思想当中,它也是现代社会青年人的共同认识。④

在当今政府的极力倡导下,"成人礼"在社会上推崇范围愈来愈广,受众愈来愈多,开启了"冠礼"复兴的历史进程。近年来,"成人礼"成为一些城市具有代表性的文化活动,主要形式有"礼拜大儒""成人集体宣誓""汉服秀"等,除此之外,还有少数地方举办晚会、宴会来庆祝成年。

"成人礼"的回归无疑为更多的青年人在心理上进行了一次自我认知的洗礼,但是也存在着不容忽视的问题。对于目前的"成人礼",社会上存在着不同的声音:孩子认为,好像木偶般作秀,配合但不喜欢;家长表

---

① 喻允橙:《成人礼"成"了什么》,《哈尔滨日报》2010年5月30日第3版。
② 袁善腊:《武汉年鉴》,武汉地方志编纂委员会办公室,2007年,第523页。
③ 同上书,第523—525页。
④ 彭林:《中华传统礼仪概要》,高等教育出版社2006年版,第225—231页。

示麻木，认为举行了仪式孩子表现还是原来那样；社会人士认为，把汉服当作传统文明的"救生衣"是不智之举；有关专家也质疑"成人礼"有形式主义和作秀的嫌疑。总起来说，当前"成人礼"活动太过形式化，致使学生参加时带有一种新鲜感和好奇心理，过后便弃于脑后，置之不理了。他们对这一仪式的初衷并不知情，就更不用说培养其对家庭、对社会的责任意识了。①

基于当下"成人礼"存在的种种问题，一些社会人士认为有必要提出一个可行的方案给予青年人一个受教育和感悟的机会。

(二)"冠礼"对现代成人礼的启示

《礼记·礼器》说："礼，时为大。"这就是说，礼是随时代而转移的，不是一成不变的。即古代有古代的礼，今日应该有今日的礼。以为学了孔子的礼，就一定是丧礼实行皋复饭含，食礼用簠簋笾豆，那只是食古不化，不是真正懂得孔子的礼的。② 那么，古礼对现代礼的制定是否还有参考价值呢？笔者持肯定态度。社会是向前发展的，总会有些变化，那些好的东西虽千世百世也是不会被摒弃的。《论语·为政》载孔子语："殷因于夏礼，所损益，可知也；周因于殷礼，所损益，可知也。其或继周者，虽百世，可知也。"古礼的形式大多已经过时，不可能重现。但是，古礼所蕴涵的礼义还有生命力，我们可以借鉴古礼的合理内核，在形式上加以创新。

对于现代成人礼的重新构建，笔者提出以下几点浅显的看法：

第一，举行"成人礼"的年龄可拟为 20 岁。对于加冠年龄，《礼记·曲礼上》说："男子二十冠而字。"程颐也认为："虽天子诸侯，亦必二十而冠。"(《二程遗书·伊川先生语一》) 历史记载，周成王十三而冠，鲁襄公十二而冠，赵武加冠也未满二十岁。③ 现在看来，提前加冠大都是因为政治原因造成的。有人援引此例，主张将冠龄提前到十二岁，遭到程

---

① 柳青：《论青少年成人仪式的传承》，《湖南文理学院学报》(社会科学版)，2009 年第 4 期。
② 金景芳：《谈礼》，收入《二十世纪中国礼学研究论集》，学苑出版社 1998 年版。
③ 据白国红考证，赵武加冠年龄在十三周岁十四虚岁至十六周岁十七虚岁之间。(参见白国红《赵武"冠礼"解析》)

颐的坚决反对，说："此不可。冠所以责成人，十二年非可责之时。"他担心十二岁不能负成人之责，由此一来，"冠礼"就会成为虚礼。现在，有些学者从当今青年的身心发展状况、教育体制、宪法制度来考虑，又建议"成人礼"在18岁举行。彭林先生则提出疑虑，认为18岁正是从高学三年级到大学一年级的阶段，而这个时候学生忙于高考或在适应新环境，很难有足够的心情去对付这些仪式与步骤，而匆忙敷衍的态度将会使设计本来应有的效果大打折扣。① 笔者赞同彭林先生的看法，从中国目前的教育体制来看，18岁之前基本上被家庭和考试所束缚，18岁以后随着与社会更多的接触，青年人心智逐渐趋于成熟，价值观念也在不断调整，20周岁的"成年礼"恰是进行教育引导的好时机。

第二，受礼期间需恪守斋戒。在先秦古籍中"斋戒"一词多有出现。《孟子·离娄下》："虽有恶人，斋戒沐浴，则可以祀上帝。"即指在祭祀前要洗心涤虑，进行反省。《礼记·祭统》云："及其将齐（斋）也，防其邪物，讫其嗜欲，耳不听乐。"即斋期避免接触违背礼法的邪秽之物，节制欲望。《论语·乡党》中有"斋必变食"的记载，意思是说斋戒时要改变饮食，但并不是忌食鱼肉荤腥，而是忌食有辛味臭气之物。总的看来，就是要求受礼者在举行"成人礼"期间身心应该达到一种自然和谐的状态。按穆斯林的说法，斋戒可以给人一种清澈明亮的灵性去赶越凡俗，以一种清晰明朗的头脑去思考和一种轻盈灵巧的体态去行为。所以，笔者以为，有必要在"成人礼"期间进行斋戒。

第三，祭祀祖先为不可缺少的一环。在中国儒家的观念中，"孝"是最重要的美德，即使对已经去世的先人，也要像他们依然活着时一样的尊敬，在家族中发生重要事情时都要供奉、祭祀。祭祀祖先的意义在于：一方面将大事告知祖先，如陆游在《示儿》诗中提到"王师北定中原日，家祭无忘告乃翁"；另一方面继承发扬先人的德业，在心理上祈求祖先的保佑，如《诗·大雅·文王》："无念尔祖。聿修厥德。永言配命。自求多福。"《毛传》："聿，述。""聿修"谓继承发扬先人的德业。《毛诗正义》解："述修祖德……则多福禄。"孔子注重祭祀，认为祭祀是维持伦理的一种教化方法。笔者认为，祭祀祖先是"成人礼"中不可或缺的一

---

① 彭林：《中华传统礼仪概要》，第237页。

部分。参与祭祀的青年人可以借此感谢先人恩泽的德业，也能警醒自己有朝一日也会被子孙祭祀，绝不可失足以辱子孙。正如《诗·小雅·小宛》所云："夙兴夜寐，毋忝尔所生。"

第四，刻制印章代替签字，以此章作为诚信的象征。彭林先生在"成人礼"设计方案中提到两点：取字刻章；建立诚信存折。① 愚综合先生之意，以为二者可以合并，即刻制印章代替签字，此章作为诚信之物。理由如下：一是"取字"在高层知识分子中尚可，但依现行习惯来看即使取了"字"也未必通行；二是诚信存折在当前城乡教育环境差距较大的情况下很难统一实施。具体来讲就是，行"成人礼"前后，青年可挑选小块素石，让父母或尊敬的师长刻上自己的名字，自此仔细保管且随身携带，代替签名，慎重使用。印章如长者的告诫，可以随时督促青年坚守诚信，对自己的行为负责。

青少年是国家的未来，民族的希望。梁启超在《少年中国说》中指出："故今日之责任，不在他人，而全在我少年。"可以说，梁启超所表达的，即是一种强烈的社会期待，期待青年一代成为强健、睿智、独立、进步的群体。② 传统文化中的"冠礼"对社会青年的教化曾产生过巨大的影响，其中存在着人类不可忽视的精神财富，只要我们将其有益有效部分与当下"成人礼"融会贯通，必能成为推动社会青年教育的强大动力。

---

① 彭林：《中华传统礼仪概要》，第234—235页。
② 李丽：《"成人礼"回归的现实意义》，《中国成人教育》2007年第15期。

君子之风与美德山东

山东社会科学院国际儒学研究与交流中心 李 玉

以儒家思想为代表的齐鲁传统文化历来崇尚道德，向往理想的道德人格，注重培养德行君子，形成了厚道齐鲁、美德山东的道德传统。深入挖掘齐鲁传统文化中的道德精华和精神追求，其所蕴含的道德元素主要体现在以下四个方面。

1. 厚德尚礼

"厚德"一词源于《易经》"地势坤，君子以厚德载物"，意即君子应以宽广的胸怀和宽厚的德行包容万物。"厚德"所承载和倡导的崇尚道德、追求博大宽容的精神内涵，在以儒学为主体的齐鲁文化中得到不断阐发和丰富，逐渐形成尚仁重德、知礼好学、宽厚大度、豁达坦诚的道德情操和精神品格，成为历代山东人群体性格、价值观念的重要内容。

齐鲁文化崇尚道德，追求高尚的道德精神，向往理想的道德人格，"从根本上说，齐鲁文化是伦理道德型的文化"，蕴含着丰富的伦理道德传统。早在上古时期，舜就用自己的行为为"厚德"进行了最早的诠释，"舜耕历山，历山之人皆让畔；渔雷泽，雷泽上人皆让居；陶河滨，河滨器皆不苦窳"，"天下说（悦）之，秀士从之"，舜宽厚仁慈，与人谦让相处，以德感化人，大家都敬佩他、服从他，只要是他劳作生活的地方，便会兴起礼让的风尚。《淮南子》中特别提到"舜"具备人格魅力，"口不设言，手不指麾，执玄德于心"，可以感动和感化对方。由此，舜被视为传统道德文化的源起，"德至舜明"，"天下明德皆自虞帝始"。舜身上宽厚、礼让的性格特征，从某种意义上说，是东夷人群体性格的集中表现。西周时期，周公倡导"敬德保民""以德配天"的"德治"思想，并通过"制礼作乐"将其制度化，开创了西周礼乐文化。鲁地为周公的封地，因此，鲁国成为宗周礼乐文明的代表，崇礼厚德亦成为鲁文化的重要特征，并对后世齐鲁文化影响深远。春秋战国时期，齐鲁思想家们整体对"德"进行了深刻而广泛的阐扬，以孔子、孟子为代表的儒家，在吸收前人仁德思想的前提下，把"仁"视为总德目，提倡仁者爱人、"为政以德"，君子要"志于道，据于德，依于仁，游于艺""仁义礼智根于心"，大致形成了儒家伦理道德学说体系的主体框架，发展出重仁爱的传统，从而确立了齐鲁文化的传统价值观和道德修养目标；墨子提倡"兼爱""贵义"，强调义利统一，开创了立足民众、关爱民生的平民道德观。从舜经周公到孔孟，齐鲁伦理道德文化是沿着内仁（德）外礼、仁本礼用的脉络发展的，礼是人的品质的外在表现，而内在的本质是"仁"，"仁"成为最基本也是最高的德性，由"仁"引申出的恭、宽、信、敏、惠、诚、廉等道德规范，成为世代山东人的精神追求。

在以儒家文化为主体和代表的齐鲁文化影响下，山东人继承"周孔遗风"，崇尚道德，讲求礼仪，在世人中形成了厚德仁义、知礼谦让、宽厚坦诚的良好形象。西汉司马迁在《史记》中对鲁地之人这样评说，"邹、鲁滨洙、泗，犹有周公遗风，俗好儒，备于礼，故其民龊龊……昔尧作（游）〔于〕成阳，舜渔于雷泽，汤止于亳。其俗犹有先王遗风，重厚多君子，好稼穑，虽无山川之饶，能恶衣食，致其蓄藏"，因为时时处处依礼而行，所以龊龊，即谨小慎微。东汉班固在《汉书》中说："鲁地……其民有圣人之教化……是以其民好学，上礼义，重廉耻。"《隋书》评说兖州之地"兖州于禹贡为济、河之地……旧传太公唐叔之教，亦有周孔遗风。今此数郡，其人尚多好儒学，性质直怀义，有古之风烈矣"。唐代诗人李白在《五月东鲁行答汶上翁》诗中说鲁人鲁地"土俗古远，风流清高，贤良间生，掩映天下……扶老携幼，尊尊亲亲，千载百年，再复鲁道。"唐代诗人骆宾王则说"邹鲁旧邦，临淄遗俗，俱沐二周之化，咸称一变之风"。不仅鲁地，齐地也是如此。宋代文学家苏辙说"至今东鲁遗风在，十万人家尽读书"，诸城因古处鲁之东鄙，即称"东鲁"，孔子得意弟子公冶长在家乡继续传授孔子学说，"盖于齐亦蔚然洙泗小宗也"，所谓"东鲁遗风"者，即自春秋以来的读书之风。在当代人的印象中，厚德守礼依然是山东人的性格特征。"山东是儒家文化的发源地，受儒家文化影响，山东人伦理道德观念非常强烈而且比较守旧。"由此来看，从古至今，山东人崇德重德的性格特征是一脉相传的，仁、义、礼、智、信、孝、忠、义等道德观念已经内化到山东人的精神世界中，从而时时处处显现在山东人的生活轨迹中。

2. 浩然正气

"正气"一词出自《黄帝内经》"正气存内，邪不可干"，意即正气旺盛，则邪气难以入侵。但"正气"被赋予道德内涵，成为一种正义、公正的气节和情操，则起于孟子的"浩然之气"。以孟子为发端，崇尚气节成为齐鲁文化的基本精神，并为历代山东人们所认同和践行，展现出了爱国爱民、无私奉献的高尚品德和大义凛然、舍生取义的壮美情操。

齐鲁文化崇尚气节。孔子说："三军可夺帅也，匹夫不可夺志也。"孟子善养"浩然之气"，以充塞天地的气概，推行王道主义，表达了"生亦我所欲也，义亦我所欲也，二者不可得兼，舍生而取义"的勇敢决断，并以"富贵不能淫，贫贱不能移，威武不能屈"的"大丈夫"伟岸形象树立了高尚人格的鲜明标准。齐国太史不惧死，坚持正义，秉笔直书，将崔杼弑君载入史籍，是舍生取义；齐国灾民不吃嗟来之食，"予唯不食嗟来之食，以至于斯也！从而谢焉，终不食而死"，是自尊不屈；秦始皇焚书，孔子八世孙孔鲋和济南伏生冒险藏经书，才有了后世的"鲁壁藏书"和"伏生献书"，是不畏生死；三国时，诸葛亮为兴复汉室不遗余力，鞠躬尽瘁死而后已，是义无反顾；南宋词人辛弃疾以气节自负，英雄豪迈，曾率众起义抗金，闯金营……并将壮志难酬的英雄泪寓之于词，是精忠大义；明代著名抗倭将领戚继光率领戚家军上阵杀敌，抗击倭寇，是视死如归；在国家危难之际，赵登禹血洒南苑、壮烈捐躯，张自忠身先士卒、与日寇拼死搏杀而殉国，其"忠义之志，壮烈之气，直可以为中国抗战军人之魂"，是大义凛然；新时期，热爱人民无私奉献的孔繁森、舍身救人的英雄孟祥斌，他们展现的是见义勇为、舍己为人、无私奉献的忘我精神。他们用自己的气节和情操书写了历史，成为世人的楷模。纵观古今，由孟子发其端的浩然之气，已经演化成为一种崇高的道德情操，演化成一种气贯长虹的浩然正气和凛然大义。而历代山东人为这一浩然正气增添了更多的精神内涵，既有尚志守节、舍生取义、大义凛然，还有胸怀天下、志气昂扬、爱国爱民、无私奉献等。

孟子说"养之以义""配义与道"，浩然之气是用正义来培养的，人行事必须符合道义。正是以"浩然之气"所传达的正义之感、道德之善作支撑,正气才演化成为具有高尚情操的"浩然正气",蕴含着光明磊落的坦荡气概、勇于担当的责任意识和刚正不阿的志气节操,成为后人致力追求的理想人格和崇高境界。山东人特别重情尚义,孔子认为"君子义以为上","义"是道德高尚的人所必须具备的品格,孟子指出:"君子喻于义,小人喻于利",要重义轻利、舍生取义,"不义而富且贵,于我如浮云",子路表示"愿车马衣裘与朋友共蔽之而无憾"。梁山泊一百零八将路见不平拔刀相助,义薄云天,与朋友同生死、共患难,两肋插刀。由齐鲁文化滋养的鲁商文化,讲究千金"义取"、千金"义散",乐善好施、扶危济困,鲁商经营获利后,往往热心社会福利、公益事业,自愿捐钱捐物救济灾民,扶助鳏寡孤独,乃至于修桥铺路。清代大商孟洛川一生多次举办慈善和公益事业,诸如设立社仓,积谷备荒,施舍医药,免费为穷人看病拿药等,被誉为"一孟皆善"。浩然正气是一种精神境界,更是一种道德情操。

3. 刚健勇敢

"刚健"一词出自《易经》"刚健中正,纯粹精也",孔颖达疏"谓纯阳刚健,其性刚强,其行劲健"。"刚"乃刚强不屈之义,"健"则有强劲有力坚忍不拔之意;"刚"是指不屈服于外力,健是指具有持久力。刚健是齐鲁文化的基本精神之一,正直勇敢、吃苦耐劳、坚忍不拔的刚健精神在山东人身上得到了很好的体现。

齐鲁文化重视培养刚健精神,历代山东人也践履着刚健精神。在山东人身上,刚健精神主要体现了两种精神品格。其一为刚强果毅、意志坚强。孔子非常看重刚健的品德,"刚、毅、木、讷,近仁",刚即刚强,毅即果毅,刚强而意志坚决,"知其不可而为之",这里的刚毅即有刚健之意。曾子说"士不可不弘毅,任重而道远",士肩负重任因而要志向远大、意志坚强。孟子重视对意志的磨炼,培养刚健品格,"天将降大任于斯人也,必先苦其心志,劳其筋骨,饿其体肤,空乏其身"。墨子则提倡"赖其力则生"、"强力而为",强调依赖自身的力量谋求其生存和发展。其二为刚强不屈、正直勇敢。孔子认为"枨也欲,焉得刚?"私欲太多无法刚强,"刚"是无私无欲的。孟子也推崇这种"刚",指出浩然之气"至大至刚"。既然无私无欲,就会坚守正义,就不会屈从于任何外力,就会做到"勇者不惧"。曾子谓子襄曰:"吾尝闻大勇于夫子矣:自反而不缩,虽褐宽博,吾不惴焉。自反而缩,虽千万人,吾往矣",坚守正义之勇为大勇,此为刚毅精神之重要内涵。墨子也有此言,"不听吾言,不用吾道,而吾往焉,则是我以义粜也",正是对坚持以义为目标努力不懈、屹立不摇的刚健精神的诠释。齐鲁文化所倡导的这种刚强坚毅的精神气质和人格尊严对后世形成了强烈的激励作用,树立了伟大的精神标杆,为历代山东人所秉承。

山东人吃苦耐劳、坚忍不拔。孔子一生命运多舛、道路坎坷,率领门徒周游列国,吃尽人间苦楚,却没有动摇他追求理想的坚强意志,墨子也是一生行义,坚守"兴天下之利,除天下之害"的目标,始终不为高爵厚禄所动摇,也不因困难而改变初衷,因而世人有"孔席不暖,墨突不黔"之言。战国军事家孙膑受膑刑而作《孙膑兵法》,体现了不屈精神和坚韧意志。清末民国时期,山东人闯关东,"挟其忍苦耐劳之精神,于东北新天地中大显身手,于是东北沃壤悉置于鲁人耒锄之下"。近代,山东民族工业顽强发展,以烟台张裕葡萄酒酿酒公司、瑞蚨祥等为代表包括机车制造、纺织、印染、烟草、啤酒等行业见证了民族工业的历史变迁。山东人吃苦耐劳、不怕艰辛的精神,在很多私人著述中都有所描述,"鲁人勤苦耐劳,取而代之,久遂益树势力"。山东人血脉里始终贯穿着吃苦耐劳、坚忍不拔的优秀品质,奠定了"比实干、比实力"的现代经商意识,并成为鲁商的优势,由此催生了一大批著名企业。

山东人勇敢不屈、豪爽正直。南朝梁高祖赞美山东泰山人羊侃时说,"吾闻仁者有勇,今见勇者有仁,可谓邹、鲁遗风,英贤不绝。"勇是齐鲁文化尤其儒家推崇的道德精神,孔子认为"仁者不忧,知者不惑,勇者不惧",有勇便会不畏艰险、勇往直前。孟子则说"志士不忘在沟壑,勇士不忘丧其元",有志之士、有勇之人便不怕牺牲。在这些勇德思想的教育激励下,山东涌现出了一批顽强不屈、不怕牺牲的仁勇之士,如挥舞大刀与日军搏杀的抗日名将宋哲元,锻造出了无数见义勇为、舍生忘死的道德楷模,如勇斗歹徒的解放军战士徐洪刚,也出现了大批不畏权势、扶危济困的英雄好汉,如隋末瓦岗军起义、北宋末年宋江起义中的壮士义士勇士,并伴随着《水浒传》《隋唐演义》等小说的广为传播,山东英雄好汉、豪爽正直的山东大汉形象得到世人认可,山东人也深受各地人的欢迎和喜爱。《宋史》说："登、莱、高密负海之北……大率东人皆朴鲁纯直，甚者失之滞固，然专经之士为多。"《天平寰宇记》说莱州"土疏水阔，山高海深，人性刚强、志气缓慢"。刚健勇敢成为是山东人性格中的重要精神品质。

4. 诚实守信

山东人重视诚信，从一贯崇尚诚信美德的齐鲁先圣，到讲求货真价实童叟无欺的各代鲁商，再到讲信修睦、真诚做人的山东人，诚信已积淀成为山东宝贵的精神财富。

山东人对诚信理论进行了创发性探索。由管子、孙子、孔子、孟子为代表的齐鲁先哲结合时代需要对诚信作了创发性探索，提出了一系列诚信要求。在山东思想家看来，个人安身处世要诚信，"民无信不立""人而无信，不知其可也"；与人交往要诚信，"与朋友交，言而有信"、要"老者安之，朋友信之，少者怀之"；齐家立业要诚信，"敬事而信"；经商贸易要诚信，管子"非诚贾不得食于贾"；治国安邦要诚信，"先王贵诚信。诚信者，天下之结也"。

山东人践履诚信，从古至今以诚信著称。孟母"买肉啖子""曾子杀彘""尾生抱柱""鸡黍之约""晏子家有老妻""齐桓公失地得诚信""齐桓公五十里换信义""管鲍之交"等等，是山东人演绎出的一个个动人事迹，这些事迹塑造着后世山东人的诚信品格。历代鲁商汲取了齐鲁文化中诚信之精华，许多成为"诚贾""良贾"，他们"以诚待人，人自怀服"，重承诺、守信用。清末民初孟洛川创业之初就确立了"以德为本，以义为先，以义致利"的经营思想，在济南瑞蚨祥门口各有一块牌子，分别写着"货真价实"和"童叟无欺"，所有店员以此为座右铭，向他人订货，向来不签订书面合同，全凭口头约定，从未失信于人。徐珂在《清稗类钞》中评价当时的山东人，"即墨以南，民贫俗俭，仅以茅舍避风雨，未见有广厦大屋如南方者。其人诚实不欺，服官吏之役，虽劳不怨。"当代山东人秉承诚信精神，海尔集团张瑞敏当众砸毁76台不合格冰箱，严格质量意识，树立了海尔"真诚到永远"的诚信理念，海信集团"海纳百川，信诚无限"将诚信作为企业生存发展的根基。诚信代表了人性中最为初始、最为自然而毫无造作的善德，而"诚信山东"则成为展现山东人民昂扬向上精神的重要品牌。

孔孟之乡、礼仪之邦；美德山东、厚道齐鲁。不论在何时，齐鲁大地都涌现出大量的道德楷模。历史上，在元代郭居敬辑录的《二十四孝》中，有十位是山东人，如"行佣供母"的江革、"卖身葬父"的董永、"卧冰求鲤"的王祥。而在当代，山东以实施"美德山东""四德工程"和"山东省公民基本道德行为40则"等为抓手，积极开展"学雷锋，做山东好人""山东好人"评选、道德讲堂等各类道德实践活动，先后推出了邹树君、崔学选、"最美女孩"刁娜、"兵妈妈"齐亚珍等一批全国重大典型，在社会各界树起了道德标杆。仅2014年，全省共推选出了556名"山东好人"，其中52名被评为"山东好人之星"，66名入选"中国好人榜"，位居全国第一。千百年来，崇德尚德形成了齐鲁大地从历史到现实的文化环境与生活氛围，融入到了山东人的性格特征与精神理念之中。

（三）儒学的历史演变

儒家之道：从小康到大同

湖南大学岳麓书院　朱汉民

春秋战国是诸子学兴起的时代，而孔子开始私人讲学并创立儒家，成为诸子学的开拓者。儒家诸子学的主体是儒家士人，他们表达了"士"的独立思考和思想创新，以及对超现实价值理想的追求。但是他们又有"大夫"的经世热情，总是将自己的独立思考与现实的治国平天下结合起来。

儒家诸子是一个既有超越理想、又有务实精神的士人群体。作为有理想的儒家士人之学，他们倡导士君子的人格理想与王道的政治理想。但是，他们在提出这一套人格理想和政治理想的同时，又根据现实的历史条件，提出一套体现其务实精神的历史阶段和价值序列的思想。

一　志于道：儒家士君子人格

儒家诸子的社会身份首先是"士"。儒家诸子之所以能够具有知识和思想的创新能力，能够独立承担和倡导独立的文化价值，与他们具有的士人身份和追求的君子人格有密切关系，人们称之为"士君子"。

春秋战国时期形成的士人集团，源于西周的贵族集团较低阶层，到了东周的社会剧变时，他们成为一批失去贵族身份、流落民间社会的文化人。他们既希望与国家政治、君主权力保持着各种各样的联系；但是他们又是相对独立自由的个体，并不依附于某一个固定的、具体的君王。正由于儒家士人的这一个特别身份，使他们能够既关心政治、参与政治，又能够超越具体的政治集团而提出独立的政治思想。

儒家士人靠什么参与政治并且与强势的君王合作？他们既无经济实力

又无军事实力,他们最大的资源是文化知识的占有。他们只能够依靠自己的聪明才智和独立思考,提出一套治国平天下的政道和治术,以满足那些需要治理国家、富国强兵、争霸天下的诸侯君主。但是,不像法家、兵家、纵横家等依附于君主的"游士",能够为君主的霸业提供一套掌控权力、治军打战的军政谋略,而儒家士人只是提出一套让君王做不到或不想做的"德治""仁政"的政道。儒家士人一整套独特的政治理念难以得到争霸心切的诸侯王的认同,他们的经世理想必然面临种种困难,故而,儒家学者必须首先塑造并追求一种独立坚守自己理念的君子人格。

儒家学派从产生起,就一直标榜一种独立的人格。早期儒家无不推崇这一种人格精神,并往往是以"士""君子""贤人""圣人"代表他们在实现道的过程中要达到的精神境界和人格层次。在浩繁的儒学著作中,儒家谈得最多的除了他们的政治理念外,就是理想人格的修炼了。在儒家诸子学术体系中,儒家是如何确立理想人格的独立性的?我们看到,儒家推崇的士君子,其实就是具有独立性道德人格的知识群体,他们作为一个独立的存在,必须在精神上不受政治权势的胁迫,能够决定他们的思想和行动的根本动力,只能够是他们自主选择的"道"的精神追求,即是孔子所说的"士志于道"。

儒家的"士君子"之所以是一个独立的存在,就在于他们能够不受现实政治中君王权势的控制,在任何险恶的政治环境下坚持以"道"为核心的价值和信仰。尽管儒家士君子选择"以道事君",但是现实政治秩序则要求士大夫绝对服从君主的政治权力,所以,每一个参与政治、进入权力体系的士君主,往往会遇到一个严峻的选择:服从道的价值目标,往往就会有失去权位甚至生命的危险;而盲目服从君主权力,就会违背士君子的道德、损坏士君子的人格尊严。这样,早期儒家诸子建立了一个重要的共识:士大夫在面临必须选择是服从君主的政治权力,还是服从道的价值信仰时,必须坚守自己的独立人格,坚决服从道的价值信仰。孔子说:"以道事君,不可则止。"[1] 他特别强调:"三军可夺帅也,匹夫不可夺志也。"[2] 作为士君子志向的"道"永远是第一位的,必须坚守自己的政治

---

[1] 《论语·先进》。

[2] 《论语·子罕》。

原则和人格独立。如果不能秉持自己的价值理想，士君子可以有两种选择，或者是"无道则隐"①的消极性态度，或者是"杀身以成仁"②的积极态度。以后，孔门弟子一直强调对"道"的追求和坚守，他们均强调士君子必须坚守"道"的政治理念和人格理想，形成了一种士君子的思想传统和人格精神传统。战国时期的孟子，就是一位特别弘扬士君子个体人格的儒家学者，他倡导一切士君子均要秉持自己的独立人格，他说："富贵不能淫，贫贱不能移，威武不能屈，此之谓大丈夫。"③士大夫在面对君主"无道"的政治权力时，必须要成为"威武不能屈"的"大丈夫"。士大夫在面对政治上无比强势的君主时，必须敢于"格君心之非"④。当然，儒家士君子的这一种思想和行动是很危险的，所以孟子强调士君子必须做好两种准备："天下有道，以道殉身；天下无道，以身殉道。"⑤孟子的这一种思想主张，在先秦诸子那里是十分普遍的。与他的政治思想差别很大的荀子，在谈到士君子与君王的关系时同样强调，士大夫在面临道的正义和君主的权势发生冲突时，应该坚持"从道不从君"⑥的原则，这一种思想和孟子完全是一致的。

孔子还强调士君子应该能够从富贵享受、颠沛痛苦中追求"道"，以实现自己的精神超越。他还说："富与贵，是人之所欲也，不以其道得之，不处也；贫与贱，是人之所恶也，不以其道得之，不去也。君子去仁，恶乎成名？君子无终食之间违仁，造次必于是，颠沛必于是。"⑦士应该追求君子的理想人格，当他面临富贵与仁道只能择一的处境时，必然会追求和完成仁道。孟子从性善论出发，肯定仁道完全是士君主的自我追求，他主张"求则得之，舍则失之……求在我者也。"⑧而且，仁道的选择往往体现了主体意志对一种更高价值的自由追求，孟子在论述士对君主的主体自由选择时说："鱼我所欲也，熊掌亦我所欲也，二者不可得兼，

---

① 《论语·泰伯》。
② 《论语·卫灵公》。
③ 《孟子·滕文公下》。
④ 《孟子·离娄上》。
⑤ 《孟子·尽心上》。
⑥ 《荀子·臣道》。
⑦ 《论语·里仁》。
⑧ 《孟子·尽心上》。

舍鱼而取熊掌者也。生亦我所欲，所欲有甚于生者，故不为苟得也。死亦我所恶，所恶有甚于死者，故患有所不辟也。"① 在生命与道义"不可得兼"的价值选择中，士君子应该选择道义而放弃生命，这是因为在士君子的价值体系中，道义的价值高于生命的价值。

儒家士人虽然主张与诸侯国君合作，但是他们认为儒家士人参与政治之前，首先必须能够具有一种独立性的人格精神，这样，他们在与权力集团合作时，才能够坚持自己的政治主张，并且敢于对现实政治、诸侯君主展开严厉的批判。儒家士人在追求与诸侯国君的合作过程中，创造了一个儒家士大夫追求独立人格的思想传统。

二　王道：儒家士君子的政治理想

儒家诸子能够独立地提出系统的政治思想，但是这些政治思想是有久远的文化渊源的。他们整理、诠释的"五经"，其实就是从三代先王的政治思想中总结、提取文化资源。这里，我们重点讨论西周的政治思想，它们是儒家思想的主要源头。

三代时期的社会意识形态是由宗教主导的。三代时期的君王们大多相信自己之所以能够统治天下，是由至高的主宰——上帝、皇天决定的，所以，他们总是以上帝、皇天的名义向被统治者发号施令，通过神权和政权的合一以强化自己的政治统治。但是，周人在以"小邦周"而灭掉"大国殷"以后，他们开始思考和反省这一种传统的政治观和宗教观："呜呼！皇天上帝，该厥元子，兹大国殷之命。"② 这既是一场政治意义上的改朝换代，又是一场宗教意义上的"革命"。如何对这一场宗教意义上的"革命"作出合理的解释？这就促使他们作了一场重大的宗教改革，从而推动了宗教的理性化进程。

这里，我们主要讨论西周人"以德配天"的道德化宗教产生，如何对儒家的"为政以德""仁政"的深刻影响。

西周初年，当周人在以"小邦周"而灭掉"大国殷"以后，统治者

---

① 《孟子·告子上》。
② 《尚书正义》卷十五，《召诰》，《十三经注疏》，北京大学出版社1999年版，第394页。

开始意识到，完全依赖"皇天""上帝"这一个宗教至上神是不可靠的，"皇天""上帝"并不会任意帮助、福佑任性的君王。作为一国之主的君王必须是一个有德行的人，必须通过敬德、明德、修德，才能够得到"皇天""上帝"的帮助和福佑。这样，"皇天"的意志融入了人的道德理性。

在儒家学者收集、整理的《尚书·周书》中，就保留了大量的文献资料可以证明这一点。周人发现，"皇天上帝"只会眷顾、帮助那些有德行的人，在上面引述的《召诰》中，周人这样说道：

> 呜呼！天亦哀于四方民，其眷命用懋。王其疾敬德，相古先民有夏。①
> 我不可不监于有夏，亦不可不监于有殷……惟不敬厥德，乃早坠厥命。②
> 肆惟王其疾敬德，王其德之用，祈天永命。③

除了《周书·召诰》之外，在《周书》的其他篇章中，以及其他如《诗经》《周易》《春秋》等许多儒家经典中，我们都可以读到西周君王有关"以德配天"的宗教改革思想。这一新的宗教思想，将一种具有道德理性观念融入迷信"皇天上帝"的早期中国宗教，确实具有重大的思想史意义。

尽管西周人能够将道德理性融入"皇天上帝"的宗教信仰之中，但是其局限也是十分明显的。在西周人的思想体系中，"皇天上帝"的宗教信仰仍然占据主导地位，敬德、明德、修德均只能够依托于"皇天上帝"的意志，这一种道德理性仍然具有"他律"道德的特征，这就大大地限制了道德理性的作用和发展。

春秋战国时期，儒家学派通过整理、讲习《六经》，深入挖掘了西周先王的思想传统，特别是传承了西周的道德理性、人文价值的思想精华，

---

① 《尚书正义》卷十五，《召诰》，《十三经注疏》，北京大学出版社1999年版，第395页。
② 同上书，第399页。
③ 同上书，第400页。

为道德失范、精神困扰的春秋战国时代寻求文化资源。但是，儒家不仅仅是挖掘、传承西周先王的思想传统，更加重要的是，他们将西周人提出但是依附于"皇天上帝"的敬德、明德、修德思想，从宗教意识形态中解放出来，建立了一种真正以"自律"的道德理性为基础的德治、仁政的思想体系，从而真正建构了中华文化的轴心文明。

在西周人的精神世界中，"德"是依附于"天"的，而到了早期儒家时代，"德"与"天"的关系发生了逆转，"天"逐渐开始依附于"德"，道德理性开始进入思想文化的核心。就在儒家创始时期，孔子就排斥三代遗留的天命鬼神之类的神秘文化，并且开始在人本身寻求修德、为仁方面的自主性、自觉性。孔门后学进一步强化人的道德自主性、自觉性，并且进一步从人类社会和人的本性中寻求人文价值和终极意义，其道德理性精神才得到进一步强化，而天命鬼神信仰几乎是同步弱化，最终使得宗教信仰的"天"逐渐依附于道德理性"德"，人文性的道德理性取代宗教信仰的地位而逐渐进入思想文化的核心。

当然，儒家思想的这一变化，首先体现在士人的思想自觉、道德自主。西周建构的"以德配天"的道德化宗教，主要是作为统治者的西周君王基于政治经验、历史教训而形成的道德理性因素，而春秋战国时代的儒家学派的敬德、明德、修德思想，已经从"皇天上帝"的宗教意识形态中解放出来，首先成为儒家士人的思想自觉、道德自主。春秋战国时代的儒家士人是一个具有政治自主性、精神独立性的知识群体，他们因思想自觉而不依赖于"皇天上帝"，因道德自主而不依附于帝王权力。孔子在论仁时，尽管曾经从规范的意义上谈到人们必须服从仁，但是，他又坚持认为，主体在道德生活中具有意志自由，仁的追求和仁的实现，完全是主体自由意志的自我实现。孔子说："为仁由己，而由人乎哉？"[①] "仁远乎哉？我欲仁，斯仁至矣。"[②] 显然，仁作为一种道德规范，不是外在权威的规定和强制，而是主体自由意志的自觉追求，每一个人都有这种自由意志，因而每一个人都可以实现仁德。孔子说："能有一日用其力于仁矣

---

① 《论语·颜渊》。
② 《论语·述而》。

乎？我未见力不足者。"① 这种自我选择的过程本身就体现出个体的意志自由，这种"力"即是主体自身的意志力量，而运用主体自己的意志力量而实践仁德的过程本身，就体现出个体的自由意志。

儒家学者在建构起这一种士人的思想自觉、道德自主后，竭力将其政治思想用于政治实践中去。孔子明确表明他倡导的政治就是"为政以德"，他说："为政以德，譬如北辰居其所，而众星共之。"② 孔子所说的"德政"，首先是指掌握国家权力的君主应该是一个自觉敬德、明德、修德的人，这样，君主的品德会产生一种巨大的示范效应，让全国所有的臣民都能够仿效他，就会建立一个完美的国家。孔子说："君子之德，风，小人之德，草，草上之风，必偃。"③ "政者，正也。子帅以正，孰敢不正？"④ 其次，孔子所推崇的"德政"，是指为政者应该以道德教化为国家治理的主要手段，而不能够依赖严酷的政令刑法去统治人民。孔子说："道之以政，齐之以刑，民免而无耻；道之以德，齐之以礼，有耻且格。"⑤ 孔子从国家治理的目的和手段两个方面，强调了德治的必要性。而且，二者是相关的，他说："子为政，焉用杀？子欲善而民善矣。"⑥ 就是说，君主采用作为手段的德治，最终会实现社会共同体的普遍之善。很显然，孔子要求的"为政以德"，继承了西周统治者的敬德、明德的思想，但是，主导孔子"为政以德"的思想依据、信仰基础却发生了重大变化。孔子不再依附于"皇天上帝"的外在神灵，而完全是从士人的"为仁由己""我欲仁，斯仁至矣"的道德自觉，以及社会共同体的普遍之善，来说明"为政以德"必要性和可能性。

孔子仅仅是开了一个头，孔门弟子在此基础上进一步探讨德治问题，思考如何让那些掌握国家最高权力的君主，如何能够成为一个自觉敬德、明德、修德的人，其中影响最大的是孟子的仁政思想。孟子所说的"仁政"，当然也与孔子一样，是对三代先王敬德、明德政治思想的继承和发

---

① 《论语·里仁》。
② 《论语·为政》。
③ 《论语·颜渊》。
④ 《论语·颜渊》。
⑤ 《论语·为政》。
⑥ 《论语·颜渊》。

展。孟子自己明确地将"仁政"与三代的"王道""先王之道"联系起来。他说:"三代之得天下以仁,其失天下也以不仁,国之所以废兴存亡者亦然。"① 显然,孟子的这一思想是受《尚书》的影响,因为西周王朝确实将"得天下""失天下"与统治者的修德联系起来。但是,在西周统治者的思想中,统治者个人修德能够产生"得天下""失天下"的重大后果,与皇天、上帝的神秘意志有关;而孟子认为统治者个人修德能够产生得、失天下的严重后果,完全是因为失德本身会造成的后果。孟子并不是从神秘的天意,而总是从政治理性的进度论述修德、得道与平治天下的关系。他说:"得道者多助,失道者寡助。寡助之至,亲戚畔之;多助之至,天下顺之。"② 孟子所坚持的,是一种道德信念。他认为统治者的道德是合乎人的普遍性情感、普遍性理性的要求,故而必然能够"得天下"。所以他不断地强调:"夫国君好仁,天下无敌。"③"以不忍人之心,行不忍人之政,治天下可运之掌上。"④ 孟子倡导的以统治者的道德自觉为基础的仁政思想,体现了春秋战国时期的道德理性已经取代了三代的宗教观念,是和西周的以德配天思想很不一样的。

三 大同、小康与圣人、君子的价值序列

儒家士大夫首先是"士",即是从事知识、思想的创造与传播的文人学者。儒家学者坚持"士"的独立思考和思想创新,提出一整套独特的政治理念和人格理念,努力建构一套与之相关的价值体系,作为自己的奋斗目标。我们注意到,价值体系内部是存在等级差别的,总是存在一个不同价值的序列和排序。价值体系内部的序列和排序,既可以是以重要程度的排序,也可以是时间先后的排序。

儒家诸子均是以"道"作为价值体系的核心与主干。什么是"道"的价值体系呢?它并不是一个单一层面的东西,而是一个不同价值的序列。考察传世和出土的先秦儒家子学著作,可以看到儒家士人心目中的儒

---

① 《孟子·离娄上》。
② 《孟子·公孙丑下》。
③ 《孟子·离娄上》。
④ 《孟子·公孙丑上》。

家之道，总是体现为两个价值世界。一方面，儒家士人基于"天下无道"的严峻现实，希望恢复一个"君君、臣臣、父父、子子"的礼治秩序，儒家之道所倡导的道德规范，就表达了他们对现实社会无序的价值追求。儒家学派其实是一个非常现实的士人群体，他们的文化忧患、政治忧患完全是基于现实政治秩序的实现，故而希望积极参与政治，争取在现实社会建立起一个有序的社会。另一方面，儒家之"道"代表着一个理想的价值世界。儒家学派是一个追求理想的士人群体，从孔子创立儒家学派开始，就向往一个理想的"尧舜之世"，《中庸》说："仲尼祖述尧舜，宪章文武。"他所祖述的尧舜时代，是一个"天下为公"的完善道德时代，是一个"选贤与能"的完善政治时代，也是一个"协和万邦"的世界和平时代。儒家学者往往将这个时代赞誉为"大道之行"的时代。所以，在儒家子学著作中，同样是讲"道"的价值实现，既可能是"亲亲有等"的"天下为家"的社会，也可能是"平等博爱"的"天下为公"的社会。

对儒家之道的不同价值的序列和排序，儒家经典《礼记·礼运》分别以"大同""小康"两个时代，来表达其价值体系的依据，使儒家的价值序列与上古时代的历史阶段统一起来。为方便起见，引述这一较详的相关文献：

> 孔子曰："大道之行也，与三代之英，丘未之逮也，而有志焉。大道之行也，天下为公。选贤与能，讲信修睦。故人不独亲其亲，不独子其子。使老有所终，壮有所用，幼有所长，矜寡孤独废疾者皆有所养。男有分，女有归。货，恶其弃于地也，不必藏于己；力，恶其不出于身也，不必为己。是故谋闭而不兴，盗窃乱贼而不作。故外户而不闭。是谓大同。今大道既隐，天下为家。各亲其亲，各子其子。货、力为己。大人世及以为礼，城郭沟池以为固，礼义以为纪；以正君臣，以笃父好，以睦兄弟，以和夫妇，以设制度，以立田里，以贤勇智，以功为己。……是谓小康。"①

---

① 《礼记·礼运》。

这段话是否记录孔子的原话，尚有争议，但是重要的是，这一段话充分反映了早期儒家的价值体系。一方面，儒家倡导的"礼义以为纪"，希望实现正君臣、笃父子、睦兄弟、和夫妇的社会和谐，恰恰是"大道既隐"后的"小康"之世的道德价值，是儒家学者从现实出发的不得已的主张。另一方面，他们内心真正向往的是那个"天下为公，选贤与能，讲信修睦""人不独亲其亲，不独子其子"的"大同之世"，这是以孔子为首的士人群体所向往的最高社会理想和价值理想。

所以，两千多年来，在内心世界中真正抱有对儒家之道的价值信仰者那里，总是拥有两套相关的价值系统。一套是立足于"小康"世界的现实价值系统，他们希望遵循儒家礼义的要求，在现存的君臣父子兄弟夫妇的社会等级制、权力世袭制的"小康"社会中建立和谐的社会秩序。另外一套是立足于"大同"社会的理想价值体系，即内心世界盼望出现一个没有世袭制、等级制的平等、博爱的理想社会，真正能够实现"天下为公，选贤与能"，"老吾老以及人之老，幼吾幼以及人之幼"，"民吾同胞，物吾与也"。两千多年以来，儒家士大夫追求的"天下有道"的价值体系，一直包含着这个理想与现实的两个不同层面。譬如，儒家学派所处的春秋战国时代，已经是一个"天下为家"、贵贱有等的不完善社会，如何防止不同家族、不同个人的利益争斗呢？孔子及儒家学派又将"君君、臣臣、父父、子子"看作是合乎"天下有道"的社会。显然，这个"天下有道"的君权等级社会的价值体系，不同于"大道之行，天下为公"的平等、博爱的价值体系。

同样，儒家推崇的"道"的价值体系，也体现在他们的人格追求的多重性。儒家坚持"士志于道"的精神，但是，儒家之道不仅体现为社会政治形态的"大同"与"小康"的区别，也可以体现为个体人格形态的"圣贤"与"君子"以及相关的"博爱"与"亲亲"的区别。因此，我们可以通过对儒家的仁爱精神，来进一步探讨儒家诸子的人格理想及其相关的价值体系。

毫无疑问，"仁"是儒家的核心价值，仁学也是儒家的思想核心。儒家学者在诠释"仁"的道德内涵和价值意义时，鲜明地表达出儒家推崇的价值体系的序列，同时亦体现出儒家理想人格、精神境界追求的多重性。

首先，儒家仁学是指人的血缘关系的亲爱情感。自从孔子提出"仁"的道德并系统地论述仁学以来，儒家一直将有血缘的亲人之间的爱作为其基本的涵义。孔子说："君子务本，本立而道生。孝弟也者，其为仁之本与！"① 孝、弟表达的正是父母与子女、兄与弟之间的亲爱，这一种爱是天然的情感，这恰恰是为"仁"之本。尽管孔子谈论仁很多，但是这里是从"务本"而言仁的。以后，孔门弟子均是从"务本"的角度，谈到仁的价值本源意义。如子思说："仁者人也，亲亲为大。"② 孟子说："亲亲，仁也。"③ 他们均是将"亲亲"作为仁爱本身或者是最重要的仁爱。可见，"仁"虽然在后来理解为广泛的爱人，但是，血缘的亲亲之爱是其本义，因为亲亲之爱是最强烈、最真实、最自然的爱，同时也是最重要的爱。加之古代中国的社会结构又是以血缘家族为基础建立起来的，这就进一步强化了仁爱的亲亲价值，使亲亲成为仁学的第一义的价值。

但是，儒家仁学还主张从人的亲亲之爱中提升出人人之爱。儒家并没有将仁爱局限在亲亲之间，而是主张推广这一种亲亲之爱，即由亲亲之爱拓展到邻里、国人、天下。所以，早期儒家在论述仁爱时，往往都超越了亲亲之爱，成为一种人与人之间的爱。所以，《论语》载："樊迟问仁。子曰：爱人。"④ 孔子在这里说的"爱人"，是指人人之间的广泛之爱，即是孔子曾经说的："弟子入则孝，出则弟，谨而信，泛爱众，而亲仁。"⑤ 这一个"泛爱众"，就是从亲亲之爱拓展而来。孟子也讲到人的亲亲之爱提升到人人之爱："君子之于物也，爱之而弗仁，仁之而弗亲。亲亲而仁民，仁民而爱物。"⑥ 君子应该由"亲亲"而拓展到"仁民"，即对民众有广泛的仁爱之心。

由此可见，儒家仁学又是一种不依赖于亲亲之爱、同时也没有差别等级的博爱精神。亲亲之爱以及亲亲之爱中提升出来人人之爱，均是一种有

---

① 《论语·学而》。
② 《中庸》。
③ 《孟子·告子下》。
④ 《论语·颜渊》。
⑤ 《论语·学而》。
⑥ 《孟子·尽心上》。

等差的爱，儒家承认这一种等差之爱是合理的，是士君子之所当为。但是，儒家还提出一种仁爱是可能超越亲亲之爱的"博爱"（与儒家有学源关系的墨家将其发展为"兼爱"），达到这一种博爱境界和人格的是所谓"圣人"。《论语》载：

  子贡问："如有博施于民而能济众，何如？可谓仁乎？"子曰："何事于仁，必也圣乎！尧、舜犹病诸！"①

能够做到"博施于民而能济众"的爱，显然是一种"博爱"，孔子认为达到这一种爱，是超越了亲亲之仁的爱，故而是"圣"者才能够做到的。正由于孔子从仁的价值中拓展出一种普遍之爱，孔门后学也就一直在继续拓展这一种普遍性仁爱。孟子认为这一种泛爱众的仁爱之心，源于人皆有之的"恻隐之心"，他说："恻隐之心，人皆有之……恻隐之心，仁也。"② 而《易传》则将仁爱拓展为一种更为普遍的宇宙精神："天地之大德曰生，圣人之大宝曰位。何以守位？曰仁。"③ 宋儒张载在《西铭》一文中，所阐发的就是这一种博爱的精神："乾称父，坤称母；予兹藐焉，乃浑然中处。故天地之塞，吾其体；天地之帅，吾其性。民吾同胞，物吾与也。大君者，吾父母宗子；其大臣，宗子之家相也。尊高年，所以长其长；慈孤弱，所以幼吾幼。圣其合德，贤其秀也。凡天下疲癃残疾、茕独鳏寡，皆吾兄弟之颠连而无告者也。"④ 张载的《西铭》深受宋儒的广泛赞誉，就在于它揭示了儒家价值体系中包含的一种超越亲亲之爱的"博爱"精神。当然，也有一些目光狭隘的儒者并不理解《西铭》的价值意义，故而批评《西铭》不合儒家亲亲之爱的原则。

儒家的社会理想和人格理想是相互关联的。在"大道既隐，天下为家。各亲其亲，各子其子"的"小康"社会，人与人的爱是亲亲有等的，因此，这也是士君子人格所追求的仁道。然而，在"大道之行也，天下为公"的时代，那是一个圣人的时代，整个社会处在一个和谐美满的时

---

① 《论语·雍也》。
② 《孟子·告子上》。
③ 《周易·系辞》。
④ 《正蒙·乾称篇》，《张载集》，中华书局2008年版，第62页。

代:"选贤与能,讲信修睦。故人不独亲其亲,不独子其子。使老有所终,壮有所用,幼有所长,矜寡孤独废疾者皆有所养。"对于儒家士大夫来说,尽管这个时代还没有到来,但是每一个希望做圣贤的士君子,仍然可以将其作为自己的最高理想,同时在那一个社会没有到来的时候先去追求那个圣人的精神境界。

孔子外交思想探析

曲阜师范大学国学院　王曰美

研究国际关系的学者往往以 1648 年的《威斯特伐利亚和约》为标志，认为《威斯特伐利亚和约》奠基了国际关系的基础和国际法则的形式，是现今国际关系的启蒙点。"只有在《威斯特伐利亚和约》之后，才产生了所谓的国家、主权国家、世界体系，才有了世界秩序、外交战略、外交政策等现象"。其实先于威斯特伐利亚体系 2000 多年的中国，早就形成了一个华夏国家间的国际体系，即春秋战国时期的各个诸侯国之间的关系，已经具有了独立主权国家之间的关系：各国拥有独立的政权，具有相对明确的领土和国民，各自独立决定和处理本国的内政外交，相互承认并达成了一些明确的共同的国家关系准则等。这些在很多方面与今天的多极化格局和联合国体系颇为类似。

生活在小国林立、战事频仍春秋晚期的孔子，不仅参与了一系列的外交活动，而且形成了一套较为完整的外交思想体系。

一　孔子外交思想的形成

孔子集夏商周三代文化之大成，创立儒家思想。而三代之前就已经有了孕育儒家外交思想的土壤。早在上古的五帝传说时代，神农氏的子孙后代道德衰薄，各路诸侯互相侵犯攻伐，欺压百姓，神农氏无力征讨，这种情况下轩辕就多次动用武力征讨不来朝拜神农氏的人。炎帝想要侵犯欺凌诸侯，于是轩辕"修德振兵，治五气，艺五种，抚万民"，战败了炎帝；蚩尤发动叛乱，轩辕又"微师诸侯"，杀蚩尤，各诸侯都来归附轩辕，从而黄帝代神农氏治理民众，协和万邦，结束了早期部落相争的混乱局面，逐步建立了部落间最高的行政管理制度，使得中华民族的外交智慧得以代代相传。"修德振兵"是各个部落诸侯归附黄帝的重要原因，也是形成"万国和合"的重要因素。帝喾高辛"仁而威，惠而信，修身而天下服"，"其德巍巍"。意思是说：帝喾高辛治理天下就像灌溉农田一样平等而公正，日月能照射的地方，风雨能吹淋的地方，没有不臣服的。从这里可以看出，"德"已经成为政治管理者修身治国的重要品质，且是形成良好社会风尚的关键。到了尧，"其仁如天""能明驯德""百姓昭明""和合万国"。此时，尧不仅仅具有天一样宽广的仁爱品格，还能够宣明德行，使"德"成为管理社会，协和万邦的重要政策，也再次证明了领导者只有具备了伟大的德行，才可以得到四方的垂拱臣服，并且形成百姓和睦、社会安定的景象。舜继续推行"德"，"举八元"，"布五教于天下"，"命十二牧论帝德，行厚德，远佞人"，最终"方五千里，至于荒服"，四海之内都感激舜的功绩。司马迁认为，舜所建立的"天下明德皆自虞帝始"。舜的时代，边远蛮荒之地的部族臣服于舜帝，就是因为舜仁孝有"德"，天下都能讲"德"，行"五教"的原因。

综上可知，从五帝时代到尧舜时代形成的以"德""和"为主流的文化土壤，正是夏商周三代文化思想形成之基础，也是孔子外交思想的源泉。

历史的车轮进入禹时代。禹"其德不违，其仁可亲，其言可信"，开九州，通九道，取得了众多部落的支持。大禹治水的过程也是华夏部落向四周扩展的过程，更主要的是大禹亲身考察后制定出"五服制度"，以"天子国都"为中心，以"五百里"为单位依次向外拓展，形成甸服、侯服、绥服、要服、荒服为主的国际体系。至此中国体系的区域范围至千里。统治疆域的扩大，使得禹不得不思考"理民"之道，刑狱长官皋陶阐述的"九德"理论，得到禹的赞赏。所谓"九德"就是处理事情时要做到"宽而栗，柔而立，愿而共，治而敬，扰而毅，直而温，简而廉，刚而实，强而义"，遵从道德行事，谨慎的修身，并把修身作为长久之计，日修九德，这样百官才会严肃恭谨，九州之内的百姓就会亲厚和睦。这亦体现了"德"能"协和万邦"的作用。

禹的儿子启破坏禅让制，建立了夏王朝。有虞氏不服气，于是启以侮辱五行的罪行讨伐有虞氏，最终统一了众多部落，"天下咸朝"。自启建立夏朝开始诸侯国与诸侯国之间的交往与征伐，华夏族的外交史自此开始，中国古代外交思想逐渐产生。然而，在文化产生的最初阶段，人并没有自身主体意识的存在，也就是说，人的自身与外界是一个整体的混沌世界。直至周武王灭商，中国文化模式发生巨大转型。商朝的覆灭，使周朝统治者意识到在天道、地道与人道之间，仅仅依赖取悦天地鬼神而麻痹百姓是行不通了。他们在继承商朝天命观的同时，把天人性化。重神事的同时，更注重人事，提出"天命靡常""惟德是辅""敬德保民"的观点。主张有德便会有天命庇护，失德就会失去天命，至此殷商的"神本"文化被西周的"人本"文化所代替。德治的具体要求就是统治者自觉按照道德规范修身治国，即"礼"。周礼在最初阶段，原本是周部族在氏族内形成的一套习俗，具有不成文的习惯法性质，随着周部族入主中原，周礼也扩大成为周王朝维护社会秩序的核心原则。因此孔子对周礼推崇备至，"殷因于夏礼，所损益，可知也；周因于殷礼，所损益，可知也。其或继周者，虽百世，可知也。"（《论语·为政》）孔子生活的春秋时代经历着巨大的社会动荡，经济上随着生产力的提高，公田制度逐渐遭到破坏；政治上王权式微，诸侯纷争不断，进而出现了思想文化上的混乱——礼崩乐坏。孔子以恢复周礼为己任，栖栖惶惶，周游列国，寻找救世之道，进而发现内存于人心的"仁"，乃人之为人之根本，并把"礼"赋予"仁"的灵魂，创立了儒家学说，开启了中国古代外交思想的新篇章。

二 孔子外交思想的主要内容

春秋乱世，外交是影响国家存亡的关键因素。"子言卫灵公之无道也。康子曰：'夫如是，奚而不丧？'孔子曰：'仲叔圉治宾客，祝鮀治宗庙，王孙贾治军旅。夫如是，奚其丧？'"（《论语·宪问》）显然，在影响国家安危的因素中，孔子认为外交和祭祀、军队一样重要。因此，外交是孔子关注的重点之一。匡亚明认为，孔子集上古人道主义的智慧，形成了他的以"仁"为核心、以"礼"为形式的古代人本哲学，并以此为理论基础，形成他的整个思想体系。孔子本着主体性原则，以人为出发点去探索和研究人的品质、道德修养和为学治国之道，对人的主体意识的关注和弘扬始终贯穿孔子的整个思想体系。其实，孔子学说就是关于人的学说，研究孔子的外交思想要从孔子修身、为政的"人"学思想中探究。

（一）仁：孔子和平外交思想的基石

据杨伯峻先生统计，在整部《论语》中，仁字出现109次，礼字出现75次。可见"仁"在孔子思想中的地位。"仁"的第一层含义是"爱人"。樊迟问仁。子曰："爱人。""君子笃于亲，而民兴于仁。"（《论语·泰伯》）"四海之内，皆兄弟也。君子何患乎无兄弟也？"（《论语·颜渊》）"泛爱众，而亲仁。"（《论语·学而》）仁爱层面的含义，包括宗法制度影响下的对亲族内有血缘关系之人的仁爱，更包括对天下普通民众的爱。这种仁爱超越血缘，在某种程度上超越阶级，看到了人的存在，并尊重人的人格。这种仁爱思想在外交思想上体现为"慎战"。季康子问如何搞政治，对孔子说："杀掉坏人，亲近好人，怎么样？"孔子对曰："子为政，焉用杀？子欲善而民善矣。"（《论语·颜渊》）氏族社会的政治建立在血缘伦理关系上，统治者以"德"修身的管理思想影响至深。集上古文化于一身，又重"仁爱"的孔子当然反对用暴力方式治国。正如《论语·为政》所载："子曰：'道之以政，齐之以刑，民免而无耻；道之以德，齐之以礼，有耻且格。'"对外而言，孔子对战争采取谨慎态度。"子之所慎：齐，战，疾。"（《论语·述而》）战争会使百姓遭受苦难，所以他反对不义战争。季氏准备攻打颛顼，孔子就责备为季氏效命的冉有、子路，认为颛顼是先王时代的东盟主，讨伐不符合道义。孔子不仅反对战争，甚至认为军备不能与百姓的信任、国家的礼仪相比。这就是著名的子贡问政：

> 子贡问政。子曰："足食，足兵，民信之矣。"
> 子贡曰："必不得已而去，于斯三者何先？"
> 曰："去兵。"
> 子贡曰："必不得已而去，于斯二者何先？"
> 曰："去食。自古皆有死，民无信不立。"（《论语·颜渊》）

孔子认为：在"食、兵、民信"三者不得已要舍弃时，首先要舍弃的是军队，其次要舍弃的是粮食，最后剩下的是"民信"。可见，在孔子心里三者中最重要的是人民的信任，军队甚至次于粮食。当卫灵公问孔子关于军队部署时，孔子说："俎豆之事，则尝闻之矣；军旅之事，未之学也。"（《论语·卫灵公》）以礼治国、以德行政是孔子认为的最佳治国方式，蓄意谋划战争是他反对的。同时，孔子认为真正行仁政的国家即使强大了也不会去征伐他国，而是继续实行礼乐制度，以德治国，形成一种强大的吸引力："远人不服，则修文德以来之。既来之，则安之。"（《论语·季氏》）当然孔子并不是不重视军备，《论语》中也有关于军备是百姓安定的必要条件的叙述，如"善人教民七年，亦可以即戎矣""以不教民战，是谓弃之"（《论语·子路》）。所以，仁爱思想从根本上反映了孔子维护和平、反对战争的外交思想。但孔子一向反对"过犹不及"，即既要坚持和平稳定的治国方略，又要巩固发展国防军备，二者相辅相成，缺一不可。

"仁"的第二层含义是"修身"，即对道德准则的遵从。"爱人"是对外的，修身却是对个人内在的道德要求。既关爱他人，又关爱自身，才是处理人与人之间的道德准则，即"修己以敬""修己以安人""修己以安百姓"（《论语·宪问》）。孔子强调修身是基础，修身是爱人的前提。修身的主体可分为士和君主。礼崩乐坏之际，人间"道"——以重建政治社会秩序为主的任务落在了"士"的身上。自孔子始，"修身"成为保证"士"对"道"有信持的必要条件。有一次，子贡问孔子，什么样的人才是"士"？孔子说："行己有耻，使于四方，不辱君命，可谓士矣。"（《论语·子路》）很明显，这里的"士"指的是外派使臣，要求他们不仅要具有一般"士"的素质，而且还要具备突出的外交才能。"仁者不忧，知者不惑，勇者不惧"，仁、智、勇这三种品质对于外交使臣来说尤为可贵。"富贵不能淫，贫贱不能移，威武不能屈"，这种舍生取义的精神应该是作为外交使臣的"士"修身的最高境界了。孔子认为，士出使的目的应是化解矛盾，保卫国家。"田常欲作乱于齐，惮高、国、鲍、晏，故移兵欲以伐鲁，孔子闻之，谓门弟子曰：'夫鲁，坟墓所处，父母之国，国危如此，二三子何为莫出？'"于是子路、子张、子贡纷纷请缨救国，最终孔子同意子贡出使齐晋吴越各国。因为在孔子因材施教的教诲下，子贡已成为当时卓越的外交家。"子贡一出，存鲁、乱齐、破吴、强晋而霸越。子贡一使，使势相破，十年之中，五国各有变"。子贡强大的外交能力表现得淋漓尽致，他不辞辛劳地奔走于各国之间，目的就是保全鲁国。保鲁原因有二：其一，在孔子学说中，鲁国是最接近道统的国家："齐一变，至于鲁，鲁一变，至于道。"（《论语·雍也》）其二，鲁国是孔子及其弟子的故乡，"坟墓所处，父母之国"，也是儒家学说的发源地。总之，子贡作为"士"，出使各国是基于对"道"的维护以及对故乡的热爱。由此观之，个人修身成仁的目的是以和平的方式保卫国家，维护社会秩序。

在孔子学说中，君主在政治社会秩序中处于枢纽地位，只有通过"修身"才能达到治国平天下的目的。季康子问孔子政治时，孔子对"政"做出这样的解释："政者，正也。子帅以正，孰敢不正？"（《论语·颜渊》）政，指政治，管理国家。正，是一种修身要求，有端正之义，也可以理解为一种道德规范，正义、正直之义。孔子把二者联系起来，用道德解释政治，可见他对治国者修身的重视。治国者首先正己才能正人，如果品行不端，政令也就无人听从，"其身正，不令而行；其身不正，虽令不行"（《论语·子路》）。孔子对当政者如何修身有进一步的要求，"能行五者于天下为仁矣"；"恭，宽，信，敏，惠。恭则不侮，宽则得众，信则人任焉，敏则有功，惠则足以使人"（《论语·阳货》）。恭敬、宽厚、信实、勤敏、恩惠是治国者修身成仁必备的五德，具备五德才能实行德政，进而承担起治国平天下的重任。"为政以德，譬如北辰，居其所而众星共之"（《论语·为政》）。孔子认为"德"是政治的根本，君主修身的最终目的是行德于天下、行仁于天下，使"德"和"仁"内化为一种情感，在外交思想上表现为一种自觉的行为方式——"和"。"礼之用，和为贵"，"和无寡"。当政者以"德"治国，会形成"德不孤，必有邻"的感召力和认同感，国与国之间自然以和平共处的状态存在；而处理两国矛盾时也应秉持"和而不同"的相处之道，调和双方利益争端，以和平的方式达到国与国之间的利益最大化。

总之，孔子的外交思想是关于个人与个人之间、个人与国家之间、国家与国家之间的相处之学，"仁"学思想贯穿始终。"仁者安仁，智者利仁"，人与人之间、国与国之间都应遵循"仁、义、礼、智、信"的"五常"原则。"仁"最基本的"爱人"含义，这种原始的人道主义思想折射出孔子的"慎战"思想。"仁"的第二层含义"修身"。一方面，"士"

修身成仁的目的是维护社会秩序——"道",化解矛盾,保卫国家;另一方面,为政者修身成仁的最终旨归是实行德政,以"和而不同"之道协调国家间的矛盾,行仁义于天下。所以孔子的外交思想是以"仁"行天下,以调和的方式处理各种矛盾,达到和谐状态,反对战争。

(二)礼:孔子和平外交思想的依据

礼,是孔子思想体系中仅次于"仁"重要概念。在《论语》中,"礼"有礼意、礼仪、礼制、礼法四种含义。对个人而言,"礼"是待人接物时所遵循的行为准则;对国家而言,"礼"是各个阶层必须遵守的礼乐制度;对社会而言,"礼"则是维护社会安定的制度规范,所以礼是一种外在的约束力。"人而不仁,如礼何?人而不仁,如乐何?"(《论语·八佾》)仁是礼的思想基础,礼则是仁在社会秩序中的具体体现,缺少仁的礼,只有礼的形式,失去了和谐仁爱的灵魂;而没有礼的仁,社会就会陷入混乱无道的状态,不能自拔。在外交视野下的仁是一种内化的自觉的行为方式,国家间都遵循着内在的道德情感;而礼将内在的道德情感形式化,以确保外交事务的秩序化、规范化,有条不紊地顺畅运行,以此形成了孔子"和谐"的外交思想。

春秋时代是一个礼乐征伐自诸侯出的礼崩乐坏时代,孔子认为恢复社会秩序的方式就是重塑周礼的核心规范地位。在治理国家中,孔子认为礼与德的结合是教化民众的主要方法。"道之以德,齐之以礼,有耻且格"(《论语·为政》),"能以礼让为国乎?何有?不能以礼让为国,如礼何?"(《论语·里仁》)同样,礼在国与国之间的外交中也是必不可少的。礼是诸侯国之间交流的基础,也对诸侯间的外交活动具有约束性作用。夹谷之会是现存史料中体现孔子外交思想的重要外交事件。鲁定公十年,齐景公和鲁定公会于夹谷,孔子以大司寇的身份参与其中,"会齐侯夹谷,为坛位,土阶三等,以会遇之礼相见,揖让而登"。春秋时期,周王室虽然已经名存实亡,而周礼依然是诸侯间需遵从的基本礼仪规范。孔子以坚决的言辞和果敢的行动,指出齐国不符合礼法的夷狄之乐、匹夫之艺,争取到了会盟主动权,并且提前准备好"武备"。最终,实力远不及齐国的鲁国在夹谷之会中,不畏强齐,占尽上风。孔子在夹谷之会中把"知礼"的特长发挥得淋漓尽致,以礼为外交武器,以弱胜强,保全鲁国,并赢得三座城池。这不仅充分展示了孔子作为一个外交家的才能和胆识，更体现了他遵循礼制、据理力争的和平外交思想。

夹谷之会使我们看出"礼"在当时的国际舞台上起着国家之间相互沟通以及化解矛盾、消除分歧等方面的重要作用，因此所有的外交活动都需要"循礼"而行，"不学礼，无以立"。故孔子外交思想中对礼尤为重视，如，孔子去接待外来宾客时，"色勃如也，足躩如也。揖所与立，左右手，衣前后，襜如也。趋进，翼如也。宾退，必复命曰：'宾不顾矣'"（《论语·乡党》）；出使外国时，"执圭，鞠躬如也，如不胜。上如揖，下如授。勃如战色，足蹜蹜如有循。享礼，有容色。私觌，愉愉如也"（《论语·乡党》）。同时，"礼"是治国者是否使用战争的主要依据，亦是评价战争义与不义的重要标准。孔子主张和平外交，反对的是僭礼的不义战争，但违背礼制的严重行为就要"讨伐之"了。当齐国陈成子弑其君简公后，"孔子沐浴而朝，告于哀公曰：'陈恒弑其君，请讨之。'"（《论语·宪问》）孔子认为，臣对君应"忠"，而臣弑君则是"礼"绝对不允许的，这种行为应该讨伐。当然，在孔子外交思想中，礼不仅仅是外交活动中对主体双方表面行为的约束，更重要的是体现双方彼此内心遵守的儒家核心伦理范畴——仁。管仲在"树塞门""立反坫"上有僭越行为，但他"尊王攘夷"，用和平的方式帮助齐桓公统一诸侯，故孔子认为管仲是仁人。可见，在孔子的外交思想里，仁是核心，礼是形式，"仁"置于"礼"之上，"仁"贯穿孔子外交思想的始终。

（三）中庸：孔子和平外交思想的方法

孔子以"仁"和"礼"为主要内容的和平外交思想，运用到外交实践中表现为"中庸"的处世之道。中庸，许慎在《说文解字》中认为："中，内也，上下通也。""庸，用也，从用，从庚；庚，更事也。"以此，中庸即为内用，属于人的心理意识行为方式。杨伯峻认为，中庸是孔子的最高道德标准。"中庸其至矣乎！民鲜能久矣。""中"，折中，无过，无不及，调和；"庸"，平常。孔子拈出这两个字，表示他的最高标准是折中的和平常的东西。具体而言，"吾有知乎哉？无知也。有鄙夫问与我，空空如也。我叩其两端而竭焉"（《论语·子罕》）。孔子认为为了达到中庸，首先要认识事物的两端，并全面地分析，才能把握事物的本质，从而形成正确的认识，为恰当地解决问题提供依据。"舜其大知也与！舜好问而好察迩言，隐恶而扬善，执其两端，用其中于民，其斯以为舜乎。""叩其两端"的目的是"执其两端""用其中"，也就是说，遇到问题，我们首先要分析事物的两端，然后按照适度的原则，最后总结出最佳的解决方法。"君子和而不同，小人同而不和"（《论语·子路》），"和而不同"，就是以和平的方式协调不同事物之间的矛盾，从而达到和谐的状态，这是孔子认为以中庸之道处理关系的最佳方法——"礼之用，和为贵"。而"礼"则是中庸所依据的基本原则。"知和而和，不以礼节之，亦不可行也"（《论语·学而》）。礼的最终目的是达到和谐的状态，为此，每个人需依据行事的礼，在修身的过程中内化为约束自身行为的内在诉求，并逐渐形成指导人生的价值体系。"子贡问：'师与商也孰贤？'子曰：'师也过，商也不及。'曰：'然则师愈与？'子曰：'过犹不及。'"（《论语·先进》）孔子与子贡的这段经典问答，从反面论证了中庸的界限，即"做过了头"（过分）和"达不到"都不符合中庸之道。故中庸是孔子提倡的最佳处事方法，"君子尊德性而道问学，致广大而尽精微，极高明而道中庸"。孔子最得意的弟子颜回也因为牢记"中庸之道"，深得孔子的喜爱："回之为人也，择乎中庸，得一善，则拳拳服膺而弗失之矣。"

杜维明认为：中庸的意思是要在一个复杂的社会、一个复杂的时空网络中，取得最好、最合情合理的选择，就好像射箭要中的，也是在一个非常动荡、非常不容易掌握的环境中，取得最好的击中目标的时机，这需要自强，需要自力，需要观察不同层面的矛盾。总之，在外交层面，中庸之道的关键是对"度"的把握，在处理国与国的关系中，坚持适度原则，把握分寸，无过无不及，能够恰如其分地分析形势，权衡利弊，协调矛盾，最终建立国家之间的和谐关系。

中庸是孔子和平外交思想中处理国际关系的主要方法，在实际操作中应遵循以下原则：首先，坚持忠恕的原则。"己欲立而立人，己欲达而达人"（《论语·雍也》）"己所不欲，勿施于人"（《论语·卫灵公》），自己不愿意做的事也不要强加到别人身上，以他人的角度思考问题，体谅他人。上升到国家层面，在平常的国际交往中，要尊重别国的立场，不干涉别国内政，坚持主体平等；在国际活动中以诚相待，互惠互利，不因国家实力的强大而迫使别国牺牲利益屈服,也不因国家弱小而失去原则;面对国际性问题,例如战争、疾病、自然灾害等,对该地区国家和人民施以援助之手,坚持本国立场,承担应尽的国际责任。其次,坚持重义轻利原则,孔子认为"君子喻与义,小人喻与利"(《论语·里仁》)"不义而富且贵与我如浮云"(《论语·述而》)。谋取利益应该建立在符合道义的基础上,在国与国的经济交往中坚持互利互惠,发展经济不能以牺牲别国的利益为代价。遵守国际经济规则的同时,坚决拒绝牺牲本国利益的不平等交易,更不能以环境为代价获取短期掠夺性经济利益。最后,要始终坚持和平共处的原则。"既来之,则安之"(《论语·季氏》)提倡用文明的方式与周边国家和睦共处,坚持走和平发展道路,反对一切以战争为形式的国际争霸。

总之,孔子的外交思想是以仁为核心,以礼为依据,以中庸为方法的和平外交思想。"仁"从根本上决定了孔子的外交思想是反对战争的和平外交观,"礼"同样也要求以和平的方式处理国与国之间纷繁复杂的外交关系。二者的最终目的是维护国与国之间的和谐与安定,并且"仁"是"礼"的内在灵魂及主导因素,"礼"是"仁"的外在行为规范。"仁"和"礼"的思想应用到具体的外交活动中体现为中庸的处事之道。凡事都要有个"度","适度"就是中庸。中庸是恰当处理国与国之间矛盾、协调各种分歧的最佳方法。孔子的和平外交思想,代表着儒家外交思想的精髓,是我国走和平发展道路的历史原因,也是以和平的方式处理国际关系的智慧渊源。

三 孔子外交思想的当下价值

孔子五十四岁辞官离鲁周游列国,至六十八岁归鲁,在卫、陈、曹、宋、郑、蔡等大小六国中奔走十四年,宣扬自己的德政主张,到处碰壁,几次遇险,累累若丧家之犬,可他仍"知其不可为而为之",这种生命不已,奋斗不已的精神至今仍令人唏嘘赞叹。而蕴藏于德政思想中的和平外交思想不被当时统治者所接受的原因也值得探究。

首先,孔子生活在一个新旧交替的大变革时代,由于生产力的发展,更多的荒地被开垦,人口也随之增加,各国之间互相争夺土地人口,导致井田制破坏，出现了"相地而衰征"的现象。这就引起了以井田制为根基的西周社会结构的深刻变化。经济结构上表现为由领主制向地主制封建社会过渡；政治上出现王权衰落，诸侯争霸的局面。孔子的思想来源于上古三代的宗法制观念，以"仁"和"礼"为主要内容，最高准则是维护周天子的"天下共主"地位，"忠君尊王"。从西周到春秋，社会已经发生了翻天覆地的变化，以"周天子"为中心的宗法制度逐渐失去了现实经济上存在的基础，以新的地主阶级为中心的宗法制度正在产生。孔子看到了越来越多的僭越周礼行为，并没有看到其背后的经济原因。他用尽毕生精力去维护他心中至上的周礼，维护宗法制度，试图回到文武周公时代，而现实却是大变革的历史趋势不可逆转，周礼已经不符合社会的发展，时代的车轮滚滚向前，不可阻挡，这是孔子到处碰壁的根本原因。

其次，战争是当时争霸最直接最有效的方式，"尚武"精神成为社会风尚，和平外交显得迂阔而不合时宜。失去经济基础的周王朝已经丧失了号令诸侯的权力，整个春秋时期都充斥着诸侯争霸的血腥气，百姓生活在水深火热之中。据《中国军事史》编写组统计，自公元前770年到公元前476年春秋时期的294年间，共发生大小战争395次，平均每年1.34次。"礼乐征伐自天子出"的时代已经一去不复返，战争是在弱肉强食的兼并中脱颖而出的最佳方式，这就使得"尚武"精神必然成为风尚。为了适应战争的需要，大国的军费开支急剧攀升，武器装备迅速发展，军赋制度逐步建立，军事理论突飞猛进。在民间习俗方面，上至王公贵族下至一般民众对剑的崇拜达到了无以复加的地步，剑作为尚武精神的象征物渗透在人们生活的方方面面，可看出尚武精神在社会的盛行。最重要的是尚武的主流思想操作性强，还可以满足君主称霸的野心，在这样的社会风气弥漫中，孔子欲拯救万民于水火之中的"和平"外交思想不免显得遥远而迂阔了，这也是和平外交思想不被接受的重要原因。

最后，理想与现实的不符。面对社会的无道，孔子执着于拯救天下的"仁"政思想，并且坚信人内心的"仁爱"可以消弭欲望引起的一切暴力行为，最终实现各得其所的大同社会理想。仁君行仁政，是实现孔子理想的最佳模式。而残酷的现实是，世间并没有一个与孔子志同道合的仁君，取而代之的是日日盼望不惜一切代价称霸天下的野心政治家。在他们看来，仁政绝不是实现争霸的最佳方法。只有战争才能最终解决一切纷扰，一匡天下。故以"仁爱"代替战争的和平外交思想，在战火横飞的年代显然是行不通的，孔子的努力与理想在残酷的现实面前也就变得苍白无力了。

自实施改革开放决策以来，经过三十多年的努力，我国终于在2010年GDP总量首次超过日本，成为仅次于美国的世界第二大经济体。随着经济实力的增强，国际地位的提高，对外合作日益深化，我国正作为最大的发展中国家在国际舞台上发挥着越来越重要的作用。而中国的崛起，引来西方反华势力"中国威胁论""中国称霸论"的攻击。于是国家领导人多次在国际场合强调中国的崛起将是和平的崛起，中国永远坚持走和平发展的道路。孔子以"仁"为核心的和平外交思想与我国的和平发展战略之间有着共同的价值取向，虽然孔子离开我们已经有两千多年的时间，但他的和平外交思想却能穿越历史、跨越国界，在日新月异的21世纪仍然给我们以智慧与启迪。

首先，孔子的外交思想是我国坚持走和平发展道路的历史渊源。在以"仁"为核心的和平外交思想中，个人与个人之间，个人与国家以及国家与国家之间都应该遵守"恭、宽、信、敏、惠"五种道德准则。儒家思想自汉武帝之后一直是传统社会的主流意识，蕴含在治国思想中的和平外交思想经历两千多年的积淀内化为中华民族的共同心理，代代不息。习近平总书记在2014年5月15日举行的中国国际友好大会暨中国人民对外友好协会成立60周年纪念活动中强调："中华民族历来是爱好和平的民族，一直追求和传承和平、和睦、和谐的坚定理念。中华民族的血液中没有侵略他人、称霸世界的基因，中国人民也不接受'国强必霸'的逻辑，愿意同世界各国人民和睦相处、和谐发展。"在儒家"礼"思想影响下，个人立足于社会必须遵守社会规范，国家立足于世界民族之林必须遵守国际公约，人人讲礼，国国以礼待人，社会就会和谐。在儒家"仁爱"思想影响下形成的中华民族基因注定是内敛的，是防守的，是反对战争的，这正是形成中国负责任大国形象的主要原因，更是中国坚持走和平发展道路的历史渊源。

其次，孔子的外交思想为我国构建中国特色的社会主义国际关系提供智慧支持。包含众多德目的"仁"是处理国际关系的中国智慧。"德不孤，必有邻"，治理国家、处理国与国的关系，都应依据"德"。"子张问行。子曰:'言忠信,行笃敬,虽阡陌之邦,行矣。言不忠信,行不笃敬,虽州里,行乎哉?'"信作为五常之一,从人与人之间到国与国之间都是应该遵行,即使沦落到蛮荒之地也会行得通。

特别需要说明的是:在《论语·子路》中有这样的记载:

子贡问曰:"何如斯可谓之士矣?"子曰:"行己有耻,使于四方,不辱君命,可谓士矣。"曰:"敢问其次。"曰:"宗族称孝焉,乡党称弟焉。"曰:"敢问其次。"曰:"言必信,行必果,硁硁然小人哉!抑亦可以为次矣"。

由此,有的学者认为,孔子的外交思想中并不特别赞同"言必信,行必果"。其实,这还是一个处事方法的问题,也就是孔子一直推崇的中庸之道。我们在处理国家与国家之间错综复杂的关系时,既要遵守亘古不变的原则——国家根本利益最大化,又要根据时空人物等的瞬息万变情况,学会权变,灵活处理各类具体事务。《史记·孔子世家》记载:孔子师徒途经蒲邑时,被蒲邑人扣留了。他们对孔子说:"如果你不去卫都,我们就放了你。"孔子和他们立了盟誓,答应决不去卫国都城。于是蒲邑人将孔子师徒放行。随后孔子却带着弟子们前往卫都了。子贡不解地问:"盟誓难道可以背弃吗?"孔子说:"这是要挟订立的盟誓,神是不会理睬的。"这件事充分体现了孔子处事的大智慧。即处理事情要审时度势,随时势的变化而变化,既要坚守原则,又要学会权变。正如孟子所言:"大人者,言不必信,行不必果,惟义所在。"故而孟子称赞孔子曰:"仲尼不为已甚者。"(《孟子·离娄下》)

近些年来,南海问题、台湾问题原本是我国内部问题,却因某些大国的插手影响了我国同周边国家的和谐关系。以习近平同志为核心的国家领导集体,坚持兼容并包的理念,从"亚洲新安全观"到"核安全观",从"中国版文明观"到"正确的正义观",从"真、实、亲、诚"的对非主张,到"亲、诚、惠"的周边安全理念,再到"不冲突、不对抗、相互尊重、合作共赢"的中美新型大国关系,旨在用"中国智慧"积极主动地解决各类复杂多变的国际问题,加强国际交流合作,促进国际关系的和谐。

最后，孔子的外交思想还具有广泛的国际意义。当今国际社会，近几年来各种矛盾冲突不断，整个中东地区一直处于战争状态，伊拉克问题、叙利亚问题、难民潮问题以及愈演愈烈的恐怖袭击事件等，再加上各种自然灾害的威胁，影响国际和平的因素日益增多。孔子以"仁"为核心的和平外交思想认为应该以和平的方式解决地区矛盾，而不应诉诸战争。因此，面对国际矛盾，首先要反省本国的治国政策，通过仁政处理国际纠纷。引起纠纷的主要原因是国家间利益的纷争，孔子重义轻利，反对见利忘义，更反对不义战争，国家间倘若吸取孔子和平外交思想的真精神，国际间的流血、战争自然得到遏制，矛盾和纷争都会得以和平解决。我国对外开放的总设计师邓小平，为了实现国家统一，提出了"和平统一、一国两制"的基本方针，并且成功收回香港、澳门两地区的主权，避免了我国与英国、葡萄牙两国发生国际冲突的危险，这是运用孔子和平外交思想解决地区问题的成功案例。另一成功案例当属孔子学院在全球的快速发展。自2004年11月21日，海外第一所孔子学院在韩国首尔正式挂牌成立，至今，已经走过了十多年的发展历程。"从零起步到今天，我国已在全球126个国家和地区，建立475所孔子学院，851个孔子课堂，累计注册学员345万人。在孔子学院的带动下，已有61个国家和欧盟将汉语教学纳入国民教育体系，全球汉语学习者从10年前的不足3000万人，快速攀升至1亿人"。可以说，10多年来，孔子学院从无到有，从小到大，蓬勃发展成为举世瞩目地促进中国文化对外传播的综合文化平台和人文交流品牌。孔子学院已经成为中国文化的自豪，孔子也成为中国文化的代言人。孔子学院之所以发展如此之快、效果如此之好、影响如此之广，其根本原因之一，笔者认为在于孔子温润儒雅之形象，热爱和平之思想已经深入人心，从而"孔子学院"这个品牌比较容易被不同国度、不同民族、不同信仰的全球人民所认可。

总之，和平外交已成为当今国际社会处理国际矛盾的主流意识。孔子以"仁"为核心，建立在维护"礼"基础上的和平外交思想，不仅是我国走和平发展道路的智慧之源，更具有解决国际争端的超越时空的大智慧。愿全天下之人从自身做起，修身成仁，珍惜来之不易的和平生活，热爱生活，珍爱和平。

荀子之"学"的思想及其现代价值

山东社会科学院国际儒学研究与交流中心　张　明

今天我们所见《荀子》的第一篇即为《劝学》,以该篇置于全部著作之首的位置,这是自刘向整理《荀子》以来没有改变过的。这里需要注意的是,今天的《荀子》版本在唐代中期由杨倞进行过重新的编次,篇目的次序经历了很大的改观,比如《性恶》篇在刘向那里是安排在后七篇的"杂录"中的,列全书的第二十六,但杨倞把它提前到了第二十三,其注云:"旧第二十六,今以是荀卿论议之语,故亦升在上。"[1] 这就表达了一种倾向,认为该篇是很能表现荀子思想的东西,所以不能放置在后,不容忽略。有改动的,也有没改动的,但含义都是一样的,都体现了编校者对于荀子的一种态度。杨倞置《劝学》于首篇,这是刘向当初就编定了的,他没有改;但他把《尧问》替换了《赋》,置于末篇,这又是一次颇有深意的改动。因为《论语》以《学而》始,以《尧曰》终,那么经过杨倞这番编次,《荀子》的篇章就与《论语》对应起来。在他看来,"盖周公制作之,仲尼祖述之,荀、孟赞成之,所以胶固王道,至深至备,岁春秋之四夷交侵,战国之三纲弛绝,斯道竟不坠矣"[2],荀子是孔子之道的继承者,所以即便在《荀子》书的编排形式上,他也要尽量赋予某种孔、荀之间的对应关系。由于自从杨倞注荀之后,刘向编校的本子就亡佚了,现在我们所见的《荀子》都是从杨注的本子传下来的,所以也就成了这个面目。

但是把《劝学》置于首篇,绝非仅仅形式上的意味,实质上提示了

---

[1] (唐)杨倞:《荀子注·性恶》题注,中华书局2016年版。
[2] (唐)杨倞:《荀子注序》,中华书局2016年版。

我们这样一种有关荀子与孔子之间、儒学传统脉络之间的认识途径，也就是说，关于儒家对"学"这一问题的重视，从孔子到荀子，有一脉相承的关联。

孔子非常重视"学"的问题。在《论语》中，"学"作为实词概念出现过64次，几乎仅次于"仁"（109次）这样的核心词①。这当中有我们熟知的"学而时习之，不亦说乎"（《论语·学而》），"学而不思则罔，思而不学则殆"（《论语·为政》），"敏而好学，不耻下问"（《论语·公冶长》），"学如不及，犹恐失之"（《论语·泰伯》），等等。即不涉及"学"字，而有学之意义的话语就更其多了，如"三人行，必有我师焉；择其善者而从之，其不善者而改之"（《论语·述而》），"知之者不如好之者，好之者不如乐之者"（《雍也》），等等。这种散于《论语》各篇中的关于"学"的言语论说触目皆是，其内容则更为丰富，既有颇为简略的劝勉之语，也有极为深刻的治学方法，不一而足，很多句子都成为现今我们耳熟能详的格言警句。这里不必再过详细地讨论了，我们的要旨在于，"学"这件事在确立儒家学说的孔子那里，着实是非常重要的，如果说"学"的思想乃是孔子之学的必要组成部分，是一点也不过分的。

"学"之所以重要，在先秦儒家那里还有更深一层的意义：对于"学"的重视，把儒学的精神与其他学说之间区分开来。"儒家者流，盖出于司徒之官，助人君顺阴阳、明教化者也。游文于六经之中，留意于仁义之际，祖叙尧、舜，宪章文、武，宗师仲尼，以重其言，于道为最高。"② 从起源来看，儒家就与典籍著作、礼仪规范息息相关，所以它重视学习这些经典乃是出自自身的规约。但是相反地，在其他先秦思想流派中，却缺乏对"学"的关注，比如道家。老子认为，"为学日益，为道日损"③，是把"学"作为"道"的对立面来看待。庄子则说，"吾生也有涯，而知也无涯，以有涯随无涯，殆已"④，也不认为学习知识乃人生之要事。关于老庄之道家学说及其言论，自然可以有更多的阐释，但他们不把"学"作为通达"道"的必要途径，则是显而易见的。

---

① 据杨伯峻《论语译注》附《论语词典》统计。
② 《汉书·艺文志》。
③ 《老子·第四十八章》。
④ 《庄子·养生主》。

从这个角度来讲，道家就与孔子所创立的儒家学说有所区分，标志之一就是对待"学"的态度上。其他的诸子百家，也都没有像儒家那样重视"学"的问题。

从这一点上讲，荀子之"学"的思想就是直接承继了孔子之学，而《劝学》就是一篇集中谈论儒家关于"学"的重要论文。如果说刘向、杨倞拿《劝学》比附《学而》是从篇目形式上表达了荀子对孔子的继承，那么就《劝学》本身来看，则就不仅仅是篇目字句上的意义了，因为《论语》关于"学"的言说散乱于各篇之中，《学而》亦不过取正文前两字为题，并无实质的含义，但是荀子作《劝学》篇，则可算思想史上第一篇专门的论文，集中阐述了先秦儒家在这一题目下的种种思考与特定的观念。关于《劝学》之内容，文本俱在，时贤讨论亦甚多，此处不必详说。我们所关注的，是这样一个视角，即从荀子承继孔子的儒家学脉而言，他强调"学"这一源出孔子之学的问题，却又如何与同为儒家另一支脉的孟子之学有所区分？

孟子很少专注于"学"这件事情，他不像荀子那样，开门见山，直接去专门谈这个问题，而且比之于孔子，涉及一般意义上的"学"，他谈得也很少。孟子在这个问题上的态度，有一句话可以总括："学问之道无他，求其放心而已矣"①。按照我们一般意义上理解的"学"，即学习，是一种向外的、延展的行为，而孔子、荀子的"学"，至少从文字上讲，都主要是这个意思，但是孟子的"学"，却是一种向内的、回返的行为。也就是说，孟子不认为学习是向外的求知，而是向内的回到自我，回到内心。这一观点跟他"性善"的学说具有一致性。因为人性的根底就是善的，有仁义礼智的四端，万物皆备于我，那么个体的修养要达到至善的境地，要成为圣人，就无须假于外物，而是不断地扫除外物对内心的干扰，恢复到人性的本真之善来。这里首先涉及了一个人性论的问题。我们知道，人性的善恶，孔子没怎么讲过，只说"性相近也，习相远也"② 等很简略的话，并没有判定性质，但是在孔子之后的孟、荀两位先秦儒学大师那里，人性善与人性恶成为两家最大的分歧。有关荀子人性恶，时下成为

---

① 《孟子·告子上》。
② 《论语·阳货》。

荀学研究争论较大的题目（比如认为荀子实质上是"性朴论"者），但是我们暂时绕开这些争论，荀子反对孟子性善论则是确定无疑的。那么，如果人性不是生来就是善的，而要达致善的境地，则必须通过后天的学习，这就是荀子强调"学"的原因。由此可见，对人性之善恶的不同认识，导致了孟、荀两家在"学"这一问题上的分歧。

还有一种差别导致了孟、荀在"学"的问题上的分歧，就是在对待"学"的目的上。孔子的理想人格是君子，他强调"学"，最终也落实在教人如何成为君子上。君子有两层含义，一层是道德意义上的，另一层是政治意义上的，两者结合，由具备道德至善的人来治理国家，就成为孔子理想中的君子形态。孔子死后，他的后学推举孔子为圣人，这就形成了一种榜样，即儒学的目标就是像夫子那样成为圣人。孟子如此，荀子也说，"学恶乎始？恶乎终？曰：其数则始乎诵经，终乎读礼；其义则始乎为士，终乎为圣人。"① 但是同样秉着成圣的目标，其路径却大异其趣。孟子更多继承了孔子理想人格中道德意义的层面，更为关注圣人人格的养成，故而多谈仁、义、礼、智，对于外在的治理国家等事务，则显得迂阔。荀子更多关注的是现实政治、治国理政的层面，故而隆礼重法，倾向于在实际政治活动中来实现儒家的理想。"学"于是在孟、荀两家之间有了不同的指向，前者重"内圣"，后者重"外王"，虽同是儒家，却各行其道。

倘若孟、荀两家关于"学"的分歧仅仅只是儒学内部发生的理论之争的话，倒也不过是各执一端、自说自话罢了，然而这一分歧却在中国思想史上发生了极为重要的影响，这就不得不做更进一步的反思了。通观中国思想史，尤其是以儒学思想为主流的历史，在中晚唐至宋代，发生了一场影响深远的思想运动，周予同先生称之为"孟子升格运动"，与之相应的则是荀子思想湮没不彰。特别是到了宋明理学成为思想史主流的时代，理学（也包括心学）家只谈孟子，不谈荀子，即所谓的"心性之学"独盛，荀学几于被废，这其中也包含了荀子关于"学"的思想。清人曾热烈讨论过"汉学"与"宋学"的议题，指出宋代以来在经学、小学方面的缺失与弊端。简略地说，在清代特别是乾嘉朴学学

---

① 《荀子·劝学》。

者看来，宋明理学家过分强调"心性"的体悟，在学风上显得浮夸而缺少学问的根基，其末流者只知空谈而不事读书。现在看来，虽然清人的这种指责也有片面之处，但是大致上也的确指出了孟学的流弊。这从孟子"求放心"的理论上也可以找到逻辑的线索，既然自身本性是善，是完备具足的，那么的确无须向外去学习、去探求了。尽管宋代以降也出现过一些立志于学、力避荒疏的学者，但总体上讲却不是主流。从这个角度看，清代看上去猛然之间学问之道大盛，虽有政府专制的原因，而就思想史、学术史自身规律而言，也是孟学发展到一定程度而产生的一次反动。这种学术风气的转变，虽说在事实上并没有看到荀学影响的痕迹，但无疑在实质性意义上是对荀子之"学"的思想的某种回归。换言之，到了有清一代，主流学者不再空谈心性，而开始注重经书的注解与阐发，注重知识的学习与掌握，这与荀子在《劝学》篇中所谈的"诵经""读礼"的学问途径也就暗合了。按照这样一种学术风气的指引，清人就没有被限制在孟学的单一路径上，以往被宋明理学所彻底忽视的荀学也在乾嘉时期恢复了一丝生机，以汪中、卢文弨、郝懿行等人为代表的朴学家也渐渐地为荀学正名，从而掀起了一场不大不小的荀学复兴运动，荀子及其学说则再一次进入到思想史、学术史的话语系统中。

然而重视学问、不尚空谈的清代学术，在"学"这一问题上仍不免陷入某种狭隘眼界中，即如后人所诟病的，清人所关注的不外于十三经。这种评价虽有过苛之处，但也在很大程度上指出了其眼界狭窄的弊病，尽管这当然有历史和政治的客观原因。这种眼界的狭窄，换言之，即所"学"内容和范围的有限性，导致了整个中国与世界学术思想发展之间的脱节。原本自明代中叶开始的西学东渐运动，此时却令人遗憾地中断了，取而代之的则是皓首穷经的考据之学。尽管这种烦琐的考据令传统的经典获得了重生，因而意义重大，但是在18、19世纪西方文明随着工业革命而突飞猛进的时候，把眼光仅仅局限在几本古书的校勘上，则确实显得格局狭小、故步自封了。

所以，现在我们谈荀子之"学"，也就不能只是对一种古典文本的把握，而更多的是对其精神的阐扬，是我们当下力图复兴儒家传统之际必须要明确的一件事情，唯有如此才能使其既不悖于传统，又可获得现代的价值。特别是，尽管历史与当下的事实都已经非常明确地向我们显示出某种不可逆的价值趋向之时，仍然有很多迷惑性的话语在无端干扰着人们的判断和思维，以致逆势而动，徒做无用之功。

自近代以来西方工业文明以武力的方式迫使中国向世界开放，有先觉者即以向西方学习为要务，其目的并非要除去中国固有之文化，而是谋求自强自立，故而有"师夷长技以制夷"之说，有"中体西用"之倡导，进而维新、革命，一部中国近代史，实质上也就是一部"学"的历史。其实不仅中国，以东亚而论，"学"也是自19世纪中叶以来区域历史中的关键词。故而日本国在某种程度上是"学"得最好的范例，被称为所谓的"优等生"，尽管其中也发生了曲折，甚至为该区域造成了难以抚平的伤害，但这绝非"学"本身所造成的。

向西方学习对于传统更为古老的中国来说，似乎更难于接受，于是近代以来的诸多相关运动大都以失败告终。仅就学理而言，我们冠以儒学的所谓本位文化，总在固守与革新之间撕扯，且总是发生某种绝对性的话语之中，要么是绝对的颠覆，要么是绝对的遵循，而实则双方都是把儒学作为一种外在之物，作为一种已经凝固化的东西搁置一边。倘若儒学思想与精神内核仍然活跃在当下中国人的生活日用、人伦社会之中，那么也就既无所谓可以彻底颠覆，也无所谓条框化的遵循，而问题的实质则是，何以在当下去发展这种传统。言及发展，就不是固守，也绝非颠覆，而是吐故纳新，新陈代谢，是源于自身成长壮大的必要。我们似乎站在某一历史之外的立场上来说话，认为所谓的儒学传统是一成不变之物，却没有认识到它自孔子创立之始，就在不断地演变发展过程中。孟荀有别于孔子，汉唐有别于先秦，宋明理学又出新意，而清代学术则是前代的反动，这种动态的历史，才是儒学历史的真面目；而其中也不乏外来文化的浸入与转化，倘无佛教又何来阳明心学之思？

当下有儒学复兴的号召，但何以复兴，却有不同的看法。历来言及"复兴"者，都绝非是简单的回归，即便想回归也回归不了，因为历史总是在向前发展的，复兴就绝不可能是复制，而是在新的历史环境中的自我更新，向前发展。以笔者看来，颇有不少以复兴为旗号的学者，实为空谈，这倒是有些孟学的遗脉；而当下真正需要的却应是荀子之"学"。上文提到过，近代以来中国乃至东亚的历史，就是"学"之历史，无论学得好还是学得不怎么好,都获得了一定的经验与成果,但无论成功与失败,"学"本身却是必要的和首要的。"学"乃是当下儒学发展的第一要义,否则真要停止了学习,儒学自身也就停滞不前,难以获得新生,所谓的复兴也只是空谈。所以荀子说:"学不可以已。"

荀子对董仲舒儒学的影响

山东社会科学院国际儒学研究与交流中心　李峻岭

自孔子创立儒家学派至汉代初年，儒学经历了两次对于自身的反思，正是这两次反思使得儒学在战国纷争百家争鸣的时代能够独领风骚，经历秦的灭顶之祸能够浴火重生，并在汉初与法家、道家的斗争与融合中脱颖而出，最终成为官方意识形态，影响了中国两千多年的历史。第一次儒家对于自身的反思是由荀子完成的；第二次则是由汉代大儒董仲舒完成的。

董仲舒曾经"作书美荀卿"，可惜年代久远，文献缺失，我们找不到更为直接的证据来说明荀学对于董仲舒的具体影响，但纵观两人的思想体系，我们发现，荀子对董仲舒最大的影响便是他以社会现实需要为出发点，本着经世致用的精神对于战国末期的儒学进行了改造，摒弃了孟子的形而上的理论体系，为孔学的弘扬开辟了新的路径。董仲舒继荀子之后，本着经世致用的精神对汉初儒学进行了改造，他根据汉初的社会形势和儒学发展的需要，部分地接受了荀子的理论和观点，结合着阴阳五行学说，使得儒学以崭新的面貌出现在汉初的政治舞台上，最终成为了官方意识形态。下面，我们从天人观、人性论和大一统三个方面分别来论述荀学与董仲舒思想的关系。

一　从自然天到人格神的天

天人观是儒家重要的观点，孔子和孟子提倡"天人合一"，他们的"天"是神性的、被德行化了的，而到了战国末期，荀子面对"杨、墨之言盈天下"，"不遂大道而营于巫祝，信禨祥"的社会氛围，一反孔孟"天人合一"的观点，提出了"天人相分"的理论，剥去了"天"的神性，给予天人关系以理性的阐释，使得儒家哲学在广延性和深度上有了一次质的飞跃。

荀子的天是一个客观自然的存在，不以人的意志为转移：

> 天行有常，不为尧存，不为桀亡。（《荀子·天论》）
> 天不为人之恶寒也辍冬，地不为人之恶辽远也辍广……。天有常道矣，地有常数矣。（《荀子·天论》）

一切令人感到神秘、恐惧、无法解释的天象，皆被还原为纯自然现象的发生，无所谓以然和所以然的自然存在：

> 夫星之队，木之鸣，是天地之变，阴阳之化，物之罕至者也。怪之可也，而畏之非也。（《荀子·天论》）

天自有运行规律，无关于人间的治与乱：

> 治乱，天邪？曰：日月星辰瑞历，是禹桀之所同也，禹以治，桀以乱；治乱非天也。（《荀子·天论》）

我们可以看出，荀子看待天人关系始终是一种理性的态度，没有任何的神学色彩。他认为天命与人事相分，天道只是个自然，人事才决定凶吉。天按照自己的规律运行，即便是出现了奇怪的不常见的现象，也不用感到恐慌，那些都是自然的现象。

"天人相分"并不表示天与人没有关系，"天有其时，地有其才，人有其治"，"天地生君子，君子理天地……无君子，则天地不理"，可见，天人相分只是荀子天人关系命题里面的一个方面，天与人"相分"，是为了弱化"天人合一"中"天"的神性，突出强调了人作为与天地相并立、作为自然主体之一的地位。而在荀子的天人关系体系里更为重要的是"制天命而用之"：

> 大天而思之，孰与物畜而制之？从天而颂之，孰与制天命而用

之？望时而待之，孰与应时而使之？因物而多之，孰与骋能而化之？思物而物之，孰与理物而勿失之也？愿于物之所以生，孰与有物之所以成？故错人而思天，则失万物之情。(《荀子·天论》)

这便是荀子所认为的处理天人关系最佳境界，在荀子看来，所有的神奇都是人自己创造出来的，跟天没有关系，关键的是人怎样对待天的方式决定了天对于人的回报。至此，"天生人成"之义成，荀子的"天人之分"论具有了一个完整的构架和内涵。

通过天人相分，荀子将孔孟的天，变为了自然的天，突出了人在天地之间的地位，为维护强有力的君权提供了理论基础，从而为天下统一提供了君权上的保障。

董仲舒的"天"则是至高无上的，具有神性的存在，万事万物皆由天所生，他说："天者万物之祖，万物非天不生。"(《春秋繁露·顺命》)"天者，百神之君也，王者之所最尊也。"(《春秋繁露·郊义》)"为生不能为人，为人者天也。人之人本于天，天亦人之曾祖父也。"(《春秋繁露·为人者天》)天无比尊贵，化育万物生养人类，天是万事万物的祖先，这样一来，天与人之间便建立了特殊的关系，因为天是人的祖先，人是天的后代，人也是尊贵的。由于天是宇宙万物的创造者，是众神之君，因此，天便成为至上神。

这样的至上神不仅有意志、有目的，而且有人格和好恶偏爱："是故天数右阳而不右阴，务德而不务刑。刑之不可任以成世也，犹阴之不可任以成岁也。为政而任刑，谓之逆天，非王道也。"(《春秋繁露·阳尊阴卑》)"天之任阳不任阴，好德不好刑。"(《春秋繁露·阴阳位》)这个"天"显然是被神学化、儒学化了的，因此，汉武帝"独尊儒术"的文化战略，便同时具有了浓厚的神学色彩。

既然天与人有着如此密切的关系，人又是如何得知天意的呢？董仲舒首先认为，人与天是同类，根据同类相应的理论，天与人之间也是有感应的。因此，董仲舒说："天者万物之祖，万物非天不生。"(《春秋繁露·顺命》)"为人者，天也"，人是天所创造的，天所以生人，是为了实现天的意志，这样，人归根到底，是天的缩影。为了证明这一理论，董仲舒提出了"人副天数"，认为"天之副在乎人，人之情性有由天者矣"：

> 天以终岁之数，成人之身，故小节三百六十六，副日数也；大节十二分，副月数也；内有五脏，副五行数也；外有四肢，副四时数也；乍视乍瞑，副昼夜也；乍刚乍柔，副冬夏也；乍哀乍乐，副阴阳也；心有计虑，副度数也；行有伦理，副天地也。此皆暗肤著身，与人俱生，比而偶之弇合。于其可数也，副数；不可数者，副类。皆当同而副天，一也。是故陈其有形以著其无形者，拘其可数以著其不可数者。以此言道之亦宜以类相应，犹其形也，以数相中也。（《春秋繁露·人副天数》）

人之所以能与天相合，是因为人在构造上与天极为相似，或者说，天在造人的时候是根据自己来创造的，这与西方基督教中上帝比照自己创造人类非常相似，因此，董仲舒的天便具有了神学色彩。既然天与人是同类，根据同类相应的原则，天与人之间也是可以产生感应的，天与人之间的媒介便是阴阳二气：

> 天地之间，有阴阳之气，常渐人者，若水常渐鱼也。所以异于水者，可见与不可见耳，其澹澹也。然则人之居天地之间，其犹鱼之离水，一也。其无间若气而淖于水。水之比于气也，若泥之比于水也。是天地之间，若虚而实，人常渐是澹澹之中，而以治乱之气，与之流通相殽也。（《春秋繁露·天地阴阳》）

既然天是通过阴阳二气来向人表达自己的意志，人就要通过观察气的变化来了解天意。当人违背了天的意志时，就会招致天的震怒，天亦会通过阴阳二气以各种灾异的形式进行谴告和惩罚：

> 天地之物有不常之变者，谓之异，小者谓之灾。灾常先至而异乃随之。灾者，天之谴也；异者，天之威也。谴之而不知，乃畏之以威。……凡灾异之本，尽生于国家之失。国家之失乃始萌芽，而天出灾害以谴告之；谴告之而不知变，乃见怪异以惊骇之，惊骇之尚不知畏恐，其殃咎乃至。（《春秋繁露·必仁且知》）

这便是"灾异谴告说"。董仲舒用此说对于春秋历史进行解说，还将之用到现实的政治生活中，他在对策中对汉武帝说："臣谨案《春秋》之中，视前世已行之事，以观天人相与之际，甚可畏也。国家将有失道之败，而天乃先出灾害以谴告之，不知自省，又出怪异以警惧之，尚不知变，而伤败乃至。以此见天心之仁爱人君而欲止其乱也。自非大亡道之世者，天尽欲扶持而全安之，事在强勉而已矣。"

人君若有失道之处，天便会出灾害怪异以谴告之、警惧之，倘不知改变，才会令其亡国。这样一来，天与人君的意志便合而为一了，人君执行的是天的意志，如果背离了天的意志，就会出现灾害，至此，董仲舒完成了"屈民而伸君，屈君而伸天"的理论构架。当然，天的意志便是儒家的核心"仁"，只要是人君背离了"仁"，天就会发出警告，天便成了儒家的代言人，而人君便成了儒家的执行者，在董仲舒所设计的政治体系之中，天人感应学说为其儒家学说的官方地位确立起到了强有力的支撑作用。

董仲舒通过天人感应摒弃了以往宗教观念中至上神的矛盾，将天推至至高无上的地位，成为了唯一的神，又通过天人感应论使得人与天有了紧密的联系，使得人的行为与天意具有了高度的一致性。在这个过程中，董仲舒将天神圣化，使之具有了宗教化的意味，而这个天使得儒学也具有了宗教化的意味，至此，董仲舒完成了神学和儒学的统一，也完成了儒学的宗教化。

侯外庐在《中国哲学通史》中评价董仲舒说："他给新宗教以系统的理论说明，把阴阳五行说提到神学的体系上来，把'天'提到有意志的至上神的地位上来，把儒家伦常的父权（它作为封建秩序的表征）和宗教的神权以及统治者的皇权三位一体化。"

二 从心之伪到情欲栀

自孔子提出"正名"之说，各家各派对此都有所阐述，并将之应用于理论体系的构建之中，孟子、荀子皆是如此。在孟子的时代，普遍流行的关于"性"的概念是告子的"生之谓性"，即"生之所以然"者，因此，在当时多数人的眼里，"性"并不是一个用于表示人区别于动物的本质属性的概念,并不具有表示人区别于动物的内涵。但"传统'性'概念所涵盖的内容被孟子定名曰'命',而'性'在他这里则仅用以指称'人之所以为人者'。所以,与主张'生之谓性'而言'性无善无恶'的告子不同,在孟子这里,'性'因具有了'人之所以为人'之自我认同意义而只能是'善'的"。

面对这种情况,荀子对于"性""情""心"这一系类概念进行了"正名",他说:

> 散名之在人者:生之所以然者谓之性。性之和所生,精合感应,不事而自然谓之性。性之好、恶、喜、怒、哀、乐谓之情。情然而心为之择谓之虑。心虑而能为之动谓之伪。虑积焉、能习焉而后成谓之伪。(《荀子·正名》)

可见,荀子反对孟子将"性"定义为"人之所以为人者",而是还"性"这一概念以约定俗成的涵义,那就是同于告子的"生之所以然者谓之性"。

人生而有的特质是称之为"性",即王先谦所讲"所受于天之性也",也是人与禽兽共有的特质,人有喜怒哀乐之情,而这些情感都是经过"心"的选择来决定是否可行,这便是"虑"。经过"心虑"即心之选择之后并能付诸实际行动,这便是"伪","伪"是经过"虑"而后的正确的行为,是矫正天性中所不好的特质的之后的行为,当"伪"成为习惯的行为之后,便成为了人之区别于禽兽,区别于"生之所以然者",而成为"人之所以为人者"。因此,荀子说:"人之所以为人者,非特以二足而无毛,以其有辨也。"(《荀子·非相》)"人有气、有生、有知,亦且有义,故最为天下贵也。"(《荀子·王制》)因此,"荀子所谓'性'其实即是孟子所谓'命';而荀子所谓'伪'从其作为'人之所以为人者'的内在规定性上说,则实与孟子所谓'性'相属相应"。

荀子肯定了正名的重要性,是治理国家的重要途径,"故王者之制名,名定而实辨,道行而志通,则慎率民而一焉"(《荀子·正名》)。董仲舒继承了荀子的正名思想,他说:"名者,大理之首章也。录其首章之意,以窥其中之事,则是非可知,逆顺自著,其几通于天地矣。是非之正,取之逆顺,逆顺之正,取之名号,名号之正,取之天地,天地为名号之大义也。"(《春秋繁露·深察名号》)董仲舒不仅仅将正名看作治理国家的重要手段,甚至将之与大地联系起来,认为天地与名号是有同一意义的。

董仲舒认为,人们对于人性的不同争论皆是因为对于"性"一词不同的理解而引起的,因此,他提出首先要确定了"性"的涵义然后再去探讨人性的本质。他说:"如其生之自然之资谓之性。性者质也……性之名不得离质。离质如毛,则非性已,不可不察。"(《春秋繁露·深察名号》)可见,董仲舒认为性是天生的本质,他说:"性者,天质之朴也;善者,王教之化也。无其质,则王教不能化;无其王教,则质朴不能善。"(《春秋繁露·实性》)人的本性是质朴,这与荀子的"性者,本始材朴也;伪者,文理隆盛也。无性则伪之无所加,无伪则性不能自美"是一致的。他们都认为人性无善无恶,通过后天的"伪"和"王之教化"才能实现"善"。可见,董仲舒对于"性"的定义是深受荀子的影响的。

既然人性质朴,那么又是如何表现善恶的呢?董仲舒认为是通过"心"。他说:"栣众恶于内,弗使得发于外者,心也。故心之为名栣也。"(《春秋繁露·深察名号》)"栣",《说文解字》解为:"弱儿,从木,任声。"余樾以为:"下文曰:'天有阴阳禁,人有情欲栣',栣、禁对文,然则栣即禁也。"因此"栣"便是"限制、禁止"之意。此句话的意思便是,经许多的恶控制于内心,不使发之于外,是由于"心"的缘故,所以心的作用便是禁止恶的。由此看出,董仲舒认为,人性之中是有恶的,但仅仅是恶吗?他又说:

> 人受命于天,有善善恶恶之性,可养而不可改,可豫而不可去,若形体之可肥臞,而不可得革也。(《春秋繁露·玉杯》)
> 今善善恶恶,好荣憎辱,非人能自生,此天施之在人者也。(《春秋繁露·竹林》)
> 天之为人性命,使行仁义而羞可耻,非若鸟兽然,苟为生,苟为利而已。(《春秋繁露·竹林》)

可见,人是具有善恶两种内在的因素,那么善恶来源于哪里呢?

> 身之名，取诸天。天两有阴阳之施，身亦两有贪仁之性。天有阴阳禁，身有情欲栣，与天道一也。（《春秋繁露·深察名号》）

因为人是天所生，所以与天同质，天有阴阳二气，人也自然而然地具有贪念与仁性，即善与恶。

人既然有善恶两性，又是如何将恶"栣"于内而不使之发于外的呢？董仲舒接下来说：

> 是以阴之行不得干春夏，而月之魄常厌于日光。乍全乍伤，天之禁阴如此，安得不损其欲而辍其情以应天。天所禁而身禁之，故曰身犹天也。禁天所禁，非禁天也。必知天性不乘于教，终不能栣。察实以为名，无教之时，性何遽若是。故性比于禾，善比于米。米出禾中，而禾未可全为米也。善出性中，而性未可全为善也。善与米，人之所继天而成于外，非在天所为之内也。天之所为，有所至而止，止之内谓之天性，止之外谓人事。事在性外，而性不得不成德。（《春秋繁露·深察名号》）

同天的阴不厌阳一样，人性中的恶是通过教化而禁止于内的，如同米出于禾中，而禾未必都能成为米一样，人性中具有善质，表现出来未必都是善的，是要通过后天的教化才能行的。善是天性，成善却要人事。

荀子认为："人之性恶，其善者伪也。"人的本性中有趋利避害的一面，如果发生出来，便是恶的，但人的行为还有很多是善的，这便是伪的结果。而"伪"是通过礼仪实现的。同荀子一样，董仲舒也认为人性中的善是通过外部的努力才实现的。虽然"民受未能善之性于天"，"天地之所生，谓之性情。"但"万民之性待外教然后能善"。荀子与董仲舒都肯定了人性中有恶的因素，但是发之于外却需要通过"伪"和"教化"才能实现。如果没有后天的"伪"和"王之教化"，顺其自然之性，则必然向恶的方面发展，这也是荀子在《性恶》篇中反复强调"人之性恶，其善者伪也"的原因。

荀子强调后天之"伪"重要性，因为"伪"是通过"礼仪"来实现的，这就为他的"隆礼重法"打下了理论的基础。董仲舒亦然，他继承了荀子的人性论，认为人本性无善恶，但其趋向性是恶的，如果对于这种恶的趋向不加以制止，则会无限发展其恶的一面。由此，他则强调了"王之教化"的作用，为其之后的"三纲五常"之封建伦理秩序的建立提供了人性论的基础。

三 从一天下到大一统

战国末期的社会激荡和游历的生活给了荀子极大的启示，他意识到了天下统一是必然的历史趋势。相对于孟子的"定于一"，荀子对于天下统一更为急切和期待，他在著作中多次提到"一天下"："笞棰暴国，齐一天下"（《荀子·儒效》）、"性伪合，然后成圣人之名，一天下之功于是就也"（《荀子·礼论》）、"一天下，臣诸侯"（《荀子·强国》）、"全道德，致隆高，綦文理，一天下，振毫末，使天下莫不顺比从服，天王之事也"（《荀子·王制》）。他说："一天下，财万物，长养人民，兼利天下，通达之属莫不从服，六说者立息，十二子者迁化。"（《荀子·非十二子》）只有统一天下，才可以繁荣社会财富，使人民安居乐业，才能够德泽天下，使四方之民归，而在统一的政权之下，社会意识形态才能够统一。"一天下"成为了荀子思想体系中的一个重要因素，甚至是荀子思想体系的一个基本点。

为了实现"一天下"，荀子在学术上排斥诸子之说，要求意识形态的统一。认为他们是"假今之世，饰邪说，文奸言，以枭乱天下，矞宇嵬琐，使天下混然不知是非治乱之所在者"（《荀子·非十二子》）。荀子明确提出"法后王，一制度"（《荀子·儒效》）的政治主张，他援法入儒，通过对儒家基本学术传统的批判继承，对儒学进行了改造，使得他的观点较于孔孟思想融汇了百家学说，更加贴合社会实际，更能体现社会发展的历史趋势，为意识形态的统一做好了准备工作。

为了实现"一天下"，荀子提出了"天生人成"，剥离了天的神性，还原人在宇宙天地间的地位和尊严，这为他的"君主集权"理论提供了基础。荀子敏锐地意识到，只有强有力的政权才能结束战争，统一天下。在战国纷争的情况下，若要宣扬天的神性，每个君主都能证明自己与神的渊源，不利于统一，只有突出人的力量才能将国家治乱与人的行为建立直接的联系，剥除了神性的"天"为统治者所设立的保护伞，直接将统治者的品行与治乱联系起来，使得他为国家的祸福承担自己的责任。这样一来，国家的治乱与君主的品行便紧密相联系了，人君所能做的便是"天之所覆，地之所载，莫不尽其美、致其用，上以饰贤良，下以养百姓而安乐之。"（《荀子·王制》）在此基础上，荀子提出天子的"势位至尊"，在《正论》中说："天子也者，势至重，无敌于天下。"通过天人相分，荀子将孔孟的神性天，变为了自然的天，肯定了人与天地并立的地位之后，君主的"势位至尊"才成为可能，而强有力的君主集权也才能得以实现，从而为天下统一提供了君权上的保障。

董仲舒所处的汉代已经完成了大一统的事业，但是国家内部诸侯王势力过大，先有文帝时的淮南、济北之反，后有景帝时的七国之乱，至武帝时期仍有闽越王、南越王及淮南王、衡山王谋反事件，中央政府均采用了军事镇压，方将这些藩王的造反平定下去。从汉王朝建立以来，国内政治活动始终是围绕着解决中央与诸侯王的关系来的，甚至发展到以武力解决矛盾。为此，董仲舒提出了"《春秋》大一统者，天地之常经，古今之通谊也"，首先否定了对于统一国家的分裂，维护了国家的统一，为了使得诸侯王能够听从汉代帝王的差遣，放弃造反的念头，董仲舒运用阴阳五行学说总结出一套天人感应论，其目的是为了"屈民而伸君"，当然这里的民主要是指各个诸侯王而言，在董仲舒看来，若要诸侯王能够服从皇帝的统治，就要给王权安上一个神圣不可侵犯的外衣，于是在天人感应学说里，皇帝是天的儿子，是按照天的意志来统治国家，任何人对于皇帝意志的违背便是对天意的违背，是要受到天的惩罚的。这样一来，董仲舒借助天的神威巩固了汉天子的统治，诸侯王相若有二心便会背上违背天意的罪名。

另外，为了限制皇权的无限膨胀，他又提出了"屈君而伸天"，要求君主按照天的意志来治理国家，如果违背天意便会受到相应的警告和惩罚。如此一来，天作为至上神具有无上的权威，那么上至天子和诸侯王、下至文武百官和百姓都要顺从天的意志，天的意志便是"仁"，上天"察于天之意，无穷极之仁也""天之任阳不任阴，好德不好刑"，在天的注视之下，君王要服从天命实行"仁治"，诸侯王要服从天子，百姓更是要拥戴天子的统治，因为天子是天意的代言人，也即是儒家的代言人。讲到这里，我们不得不佩服董仲舒缜密的思维，他将整个西汉社会放入了他所创造的天人关系范畴之中，也即是放入了儒家道德标准的评判之下，无比严密，丝毫没有遗漏，难怪王充曾经评价他说："言君臣政治得失，言可采行，事美足观……虽古圣之言，不能增过。"

在完成了巩固中央集权的理论框架之后，董仲舒又提出了意识形态的统一，他在第三次对策中说：

> 《春秋》大一统者，天地之常经，古今之通谊也。今师异道，人异论，百家殊方，指意不同，是以上亡以持一统；法制数变，下不知所守。臣愚以为诸不在六艺之科孔子之术者，皆绝其道，勿使并进。邪辟之说灭息，然后统纪可一而法度可明，民知所从矣。

这样一来，董仲舒通过大一统理论完成了他的新的儒学体系的架构，其内容以"大一统"为核心，包含三个层次，第一，反对诸侯分裂，维护中央政权的稳固，即维护国家领土的完整；第二，维护和加强中央政权的统治，即通过"屈民而伸君，屈君而伸天"保障了政治的统一；第三，通过"罢黜百家，独尊儒术"维护了意识形态领域的统一。

荀子根据战国末期的社会形势，援法入儒，对儒学进行改造，改变了孟子的形而上的途径，使得儒学远离"迂远而阔于事情"的尴尬境遇，重新回归孔子经世致用的核心精神，为儒学的弘扬和发展开辟了一个新的路径，使得儒学在经历秦祸之后迅速崛起，为董仲舒的"独尊儒术"打下了基础，从而完成了儒学对于自身的第一次反思。西汉初年的社会形势迫使儒家学者不得不对儒学进行第二次反思，而这个任务是由董仲舒完成的，他吸纳了阴阳五行的学说，改造了传统儒学的天人观，创造出了一套完整的"天人感应"学说，与作为政治社会哲学的儒家结合起来，将儒家学说宗教化，提出了"屈民而伸君，屈君而伸天"的政治主张，为汉初的国家统一和政权巩固提供了神学的保障，使得儒学成为了官方学说，并影响了两千年的历史。

论宋儒张载价值观的两种类型及其现代意义

陕西师范大学哲学系　林乐昌

引言：对张载价值观的体系定位和类型划分

历史上的大儒，几乎都从各自的角度对儒学价值观有所贡献，有的还为社会提出了独特的价值系统方案。任何价值观或价值系统都既是人的动机和行动的准则，同时也代表人的基本信念；它既有导向规范作用，又有激励支配作用。北宋理学的创始人、关学宗师张载（1020—1077年，字子厚，学者称横渠先生）为社会提出的价值系统方案，有其显著的特色。

张载在言及自己的理学思想时说："某唱此绝学，亦辄欲成一次第。"（《张子语录·语录下》）这里的"次第"，相当于今天所谓"体系"。张载的理学体系是由三个层次架构而成的：处于上层的是，以"天"或"太虚"为本体、以天道论和心性论为主要内容的"形而上"的学说；处于下层的是，面对自然、社会和人生而形成的古代博物学（包括天文学）、政治思想、教育思想和修养功夫论等"形而下"的学说；处于中层的则是，其价值学说或价值观，这可以视作张载理学体系"形而中"的学说。

张载指出："知崇，天也，形而上也。"（《正蒙·至当篇》）"'形而上'，是无形体者也，故形以上者谓之道也；'形而下'，是有形体者，故形以下者谓之器。"（《易说·系辞上》）"运于无形之谓道，形而下者不足以言之。"（《正蒙·天道篇》）值得注意的是，张载对自己的理学体系只论及其"形而上"与"形而下"两部分，并未言及其"形而中"部分。把价值系统置于张载理学体系的"形而中"部分，是我们依据其价值观的根源、特点和作用加以定位的，是对张载理学体系重构的结果。首先，虽然张载所建构的以"仁""孝""礼"为核心的人文价值也是无形的，但价值论毕竟与形上学有别。形上学尤其是其中的本体论具有至上性、根源性、"至一"性，而人文价值或价值系统却不具有这些性质。其次，从张载价值观的根源看，他所建构的以"仁""孝""礼"为核心的人文价值毕竟要以作为宇宙本体论的"天"及作为宇宙生成论的"天道""性"为根源，因此，把"仁""孝""礼"这一价值系统直接视作张载理学体系的"形而上"部分，显然是不相应的。最后，从张载价值观的作用看，虽然"仁""孝""礼"等人文价值对于现实的生活世界具有直接的引领作用，但它们毕竟与现实的生活世界是有区别的，它们毕竟是抽象的存在，而不是有形的实体。因此，把"仁""孝""礼"这一价值系统置于张载理学体系的"形而下"部分，显然也是不相应的。由于张载理学体系的"形而上"部分，很难直接作用于作为"形而下"的现实生活世界，因而，张载的价值观就成为处于"形而上"与"形而下"之间的中介，"形而上"的存在下行于"形而下"的世界，必须通过"形而中"的价值观才能够直接起作用。正是在此意义上，我们把张载的价值观定位于其理学体系的"形而中"部分。其实，张载著名的"四为句"的第一句"为天地立心"，说的就正是价值观问题，因而也应当将其定位于张载理学体系的"形而中"部分。作为张载理学体系的"形而中"部分的价值观具有"通天贯地"的特点："通天"，指"仁""孝""礼"等人文价值都有其宇宙本体论根源和宇宙生成论根源；"贯地"，指"仁""孝""礼"等人文价值对于现实的生活世界具有直接的引领作用。

张载价值观的内容相当丰富，我们可以将其划分为两种类型：第一种类型是作为道德伦理的价值观，主要以"仁""孝""礼"为准则；第二种类型是作为精神品质的价值观，主要表现为"学则须疑"的怀疑精神和"多求新意"的创新精神。

一 道德伦理类型的价值观

《宋史》张载本传以"尊礼贵德"评价张载之学。这可看作张载规范人间秩序的道德价值设定，是其价值观主题的概括。张载的价值观，是由礼论和德论构成的。礼论和德论所涉及的价值观，都属于道德伦理类型。

（一）关于礼论

礼论，属于"规范伦理"或"规范价值"。张载的礼论，既是个人的规范机制，也是社群的调节机制和治国理政机制。张载特别强调"尊礼"。对于个体修养，他主张"知礼成性""以礼成德"；对于教育内容，他主张"以礼为教"；对于社会风气，他主张"用礼成俗"。在张载看来，"礼"是实现"仁"这一德性价值的途径："若要居仁宅，先须入礼门。"由于"礼"具有实现道德价值的功能，从而使它本身也蕴含了道德价值意义。可见，礼与德是相互为用的。

《大戴礼记·盛德篇》指出："凡德盛者治也，德不盛者乱也；德盛者得之也，德不盛者失之也。是故君子考德，而天下之治乱得失可坐庙堂之上而知也。"张载认同"德"之盛衰将直接影响社会秩序的治乱得失，认为当时社会的弊端在于"治所以忽，德所以乱"。对于导致这一弊端的原因，张载认为是由于"上无礼以防其伪，下无学以稽其弊"。就是说，社会统治集团缺乏"礼"以防范伪善欺诈的行为，而民间社会则未能推行"学"以整治道德败乱的弊病。因此，对于社会治乱的解决之道，张载等理学家与政治家所提供的方案是不同的，他们主要是从与"学"相关的教育着眼的。当然，张载所说的"学"及教育的内容，也包括"学礼"。例如，作为熙宁变法领导者的王安石与作为理学主要派别洛学的领导者二程，对于政治变法与兴教运动二者关系的看法便很不相同：王安石重变法甚于教育，而二程重教育则甚于变法。程颢曾说："治天下不患法度之不立，而患人材之不成。人材之不成，虽有良法美意，孰与行之？"钱穆认为，"此乃洛学与安石根本相异处"。对于政治与教育关系的看法，不惟洛学如此，关学亦然。钱穆准确地看出："范仲淹、王安石诸人，政治意味重于教育"，而"二程、横渠以来，教育意味重过政治"。张载说："今欲功及天下，故必多栽培学者，则道可传矣。"可见，张载把讲学传道、培养学者视作"功及天下"的头等大事。在他那里，从事讲学和教育活动也是向学者推行人文价值观的主要途径。

（二）关于德论

德论，属于"德性价值"。张载既"教人以礼"，又"教人以德"。

郭沫若提出："在卜辞和殷人的彝铭中没有德字，而在周代的彝铭中如成王时的班簋和康王时的大盂鼎都明白地有德字表现着。"陈来认为，从西周到春秋的用法来看，"德"的含义主要指"具有道德意义的行为、心意"。可见，张载所谓"德"源自西周尚德的传统，并继承了《易传·系辞上》"崇德而广业"、《孟子·公孙丑上》"贵德而尊士"、《礼记·曲礼上》"太上贵德"、《礼记·中庸》"尊德性"等思想。张载强调"德主天下之善"，认为"德"能够主导天下之"善"。经过选择和提炼，张载把"仁"、"孝"、"礼"这三条道德原则确定为理学的核心价值，以规范人的行为，进而为社会秩序奠定文化基础。"礼"的价值意义已如上述，而"仁""孝"价值意义在张载著名的短论《西铭》中表现得最为充分。这与《正蒙·诚明篇》有关"仁人孝子"的意旨完全一致。

孔子早就提出"仁""孝"观念。与早期儒家有所不同，《西铭》是基于"乾父坤母"这一宇宙根源说"仁""孝"，其新意表现在三个方面。一是扩大了"仁"的实践范围。《西铭》提出"民胞物与"的理念，意味着从限于人类说仁爱转变为不限于人类说仁爱。二是扩大了"孝"的实践范围。《西铭》在肯定孝敬生身父母的同时，还把孝行扩大为人类对天地父母的尊崇和敬畏，从而使"孝"成为信仰的一个重要维度。三是突破了早期儒家强调差等的仁爱观。张载强调"乾父坤母"，将其视作仁爱的宇宙根据。在此基础上提出"民胞物与"的口号，与他在《正蒙·诚明篇》中提出的"爱必兼爱"的大胆主张，从根本上看是一致的。这两个口号是对儒家传统仁爱观的突破。张岱年指出，张载的仁爱观"综合了孔子的仁与墨子的兼爱"。张岱年在论及"兼爱"时说："兼的原则是爱人如己。"张载关于"以爱己之心爱人则尽仁"的说法正符合这一原则。张岱年把张载的这种仁爱观称作"泛爱"思想，认为它是有一定进步意义的。张载试图通过"民胞物与"和"爱必兼爱"，以谋求平等之爱。他把宇宙视做一个大家庭，一切人或物都是这个大家庭的平等成员。

孔子自信"天生德于予"。《易传·文言》宣称"夫大人者与天地合其德"。《中庸》则提出"诚者，天之道；诚之者，人之道"。孔子与这些早期儒家经典的言论，意味着德性价值出于天或天道的规定，是有其宇宙根源的。张载据此提出："天所以长久不已之道，乃所谓诚。仁人孝子所以事天诚身，不过不已于仁孝而已。故君子诚之为贵。"在张载看来，

"不已于仁孝",是以"天所以长久不已之道"亦即"诚"为宇宙论根据的。"仁人孝子",是人在宇宙间所应当扮演的角色;而"事天诚身",则是人所应当尊奉的神圣信仰和所应当履行的道德责任。"仁人孝子"观念,源于《礼记》。《礼记·哀公问》指出:"仁人之事亲也如事天,事天如事亲。是故孝子成身。"在《西铭》中,张载使这种观念得到了空前的加强。张载不仅认为"仁"、"孝"价值原则有其宇宙根源,而且还认为,作为规范价值原则的"礼"也有其宇宙自然根源。他说:"或者专以礼出于人,而不知礼本天之自然。"张载对"仁"、"孝"、"礼"等价值原则的宇宙根源的揭示,极大地增强了这些人文价值的权威性。

二 精神品质类型的价值观

在张载的价值观系统中,精神品质类型的价值观主要表现为"学则须疑"的怀疑精神和"多求新意"的创新精神。怀疑精神和创新精神,是更具普遍性的价值观要求。

(一)"学则须疑"的怀疑精神

在理学家中,张载对怀疑精神的提倡是很突出的。但张载提倡怀疑精神并不是主张怀疑一切,怀疑作为精神价值是有条件的,而且它在张载的价值系统中并不是最高原则。另外,在张载看来,"无疑"与"有疑"的适用范围也是不同的。他认为,对于公认的儒家经典,对于儒家的基本原理和道德信念,应当抱"不疑"或"勿疑"的态度。例如,对于《论语》《孟子》等儒家经典,他评价说:"学者信书,且须信《论语》、《孟子》。《诗》、《书》无舛杂。《礼》虽杂出诸儒,亦若无害义处,如《中庸》、《大学》出于圣门,无可疑者。"(《经学理窟·义理》)又如,对于圣人及其"中道"原理,他指出:"孔子、文王、尧、舜,皆则是在此立志,此中道也,更勿疑圣人于此上别有心。"(《经学理窟·气质》)

此外,张载又倡导"学则须疑"(《经学理窟·学大原下》)的怀疑精神。他对怀疑精神的强调,主要关乎"为学"的思考和探索。张载所谓怀疑精神有如下几个特征。

其一,注重在学行实践中培育怀疑精神。张载提出:"可疑而不疑者不曾学，学则须疑。譬之行道者，将之南山，须问道路之自出，若安坐则何尝有疑？"（《经学理窟·学大原下》）就是说，张载不但反对在为学中有可疑之处而竟然不加怀疑，而且主张在为学实践中培育"有疑"精神。

其二，注重为学必须"实疑"。张载指出："学行之，乃见至其疑处，始是实疑，于是有学。"（《横渠易说·佚文》）什么是他所谓的"实疑"？在他看来，在学行过程中，能够形成学者自己的见解固然不错，但这些见解只有真正抓住问题的可疑之处，才是真实的疑和实质性的疑，而不是表面的疑。

其三，主张学者在读书过程中要善于发现疑点所在。张载说："所以观书者，释己之疑，明己之未达。每见每知所益，则学进矣；于不疑处有疑，方是进矣。"（《经学理窟·义理》）读书善于发现疑点，而且还必须"于不疑处有疑"。可以认为，张载提倡的是一种大胆的彻底的怀疑精神。这种精神与近代以来的科学精神是息息相通的。

（二）"多求新意"的创新精神

张载在提倡怀疑精神的同时，还主张"多求新意，以开昏蒙"（《张子语录·语录中》）的创新精神。张载把怀疑精神看成是创新的起点，并强调要在去除"旧见"中形成"新意"，在学习过程中要多加思考以扫除学思的障碍。他指出："义理有疑，则濯去旧见以来新意。心中苟有所开，即便札记，不思则还塞之矣。"（《经学理窟·学大原下》）

张载"多求新意"的创新精神，主要表现为道德的创新，义理（哲学）的创新，自然知识的创新三个方面。

其一，道德的创新。张载继承《易说·系辞》的"日新盛德"之意，在《芭蕉》诗中提出"愿学新心养新德"。"新德"，指经由学者不懈的努力使自己的德性提升到新的高度，并最终达到"天德"的境界。张载指出："'刚健笃实'，'日新其德'，乃天德也。"（《横渠易说·上经·大畜》）在张载看来，日新其德的要求不仅适用于学者，而且对于君主帝王也同样需要依据"帝王之道"以提高其"治德"。他在答弟子范育的书信中说："巽之（范育字）为朝廷言，人不足于适，政不足与闻，能使吾君爱天下之人如赤子，则治德必日新，人之进者必良士，帝王之道不必改途而成，学与政不殊心而得矣。"（《答范巽之书》）今人牟宗三非常重视

"道德创造"，除受《易传·系辞》影响外，也有可能受张载的启发。

其二，义理的创新。张载"四为句"的第三句是"为往圣继绝学"，这集中体现了他的学术抱负。可以说，经过张载近四十年的学术努力，这一抱负是实现了的。当然，这一抱负的实现，离不开张载对义理的创新。这种创新精神，贯穿于张载数十年读书思考的学术生涯之中。他把读书必须"每见每知新意"，作为"学进"亦即学术提升的原则，指出："学者观书，每见每知新意，则学进矣。"（《张子语录·语录中》）张载义理创新的成就，首先表现为他一生"勇于造道"，创建了在北宋理学家群体中罕见的理论体系。（详见本文引言）同时，还表现在他对儒学做了"六经之所未载，圣人之所不言"（《正蒙》范育序）的理论创新。这在张载理学的天道论、人性论、知识论、伦理学等学说中都有所表现，并产生了巨大的历史影响。

其三，自然知识的创新。除了理学义理的创新，在自然知识领域张载也有所创新，为中国古代朴素的科学思想作出了重要的贡献。张载的贡献主要体现在古代天文学领域。限于篇幅，以下仅举两例加以说明。

第一例，张载在其《正蒙·参两篇》第4章指出："凡圆转之物，动必有机。既谓之机，则动非自外也。古今谓天左旋，此直至粗之论尔，不考日月出没、恒星昏晓之变。愚谓在天而运者，惟七曜而已。恒星所以为昼夜者，直以地气乘机左旋于中，故使恒星、河汉因北为南，日月因天隐见。太虚无体，则无以验其迁动于外也。"对于这一段论述，英国著名的中国科技史专家李约瑟进行了深入的分析："他（指张载——引者注）借粘滞制动器的原理说明恒星和日、月、五星的反方向运动；他（仍指张载——引者注）认为，天体距地很近，因而地气阻碍它们向前运动。地气为某种内力所驱，不断向左旋转（'地气乘机左旋于中'），但旋转较慢（由于地静止不动），结果，太阳系各天体的运动便相对地（虽然不是绝对地）和恒星的运动方向相反。"李约瑟进一步评价说："这是十一世纪关于感应原理的非常明确有力的叙述，我们不能忽视它的意义。此外，天体运行速度减慢的程度，取决于它们本身的组成：月和地同属阴，因而受影响最大；日属阳，受影响最小；五星所受到的影响则居中等程度（注：五星各由五行之一组成，因而它们各为阴和阳的一种特殊的混合物）。"

第二例，张载在其《正蒙·参两篇》第7章提出："地有升降，日有修短。地虽凝聚不散之物，然二气升降其间，相从而不已也。阳日上，地日降而下者，虚也；阳日降，地日进而上者，盈也。此一岁寒暑之候也。至于一昼夜之盈虚、升降，则以海水潮汐验之为信。然闲有小大之差，则系日月朔望，其精相感。"对此，李约瑟给予很高评价："不过在我们看来，有趣之处主要在于：极端人类中心论那种关于地居中央而不动的说法在欧洲曾那样束缚人们的思想，而中国天文学思想中却不曾留下痕迹。""宋代学者张载、朱熹、储泳等都曾经提到它，明代的王可大和章潢在这方面也曾发过议论。张载以及其他理学家把地的周期性升降同地中阴阳两力的盛衰结合起来，以解释季节性的寒暑变化。另外，他们还把它同潮汐现象联系起来。"

张载的以上论述，涉及古代天文学的专业知识，外行很难予以评价。但我们从李约瑟的剖析和评价中应能获知，张载对于古代天文学是有所创新的，是作出了自己的卓越贡献的。

三 结语：张载价值观的现代意义

关于张载价值观的现代意义，有必要对应于其道德伦理的价值观与精神品质的价值观这两种类型，分别加以揭示。

第一，作为张载道德伦理类型价值系统的"仁""孝""礼"，虽然源于先秦儒学的价值观念，但张载却作出了新的阐发，强调"民胞物与""爱必兼爱"。这不仅扩大了"仁""孝"的实践范围，而且还突破了早期儒家强调差等的仁爱观。这些，将有可能为当代中国社会的价值体系提供积极的传统资源，以批评和矫正差等之爱以裙带关系的形式与公权结合，进而强化以公谋私、权力世袭的官场生态。正是在这里，最能凸显张载仁爱观的当代意义。

第二，作为张载精神品质类型价值观的怀疑精神和创新精神，与近代和现代的科学精神是一脉相承的。从古至今，作为批判性思维之灵魂的怀疑精神和创新精神，在中国教育界、科学界和学术界都相当薄弱。张载早在一千年前就提出"于无疑处有疑"，这非常难能可贵，对于当今中国的教育改革、科学进步和学术发展都具有特殊的意义。

论梁漱溟中西调和的文化观

山东社会科学院国际儒学研究与交流中心　李　军

梁漱溟在《东西文化及其哲学》一书中，用了大量的篇幅对中国、印度和西方的哲学思想进行分析。但实际上他真正的兴趣并非是哲学，而是中西文化问题。在他的思想中，只有文化问题才是近代中国所发生的一切问题的症结所在，因此文化问题也就是解决中国乃至世界上一切问题的首要问题。不论中国的经济、政治还是民族问题，本质上都是文化问题。可以说，文化问题，尤其是对以儒家文化为代表的中华文化的重释与发扬，是梁漱溟一生致力的中心问题。正是由于这一点，我们才将梁氏确认为一个现代的儒者，是现代新儒家学派的开创者。

一　认识论与人生观

梁漱溟的文化观是由他对人生问题的看法而来，而人生问题的解决则是他提出的三种认识方法，即感觉、直觉和理智相关联的。

他将人生解释为"奋斗"，也就是"现在的我"与"以前的我"——一个由"现在的我"所派生出来的现象界——和人本身的其他问题的遭遇和解决。他认为人生所遇到的问题大致有三种：

第一种是人与物质世界的关系问题。梁漱溟说："譬如我前面有块石头，挡着我过不去，我须用力将它搬开……。我要喝茶，这是我的肢体，同茶碗都算是碍；因为我的肢体，或茶碗都是所谓'器世间'——'前此的我'——是很笨重的东西，我如果要求如我的愿，使我肢体运动或将茶碗端到嘴边，必须努力去改变这种'前此的我'的局面，否则是绝不会满意的；这种努力去改变'前此的我'的局面而结果有所取得，就是所谓奋斗。"

第二种是所谓与"其他的有情",也就是与其他的人的关系问题。用梁漱溟的话来说是:"真正为碍的是其他有情的'他心'而不在其根身。譬如我要求他人之见爱,或提出一种意见要求旁人同我一致,这时为碍的即是'他心'"。梁漱溟在这里的所谓人与人的关系问题即是指道德问题。

最后一种是人的"终极关怀"问题,即人人都要遇到的死亡问题。梁漱溟说:"为碍的不仅物质世界与'他心',还有一种比较很深隐为人所不留意,而却亦时常遇见的,就是宇宙间一定的因果法则。这个法则是必须遵循而不能避免的,有如此的因,一定会有如彼的果;譬如吃砒霜糖一定要死乃是因果必然之势,我爱吃砒霜糖而不愿意死,这是为碍的就是必至的自然律,是我所不能避免的。又如凡人皆愿生活而不愿老死,这是为碍的即在'凡生活皆须老死'之律也。"①

总结起来就是:人类的生存与繁衍的问题,也就是人与大自然的关系问题;人类在解决了基本的生存问题之后所遇到的社会问题,即人与人之间的关系问题。梁漱溟将其称之为道德问题;人人都要面对的死亡问题,即终极关怀问题。这是三个任何人所不能避免的问题,同时这又是三个不同层次的问题,有解决的先后顺序。生存问题是一个最基本的问题,在这个问题基本解决之后,人的注意力才会转到后面的两个问题上来。

梁漱溟认为,这三个问题的解决方法从某种角度来说,是与三种不同的认识方法相连,这就是理智、直觉和感觉的认识方法。在人类的初级阶段,人用客观的理智方法来征服大自然,取得基本生存条件,使人类得以生存与发展;在第二个阶段,人们使用建立在良知(直觉)之上的道德,建立起人与人和人与社会之间的基本行为准则,使社会成为一个道德的天堂;当人在前面两项要求得到了满足之后,便面临着人生,同时也是人类的社会的最后一个问题,即如何面对死亡的问题。在这个问题上,梁漱溟认为,只有用唯识宗的"现量"(感觉)认识方法,才可以认识到人生的真相,使人正确地面对这一最终的问题。

梁漱溟的人生三问题,与他的文化观有着直接的理论联系。他认为这三个人生问题就是人类所面临的三个主要问题。在对这三个问题的解决

---

① 《梁漱溟全集》第一卷,山东人民出版社 2005 年版,第 378—379 页。

中，人类建立起三种不同的文化模式，这就是西方文化、中国文化和印度文化。

二　三种文化模式

什么是文化？梁漱溟说，文化就是民族生活的样法，也就是人们解决问题方式上的不同。① 梁漱溟将文化与文明作了区分。他认为，文化是人们解决问题的方式，而文明则是用某种方式去解决问题所得到的结果，两者是一件事的两面。某一种生活方式决定某种结果，某种文化决定某种文明的产生。

基于人们解决问题方式上的不同，梁漱溟将世界文化大体上分为三种基本的类型：

第一种模式是西方文化："遇到问题向前下手"，是以意欲向前要求为其根本精神的方式。

第二种是中国文化："遇到问题不是向前下手而是转换自己的态度，就在这个境地上求解决"的方式。

第三种是印度文化："遇到问题反身向后要求取消这个问题以求这个问题的解决"的方式。

梁漱溟具体分析第一条路的西方文化，认为具有以下三个特点：

1. 征服自然。所谓遇到问题向前下手，就是要求改造环境、征服自然，来达到自己的目的。

2. 科学方法。西方文化解决问题的具体方法是先将问题分解开来，然后进行分析研究，形成科学理论。

3. 民主政治。梁漱溟说："德谟克拉西不是对于种种威权势力反抗奋斗争持出来的吗？这不是由人们对人们持向前要求的态度吗？"②

走第二条路的中国文化的特点是，"遇到问题不去要求解决，改造局面，就是在这种境地上求得自我满足……他并不想奋斗的改造局面，而是回想的随遇而安。他所应付问题的方法只是自己的意欲调和罢了"，遇事

---

① 《梁漱溟全集》第一卷，山东人民出版社 2005 年版，第 352、381 页。

② 同上书，第 382 页。

不是去克服问题,而只是求主观上的满足,只是反过来改变自己,屈己让人。

第三条路的印度文化同以上两种文化都不相同,遇到问题既不是去克服它,也不是改变自己来达到问题的解决。印度文化的特点是反身向后,要求根本取消问题本身。它想用彻底取消问题作为解决问题的办法。表现在社会生活中就是要求出世。

至于印度文化所走的路,梁漱溟认为是未来社会的事,现在则要完全排斥。在《东西文化及其哲学》一书中,梁漱溟主要论述了东西文化的问题。在他看来,中西文化的根本方向不同,"一则向外,一则向内"这是两条相反的路,具有完全不同生活样法。第一条路,即所谓向外的路,梁漱溟认为它是人类社会发展的早期阶段,也是必经的阶段,他称这为"本来的路"。非西方民族,包括中国,之所以在现代社会中落后,就是因为这"本来的路"没有走好,违背了人类发展的本来程序。而中国文化是超越西方文化的又一发展阶段。就物质生活看,它不如西方文化成功。但梁漱溟认为,中国文化"不只简单的无政府自然的成功,他对于任何境遇都安乐,能以精神的愉快代替物质的满足。这就是他征服世界的特别方法"。在"征服世界"的问题上,梁漱溟认为不存在一个客观的标准,这个标准只能是主观的。他说:"中国人的车不如西方人的车,中国人的船不如西方人的船……"但中国人的幸福,却不见得比西方人少。在现代社会,西方人虽然物质发达,但精神苦闷。用他的话来说就是:"穿锦绣的未必便愉快,穿破衣的或许很乐。"

梁漱溟的世界文化三路向说具有文化类型和文化进化两种意义:就意欲向前、向内、向后三种态度所发出的三种文化来说,是三种完全不同性质的文化;但就人类文化发展的总过程来说,这又是人类文化发展的三个前后相继的阶段。他对三种文化的排列,表现出其对文化发展方向的看法和文化价值的判断。

梁漱溟认为,就人类文化发展的正常秩序来说,西方文化是本来的路向,任何民族文化的发展都不应跨越,但发展到今天,这条路已经走到尽头,不得不转变了。他认为,西方文化主张向外用力,以宰制、征服外物,但如果发展到极端就会导致异化,摧残人性。发展到今天,西方文化的结果是"经济其戕贼人性——仁——是人所不能堪。无论是工人或其余地位较好的人乃至资本家都被他把生机斫丧殆尽；其生活之不自然、机械、枯窘乏味都是一样。……现在一概都是大机械的，殆非人用机械而成了机械用人。"理性的发展的本意是使人得到生活的快乐，但到了后来却造成了痛苦。因此世界文化的发展就面临着变革，"这样一来就致人类文化要有一根本的变革：由第一路向改变为第二路向，亦即由西洋态度改变为中国态度"。① 这种改变表现在以下几个方面：

第一是经济方面。梁漱溟将西方资本主义经济称为"个人本位"和"生产本位"的经济方式。这种生产方式的盲目发展，必然导致生产过剩、失业等经济危机。因此才会有马克思主义的出现，将其变为社会本位和分配（消费）本位的生产方式。于是便有社会主义思潮的出现，标明新的生产方式变革的到来。

第二是人生观的变化。向外追逐导致传统人生价值的失落，幸福的追寻变成了欲望的满足。到后来"人用机械而成了机械用人"。他引用罗素的话说："不管道德家怎样说法，不管经济上怎样必要，依赖意志去完全抑制冲动是可以不必的；排去冲动，用目的与欲望统御着的生活，真是苦恼的生活"。② 梁漱溟认为，要想摆脱这种生活在对欲望的追逐与厌离之间痛苦最好的方法，就是过儒家的生活。因为在他看来，所谓幸福与否，并不在欲望是否得以实现。他说："欲望出自主观，其或遂或不遂则视乎客观际遇；是故苦乐殊非片面地从主观或片面地从客观所得而言之者"。如果二者择一的话，则"苦乐问题于其着重在外境来看，不如着重在吾人主观方面尤为近真——较为接近事实"。③ 而只有孔子的哲学是这一思想的代表。因此，以儒家思想为代表的东方文化将在以后的发展中，成为领导世界的潮流。

第三是文化的变化。由于经济和人生观的变化，所以人类的文化变化也是不可避免的了。梁漱溟说："这样一来就导致人类文化要有一个根本变革：由第一路向改变为第二路向，亦即由西洋态度变为中国态度。"这是因为人类所要面对的问题已不是生存问题而是其他的问题了。用梁漱溟

---

① 《梁漱溟全集》第一卷，第492、293页。
② 同上书，第493页。
③ 《梁漱溟全集》第七卷，第179页。

的话来说就是"从人对物质的时代而转入人对人的问题之时代"。这种转变的标志就是西洋形而上学的变化,即由对客观世界本源的追寻转为对人本身的重视。

至于中国今后的发展方向,应当是中西文化的调和。因为中国文化是一种早熟的文化,是一种超越阶段的文化。人类社会的正常发展应当是由第一条路转为第二条路,但是由于孔孟的出现,使中国文化跨越在没有解决好第一问题,即生存问题的情况下,就直接面对第二层次的问题,致使中国在解决人类生存问题上遭遇到失败。当时流行的西化思潮,就是对这一方面的补课。因此他提出了中国文化今后要走的路:

第一,要排斥印度的路,丝毫也不能容留。

第二,对于西方的文化是全盘承受,而根本改过,就是对其态度要改一改。

第三,批评的把中国原来态度重新拿出来。

在这里,梁漱溟提出了他那被胡适称为是"整齐好玩"的"世界文化三期重现说"。具体说来,就是:"人类文化之初,都不能不走第一路,"但是"第一路走到今日,病痛百出,今世人都想抛弃他,而走这第二条路,……而最近未来文化之复兴,实足以引进第三问题,所以中国文化复兴之后将继之以印度化之复兴。于是古文明之希腊、中国、印度三派竟于三期间次第重现一遭"。[①] 与西化派将中国文化置于人类文化发展的古代阶段不同,梁漱溟反对将西方文化放到人类文化发展的初期阶段,而将中国文化视为即将进入的一个新的发展阶段,是人类文化发展的未来方向。梁漱溟的"三期重现说"在当时产生了很大的反响,引起了广泛的争论。今天看来,梁氏这一说法摈弃了对中西文化之间孰优孰劣的比较的做法。当时流行的思潮,不论是华夏中心论,还是全盘西化论,都是将自己推崇的文化置于人类文化发展的高级阶段,而将其他的文化置于被贬损的地位。梁氏的"世界文化三期重现说"认为,文化无所谓优劣,只是一个合宜不合宜罢了。当人类面临生存问题时,以西方文化为代表的第一条路就是最适宜的路;而当第一条路走到了头时,中国文化便是今后世界发展的方向。当然,梁漱溟虽然没有直接进行中西文化的优劣比较,但他

---

① 《梁漱溟全集》第一卷,第 528 页。

仍然隐晦地将中国文化置于西方文化之上，为人类文化发展的未来方向。

三　中国文化观

在进行中西文化的对比中，梁漱溟用了很大的篇幅论述了中国文化的特征，第一次从哲学、文化和社会的角度全面地论证了中国文化的特点。

（一）梁漱溟的儒学观

梁漱溟20世纪20年代初进入北京大学时，曾对推荐他进入北大的蔡元培先生明言：他到北大来除了替孔子、释迦讲个明白以外，更不做其他的事。他所谓孔子、释迦，即是中国文化与印度文化的代名词，也就是说，在梁漱溟的心目中，以孔子为代表的儒家文化，即是中国文化的化身。那么什么是儒学的本质呢？在他看来大概有以下几个方面：

第一，是有关孔子的仁学思想。梁漱溟说，孔子的东西不是一种思想，而是一种生活，也就是说，是一种生活方式，是一种文化模式。孔子所谓"仁"，是一种超功利的生活态度。在儒家文化中，生命或生活就是目的本身，而不能将其作为手段来看。他说："当我们作生活的中间，常常分一个目的、手段。譬如避寒避暑、男女之别，这是目的。造房子，这是手段。如是类推，大半皆这样。这是我们生活中的工具——理知——为其分配打量之便利而假为分别的……若处处持这种态度，那么就把时时的生活都化成手段——例如化住房为食息之手段，化食息为生殖之手段……不以生活之意味在生活，而把生活算作为别的事而生活了。……事事都问一个'为什么'，事事都求其用处，……这彻底的理智把直觉、情趣斩得干干净净，其实我们生活中处处受直觉的支配，实在说不上来'为什么'的。"① 所以，在梁漱溟看来，生活就是当下的存在，它本身就是目的。不能把生活化为手段，化为工具的存在。

第二，梁漱溟将情感视为人的本质，称之为"直觉"。他认为这就是孔子所说的"乐天"、"知命"也就是"仁"，与宋明理学所说的"孔颜乐处"。在他看来，直觉、情感是比理智更根本的东西。生活的本质，或

---

① 《梁漱溟全集》第一卷，第133—134页。

者说人的本质,①就是这种情感和直觉的存在。过分强调理性的功能和地位,会妨碍"自然合天理"的直觉的流行发用,成了不仁。

由于身处五四新文化时代,加之思想上对泰州学派的认同,梁漱溟排斥理学的禁欲主义倾向,思想上带有浓厚的自然人性论色彩。但它仍然是一个道德至上论的产物。在他的心性论中,梁漱溟以情代性,情性合一,而且强调人的自然本能方面,从生物学的角度来对认得道德本性做出解释。在对儒家思想的解释中,他很少正面肯定理学家的思想,而是反复提及原始儒学的思想。如孔子的"刚毅木讷近仁"和孟子的"口之于味也有同焉,……心之所同然者何也?谓礼也,义也"等说法。这都说明他是在强调道德伦理的自然本能色彩。但尽管如此,他仍然是儒家的道德至上论传统。我们从他对"爱有差等"的伦理原则与人的自然本性之间的关系的解释就可以看出:"孔子主张'亲亲而仁民,仁民而爱物。'在我的直觉上对于亲族是情厚些,就厚些;对于旁人略差些,就差些;对于生物就又差些,就又差些;对于木石更差了,就更差些。你若判定情厚,多爱为定理而以理智往推寻,把他作成客观道理而柄持之,反倒成了形式,没有真情,谬戾可笑,何如完全听凭直觉!"

在他看来,道德之于人,本没有什么道理好讲,它是人的一种本能,是生而具有的。虽然他是从生理本能上解释人的道德来源,但目的仍然是论证道德是人之所以为人的本质所在。

(二) 中国文化与中国社会

在《东西文化及其哲学》一书中,梁漱溟主要是从形上层次来把握中西文化的特征与差异。从 20 世纪 40 年代起,梁漱溟在进行乡村建设运动之后,开始注意对中国社会的分析。1949 年他出版了《中国文化要义》一书,列举了中国文化在历史上的表现,总结出中国文化和中国社会的特征。在这种分析的基础上,梁漱溟奠定了他的乡村建设运动的理论基础。

在书中,梁漱溟列举了中国文化的 14 个特征,排列如下:

---

① 梁漱溟说:"要晓得离开生活没有生活者,或说,只有生活没有生活者——生物。"对这一段话,有人评价说,梁漱溟的意思是说生活就是此时此刻的自意识的当下存在,它本身即是目的,即是意味,即是人生。见《梁漱溟全集》第一卷,第 48 页;李泽厚:《中国现代思想史论》,东方出版社 1987 年版,第 282 页。

(1) 广土众民；

(2) 大民族的高程度的同化与融合；

(3) 历史长久；

(4) 中华民族具有一种伟大的力量蕴涵其中，但这种力量既非经济、军事、政治，也不表现在科学技术之上。是一种在这些物质力量之外的无可指明的力量；

(5) 历久不变的社会，停滞不进的文化；

(6) 几乎没有宗教的人生；

(7) 家族制度在全部文化中处于极其重要的地位；

(8) 中国文化开明甚早，且古代的发明与发现也非常丰富，但始终没有产生出科学；

(9) 民主法制观念淡薄；

(10) 道德成为统摄一切经济、政治、法律的、至高无上的价值；

(11) 中国只是一个文化体，而不成其为国家；

(12) 无兵的文化特点；

(13) 重孝的文化；

(14) 隐士的文化。①

将以上 14 条总结一下，大概可以归纳成以下几类：比如中华民族的一些基本特征；中国文化在社会中的一些表现；中国文化中重家庭的特点；科学和宗教问题等等。但总而言之，西方文化在社会中的突出表现就是团体精神，而在中国文化中，与西方的团体精神起到同样作用的是道德伦理。用梁漱溟的话来说，就是所谓中国文化中的"伦理本位"的精神。

梁漱溟指出，家庭或家族本是人类社会中的一个普遍的组织形式，但中国人的家庭却显得特别重要。这是因为中国人的社会生活中缺乏团体和个人主义精神，所以家庭的地位便被突出了。但他认为这并不能说是家族本位，而只能说是"伦理本位"。何谓"伦理本位"？他解释说："人一生下来，便有与他相关之人（父母、兄弟等），人生且将始终在与人相关系中生活（不能离社会），如此则知，人生实生存于各种关系之上。此种种关系，即是种种伦理。……伦理始于家庭，而不止于家庭。……伦理关

---

① 《梁漱溟全集》第一卷，第 14—29 页。

系，即是情义关系，亦即是其相互间的一种义务关系。伦理之'理'，盖即于此情与义上见之。……举整个社会各种关系而一概家庭化之，务使其情益亲，其义益重。由是及使居此社会中者，每一个人对于其四面八方的伦理关系，各负有相关义务；同时，其四面八方与全有伦理关系之人，亦各对他负有义务。全社会之人，不期而辗转互相连锁起来，无形中成为一组织。"①

因此伦理关系就是指以家庭成员之间的伦理关系为基础，辐射到全社会的各种关系之上。社会上一切组织的原则都是来自家庭伦理道德，最终形成一种家庭式的社会组织。他用一句话来总结这一点，即"中国人就家庭关系推广发挥，以伦理组织社会"，具体说来，有以下几个方面：

第一是体现在经济方面的伦理特征。西方文化中，人与人之间的财产关系与中国文化中这一关系的根本区别是财产界限分明与所谓"共财之义"的区别。西方文化中最为明显的一点便是财产私有。不论路人还是亲人，私人财产的界限始终清清楚楚。而中国在"伦理本位"氛围中，只要是有血缘关系的人，彼此就有"通财之义"。而从这种经济关系起，扩展到整个社会，就形成了中国社会的经济关系伦理化的特点。比如在法律的制订方面，中国的法律很早就已发达，但其中有一方面，即世界上各种法律所极为重视的物权债权问题，却为中国几千年以来的法律所忽视。又比如在西方社会中，对于社会上生活在贫困线下的贫民，一般都是由国家政府加以解决。这事西方社会中的团体组织结构所决定的。但在中国社会中，这一类的问题却是由个人或家族出面解决，使问题消化于民间。此时国家政府的作用往往要低于家族朋友。这就是经济问题伦理化的一种表现。

第二是体现在政治问题上的伦理本位问题，即政治伦理化问题。这种倾向首先表现在中国传统的政治构造上。梁漱溟说："旧日中国之政治构造，比国君为大宗子，称地方官为父母、视一国为一大家庭。"这就是为许多人一直强调的"家国同构"的特点。其次伦理国家的特点，还体现在政治的理想上。他指出，在西方社会，政治的理想是福利与进步，而中国文化中的政治理想却是天下太平，而且这种天下太平的具体内容即是人

---

① 《梁漱溟全集》第三卷，第81—82页。

人在伦理关系上各自到位达标，实现"君君臣臣，父父子子"的理想。

第三是伦理道德的宗教功能。梁漱溟指出，中国文化中的伦理道德，并非只有现实中的政治、道德、经济功能，同时还能具有一种宗教的超越意义，起到宗教的功能。他将伦理的意义分为两层：第一层是现世的成功。梁漱溟说："一家人（包括成年的儿子和兄弟），总是为了他一家的前途而共同努力。就从这里，人生的意义好像被他们寻着了。"中国人最重家族，最大的目的即是使家庭和家族繁荣兴旺。在这一目的下，家族之内所有的人齐心协力以达到这一目标，个人的成就感也就包括在其中了。

另外一层是超越的意义。梁漱溟用"远景感"来说明这一点。他指出，一个人所做的努力"不是一己的事，而是为了老少全家，乃至为了先人为了后代。……这其中可能意味严肃、隆重、崇高、正大，……。当其厌倦人生之时，总是在这里面重新取得活力，而又奋勉下去"。[①] 在这里，伦理对于中国人具有"终极关怀"的意义，成为宗教的替代品，形成一种"伦理教"。

在《东西文化及其哲学》一书出现之前，有关中西文化的讨论，基本是在中体西用和全盘西化两种思想倾向的范围之内进行的。这两种观点虽然彼此对立，但它们有着共同的思维方式，这就是文化单线发展的思路，认为世界文化是按着一个统一的模式发展，任何文化都可以并且应该按时间顺序纳入到这个链条中来。胡适提出的"有限的可能说"与华夏中心论，都是这一思路的代表，只不过一个是西方中心一个是华夏中心罢了。

在这种情况下，梁漱溟提出了他的"世界文化三路向说"，认为世界上存在着数种性质上相异的文化，如西方文化、中国文化和印度文化。他从哲学的层次上对三种不同的文化进行了发掘和概括，认为，以往的文化问题的讨论，其错误完全在于以某一种文化（无论是中国文化，如中体西用论者或国粹论者；或是西方文化，如西化派）作为全世界文化的唯一绝对的价值标准。他指出，实际上存在着不止一种类型的文化，而且每一种文化皆是作为一个有生命的整体而存在，因而具有这个生命体独特的价值标准。这样，梁漱溟在中国近代思想史上，正式建立了具有文化相对论意义的文化类型理论，开创了中西文化讨论新时代。

[①]《梁漱溟全集》第三卷，第87—88页。

儒教的家族观与后现代意义

韩国大邱教育大学　张闰洙

一　引言

"他人的视线是我们的牢房，他们的想法是我们的鸟笼。"弗吉尼亚·伍尔芙的这一观点赤裸裸地描写了现代社会的疏远结构和隔限的人际关系。然而，不知何时起，一些人以为家庭的视野和想法在束缚和隔限着我们！其实"幸福"是家庭的存在根据，就是说与其一个人生活，还不如组建家庭生活更幸福，所以我们组建家庭一起生活。但是，如果说现在连家庭的存在都成了我们的负担，觉得不如没有，那么，我们将偎依于何处？与谁一起生活好呢？

在现代社会，家庭处于危机的边缘。由于离婚率的急剧上升，家庭解体现象正在加速；在家庭内部，只强调自己的权利，不负责任，个人主义和利己主义膨胀。然而，现在的家庭研究之代表性的倾向是不遗余力地去为分析和解释家庭的现实而建构和发展理论。这种研究虽然对把握和解决现代社会家庭所面临的问题和实际状况作出了一定的贡献，但对展示未来家庭的发展方向不无局限性。[①] 也就是说，至今的家庭研究还不足以揭示家庭应如何确立自己的正体性以及向何处去的方向性问题。因此，现实切实需要建构超越分析现象、把握实态之研究视域的新的家庭理论。鉴于此，笔者拟通过儒教的家族观，探索一条确立家庭的正体性以展望未来的途径。但这不是说要无条件地回归到传统的家庭观上，而是要筛选儒教家族观的积极层面，并通过后现代意义的观照，探索未来的发展方向。

---

① 韩国家族咨询教育研究所编，《变化的社会家族学》，首尔：教文社2010年版，第17页。

二 "家"概念的多义性:"家—国—天下"的有机关系

西欧的传统家庭概念有很强的经济共同体的特性。表示"家庭"的现代英语"family"来源于拉丁语的"familia",有奴隶和财产的含义。指家庭的希腊语"oikos"中也有财产和住居的含义。就是说在西欧传统的家庭概念中主要有奴隶、财产、住居等含义。[①]与此相比,在中国社会,表示家庭的汉字"家"的意义象征着一定规模的"政治体"。首先考察一下与"家"的意义相关的用词。《周易》"师卦"六爻卦辞:"大君,有命,开国承家,小人勿用。"这表明在《周易》形成的时代,就已确立了由"国"与"家"构成的领域国家之体制。在此,卿大夫与家相联系,他受国君分封采邑而"立氏",开氏姓制。至战国时代,诸侯之"国"竞相建立领域国家,在其下位的卿大夫阶层也以中邑、小邑为基础,形成自己的实力,并探索与国君的新的统合模式。[②]从这些事例中可以看到在国的含义中基本都有很深的家的含义。因此,在"家—国"的形态中,强调维持"家"之基本秩序的宗法制,而且孝悌成为人伦的中心。

在古代中国社会中,"国"有两个含义,一是"作为家的国"(家—国),另一个是"作为天下的国"(天下—国)。就是说"国"可以读作"家","家"的扩大就是"天下"。"天下—国"的理念集中反映在《孟子》中:"三代之得天下也,以仁,其失天下也,以不仁。"(《孟子·离娄上》)"诸侯有行文王之政者,七年之内,为必政于天下矣。"(《孟子·离娄上》)见于秦石刻文中的天下、宇内、海内等概念,标志着由秦始皇统一列国而终结了邑制国家体制,诞生了"天下一家"的国家。[③]因此,中国(儒教)的"国"或"国家"概念,以"家"为中心,对此加以扩大就蕴含了"天下"的意思。可见,在中国(儒教)的思维模式中,"家—国—天下"三者构成有机的整体关系。

---

① 参见李英灿:《儒教社会学的范式和社会理论》,首尔:艺文书院2008年版,第367页。
② 参见沟口熊三等:《中国思想文化事典》,金锡根等译,首尔:民族文化文库2003年版,第297—298页。
③ 参见沟口熊三等:《中国思想文化事典》,金锡根等译,首尔:民族文化文库2003年版,第296页。

在现代社会中，美国人类学家默多克对家庭的定义得到了最普遍的认可。他认为："家庭就是以共同居住为基础，以经济上互助，生育子女等为特征的社会集团。它具有为社会所承认的性关系，至少有两名成年男女即他们性同居的产物，即一个或一个以上的亲子和养子。"① 这虽然是以家庭的实际功能为侧重点的正确见解，但还缺少对家庭所具有的指向性意义——世界观本质的洞察，而以儒教为中心的东亚家族观恰好能补充并完善这种家庭观。

中国社会的封建宗法制崩溃后，"家"的内涵发生变化，具有了以夫妇为主体的子女及其他亲族构成家族这样的内涵。这里的"族"具有"聚"之义，家族指亲族相联系的多数家庭的联合体。但是到了汉代，殷周时期以来的宗族社会结构崩溃，尤其是与儒教的理念相结合的大规模的亲族构成的家族观成为一种理想的"家"的意义得到了认可。"张公艺九世同居，北齐隋唐，皆旌表其门。麟德中，高宗封泰山，幸其宅，召见公艺，问其所以能睦族之道，公艺请纸笔以对，乃书忍百余以进。"（《小学·善行》）皇帝巡幸九世和睦相处的家族的用意，不单单是为了赏赞和激励那个家族。皇帝询问睦族之道，家长笔墨以对，并将其内容收录于儒教最基本的修身书中，其启示意义甚大。皇帝是要从一家之长那里获得国家的统治之道。从儒教世界观上看，家—国—天下的统治之道是相通的。如同"天下一家""四海一家"的表述中所见的那样，家虽然是私的血缘空间，但它又是超越这个界限而向国家和天下扩展的公的空间。就是说，儒教拟通过以亲亲和尊尊为本质的孝悌实践，实现一家之仁，并以此为基础，最终实现国家的仁政和天下的和平。正是基于这种思考，孟子指出："不得乎亲，不可以为人。"（《孟子·离娄上》）即不孝乎父母者是不可以为人的，也因此，在儒教中孝成为最基本的和最重要的德目。

三　儒教家族观的特征

（1）家族成员的特征：共同体的（关系的）自我

"自我"概念是从西方传统哲学中发展而来，近来在东方哲学中也相

---

① 参见李英灿：《儒教社会学的范式与社会理论》，首尔：艺文书院2008年版，第369页。

当关注自我的问题。站在儒教的立场上解释自我论的最凸显的见解就是"共同体的自我论"。

所谓的共同体,是相对于个人而言的概念,指"具有共同的生活和命运的社会集团。"在西方哲学中,强调个人的自由主义和强调共同体的共同体主义哲学相对待而发展。关于共同体主义的主张,到了1980年代,有基于亚里士多德和黑格尔哲学的共同体主义者纷纷登场,代表学者有麦金泰尔(MacIntyre)、桑德尔(Sandel)、泰勒(Taylor)、沃尔泽(Walzer)等。他们认为自由主义阵营中所说的"抽象的人"或"无缘故的自我"是不存在的,真正的自我和自由只有在共同体中才具有意义。①他们的这种观点基本上与儒教一脉相承。

孔子以来所主张的"完成自我"的远大理想,到了宋代更为具体和现实化了。然而,儒教的自我虽然以通过彻底的克己完成人格为目标,但并不具有像西方哲学所说的那种站在神面前的独立者,或从社会的诸契约中解放出来的孤立之个人的意义。儒教所说的自我始终是以共同体为前提的,作为共同体的一部分自觉地承担着对共同体之责任的自我。②也就是说儒教的家族观基础不在于单独者的自我,而在于共同体的自我。

正如上所述,在儒教中,尤其在共同体中强调"家","家"不仅是"自我存在"的根据,而且是所有共同体的基础。在儒教中,"家"是"个人"与"个人"关系形成的最初之场,而且也是"完成自我"之旅的最初之场。因此,强化"家"并非是要埋没或丧失自我,而恰恰具有自我确立的意义。个别的自我是自己在共同体中主体地再确立的自我。在这种关系中,个别的自我成为"家"的自我,乃至扩大为"国"的自我、"天下"的自我。这种共同体的(关系的)自我,称作"大我",相反,非关系的个别的自我就是"小我"。与天地万物共生存的"大我"的自我观,更为新儒学所强调。新儒学者以各种方式,在任何时候都突出大我的自我观,其中北宋哲学家张载的《西铭》最为有名:"乾称父,坤称母;予兹藐焉,乃混然中处。故天地之塞,吾其体;天地之帅,吾其性。民,

---

① 参见李东哲等编:《21世纪的东方哲学》,首尔:乙酉文化社2005年版,第265—266页。

② 参见李承妍:"个与家",东洋社会思想学会:《东洋社会思想》第三辑,2000年版,第96—97页。

吾同胞；物，吾与也。"(《正蒙·乾称》)

张载认为人是与世界和他人不可分离的"关系性"存在。他为了进一步说明自己的这种见解，积极运用了儒教的传统家族观。在张载看来，儒教的家族理念是将天地万物作为关系性存在的媒介。仁是儒教最重视的德目，而且也是儒教的人所志向的共同体之自我的本性。这个概念在新儒家那里，虽然在宇宙家族、万物一体的意义上更被强调，但基本上仍然是从家族成员间的爱出发的。就是说，仁首先是以"家"为背景的孝悌为中心内容，在这种基于血缘的骨肉之爱开始，逐渐扩大其范围到对他人及万物的爱。在这个意义上，仁就是孝，这与其说是其本身具有意义的形而上学的实体，更是在"关系"中呈现自己的正体性的伦理性德目。

我们再看张载的《西铭》："大君者，吾父母宗子；其大臣，宗子之家相也。尊高年，所以长其长；慈孤弱，所以幼其幼；……凡天下疲癃残疾，惸独鳏寡，皆吾兄弟之颠连而无告者也。于时保之，子之翼也；乐且不忧，纯乎孝者也。违曰悖德，害仁曰贼，济恶者不才，其践形，惟肖者也。"(《正蒙·乾称》)这里，张载是从"家"的概念出发来理解天下（国家）的。他以"父母—长子—家相"的顺序揭示了共同体的秩序（礼），并强调了相邻之人的爱（仁），而且把相邻之人的爱的根据建立在孝之上。就是说远离于我的天下之人都是和我一个父母的兄弟姐妹，因此关爱和保全他们就是对父母的尊敬和尽孝。可见，儒学者从共同体的自我中寻找人的存在论特点，并把它作为人所应有的普遍德性，进而将仁与孝理解为同一的德目。

（2）家族共同体的伦理意识——孝

儒教中的"孝"主要是子女行之于父母的德目，"忠"是规定君臣关系的德目，二者是相对的两个概念。但在《孝经》中将臣子对待君主的忠也称为孝，认为天子、诸侯、卿大夫、士、庶人都有各自应行之孝，并在与各自尽职差不多的意义上使用孝的概念。《孝经》上把孝看作是维护父子关系和以君臣关系为中心的各种秩序的社会德目。在这种语境中，孝和忠不再是对立的概念，而是构成紧密的有机关联的相关词。但因孝的本质终究还是在于家族的关系中，故孝运作的家族关系成为儒教社会的根干。《孝经》就说对父母的孝是"天之经，地之义。"

在儒教中，孝是一切德的根本。因此，《孝经》指出："夫孝德之本也，教之所由生也。"（《孝经·开宗明义章》）并解释孝成为德之根本的理由说："子曰，爱亲者不敢恶于人；敬亲者不敢慢于人。爱敬于事亲，而德教加于百姓，刑于四海。"就是说孝敬父母的人，理所当然地懂得尊重他人。

正是在这个意义上，孝成王家族伦理的重要根干，同时也成为社会伦理。虽然对父母的孝是首要的，但对从根源上就与家庭粘连性地联系的国家（君主）的忠，也具有孝的意义。西方著名的中国学研究者牟复礼（Mote）曾指出"有机特性"是中国古代文明最值得注目的特征。他说："中国真正的宇宙起源论具有有机性特点。即宇宙全体的所有构成要素都存在于一个有机体内，它们都以参与者的身份，在自然发生的生命循环中相互作用。"（《孝经·天子章》）在牟复礼看来，中国古代文明中的"家庭"和"国家"是绝对不能分离的有机共同体，而且继承和保存"父母（君子）之志"是比什么都重要的德目。尤其是在强调家族伦理和宗法秩序的儒教的立场上，这个特征更为显著。

然而，此时，孝的内涵也像"我"的概念一样，可以分为"大孝"和"小孝"。关于此可以举例孟子："孟子曰：天下大悦而将归己，视天下大悦而归己，犹草芥也，惟舜为然。不得乎亲，不可以为人；不顺乎亲，不可以为子。舜尽事亲之道而瞽瞍厎豫，瞽瞍厎豫而天下化，瞽瞍厎豫而天下之为父子者定，此之谓大孝。"（《孟子·离娄上》）孟子举舜帝的孝行为"大孝"。朱熹注孟子所说的大孝"为法于天下，可传于后世，非止一身一家之孝而已。此所以为大孝也"。（《孟子集注·离娄上》）就是说舜帝的孝并没有止于个人和家庭，而是成为天下的楷模，所以是大孝。《孝经》也在与朱熹相同的旨意上谈了天子的孝："子曰：爱亲者不敢恶于人，敬亲者不敢慢于人。爱敬尽于事亲，而德教加于百姓，刑于四海，盖天子之孝也。《甫刑》云：一人有庆，兆民赖之。"（《孝经·天子章》）在此，《孝经》明确指出治理天下的天子之德也要始于孝。就是说爱己之父，极尽事亲，这种德教自然传播于百姓中而使天下效法，以致成为统治的根干，而不行孝道的统治者也就没有资格成为统治者。因此，统治者自然要将对父母的孝，扩大到天下而关爱百姓，这才是最大的孝。可见，儒教并没有将孝与忠、家与国的关系看成是对立和矛盾的关系。国的根源在于家，家的扩大就是国。所以，对统治者而言，可以把事亲尽孝与关怀百姓、顺从民意联系起来,对被统治者而言,可以把对国家(君王)的忠诚理解为对自己父母的尽孝。儒教把这种孝名之为"大孝"。

然而,在实际上,家族伦理(孝)和社会伦理(忠)也会有冲突。对此,春秋时期起就有争论。岛田虔次曾明确地说:"儒教中自古有'父子天合','君臣义合'之命题。《礼记·曲礼篇》中记载'子之事亲也,三谏而不听,则号泣而随之'。然对君主,'为人臣之礼,不显谏,三谏不听,则逃之。'"①在此,岛田虔次站在儒教的立场上,认为"父—子"关系是自然的血缘关系,不可人为,而"君—臣"关系是在社会性关联中相互结成的关系,所以,如果志向不同就可以离之。这实际上是站在儒教的立场上明确地阐释家族(父母)要比国家(君子)更为中心。②在这个意义上,孝居于儒教所有德目的中心地位。

四 儒教家族观的后现代意义
——《周易》的阴阳论与和合论

《周易》是儒教的重要经典。然而,这本书在将东方的形象固化在荒诞无稽和神秘无比上也产生了极大的影响。在一般人看来,陌生的卦爻象或占筮等,对合理地解释其思想构成了极大的障碍。但是我们在此却试图通过《周易》的思想来建构儒教家族观的后现代逻辑。就是说要以《周易》的逻辑来说明儒教家族观的世界观意义,并由此探索解决现代社会家族观问题的可能性。首先,考察阴阳论世界观的意义。《周易》强调"阴"和"阳"这一二元对立的相互作用,而我们就是要在这种逻辑中,探讨以"男"和"女"这一对立者为中心的家族成员间的真正的沟通原理。通过这种努力,试图对被打上维护以男性为主的家长制秩序的前近代家族观之烙印的儒教家族观进行再诠释,并激活运用于《周易》占辞的吉凶理论逻辑,对儒教家族观的和合逻辑加以体系化。

据《周易》的观点,世界虽然是由多种存在构成的,但又是指向和

---

① 参见岛田虔次:《朱子学派与阳明学》,金锡根译,首尔:图书出版喜鹊1991年版,第38页。

② 金守中等:《何谓共同体:东西方的共同体思想》,首尔:理学社2002年版,第39页。

合的，而且虽然追求和合，却又维护各自的固有个性。在这个意义上孔子说："君子，和而不同。"（《论语·子路》）在家族内部，个体自我虽然要保持自己的正体感，但不应该隔断或封闭。因此，《周易》所揭示的理想的家族关系是保持个体固有之个性的个体间的和合，这种自我，我们称之为关系的或共同体的自我。

（1）追求真正的沟通与和合的阴阳世界观

历来，把《周易》（儒教）的阴阳论看作是对男女关系做出的最不平等的范畴规定之一。然而，阴阳论的本质其实是阴阳间的平等与和合，而不是抬高阳（男）而贬低阴（女）的不平等观。因此，它可以为解决把男女关系理解为冲突关系的现代社会学问题，建构后现代新的男女关系提供有益的逻辑。①《周易》思想中所说的阴和阳，本质上是在自身内部蕴含了他者，因此，根据具体情况，可以看作是同一个体发显的阴和阳。就是说《周易》的阴阳论具有打破与他者的"排他性"隔限而努力进行真正沟通的后现代意义。

阴阳论作为《周易》思想的理论基础，是最突出地反映了儒教乃至东亚传统思想特色的理论。阴阳世界观虽然在形式上具有二元论的对立体系，但它是万物之实体的太极的内在动因，从根源上就指向阴（阳）的存在本身而成为阳（阴）的存在之根据的和合与沟通。最先提出阴阳概念的是《国语》。②但是，阴阳概念在《周易》中获得了最强的生命力，且在与八卦爻象的很深的关联中被广泛地应用于东亚思想中。

《周易》经典对刚与柔的概念进行了区别，这两个概念后来逐渐演变为新的阴与阳概念。构成《周易》卦象的"爻"，只有阴（--）和阳（—）两种。本来阴和阳各自是用来表示山的背阳的坡和向阳的坡的，随着扩大的引申义，也用来表示江的北坡和南坡、暗（夜）与明（昼）。但

---

① 以往的家族理论把家族看作是二元世界观。从结构功能论、冲突论、象征性的相互作用论、交换论、女权主义的立场上看，所谓家族是以分离或独立的男性和女性的结合为前提的。结构功能论注重男女功能的性别分业；冲突论注重由男女性别分业导致的冲突；象征性的相互作用论赋予男女结合过程中形成的文化以意义；交换论关注男女相互所必须的资源的交换方式；女权主义关注男女的对立。以往的这些家族理论都把男女关系作为二元世界观来认识。

② 参见《国语·周语》，周宣王即位年（公元前 827 年）记事："则遍诫百姓，纪农协功，曰：'阴阳分布，震雷出滞。'土不备垦，辟在司寇。"

在古代中国农耕社会中，因自然现象和社会现象间的持续的相互影响，阴和阳在很早时候起也被用来表示包括男女互补关系在内的多种社会阶层间的互补关系。① 就是说阴和阳意味着自然界和人世间所有世界的一切的两极性。但问题是这样的阴和阳与其说是事物的固有本质，而更是由事物与事物间的相互关系决定的性质。一般地说，男是"阳"，女是"阴"。但这是相对于男和女的关系而言的。即使是男，如果相对于母亲就是阴，即使是女，相对于儿子就是阳。就是说阴和阳是相对于某一物时才可以说是阴或是阳。

对这种阴阳的相对性，《周易》用"爻"的位置来表示。但由于爻位的确定并非是根据某种绝对的理论，所以其解释暧昧，随意性和牵强附会也很多。重要的事实是，《周易》将一切事物都看成是阴和阳两个方面，而阴阳又因相对性关系所决定。《周易》所说的天地、阴阳、刚柔等两级性概念，具有为某一物存在的"必要条件"另一个是必须的、不可或缺的意义。就是说在阴、阳或男、女中，要想言及某一个，就不能不根据另一个，不然就无法成立。可见，《周易》所揭示的是宇宙中的所有事物都是在相互依存、相互关联中不断变易的事实。当然《周易》也不否定世界的统一性，但《周易》强调的是在多样性关系中形成的"关系的统一性"。因此《周易》说"一阴一阳之谓道"（《周易·系辞上》）。《周易》基本上是以在多样性关系的活泼变化中形成的个体为前提，对世界的多样性加以合理化的。基于这一视角，我们加以他者化的对象其实已经内在于我了，所谓的"我"的正体性本质上是由很多多样要素构成的。"太极图"最清晰地揭示了这种世界观。

太极是由阴和阳构成，阴和阳虽然分为各自的领域，但阴本身就已与阳混杂在一起，阳也与阴混杂在一起。因此，阴、阳各自作为分离和对立的个体，其存在本身是不可能的。就是说没有相对的存在，自身的存在也是不可能的，所以相对的存在本身就成为自己成立的前提。《周易》尽管内涵了很多不合理的内容，但它至今仍作为人类古典著作受到喜爱，也正是由于这种多元价值和相对关系的逻辑，对我们的生命生活有用。《周易》阴阳论的这种逻辑对解决我们现代社会家族面临的问题给予了很多

---

① 参见金永植编：《中国传统文化与科学》，首尔：创作社1990年版，第184—185页。

启示。

现代社会,以男女的分离、独立的存在为前提,而分离、独立的男女对有限的社会机会和权力看作是相互对立和争斗的对象,认为男女关系的理想就是"平等"。然而,这样的平等虽然能够成为实现幸福的男女关系的手段,但其平等本身并不能成为目标。①在家庭中,男女(夫妇)关系的真正理想,与其是平等,更是相互尊重和创造出共同的善。

历来认为阴阳论是内涵男女不平等关系的前近代思维。其实阴阳论的本来意义是追求构成世界的对立存在间的真正的平等与和合。将这种视角运用于家庭观,就可以从中获得应该如何看待构成家庭的两个对立者——男人和女人这一对存在的很多启示。过去,被歪曲的儒教社会所实行的男性优越的性别不平等结构,虽然有很多问题,但是将男女关系理解为紧张和冲突的对立结构,进而要求两者间无差别平等也是值得再思考的问题。作为家庭的一员,应该在承认和尊重相互存在的基础上,思考和探索需要共同努力追求的价值。

(2) 通过《周易》吉凶论看儒教家族观的和合论

《周易》对儒教的理论形成影响巨大,所以说古代儒教的形而上学体系几乎完全依据于《周易》也不为过。但是《周易》不仅在纯粹的学问方面,而且作为实际生活的占卜书也发生了悠久的影响。尤其是朝鲜王朝时的那些士,依据《周易》进行占卜成为重要的日常生活。他们面对即将来临的大事,大都以《周易》作为判断的根据,而且还把它当作日常生活中谨慎笃行的契机。由于《周易》的象征体系并非产生于绝对的事实,所以对各卦的解释就有很多暧昧之处和不符合逻辑的随意解释。因此,我们要探讨的不是占卜的方法或单纯地分辨哪些卦为好,哪些卦为不好这样的事实。什么样的占卦为"好"(吉)?什么样的占卦为"不好"(凶)?其解释的根据何在?这样的问题很重要。追溯《周易》的吉凶论就可从中确认古代东亚人的合理精神。我们也正是想通过这一点,试图诠释《周易》(儒教)吉凶论思想对后现代家族观的意义。

吉凶论的基础在于阴阳论。《周易》的吉凶论把世界看作是多元价值

---

① 参见李炫知:"阴阳男女及其后现代",东洋社会思想学会:《东洋社会思想》第13辑,2006年,第94页。

的综合，也正是从这一信念出发，重视处于相对的二项关系中的阴阳互补关系，强调正名、和合、交感、居中。

1）正名

《周易》的阴阳论基本上是在西方传统哲学的二元图式，即主观和客观、自我与他者的固定图式上具有自由的活动性的。但是《周易》并不以对所有类型的二元论进行极端的解构为目标。就是说它虽然也通过阴与阳的相对性和互补性逻辑，批判西方传统形而上学构筑的封闭的、隔限的自我观，但更承认阴与阳的"区别性"的正体性。这就是所谓的正名逻辑。

所谓正名是指阳爻在阳位，阴爻在阴位。在《周易》中，奇数（1，3，5）指阳位，偶数（2，4，6）指阴位。如果阳爻居1，3，5位，阴爻居2，4，6位，就是"正"。反之，阳像阴、阴像阳那样行动，就会打破阴阳平衡而成为"不正名"。"正名"就是"君君、臣臣、父父、子子"，它与孔子以来的儒学者所一贯强调的正名思想一脉相承。在家庭中，父母就要像个父母，子女就要像个子女，丈夫就要像个丈夫，妻子就要像个妻子。如今主张"情人一样的夫妇"和"朋友一样的父子"关系。当然这种关系也不无其合理性，但在儒教的立场上看，人应该有一个需要坚持的基本原则。儒教也主张"亲密"，但它俨然是在礼的秩序下才具有意义。也因此，解释排列六十四卦之根据的《周易》的"序卦传"说："有天地，然后有万物；有万物，然后有男女；有男女，然后有夫妇；有夫妇，然后有父子；有父子，然后有君臣；有君臣，然后有上下；有上下，然后礼仪有所错。"（《周易·序卦传下》）《周易》的"家人卦象传"对男、女、父母的"正名"具体指出："家人，女正位乎内，男正位乎外，男女正，天地之大义也。家人有严君焉，父母之谓也。父父、子子、兄兄、弟弟、夫夫、妇妇，而家道正，正家而天下定矣。"（《周易·风火家人》）这里，将男女的性别作用分为内与外，即家庭和社会领域，这与今天的男女关系有不吻合之处。但是，如果考虑到《周易》形成时的背景是以家长制为必须的农耕社会这一时代因素，就可以充分理解将男女关系的作用分为内与外的用意。它的重要意义在于各自应在自己的位置上尽最大努力充当自己的责任。在此，值得注意的是"家人有严君焉，父母之谓也"句，这是将父母应有的作用规定为"严君"。不论是东方还是西方，在传统教育中都要求父母的严格教育。《圣经》的话就是其代表："不要不想训诫孩子。即使用鞭子抽打，他也不会死去。"（箴言 23：13）这一点儒教也一样。孔子就说："君子远其子。"（《论语·季氏》）正常的父母都很难严格地对待子女，而且现代教育都以表扬和鼓励为主，所以无条件的严格没有说服力。但是至少对子女的错误进行明确训诫的父母的作用是必不可少的。对子女的放纵和不加责备，父母的责任很大。在这一点上儒教社会提示的父母的作用有很大的启示意义。

可以在区别性的正体性意义上解读礼——秩序。没有区别而只强调与他者的和合，那是混乱而不可能是真正的和合。因此，《周易》的和合理念也是建立在内涵了其自身正体性的所谓"像个……"之上的，就是说父母至少是在像个"朋友一样的父母"之前，应该是"像个父母的父母"。儒教的家族观与《周易》的这种思想相吻合。

2）和合——应和比

虽然阴、阳处于相对的二项关系中，但也构成相补关系。即如果 a 对 b 是阳，那么 b 对 a 就是阴，而且也可以反之。这种相补关系也是阴与阳的均衡关系。就是说某一方是阳，另一方就成为阴而使两者构成均衡。这种均衡关系也可以用"应"和"比"这两个概念加以说明。

"正"与"不正"虽然是在阴、阳的位置和爻的关系中构成的，但如果在爻的位与位的关系中看均衡，就构成"应"和"比"的对应关系。就是说如果"正"是"像个自己"，那么"应"和"比"就意味着与他者的和合。所谓"应"是指内卦和外卦的对应，是一爻与四爻，二爻与五爻，三爻与六爻的对应。在此对应中，某一方为阳（或阴），另一方为阴（或阳）的就称为"应"，两者都为阳或阴的就是"不应"。如丈夫的举止像个丈夫时，与其相应的妻子的举止也像个妻子，那么这就是"应"，如果不是就是"不应"。就是说 a 对 b 时为阳（或阴），b 对 a 也是阴（或阳）时，此关系就可以说是"应"。但是 a 对 b 是阳（或阴）时，与其对应的 b 不为阴（或阳）而为阳（或阴），就是"不应"。即丈夫或妻子都像个丈夫或都像个妻子那样为人处事就是"不应"的关系。

与"应"是内卦和外卦的对应相比，"比"指各爻的上下关系。即一爻与二爻，二爻与三爻，三爻与四爻，四爻与五爻，五爻与六爻构成的相互为邻的上下关系。此时，互为邻的爻一个为阳（或阴），另一个为阴

（或阳）而构成和合就是"比"，不然就是"不比"。如上述的"泽水困"（☱+☵）卦，五爻为阳爻，六爻为阴爻，这就构成了相比关系。但是四爻和五爻，两个都是阴爻，就不是"相比"了。此时，"应"和"比"的概念有时会被混淆，但如果更审慎地考察内外卦的意义，似易解决。在家族关系上，如果说"比"是自己与家族间的均衡关系，那么"应"就是与超越家族范围的存在者的和合关系。

在传统的儒教人际关系论上，"持己秋霜，待人春风"（《菜根谭》）和"待客，不得不丰，治家，不得不俭。"（《明心宝鉴》）的格言常被人引用。这两句都是要对己严、待人宽的意思。此原则在家族关系中也有效。在大家族社会中，同生共处的原理是节制自己的欲望，并尊重和关怀他人。这在"家族对家族"的关系上也一样。对他家族比对自己的家族更温柔、更关怀的态度是超越我和我的家族的我们所有的人都和合相处的智慧。真正的儒教人在实际生活中就成了这样的模范。

"应"、"比"概念真正达成均衡关系的是"和"，乾卦象传所说的"保合大和"就是，即构成大的和合。这就是排除"不正"和"不应"，实现阴、阳的均衡。每个人都在自己所处的位置上适宜地处事，相互帮助，这就是《周易》吉凶论所指向的"和"。在家族内，每个家庭成员都名副其实地发挥各自的作用，并通过与其他成员的互助，实现理想的大和合。《周易》非常强调协调（均衡），要求不仅与自己利害与共的个人或集体和合，甚至要与对立的或敌对关系的一类人也要寻求协调。《周易》追求的世外桃源可以通过坚持"正名"及以"应"和"比"为象征的"和"与均衡来实现，而不是采取对立、冲突、斗争的方式。

3）交感

主张和合的《周易》精神，在交感论中其特征更为明显。《周易》认为阴阳两种势力在推、拉的矛盾过程中生成和变化的结果就是万物，而这种变化过程就是通过"交感"来实现的。有学者认为《周易》的这种万物交感的观念，是从男女交感而生子的人世间最一般的现象中得出的。这种解释虽然不无过度单纯之感，但是只要认为思想本身不可能脱离具体的人生的人都会表示认同。

《周易》认为的"吉"卦一般都是上下两卦相互交感，而"凶"卦大部分不交感。《周易》占卜吉凶祸福本来是迷信，但对吉凶的解释却包含了当时人们的合理世界观。如"地天泰"（☷+☰）卦：此卦象地（☷）在上，天在（☰）下。天气属阳，地气属阴，是阳气上升，阴气下降之象。这是"天"与"地"交感之象，占卦为吉。相反，"天地否"（☰+☷）卦，天在上，地在下。这在我们的常识中是非常正常的处位，故可解释为吉卦。但正好与此相反，《周易》认为这种卦象是天的阳气向上飞出，地的阴气向下沉去，无相互交感，故占卦为凶。就是说占卦的吉凶在于上下两卦是否相互交感而变化。虽然是古人朴素的思维形态，但非常形象地反映了《周易》强调由多元价值综合而成的世界之和合的思维方式。

除此之外，交感的例子还可以举很多："水火既济"（☵+☲）卦，水在上，火在下。水下流，火上燃，这种卦象就是相互吸引、变化而交感之象。因此，对此卦的解释是事情顺畅、有利、有前途。这样的吉卦还有泽在上，火在下的"泽火革"（☱+☲）卦；雷在上，火在下的"雷火丰"（☳+☲）卦；山在上，天在下的"山天大畜"（☶+☰）卦等。"水火既济"卦的反卦是"火水未济"（☲+☵）卦，火在上，水在下之象。这种象相互之间不吸引，上下无交感，意味着事情不顺畅、不利。与之相应的凶卦有火在上，泽在下的"火泽睽"（☲+☱）卦；火在上，雷在下"火雷噬嗑"（☲+☳）卦；天在上，山在下的"天山遁"（☰+☶）卦等。

从这种视角上看，任何事物在变化和交感时才有希望，才是吉的，停滞、不变化则凶。这是《周易》吉凶观的核心。《周易》承认现实的冲突与对立，不可能有没有冲突的社会，所以超越冲突和对立而形成和合与交感的社会是近乎理想的社会。这种思维方式同样也适用于家族观。

4) 居中

在《周易》中判别吉凶的又一个重要原则就是"居中"。古代的东亚人尤其喜好"中庸"，他们不喜欢不及或不足，更谨慎地对待过或溢之。这种思考方式真实地反映在《周易》对卦的解释中。《周易》的六十四卦各由内卦和外卦两个卦构成，因此，大成卦（重卦）的"爻"是六个。此时，二爻和五爻各自居内、外卦之"中"，因此不太依赖全体卦象，二爻和五爻的两个爻辞解释为吉。就是说即使在凶卦中，二爻和五爻也吉，吉卦中二爻和五爻就更吉。这种重视二和五爻的态度正好体现了居"中"

为吉的原则。内卦之"中"的二爻一般认为是吉的,所以第三爻居内卦之殿,象征着过或溢,大部分就被解释为不吉。然而,第六爻因是大成卦的最后一个爻,必然要受到整体象的影响,所以不像第三爻那样大部分为凶。比如,整个象为吉时,最后的六爻大部分被解释为不吉,但整个象为不吉时,最后的第六爻反倒是具有希望的、吉的象征意义。

从这种"居中"的观念中我们可以获得对极端加以警戒的启示。在儒教的传统家族观中极端也是需要警戒的对象。在这个意义上"过"被认为比不及还要坏。韩国著名的"庆州崔富者家的家训"中就指出"荒年不得购买土地(他人的田、地)","一年不得增值一万石(两万袋)以上的财富","不得任进士以上的官职"。这就是在现实中运用居中观念的很好例子。富者在荒年极易增加财富,但是这种行为是利用他人的痛苦获取自身的利益,所以是应加以警戒的;一年不得增值一万石以上财富也是对人的无尽欲望的抑制;不要任进士以上官职是要警戒财富和权力都想获得的危险的欲望。《周易》的居中观念与安分知足思想相通。

《周易》追求沟通与真正的平等,这种思想集中体现在"阴阳论"和"吉凶论"中。阴阳论的相互关系论,打破了与他者的排他性界限,吉凶论则更积极地追求与他者的和解、和合与均衡。寻求和合,首先要有对立者的独立性这一前提。就是说阴和阳要有相互区别的"自己"的特性,而这种"自己的特性"本质上指向"和合"。在《周易》中对立者间创造性的关系方式是通过交感形成的。通过交感形成的和合,是在承认相互的独立性、尊重相互特性的基础上相互作用、相互发展的关系。《周易》的这种人际关系论对现代社会的家族观启示甚大。

五 结语

儒教本身是以道德世界观为其特征的。在这个意义上可以把儒教的家族理解为"道德的共同体",家族成员是道德共同体"关系的自我",而且儒教的所有实践伦理都是从家族出发的,甚至于个人层次的修养论也在阐释家族关系的伦理。因此,《周易》将家族作为道德的主体,说"积善之家,必有余庆;积不善之家,必有余殃。"(《周易·文言传》)儒教伦理的核心价值"仁"也是从恭敬父母,兄弟友爱的孝、悌概念出发的。

在这一点上可以说家族是儒教的起始,也是它的终点,而且儒教的家族存在的意义也在于实践和普及道德行为上。

历来在考察家族概念的意义时,最关注的两个方面就是经济和伦理。虽然对这两者不能作严格的区分,但在西方一般强调经济方面,东亚社会则强调伦理方面。当然,西方社会也在伦理方面理解家族的意义,比如黑格尔就把家族理解为伦理实体,而不是单纯由利益关系构成的实体。但是,他的家族观是以市民社会为前提的独立的个人为目标。而儒教非常重视家族成员所具有的关系意识,并将这种"关系"意识扩大到社会或国家。我们在这种儒教的家族观中能够强烈地感受到克服人与人之间的疏远化和应该建立的"关系性"人性的形成之可能性。

很早开始,西方学者就将儒教文化圈所代表的东方的根本精神描绘为以温情主义、家长制的共同体精神为特征。比如黑格尔就批判儒教主张的家族共同体德目,他把孝悌这样的儒教德目看作是某种强制,而不是家族关系中自发的意志行为。① 但是,最近随着西欧社会因原子化的个人主义而导致的家庭崩溃和个人的孤立,以及与邻里的隔限等深刻的社会问题的出现,开始试图对东方的"共同体的"意识进行友好的新的评价或重新诠释。② 最近在韩国社会学界自生的聚会(东洋社会思想学会)中也可以见到对儒教世界观的这种积极的诠释。聚焦于这个学会的一些学者,既认可西欧社会学具体的事实性和客观性,又惋惜它没有未来的发展性,也因此作为对策开始关注儒教思想。

儒教家族观的最大长处在于能够克服以二元论世界观为基础的西欧家族观的短板。当然这种西欧的家族观对解释家族现象有其有用性的一面,但是在解释家族内所能经验到的作为爱的存在的本性发显,揭示理想型的家族发展方向有其局限性。尤其是作为分离、独立的个体之合的家族观,对解决现代社会所面临的问题给不了多少帮助。③ 因为这种家族观只要家庭成员间的利害关系对立就只能崩溃。

---

① 参见金守中等:《何谓共同体:东洋的共同体思想》,第92—93页。

② 与此相关,芬格兰特(Fingarette)的《孔子的哲学》(宋荣培译,首尔:瑞光社1993年)值得参考。

③ 巴里·索恩、玛里琳·亚罗姆:《从女权主义视角看家族》,权五柱译,首尔:韩蔚学院1991年版,第33页。

我们以儒教的"共同体的自我论"和"追求和合的家族共同体"为中心,考察了儒教家族观的理念内涵。任何传统思想,如果把它原原本本地拿来运用于现实中是大有问题的。尤其是一谈儒教家族观,传统时代的消极文化就紧随其后的今天更是如此。但是,我们从儒教的家族观中能够看到克服人际间的疏远趋势和积极的"关系性"人性之形成的可能性,并通过它探索未来指向性的后现代意义。

参考文献

1. 沟口熊三等著,金锡根等译:《中国思想文化事典》,首尔:民族文化文库,2003年。
2. 金守中等著:《何谓共同体:东西方的共同体思想》,首尔:理学社,2002年。
3. 金永植编:《中国传统文化与科学》,首尔:创作社,1990年。
4. 巴里·索恩、玛里琳·亚罗姆著,权五柱译:《从女权主义视角看家族》,首尔:韩蔚学院1991年。
5. 岛田虔次著,金锡根译:《朱子学与阳明学》四版,首尔:喜鹊,1991年。
6. 李东哲等编:《21世纪的东方哲学》,首尔:乙酉文化社,2005年。
7. 李英灿:《儒教社会学的范式与社会理论》,首尔:艺文书院,2008年。
8. 芬格兰特著,宋荣培译:《孔子的哲学》,首尔:瑞光社,1993年。
9. 韩国家族咨询教育研究所:《变化的社会家族学》,首尔:教文社,2010年。
10. F. W. Mote, Intellectual Foundations of China, New York : A. A. Knopf, 1971.
11. 李承妍:《个与家》,选自东洋社会思想学会编《东方社会思想》第三辑,2000年。
12. 李炫知:《阴阳男女及后现代》,选自东洋社会思想学会编《东方社会思想》第十三辑,2006年。

中国古代"宗家"教育刍议

曲阜师范大学　单承彬

受中国古代儒家宗法思想的深刻影响，韩国至今还在一些地方保存、延续着系统完备的"宗家"制度。这类"宗家"是指历经数代形成的一个大家族，一般是宗祖为国家作出了一定贡献，国家为之册封谥号、并在后世定期举行"不迁位"祭祀的望族，家族的直系长孙叫宗孙，宗孙的妻子叫宗妇。据韩国文化遗产厅估计，目前全国延续十几代甚至二十多代的宗家尚有100多个，它们守护着宗宅、延续家族传统风俗。其中，在号称"邹鲁之乡"的安东，类似的"宗家"最为密集，保存了很多数百年的宗宅。其中李氏宗家在韩国名气最大，裴氏宗家、柳氏宗家、金氏宗家等也同样赫赫有名。

显而易见，宗家教育是能够让宗家得以长期延续的一个重要因素。韩国宗家的一大任务就是每年的祭祀活动，一年至少得举行十多次。家族成员尤其是宗妇，必须按照《家礼》学习礼仪。仅仅学习宗家几百年遗传下来的饮食的做法，就得花上十多年，更不必说其他烦琐的家族礼仪了。所以，现在我们研究宗家文化，就必须关注其中至关重要的宗家教育。

由于种种原因，我国目前已经没有了像韩国那样的传统"宗家"。但这并不否认中国古代社会具有的典型的"宗家"社会的特征。同样的道理，在中国古代宗家社会状态下，宗家教育也自然是国家和社会教育的重要形式。

何谓"宗家教育"？学界多有争议。有研究成果将"宗家教育"等同于"家庭教育"，还是值得商榷的。自古以来，中国是一个以农业为主的国家，长期处于以小农经济为基础和以亲子血缘关系为纽带的家国不分的极度分散又极度专制的社会。家庭既是全家人生活的共同体和生产的单位，同时也是社会的基层组织。家庭组织原则是等级森严的礼制，个体家庭始终包容在宗族或家族体系之中，上至皇家贵族，下至平民百姓，无不视为宗族或家族的成员，在水乳交融的君权和父权有机统一的家长教导和监督下，从事着一切活动。因此，"宗家"既不是现代意义上的"家庭"，中国古代宗家教育，也绝对不能等同于现代意义上的家庭教育。"宗家"一词，最早见于《汉书·韦玄成传》，其中云："室家问贤当为后者，贤恚恨不肯言。于是贤门下生博士义倩等与宗家计议，共矫贤令，使家丞上书言大行，以大河都尉玄成为后。"颜师古注："宗家，贤之同族也。"据此，本文所说的"宗家教育"，指的是在一个以伦理血缘关系为纽带，在结构相对固定、联系相对紧密的一个宗族大家庭（家族）里面开展的教育。

家族是若干家庭的集合体，或者说家族会繁衍孳生出若干家庭。从这层意义上说，家族就是一个大家庭，具有家庭的许多特点。但是，相对于家庭，家族还有许多其他特征。首先，在家族内部，经济关系相对松散，家族虽然会有少量的共同资产，但不是家族内部财产的主要部分。绝大多数财产以家庭为单位的形式存在，家族成员可以分享自己所在家庭的财产，但不能分享其他家庭的财产。其次，家族成员的伦理关系总是表现为许多支系，这些支系的末端，是单个的家庭以及家庭成员，也就是说，即使是同一辈分的家族成员，在家族内部的地位和权力也无法完全相同。再次，家族相对于家庭，另有许多成文或者不成文的规范、规则，比如家族内部的议事制度、每个家庭或者支系对于整个家族的义务制度等等。

这种兼具家庭特征、又与普通家庭不同的现象，决定了家族（宗家）教育的性质。它长期以来对于推动中国古代社会家庭的巩固与发展，促进古代各类学校的产生与进步，形成民族文化传统和家庭道德观念，乃至对于国家政治、社会生产和生活方式以及民族文化学术思想的变迁等，都产生过深刻而久远的影响。

原始社会末期，随着生产的发展，财富的增加，私有制的形成，父权父系制终于取代了母系制。所谓父权父系制，即丈夫在家庭中承担起对子女的供养任务，财产按父系继承，世系按父系计算。随着人口的增殖，父系氏族逐渐分裂为若干由男性后裔组成的父系大家庭。这种父系大家庭实行家长制。这个家长实际上是氏族的族长。负责管理整个氏族公社的一切公共事务（有时甚至组织领导生产活动，掌握财政大权），负责氏族家庭成员的生产和生活知识与技能的传授，并通过对家庭成员进行传统习俗的训练来维持家族的稳定，巩固家长的统治。在此基础上，逐渐发展为宗族制和家族制。

《礼记大传》说："同姓从宗，合族属。"所谓"同姓"，就是父族的意思；所谓"从宗"，就是由同一男性始祖的族人共同构成一个生活共同体。早期的宗族作为血缘共同体，不但有共同的宗庙、宗邑、墓地，而且有共同的财产。宗族的首领是大家长，他拥有统领和管理与教育该宗族的绝对权力，是全宗族父系父权的集中代表。宗族的嫡长子叫宗子，宗子继承始祖的爵位。宗子之下的个体家庭的家长，依附于宗子，在漫长的历史过程中逐步形成了一整套相当完备的宗法制度。

宗族的家教主要由宗子负责，教育内容包括生产、生活、军事、祭祀等方面。其中祭祀共同的祖先，是宗族大家庭的主要教育内容。《礼记·祭统》说："礼有五经，莫重于祭。"为什么如此重视祭祀呢？因为尊祖祭祀活动，能强化同宗族人之间的血缘伦理关系，以便形成同姓同德、同德同心、同心同志的社会群体心理和观念，维护宗族制和共同保卫宗族的整体利益。在宗族家长制时期，尽管存在个体家庭，但这些个体家庭的家长对家庭成员的教育，是与整个宗族家长实施的教育一致的，如果说有什么区别的话，只是个体家庭的教育把宗族家长的教育落实到每个个体家庭成员，使他们成为合格的宗族家庭的成员。

不过，家庭在宗族内部的地位是有区别的。一个大的宗族，往往分为许多"类"，"类"就是血缘宗族的分支，有大宗、小宗之分。因此，宗族家庭教育也就逐渐有了比较明显的等级区别。这种区别在西周初期就已经很明显了。西周是我国古代社会的全盛时期，作为这一时期主要标志的井田制、分封制、宗法制和礼制，都成于周公。周公是一位推动和注重宗家教育的大教育家，他制礼作乐的根本目的是为了巩固周王朝的统治，维护"亲亲"与"尊尊"的宗法制及等级制，把分尊卑、别贵贱的礼乐精神，贯注到宗族的祭祀活动当中，将宗教的仪式转化为现实生活中的典章制度与教育手段，从而培养和造就维护西周社会制度的合格成员。

但是，作为社会最高层的"大宗"，其成员毕竟只是极少数。随着社会发展，孽生出来的"小宗"大量没落，甚至沦为平民阶层。从中国姓氏发展历史来看，后来的许多所谓"姓"（氏）都是从周代姬姓王朝分化出来的。他们既然没有了贵族的身份，原来像周公等人设定的贵族子弟教育当然也就已经不适合他们，从而推动了宗家教育的改革和发展。

首先，宗家教育的对象有了变化。中国早期宗家教育的对象，限于贵族子弟，他们特殊的身份决定了在接受教育之后将直接参与国家管理，为天子，为诸侯，最不济也是卿大夫，自不必为将来的安身立命担心，正如《红楼梦》第七十五回贾赦夸赞贾环的诗词时所说："想来咱们这样人家，原不比那起寒酸，定要'雪窗荧火'，一日蟾宫折桂，方得扬眉吐气。咱们的子弟都原该读些书，不过比别人略明白些，可以做得官时就跑不了一个官。何必多费了工夫，反弄出书呆子来。所以我爱他这诗，竟不失咱们侯门的气概。"后来一般官宦家族甚且平民家族根本不具备这样的条件，他们接受教育的目的除了将来能够出人头地之外，恐怕还必须"为稻粱谋"，必须学习种种处世谋生的手段和技能。而且，这一新变化，也决定着中国宗家教育的深刻转型。

其次，宗家教育的内容有了新变化。以上文提到的周公就把道德教育视为关系社稷千秋大业的首要事务。周公曾对周王室统治者讲："天不可信，我道惟宁（文）王德延。"（《尚书·君奭》）意思是说，只有加强修己敬德，才能使文王开创的国祚永年。同时，周公总结了商朝自伊尹、保衡、伊陟、臣扈到巫贤等名臣师保的教育经验，继承前代师保之教的传统，建立了周王室的家教师保制度，把礼乐教育与敬德保民思想教育作为王室子弟教育的主要内容，除初步的礼、乐、射、御、书、数等"六艺"之外，还包括：体恤下民，力戒贪逸；勤勉从政，谨言慎行；知人善任，勤于求贤。总之，周公的家教特点是强调王室子弟的道德修养，并把道德修养看作造就未来君王的头等政治大事。这一师傅保制度，一直延续到清朝末年，对帝王之家的家教影响深远，同时对民间的宗家教育也多有影响。

相反，那些没落的贵族子弟，或者由平民阶层上升的子弟，他们不甘心久困于平民阶层，总是希望通过"读书入仕"的道路，登上政治舞台，大显身手，其谋生手段是文化知识，所以他们的家教最突出特点之一就是注重传授文化知识，为其子弟将来仕进作准备。这类情况在汉代表现为专经的世家，即所谓"遗子黄金满籯，不如一经"，在唐宋以后则表现为设立家塾或私塾,进行科举考试的教育。

诞生于公元 6 世纪后期的《颜氏家训》,可谓这方面的经典之作。它的作者颜之推(公元 531—约公元 595 年)出身于士族之家,世代为官,深受世传儒学传统的影响,不仅从小接受了《周官》《左氏春秋》等儒经的教育,而且还喜欢博览群书。颜之推所处的时代,正是封建士族门阀制度的统治由顶峰转向没落、中国社会由南北朝分裂而趋向重新统一的时期。士族势力腐败,九品中正制行将瓦解。颜之推预见一个以科举考试取士的量材授官的新制度即将到来,所以,他希望自己的后代世承儒学家教传统,以保自己家族长远富贵,世代为官,于是在晚年写下了《颜氏家训》一书。

颜之推亲历战乱,目睹了许多仕宦之家的悲惨下场。他告诫自家子弟,在动乱年代更要学艺读书,认为士大夫之家若能常保数百卷书,注重家教,千载终不至于为"小人"。否则,以门第入仕为官,养尊处优,因家世余绪得一官半职,便自为足,全忘修学。在承平之日尚可悠闲自得,但一到战乱和朝代更迭之时,则身不保命,家破人亡。因此,他认为仕宦之家应当居安思危,学艺保身。学艺的主要教育途径是读书。读儒家的五经可以获得立身处世的道理和方法;同时除了研习五经之外,还应兼及百家之书,获得对书、数、医、画、射等百艺的了解。同时,还要让世家子弟走出高墙大院,接触下层社会的农工商贾,博而求之,要知道民间疾苦,知道稼穑艰难,才能培养超人的佐时治国才能。

而另外一些家族,像农民、小手工业者或商人等,即《管子·小匡》所谓士、农、工、商之"四民",他们分别处于学校、田野、官府、市井等地方,按照家业世传的需要施行自己的家庭教育和职业训练,把耕种、技艺或经商等作为家教的主要内容。原来周王室掌握科技、技艺以服务于贵族的"畴官",往往身怀绝技,如对器械制造、天文、历算、医学、冶金、御车、农学等技术有较深造诣,后来也分散民间,子就父学,家传世业,成为依靠家传技艺谋生的特殊职业者。一般说来,这类士人的家教,则有相当的保密性,传子不传女,甚至有些绝技只授长子,不授次子,对于外家人就更不用说了。这种具有保密性的家教,一旦后继无人,家业中断,就会造成绝技失传。

更有一些宗族会遇到某些意外变故,如家国蒙难、家族间仇杀等天灾人祸，也会相应在宗家教育中加入相应内容。例如，河北某地的一些家族在重大节日庆典活动中，会安排全族子弟排演一种大型舞蹈，据说就是发源于五代时期的某次危难，该族将兵法、阵法编入集体舞蹈中，令后代子孙在节庆时操演，带有军事训练的目的。当然，中国古代社会一直重视礼乐教化，重视人与人之间的伦理关系，所以，无论是上层的贵族，还是下层的平民，其宗家教育仍然会把子弟的礼乐文化教养作为核心内容。笔者幼年时生长在鲁西南农村，每年夏季都会有家族组织的打拳活动，由族中一位武艺出众的拳师执教，召集全族适龄男童利用晚上在场院学拳。而每年冬季农闲之时，则由族中长者率领阖族青年在本家祠堂修习礼仪，主要是丧礼和祭礼。

第三，宗家教育的形式也有了新变化。中国早期的宗家教育，主要依托国家设立的学校，为王孙帝胄、贵族子弟服务。西周的贵族学校称为国学，它分为大学与小学两级，其中大学为天子所设，规模较大，有四学、五学之称。所谓四学，就是南"成均"、北"上庠"、东"东序"、西"瞽宗"。所谓五学，就是上述四学再加上中央位置的环水而建的"辟雍"。诸侯也设立大学，但为了与天子设立的大学有所区别，称为"泮宫"。而到了普通官宦人家甚至平民家族的宗家教育，学校的形式大为改观。《红楼梦》第九回即提到贾家的"义学"："原来这贾家之义学，离此也不甚远，不过一里之遥，原系始祖所立，恐族中子弟有贫穷不能请师者，即入此中肄业。凡族中有官爵之人，皆供给银两，按俸之多寡帮助，为学中之费。特共举年高有德之人为塾掌，专为训课子弟。"第十三回秦可卿死后托梦给王熙凤，也说："目今祖茔虽四时祭祀，只是无一定的钱粮，第二，家塾虽立，无一定的供给。依我想来，如今盛时固不缺祭祀供给，但将来败落之时，此二项有何出处？莫若依我定见，趁今日富贵，将祖茔附近多置田庄房舍地亩，以备祭祀供给之费皆出自此处，将家塾亦设于此。合同族中长幼，大家定了则例，日后按房掌管这一年的地亩，钱粮，祭祀，供给之事。如此周流，又无争竞，亦不有典卖诸弊。便是有了罪，凡物可入官，这祭祀产业连官也不入的。便败落下来，子孙回家读书务农，也有个退步，祭祀又可永继。"大致反映了中国古代家塾的基本情况。

据《阙里文献考》，孔子殁后，其子孙"即宅为庙，藏乐服礼器，世以家学相承，自为师友"，这就是孔氏家学的开端。至宋大中祥符元年（1008年），孔子第四十四代孙孔勖上书，请求重建讲堂，将孔氏家学改为庙学，全面优待圣贤后裔。至元祐元年（1086年），"改建学于庙之东南隅，置教授一员，令教谕本家子弟"，说明所谓"庙学"，其实还是孔氏家学。但又规定"其乡邻愿入学者听，寻添入颜孟二氏子孙"，这就和《红楼梦》里面所说的"贾家义学"有些相似了。后来明万历十五年（1587年），又添加了嘉祥的曾氏子孙，遂改为"四氏学堂"。不过，曲阜"四氏学堂"虽招收四氏子弟，带有宗家教育的色彩，但它的教授是由国家通过官府设置的，经费也是官府所拨，其实属于官办的性质，这是与贾家的"义学"不同的地方。

总之，中国古代的宗家教育是整个国家文化教育的重要组成部分，也是中国历史文化体系中的一个重要方面，千百年来积累了丰富的教育经验，许多传统的教育思想和教学方法以及优秀的教材，对于今天的家庭教育、社会教育还有借鉴和参考的价值。

儒家哲学的"体"和"用"

——国学热下的冷思考：以儒学与民主的关系为例

山东社会科学院国际儒学研究与交流中心　路德斌

一　传统的维度：以"用"为"体"及其困境

自中国社会跨入近代以来，儒学的发展历程便一直在受到一个理论问题的困扰和牵制，前进的步伐亦因此而尤显沉重和艰难。这个难解的问题是大家所熟知的，这就是儒学的现代性问题，质言之，也就是传统儒学与现代文明（主要是与民主以及科学）的关系问题。毫无疑问，对儒学而言，这是一个生死攸关且到目前为止仍然没有得到很好解决的问题。不可逃避，亟待突破。

的确，到目前为止，学术界在这个问题上一直没有取得实质性的进展。学者们的思维和认知被困缚在一场没完没了的争论当中踯躅不前。持否定态度的一方认为，儒家思想与现代民主观念是不相容的，儒学不只是不讲民主，而是在根本上就是反民主的。在这一方看来，支持其观点的证据或资料在儒家经典中俯拾皆是，如君权神授、天下共主的专制观念，如爱有差等、男尊女卑的不平等思想等等；而持肯定态度的一方则认为，民主观念是儒家思想中原本就有的，甚至认为民主最早并非起源于西方而恰恰是起源于中国。他们同样提供了不少的例证，如"诛暴君若诛独夫"的"革命"思想，如"民为贵，……君为轻"，"天之生民，非为君也；天之立君，以为民也"的重民、贵民思想等等，这之中，儒家一脉相承的"民本"学说则被他们当作是支持其观点的最有说服力的证据。

显然，指望通过一方说服、取胜另一方的方式来获得问题的解决几乎是不可能的，时间已经向我们证明了一切。但是，无论从儒学自身的发展来看，还是从民主精神的确立及其制度的建设来说，基本的共识是必需的，争论不能无休止。

那么，究竟该如何去结束这场无谓的纷争？怎样才能摆脱困局以实现理论及实践的突破呢？稍加反思大家就会发现，在意义世界里，一事物的价值和作用在很大程度上并不取决于事物本身是什么，而是取决于人们关于它究竟看到了什么，取决于人们认为它是什么。也即是说，不同的观察角度会使对象在观察者眼里呈现出不同的样貌和性质，从而在事实上也就会表现出不同的价值和意义，并产生不同的作用。儒学也是一样，在历史上的不同时期，在现实生活的不同人群中，人们关于它之所以会有不同的甚至截然相反的价值认知，主要不是因为儒学本身有了什么质的变化，而是由于人们对它采用了不同的审视镜头、获取到了不同的观察内容的结果。视角的不同决定了对象对人而言所具有的价值和意义的不同，同时也决定了人们对待它的不同方式和态度。具体到本文所讨论的问题，这场陷儒学于困境、致人们于茫然的长达一个半世纪之久的争论，并不真的意味着儒学现代性的缺失和使命的终结，而实乃昭示着人们的观察视角可能存在着严重的问题，亟须反省和转换。诚是，在对双方视点的进一步省察中可以看到，争辩双方其实存在着一个很大的共同的视觉盲区，在各自的视域之内，他们无法找到一个可以让双方彼此接纳并进而达成共识的基础或平台。因此，尽管双方都在试图并努力向对方证明着什么，但事实上任何一方的观点都未能真正进入到对方的视野当中，双方所做和能做的充其量不过是各自为阵、自说自话罢了。

所以，事情已经很明了了，能否摆脱纷争，能否走出困境，问题的关键其实并不在儒学本身，而是在阐释主体这里，也即取决于作为阐释主体的双方能否在对各自视角的反省中完成对自我局限性的超越。具体地说，也就是需要论辩双方从各自偏好而固执的立场上退后一步，从而站在一个更高的平台、更广的视角上去重新审视和阐释儒学，重新建构儒学的意义世界。

那么，退后一步之后，我们又会得到怎样一个平台、怎样一种视角呢？用四个字来概括，即可称作"通体达用"。

基于"通体达用"，在一个全新的维度和视角下，在一个更为广阔的视野当中，我们就会发现，上述两种观点间的争论其实从一开始就注定是一场无休止的、不会有结果的争论，因为双方都不是在儒学的"体"上而只是在儒学的"用"上做文章，都是在如"盲人摸象"般只根据一有限的"真实"去做判断。事实上，体用关系是"一"和"多"的关系，一物之"体"并非只有一种"用"，而可以有多种多样的"用"，而"体"在呈现其"用"的过程中，自然会因对象和境遇的不同而使其"用"表现出不同的甚至相反的特征。因此，我们如果只见"用"而不见"体"，从而思维理路被障蔽于这看起来性质不同甚至相反的表象之上，那么我们据此又如何可能对事物作出正确、合理的判断呢？

所以，由此以观，争论双方各自的局限性也是显而易见的。

就持否定态度的一方来说，他们所提出的论据固然是确凿和毋庸置疑的，恐怕没有人会认为历史上儒家所宣扬的帝王思想及三纲伦理等等与今天已为人们普遍认同的民主观念不是对立的。然而，此一方的问题却在于，由此对立并不足以得出儒学与民主是不相容的结论，因为他们所提供的所有论据还只是属于儒学之"用"的层面，而我们知道，从体用关系来看，儒学在"用"的层面上与民主的不相容并不必然意味着儒学之"体"与民主也是不相容的。

而就持肯定态度的一方来说，毫无疑问，他们的"寻根"努力所获得的支持肯定不在少数，这不单是由大多数人的精神与情感中所饱含的"族群情结"所使然，更深层的原因是来自于我们每个人心灵深处无时不在萌动着的生命体验和诉求——寻求安顿和归宿。"寻根"是一个人或一个民族自我认同的一种方式。所以，就此一方而言，问题并不是出在"寻根"本身，而是出在"寻根"的方式上。同样在"用"的层面上去应对对方的挑战并非是明智之举，因为你无论对"民本"作出多么"民主"的解释，都无法取消帝王专制、三纲伦理等作为相反证据的存在这一事实。也即是说，此一方立足于"用"的层面所发掘出来的证据并不足以确立起儒学在中国文化中作为民主之"根"的地位。

双方视角的局限性是如此，那么基于"通体达用"的立场和角度，儒学与民主的关系又将会是怎样的呢？

二 儒家哲学的"体"和"用"

反思说来，在儒学与民主的关系问题上，上述双方之所以会只见"用"不见"体"，从而陷入到一个两极对立、争论不休的境地，最根本的原因就在于他们自觉不自觉地把儒学当成了一个历史的陈迹，当成了一个在过去历史中已经完成了的形态，质言之，也就是当成了一个死的东西。儒学在他们眼里，只是祖上传下来的一本本写满了字的书，有无价值，只需要拿出来逐条翻检一下就可以盖棺定论了。但是事实并非如此，儒学之能于两千多年翻天覆地的历史变迁中挺立不倒、绵延不绝，儒学之能于"百家争鸣"中脱颖而出并成为中华民族精神中之核心价值观念，这一切都在表明，儒学确非一般的学说体系所可比肩，在儒学的时空表象下面实有着一个生生不已、涌动不竭的源头活水，正是因为它，儒学便成了一个活的而不是死的、开放的而不是封闭的、发展着而不是已经终结了的体系。

那么，这个成就了儒学生命与活力的源头活水究竟是什么呢？追根溯源，其实就是儒学的"体"，即作为儒学之形上学的"仁道"。"仁"乃人之所以为人的本性之所在，也是人类"群居合一"之所以可能的根据和基础。只要在有人和人群的地方，便不能没有"仁"。"仁"就是那个人类"不可须臾离也"的"道"。不止于此，儒学较之其他学说（如墨家）更为高明之处还在于，在它这里，"仁"并不只是一个具有最高意义的"理"，而同时它又是一个最最真切的实体——本心或良心。孟子说："仁，人心也。"这是一个人人皆具而且与人类同其永恒的实体，它不仅是人类正道之源，而且还有着生生不已的创生本性。心是活的，那么立基其上的儒学又岂能是死的？

有"形上学"，便有"形下学"，儒学的"体"自然需要有相应的"用"来展现。所以，在历史实践中，在与现实的统一性中，与其"极高明"的"形上学"相应，儒学也创生出了一套由一系列的"用"所组成的具有实践意义的"形下学"，这其中，既包含君君、臣臣、父父、子子等纲常伦理，也包含着直到今天许多人还不愿释手的儒家"民本主义"。

不可否认，从历史的角度看，在儒家的"形下学"系统里，"民本主义"确实是最能凸显儒学的基本精神和价值诉求的主张之一,而且在历史上,这一思想也确实起到了非常积极的作用——专制因此而得到缓解,百姓因此而得到实惠。然而这一切并不意味着"民本"和"民主"是同质的,更不意味着在新的世纪里,"民本"依然可以作为儒学的实践形式而继续发挥积极的作用。

大家知道,民主不只是一种观念,同时也是一种制度。民主之为民主,其基本的含义就是"主权在民",也即政治运作的最高权源出自人民。但恰恰就是在这个最根本的权源问题上,"民本"与"民主"表现出了质的不同。考察一下"民本"观念的逻辑理路就可看到,在"民本"的世界里,最先出场并坐实在"主"位上的不是别的,而是一个高高在上、拥有无上权力的君王(尽管按要求他应该是一个圣君明主,但谁又能保证呢?),然后才是那些对君王来说不可或缺因而应施以关爱的人民。"民本"中的"民"是"子民",不是"公民","民本"不是"由民作主",而是"为民作主"。试体验一下,在一个掌管着生死予夺之权的专制君主的宰治之下过活,会有真正的人权和自由可言吗?在这里,人民永远不会有当家作主的自尊和自豪,有的只会是对命运无常和时刻需要恩赐的无奈和自卑。

由此以见,"民本"和"民主"是根本无法接榫的。虽然"民本"也是儒学之"体"的运用和表现,但这种运用和表现无法超越其自我本身的限定,这个限定就是君主专制制度。也即是说,"民本"之成立是以君君、臣臣的政治制度为基础和前提的,是儒家以这一政制为基础和前提而对在位者提出来一种道德要求。所以在历史上,尽管帝王专制和"民本"观念之间总是存在着一种紧张关系,甚至在今天也常常被作为相反的证据而使双方争得不可开交,但事实上,在最根本之点上,两者不仅不是对立的,而恰恰是相容相和的,因为前者就是后者的前提,造就一个重民、爱民的圣君明主正是"民本主义"的最高境界。所以,那种把"民本"视同于"民主"或者以"民本"去论证儒学与民主的相容性的做法,很难说其中不掺杂有误解或情绪化的成分在内。

"民本主义"的历史局限性决定了它不应该也不可能继续作为儒学的实践形式而继续发挥积极的作用,时代要求儒学必须因应历史的发展而转化出新的具有现代意义的实践形式,毫无疑问,这个新的实践形式就是

"民主"。

但是在这里,一个具有关键意义的问题是,儒学具备这种自我否定和应时而变的内在机制和能力吗?答案是肯定的。试举一例,在《孟子·离娄上》中有一段对话是这样的:

> 淳于髡曰:"男女授受不亲,礼与?"孟子曰:"礼也。"曰:"嫂溺则援之以手乎?"曰:"嫂溺不援,是豺狼也。男女授受不亲,礼也;嫂溺援之以手,权也。"

就是这样一段话,看似普通平常,但却传达了一个非常重要的讯息,那就是:儒学决不是一个食古不化、僵死封闭的体系,它本身确实拥有一种实事求是、应时而变的内在机制——"执中用权"。"男女授受不亲"和"嫂溺援之以手",二者虽表现迥异,但却是一体之"仁"的运用和表现,变"男女授受不亲"而为"嫂溺援之以手",不但无悖于儒学的基本精神和价值,相反,是儒学之"体"因应新的境遇而作出的合理反应。同理,在今天,君主专制制度已经成为永远的过去,儒家"民本"观念得以形成和发挥作用的现实基础已不复存在,那么在这种情势下,难道以"仁"为本,以"正德、利用、厚生"为价值关怀,并有着实事求是、应时而变之内在机制的儒学,还会抱残守缺、冥顽不化地死守"民本"观念而不放吗?当然不会。同样,面对着能够给国家和人民带来普遍福祉和进步的"民主"观念和制度,在基本精神上与之不仅不矛盾而且是相契相和的儒学,难道会麻木不仁甚至加以拒斥吗?当然也不会!如孔子说:"无适也,无莫也,义之与比。"变"民本"为"民主",同样是儒学的内在要求。民主是儒家一体之"仁"在当今时代的新的实践形式。

综上所述可见,民本思想其实和君臣、父子、夫妇之三纲观念一样,对儒学来说,都不过是其在过去时代的一种历史的表现形式而已。因此,一方面,否定它们并不意味着否定儒学,因为它们并不是儒学的"体",而只属于儒学的"用"。对已经过时了的历史形式的自我否定,不仅不影响儒学之为儒学,相反,恰恰是儒学的生机与活力的表现;另一方面,也同样是因为它们只属于"用"的层面,因此它们与民主的对立或不相容,也并不意味着儒学与民主是不相容和对立的,相反,透过新的维度和视野可以看到，儒学恰恰可以成为在中国社会推进民主建设的文化资源和动力。

三 简单结语：一体之"仁"与民主之开展

"仁"作为儒学之形上学，它是儒学的"体"，是儒学之所以为儒学者，它是不能变的，变了，儒学便不成其为儒学了；而形下学层面则是儒学的"用"，是儒学之"体"的运用和表现，它是可以变而且应该变的，"执中无权"，不能应时而变，儒学的灵魂、精神和理想便会在其陈旧过时的历史形式的桎梏中，困顿窒塞而不得伸展。所以，当我们走出只见"用"不见"体"的视角局限，透过"通体达用"的立场和角度去重新审视儒学的现代性，重新审视它与民主的关系的时候，我们的结论自然也会和以往大不相同：

第一，如果问："儒学有民主吗？"我们应该说："有。"但这种"有"不是"用"上的"有"，而是"体"上的"有"，也即是说，不是现实的"有"，只是潜在的"有"。而我们所要做的工作就是如何将潜在的"有"转化为现实的"有"。就实践层面说，这个过程可能相当复杂和艰难，但在观念上，这个过程却可能只在一念之间：本着儒学一体之"仁"，由反思而认同，由认同而落实。

第二，我们不必避讳儒学在"用"的层面上与民主的不恰或对立，因为这是一个不争的事实。情绪化地想从"用"的层面上去发掘出所谓的"儒家民主思想"，只会使自己陷入一个进退维谷、欲立不能的境地，不仅无助于民主的开展，更有害于儒学自身的发展。

第三，在由儒学之"体"转化出民主的过程中，对"民本"的不正确理解和诠释可能成为妨害其进程的一个很大的观念障碍。在今天，"民本"的高调只会使那些以"父母官"自居从而喜欢"为民作主"的人更加心安理得。

第四，其实，我们也实在不必太在意"民主"究竟起源于何方，依儒学一体之"仁"的精神和情怀，一切符合"正德、利用、厚生"的事物如人权、民主、法治以及科学等等，都无不在其包容和接纳之列。正如清初一位著名的科学家所说过的一句更加富有哲理的话："夫理求其是，事求其适用而已,中西何择焉!"

总而言之,在今天的中国,对儒学来说,儒学需要民主以为其"用",因为只有这样,儒学才会有前途和未来,儒学的精神和价值才会得到充分的展现;而就民主而言,民主也需要儒学以为其"根",因为只有这样,民主才会获得滋养和依托,民主的开展才会顺畅而自然。

中国自由观念的时代性与民族性[*]

山东社会科学院国际儒学研究与交流中心　郭　萍

自近代至今，中国思想界一直存在着这样的争论，即当代中国究竟该接纳西方的自由观念，还是继承中国的自由观念。这种选择"西方"还是"中国"的纠结似乎表明，只要处理好中西之别就可以彻底解决中国的自由问题。殊不知，在中西之别的背后还隐藏着一个古今之变的问题。

然而，争论双方却以中西之别掩盖了古今之变，其根本原因在于双方默认了这样一种观点，即将现代等同于西方，将传统等同于中国。于是，一方以发展中国现代化为名，隔断传统，企图移植西方自由来发展中国的现代自由；另一方则以拒绝西方为名，拒绝中国发展现代自由，主张复活前现代的价值观念。

毋庸置疑，中西之别与古今之变是两个不同维度的问题：西方与中国的区别属于共时维度的民族性问题，而现代与传统的不同则是历时维度的时代性问题。但各执双方却将这两个问题混为一谈，显然无法恰当的理解中国的自由观念。因此，我们有必要对中国自由观念的时代性与民族性做一番澄清。

一　理解中国自由观念的基本维度：时代性和民族性

应当承认，自由作为一种超越性的观念是不分古今中外的，因为没有任何一个时代或任何一个民族的人们不渴望自由，只要对自由有所向往便意味着人们已经具有某种自由观念，而且古今中外的自由观念都具有一种

---

[*] 本文原载于《国际儒学论丛》第三辑，社会科学文献出版社 2017 年版。

摆脱束缚、自作主宰的"交叠共识"。在这个意义上，自由观念乃是超时代性和超民族性的。

然而，自由的超越性并不是一种空洞、抽象的特质，而总是在社会历史中的真实、具体的呈现。这缘于我们的自由观念总属于某个具体时代和某个具体民族，而绝不会是任何时代或任何民族之外的观念。也就是说，我们对自由观念的言说始终无法摆脱身处其中的具体时代和民族，就如同我们无法跳出自己的皮肤。正是由于各个时代、各个民族对于自由问题的理解与领悟不尽相同，所以不同时代的自由观念总是具有不同的时代特质，形成了古代自由观念和现代自由观念；同时不同民族的自由观念也体现出不同的民族特质，形成中国的自由观念和西方的自由观念等等。在这个意义上，自由观念是亦古亦今、亦中亦西的，也即具有时代性和民族性。

当然，自由观念的超越性与非超越性并不矛盾。事实上，自由观念的时代性与民族性，是指自由问题在不同时代、不同民族的生活情境中，所呈现出的不同解释方式和言说方式。而任何具体的自由观念的指向，却都试图对具有普遍意义的自由问题做出解答。在这个意义上，自由观念所具有的时代性和民族性并不是作为一种消极的局限性而存在，而是对人类所共同追求的自由本身的一种积极的具体性的呈现。也唯有如此，自由的超越性才能被"召唤"出来，自由的真谛才能不断"现身"。据此可以说，时代性与民族性既是我们通达自由真谛的现实途径，也是我们解读一切自由观念的两个基本维度。

据此而言，下文要探讨的"中国自由观念"乃是指自古至今关于自由问题的中国式言说系统和观念形态。其中，所谓"中国"首先是一个民族性概念，这种民族性不是人种学意义，或地域意义上的民族，而是文化意义上的民族，它代表着中国人在追求自由的过程中所形成的，不同于西方的特有的对自由问题的观念形态和言说方式。但同时"中国"还是一个承载着历史变迁的时代性概念，它经历了从王权时代到皇权时代，再到民权时代的历史变迁，故而，中国历代的自由观念都具有不同的时代烙印。也就是说，"中国"一词同时表征着自由观念的民族性和时代性，由此共同构成了自由观念的中国式展开方式和确证方式。而我们只有从本源的意义上理解其时代性与民族性，才能使古今中西自由观念的共通性以及中国自由观念的特殊性得到直观呈现，这也是我们理解中国自由观念所需要的一种最原初的思想准备。

二 中国自由观念的时代性

中国自由观念的时代性是指中国人在不同的历史阶段形成的自由观念具有不同的时代特质，由此可以理解中国自由观念的古今之变。

为此，我们首先需要对中国历史的分期问题做一个简单说明。毋庸置疑，现实的自由总是某种主体的自由，因为唯有主体才享有自由，而非主体无自由。所以，有什么样的主体就有什么样的自由，而社会主体的转变，也就意味着自由观念也发生相应地转变。这就是说，自由的时代性与主体的时代性是一致的。所以我们有必要从主体转变的角度概括中国历史发展的不同阶段，以便更明晰地呈现自由的时代性。有鉴于传统的历史分期的局限性，笔者认为近年黄玉顺教授所提出的观点值得参考，即将中国历史发展分为："王权列国时代（夏商西周）→ 第一次社会大转型（春秋战国）→ 皇权帝国时代（自秦至清）→ 第二次社会大转型（近现当代）→ 民权国族时代。"对此，他曾以表格方式对各时代的社会特质做了提纲挈领的描绘（见下表）：

时代 特征	王权列国时代	皇权帝国时代	民权国族时代
社会形态	宗族社会	家族社会	国民社会
生活方式	宗族生活	家族生活	市民生活
所有制	土地公有制	土地私有制	混合所有制
家庭形态	宗族家庭	家族家庭	核心家庭
社会主体	宗族	家族	个体
政治体制	王权政治	皇权政治	民权政治
主权者	王族	皇族	公民
治理方式	贵族共和	宰辅制度	代议制度
国际秩序	王国—列国封建体系	帝国—藩国朝贡体系	国族—国族交往体系
核心价值观	宗族宗法观念	家族宗法观念	人权观念

显然，这种历史分期突显了社会主体转变与整个社会（包括社会制度安排、价值观念等）历史转型之间的联动关系，所以更有助于我们把握中国自由观念的时代性特质及其历史演变的整体脉络。

据此，笔者认为可以对中国自由观念的历时形态做这样的归纳：王权时代的宗族自由观念、皇权时代的家族自由观念和民权时代的个体自由观念。通过这三种不同的自由观念的解读，我们便可以概括呈现中国自由观念的时代性特质和历史演变脉络。

（一）王权时代自由观念的特质：宗族自由

中国的王权时代是前轴心时期的春秋战国乃至西周之前的时代。这一历史时期以宗族（clan family）为核心来安排社会生活，其根本价值目标是为了实现宗族利益，虽然也存在个体性行为，但一切个体行为都是为了宗族价值的实现。也就是说，宗族群体乃是王权时代宗族社会生活方式下所认同的价值主体。所谓宗族，乃是按父系血缘结成的大家庭，即所谓"父之党为宗族"（《尔雅·释亲》）。宗族社会就是依靠血亲纽带形成"家—国—天下"同构的宗法等级社会，而最大的宗族就是天子为代表的王族。据此而言，为了"天下"也就是为"王族"，反之亦然。所以王族拥有最大的权利和权力，也就是最大自由的拥有者。其他的大宗、小宗则按其不同等级而不同程度地享有自由。需要声明的是，拥有自由的主体是王族和各宗族，而非天子、诸侯王等任何个体，也就是说，王权时代自由观念的根本时代特质是体现为一种群体性的宗族自由。

在前轴心期的西方自由观念中也体现着类似的时代特质，《荷马史诗》所描述宗教仪式就能反映出宗族社会生活中的自由观念。例如以人做牺牲的祭祀活动实际是一种祈求保障宗族利益的行为，而这其中根本没有考虑作为祭品之人的个体自由权利问题，所体现的同样是一种宗族的自由观念。当然，此时自由观念尚未哲学化，更多的是依靠原始的神学观念来维护宗族自由的合法性。

（二）皇权时代自由观念的特质：家族自由

春秋战国以来，中国进入轴心时期，社会发生了第一次大转型，即由宗族为社会主体的王权时代向家族为社会主体的皇权时代过渡。此时

"家国同构"社会模式已经破坏，代之而起的是大夫之"家"，例如"三家分晋"所指的"三家"即是此类，虽然社会秩序仍以宗法维系，但各"家"之间已不存在血亲关系。秦汉以降，"封建废而大宗之法不行，则小宗亦无据依而起，于是宗子遂易为族长"（《方氏支祠碑记》），族长所管理的不再是宗族，而是家族。由此家族生活方式得到确立，相应地以家族为核心安排社会生活，以保障家族利益为目的进行制度建构。家族随之成为新的社会主体，享有社会权利和掌握政治权力，也即成为自由的拥有者。皇族作为最大的家族自然地享有最大程度的自由，而各级士大夫家族按其等级享有不同程度的自由。与宗族自由相似的是，家族自由也非皇帝或士大夫个人的自由，而是皇族和各级家族全体的自由。这是因为在皇权时代完全以家族整体价值为评判个体的根本价值标准，个体则是实现家族利益的工具性存在。

诚然，皇权时代的士大夫并不是一味地顺从皇族，而是彰显出某种独立的自由精神，特别是孟子所彰显的"说大人，则藐之"（《孟子·尽心下》）的品格，"闻诛一夫纣矣，未闻弑君"（《孟子·梁惠王下》）的革命精神，确实体现出"从道不从君"的独立自主性，但他所从之"道"并未脱离宗法家族的伦理网罗，依然是以家族利益为指向的。也就是说，"大丈夫"指所代表的价值主体并不是一个个体，而是一个家族。因此，"大丈夫"的独立精神实质还是家族自由，而与现代自由观念有着根本不同，这也是皇权时代自由观念的时代特质。应当承认，在传统的家族生活方式下，家族自由有其适宜性和正当性，只是生活方式的变迁，这种自由不再适用于现代社会。

几乎与中国同时，西方社会也在逐步向皇权时代过渡，因此当时西方的自由观念也体现出明显的家族自由的特质。以往曾有人认为希腊的民主城邦制就已经体现出现代性的个体观念（individual idea），相应地具有个体自由观念。但事实上，个体自由观念是在西方现代性的生活方式中才确立起来的价值观念，在近代以前的西方社会同样以家族为社会主体，个体并没有独立价值，家族自由同样是西方皇权时代自由观念的特质。法国思想家贡斯当就专著《古代人的自由与现代人的自由》一书分析指出雅典城邦享有自由权利的公民，仅仅是指土生土长的成年男性公民，其权利的大小也是按照公民财产的多少来决定的；而且他们也不代表自己，而是代表整个家庭。在柏拉图的《理想国》和亚里士多德的《政治学》等著作中所体现出的自由观念也印证了这种"古代人的自由",所以孔多塞直言:"古代人没有个人自由的概念。"

随着轴心时期哲学的发端,皇权时代的思想家们还从形上学层面上为家族自由的合理性提供了根据。例如,汉儒董仲舒不仅提出以"三纲五常"为原则的制度建构来维护家族自由,而且还以意志之"天"为根本之"道"作为家族自由合理性的最终来源,所谓"惟天子受命于天,天下受命于天子"(《春秋繁露·为人者天》),据此"屈民而伸君"(《春秋繁露·玉杯》)保障皇族自由才符合"天道"。宋明新儒学的发展将家族伦理观念抽象为形上的"天理",通过建构"天理—性命"贯通为一的哲学体系加强论证了家族至上的合理性,并提出以"工夫"通达"本体"的学说来倡导通过个体自觉的克己复礼维护家族利益。与此相似,古罗马帝国也是以"君权神授"作为皇族享有自由的合理性依据,而且发展中世纪,神学的解释对于君权合理性的根本意义以更加强势的方式体现出来。显然,不论是神性的"上帝""天",还是哲学性的"天理"都不过是家族主体的一种抽象化,其根本目的都是为家族(群体)自由合理性而辩护。

(三) 民权时代自由观念的特质:个体自由

在中华帝国后期,社会生活再度发生了转变,自明清市民生活兴起之后,传统的家族生活方式便逐步走向解体,但清朝的统治延迟了这一历史进程。因此,直到晚清时期中国社会才全面进入第二次大转型,即由前现代的皇权时代迈向现代的民权时代。我们知道西方通过文艺复兴、启蒙运动而进入民权时代,并顺利建构现代社会完成了现代转型,而中国的这次社会转型则由近代一直延续到当代,至今尚未完成。尽管如此,现代性的生活方式已然在中国扎根,因此,发展现代民权社会是一个不可逆转的且正在发生着的事实。

现代性生活方式是以核心家庭(nuclear family)取代了前现代的家族,而核心家庭与传统家族的根本不同就在于,它是以独立个体为基础而组建的,其最直接的体现就是对于社会权利的分配是以个体为单位而非家庭。这就表明,现代性生活的实质是个体性生活,由是传统的宗法尊卑等级制度被平等人权所代替，享有权利和拥有权力的主体不再是宗族或家族，而是公民个体。也就是说，民权时代是以实现个体利益为根本目的而安排社会生活，因此个体成为社会主体，也就是现代自由的拥有者。这一点从严复以"群己权界论"来翻译穆勒的"On Liberty"就可以看出近代以来的中国人开始将自由的理解为个体权利与公共权力的划界问题。可以说，个体自由正是民权时代自由观念的根本特质。由此也表明，以个体自由为基本立场的自由主义成为现代西方社会的主流思想既不偶然，也不特殊。

随着个体自由意识的凸显，自由问题也成为民权时代的一个标志性课题被思想家们所关注。虽然中国的自由理论还没有现代西方那样丰富，但自明清以来中国的自由观念已经萌发了现代性转向。蔡元培就曾特别指出："梨洲、东原、理初诸家，则已殆脱有宋以来理学之羁绊，是殆为自由之先声。"近代以来，发展个体自由不仅仅是中国自由主义思想家的观点，也是文化保守主义者的主张，维新儒家的论著言说中都明确阐释了个体自由的观念，例如康有为所著的《大同书》就是以个体自由为大同理想的基础，他说："所求自由者，非放肆乱行也，求人身之自由。则免为奴役耳，免不法之刑罚，拘囚搜检耳。""近者自由之义，实为太平之基。"梁启超特撰《新民说》指出："自由者，天下之公理，人生之要具无往而无不适用也。"就是通过培养个体自由意识来"新民"。现代新儒家通过吸纳西方自由主义理论，基于儒家立场发展自由民主。如徐复观认为："'自由'乃人之所以区别于其它动物的唯一标识"，主张创建自由社会；牟宗三提出发展健康的自由主义；张君劢设计了"第三种民主"，并起草了以主权在民为宗旨的"四六宪法"。中国思想各派对个体自由的认同已经表明中国自由观念具有了鲜明的现代性特质。

事实上，这一时代特质还更深刻的体现在个体自由的本体依据中。我们知道在西方，马丁·路德发起的宗教改革通过"因信称义"的思想以内在于个体的"良心"取代了外在的"上帝"，之后通过理性启蒙西方思想家通过理性形上学的建构将个体确立为绝对自由的拥有者，成为个体自由的根基。在中国也有着相似的哲学转向，阳明将程朱的"天理"收摄为内心的"良知"就迈出了向个体自由转化的第一步，近代各派思想家也做了进一步的理论努力，其中最成熟的理论就是现代新儒家建构的

"道德形上学"，例如牟宗三以自我的"良知"坎陷出民主与科学就是一个典型，虽然其中存在着理论诟病并没有完成对个体自由的哲学论证，但其理论指向却与现代西方哲学是一致的，即欲确立个体的绝对主体地位，为民权时代的个体自由观念奠定本体论基础。

行文至此，可以看出中国自由观念并非一成不变的观念，而是随社会生活方式的演变由前现代的宗族自由、家族自由向现代的个体自由转变，呈现为一个历时发展演变的过程。据此便知，仅仅将中国自由观念视为属于传统社会的观念而无法接纳现代自由观念并不符合事实。事实上，我们看到，西方自由观念的发展也经历了相似的历史过程，其传统的自由观念直到现代理性启蒙之后，才演变发展出个体自由。据此而言，中西自由观念历史演变具有明显的一致性。这实质表明，个体自由作为现代性的自由观念，不仅仅属于西方，也属于中国。中国现代自由观念的发展虽然受到西方国家的刺激，但最根本还是在于中国社会内部自发的现代转向使然，可以说，这是中国自由观念的时代性要求。因此，以前现代的自由观念施用于当今中国显然是不合时宜的，而以拒绝西方自由为理由来否定个体自由也不具合理性。这种将古今之变混同于中西之别的错误，其根本原因就在于没有真正理解中国自由观念的时代性。

还需指出的是，中国自由观念不仅已经发生了由传统向现代的转向，而且其转向中还具有超越现代民族国家的局限性，进一步发展现代自由的可能。这是因为，当前盛行的个体自由主要还是以民族国家为前提的自由，实为一种国族主义的个体自由；而随着后现代主义者对现代性批判的展开，人们开始意识到真正意义上的个体自由尚未充分展开，目前只能说是个体自由发展的初级阶段，因此，超越国族主义成为今后个体自由的一个发展趋势。据此便知，中国自由观念中所蕴藏的这种可能性，正是其时代性展开的必然涵项。

三　中国自由观念的民族性

虽然自由观念的历史演变在中西之间体现出明显的一致性，但自由总是在各民族不同的生活境域中生发，中西自由观念并不是等同的，即自由观念在不同的民族国家中具有不同的发问方式，论说系统和解决思路、言说方式，这就是自由观念的民族性。正是由于中国自由观念在历时发展演变中保持了自身特有的言说方式，才形成不同于西方的一个独特传统。相反，"如果失掉了它的民族性格就会失掉它的某些本质。"那也就不会形成中西不同的自由传统了。

即便中西传统内部存在着诸多派别，但在整体上依然呈现出各自一以贯之的特质。概括说来，中国自古至今保持着德性自由的特质，即以德性为最高层次的自由并作为各领域自由（如政治自由等）的根本依据，以此保障主体配享自由的合理性；西方则一直具有理性自由的特质，即以理性代表最高的自由为政治自由、认识自由奠定基础，以此保障其社会主体配享自由的合理性。

在西方，古希腊哲学便以求真向善为自由，其中柏拉图就是这一观念的主要奠定者。他以"善"为最高理念，并认为"善"必须通过洞见真理方能获得。据此，他对自由做了这样的定义："人之本性追求善，只有当人能够追求并终于达到善时，人才是自由的。"可见，在柏拉图看来，自由就存在于对真理的认识中。这种以认知真理为"善"的自由观开启了西方理性自由的先河，由此也确立了西方理性自由的基调。继柏拉图之后，亚里士多德通过抽象的概念和逻辑接近真理，让理性自由观念进一步突显出来。

近代以来，西方的理性自由得到了最为充分体现。近代哲学之父笛卡尔就将"自由观念重新被建立在理性主体的认知功能和求善本性之上，柏拉图主义的求善原则和自主性自由观得到了长足的发展"。康德虽然提出不同于认知理性的实践理性，也即自由意志，但自由意志是"作为普遍立法意志的每个有理性的存在者的意志"，这归根到底还是一个理性公设。所以他说："善良意志只有为有理性的东西所独具的。"而黑格尔通过"绝对精神"的辩证展开将理性自由推至巅峰。当然，现代西方哲学中的唯意志主义可说是理性自由的一个反动了，但是西方的"非理性主义是寄托在理性主义身上的，是理性主义自身的一个环节，虽然是最高的环节，但它实现的仍然是理性预定的目的，即把握绝对的真理。"即便在神学盛行的中世纪，经院哲学对上帝的论证和言说也依然是以抽象概念和确定性逻辑推导展开的，同样保存着理性自由的基因，最典型的就是托马斯·阿奎那对上帝存在的论证正是依靠亚里士多德的逻辑学才得以完成的。在这个意义上，确如怀特海所说："两千年的西方哲学史都是柏拉图的注脚。"当代西方盛行的分析哲学、现象学运动虽然是反对传统的理性主义哲学，却还是说着柏拉图的语言，例如我们无论如何也无法否定逻辑实证主义和胡塞尔的先验现象学所具有的理性内核，这实际上是以一种拒斥和解构的方式延续着西方理性自由的传统。

在西方，理性自由不仅代表着最高层次的自由，而且也作为现实政治自由的根本依据，特别是近代以来理性自由为西方自由主义的兴起奠定了哲学基础。可以说，现代西方的自由人权、民主平等等政治自由观念无不是这种理性自由的具体表现形式。当代西方最具代表性的政治哲学理论罗尔斯的"正义论"就是一个以理性个体为前提的理论典型。

相较之下，中国的德性自由传统与之形成鲜明对比。儒家自周公便提出"惟德是辅"，后世儒家在发展德性传统的同时，将认知理性视为偏狭之知。例如宋儒张载就有明确指出"见闻之知，乃物交而知，非德性所知；德性所知，不萌于见闻。"（《正蒙·大心》）认为"见闻之知"偏狭而有限，只是"小知"，而脱离见闻、洞见心性的"德性之知"才是"大知"。对此，佛道两家也持类似的观点。佛家主张"去执"，道家认为"为学日益，为道日损"，主张"绝圣弃智"，这都是认为知识的获取不但得不到自由，而且根本就是自我束缚。当然，中国所体现出的德性自由的传统并不是简单的否定知识理性的价值，尽管如此，也不得不承认，作为中国思想传统主流的儒道释三家都是将德性，而非理性作为配享自由的根本依据。

中国人对"德"的重视在其文明开端出已经开显，六经之首的《周易》中就强调"天地之大德曰生"（《周易·系辞下》）。自此中国文化便烙下了重"德"的思想底色。虽然儒道释三家所言之"德"不尽相同，但毕竟与西方文化所突显的理性传统有着明显的区别，而且儒道释三家在思想合流的过程中，彼此吸收，对于"德"的理解走向融通合一。我们知道，儒家之"德"是仁爱之德，如孔子就以"仁"为总德，孟子在"性善论"中延伸性提出仁、义、礼、智"四德"；道家之"德"是真、朴的自然之德，即老子所说："含德之厚者，比于赤子。"（《老子》第五十五章）而随着儒道合流发展，"德"已成为至仁至真的统一体，这在魏晋玄学中即有突出的体现。佛教也通过与儒道的融通，实现了佛教之

"德"与儒道之"德"的合一。例如在中国影响最广泛的禅宗就认为心性本觉,佛性本有,通过发挥先验心性的领悟作用而成佛,而成佛也就实现了"德"的圆融。借鉴佛老思想而形成的宋明新儒学所体现的"德"正是儒道释三家之"德"融通的成果。如张载的《西铭》提倡:"民吾同胞,物吾与也",阳明在《大学问》中主张:"视天下犹一家,中国犹一人",这些与其说仅仅是儒家仁爱之德的展现,不如说是儒道释三家之"德"的共同内核的凝聚。

"德"的本义与作为动词的"得"相通,如《说文》所言:"德者,得也。"因此,所谓"德性"就是指得其本性,这一过程本身就是一种自由。因为,得与不得全在于自己。佛禅讲"自性迷,佛即是众生;自性悟,众生即是佛。"自己执迷不悟,就是凡夫;而自己幡然醒悟,即立地成佛,至于到底能否得到佛性,是众生还是成佛,根本无系他人而全在于"自性"。在儒家,孔子即讲"为仁由己,岂由人乎哉?"(《论语·颜渊》)孟子也明言"四德"(即仁义礼智)是"求则得之,舍则失之"(《孟子·尽心上》)。显然,求舍、得失全也在于自己,而非由他人主宰。这都表明,"德性"乃是主体的自主自觉,如荀子所说:"出令而无所受令;自禁也,自使也,自夺也,自取也,自行也,自止也。"(《荀子·解蔽》)据此可见,德性是由己而得,是自得之性,而自得也就是自由。这种主动自觉的"得""能"行动,在确证主体的同时也让自由得以直观。所以,德性的呈现就是主体的自由生活,德性自由也正是中国人所追求的最高的自由。

不仅如此,在中国思想传统中,德性自由还是一切具体自由的根本依据。例如儒家特别讲求自觉的道德践履,这种道德自由之所以可能根本在于人是德性的存在者。人作为主体不仅在现实生活中践履具体的"德行",而且具有"人同此心,心同此理"的"德性",也就是本体论上的普遍主体性。"德性"作为形上的绝对主体性乃是现实的制定社会政治制度、伦理规范("德目")和言行("德行")的本体依据,它为形下主体的确立、形下自由的实现奠定形上学的基础。这一传统也被近现代儒学所继承,维新儒学"照着"传统德性自由观念来讲,为现代政治自由正名;而现代新儒学"接着"传统德性自由观念讲,通过借鉴西方现代哲学方法和思想元素,建构了现代形态的德性形上学(如牟宗三的"道德的形而上学"），就是力图为现代政治自由提供根本依据。

中国自由观念的民族性体现了中西自由观念之间的非等同性，但其民族性不意味着中西自由观念彼此隔绝、相互排斥，也不代表其内容是封闭、孤立、僵化的。恰恰相反，民族性是一个开放丰富发展中不断展开的特质，中西自由观念在相互比较和借鉴过程中，不断丰富着自身的民族性，由此才能使自身的民族性得以保持和更丰满的展开。这在近代以来中国自由发展中体现得尤为突出。

一方面，民权时代，西方以其理性自由为现代个体自由的确立率先建构了相应的理论，这对于后进入民权时代的中国来说，是值得借鉴的。其实，近代以来的中国思想家已经有意识地借鉴西方自由理论重新阐释传统的德性自由，其目的在于通过树立现代意义的德性自由观念来确证和发展个体自由。可以说，我们借鉴现代西方自由理论是为了继续发展德性自由的传统，而非放弃自身的民族性。

另一方面，中国的德性自由观念也值得西方借鉴。应当意识到，近代以来，西方的自由观念广泛流行几乎成为具有普世价值的文化现象，但其实是以"时代性"之名将西方的"民族性"作为世界范围内的示范样态而加以传播。事实上，西方的理性自由观念不仅自身面临着难以克服的理论困境，而且面对当前个体自由的弊病也显得无能为力。显而易见，当前的自由乃是局限于民族国家范围内的个体自由，而这种个体自由始终难以摆脱民族主义、甚至国家主义的纠缠。对此，西方思想界中，不论是基于个体理性的形上学自由观念，还是基于个体焦虑、烦畏情绪的存在主义自由观念，都没有开显出解决这一困局的可能途径。相较之下，中国的德性自由观念却可能为现代个体自由的发展提供一条更为健康可靠的思想路径，如现代新儒家所说，应当发展健康的自由主义。其实，我们在努力完成德性自由的现代转向的同时，也可以克服西方自由观念的缺陷，发展出超越民族国家限制的个体自由。这既是为进一步展开个体自由提供的有益参考，也是中国自由观念民族性的一种更丰富的展开。

四　时代性与民族性的本源交汇：当下生活

由上已经表明，中国自由观念积淀着不同的时代特质和丰富的民族特质，但作为一种更彻底的思考，我们不禁要问这种时代性与民族性是如何可能的？如果我们对此仅仅作对象化、历史性的描述，将其时代性与民族性视为史学意义上的时空坐标，那么将无法回答这一更加根本性的问题。为此，我们还需深入到本源的层面上加以理解，由此揭示这种时代性与民族性交汇开显出来的本源意义。

从其时代性看，中国自由观念并非一成不变而总是与其所处的时代相适应，所以，它曾经体现出王权和皇权时代的特质，而今又体现出民权时代的特质，这意味着中国自由观念总是一种基于"此时"的自由观念；从其民族性看，中国自由观念并不同于西方，而是保持着一致的自身独特的表达方式，这意味着中国自由观念总是一种立足"此地"的自由观念。这种"此时"与"此地"的交汇在原初意义上绝非一个就此"定格"的客观对象化的"坐标"，而是中国自由观念当下现身的"场域"。此"场域"乃是历时与共时的自行敞开，而这种敞开的境域正是我们身处其中，却又浑然不觉的生活本身。这里所指的"此时""此地"的生活，不是经验对象化的生活，而是前对象化的存在本身、生活本身。因此，我们并不能用任何现成的概念进行对象性的说明，其本身尚不具有史学意义上的时代性和人类学、政治学意义上的民族性，而只能作为历时性的展开和共时性的呈现本身。然而，这恰恰就是自由观念的时代性与民族性的期备和源头。也就是说，自由观念的时代性原初的是当下生活的历时性展开的样态，民族性本源的是当下生活的共时性呈现，而作为对象化的时空坐标，乃是对当下生活进行史学性考察所做出的对象化解释。据此表明，当下生活才使得作为对象化时空坐标意义上的时代性与民族性成为可能，也只有通过当下生活才能释放出自由的时代性和民族性，而从本源层面上理解当下生活就是我们得以理解中国自由观念的时代性与民族性的先决条件。

既然生活本身并不是一种现成在手的"什么东西"，而是生生不息、衍流不止的"在"本身，那么，也就原初地决定了自由观念的时代性与民族性是始终开放的、不断敞显新内容的，而非任何概念化、凝固化的"特质"。因此，任何以某种定格的"时代性"和预设的"民族性"来裁剪和限定我们对自由问题的思考都是不恰当的，而唯有在敞开的、不断发展的生活中，所呈现出的时代性与民族性才是中国自由观念本真的特质。

由此，也就使我们可以从源始意义上更透彻的理解中国自由观念既有的时代性与民族性内容。一方面，我们看到，在前现代的生活方式下，中国社会所推崇的是宗族/家族的自由，并以相应的宗族/家族的德性为之辩护是适宜而正当的；但在现代性生活方式下，宗族/家族的自由观念已经丧失了曾经的适宜性和正当性，生活的诉求自然孕育并塑造着中国自由观念的现代样态，与现代生活相适应的个体自由观念随之成为必然的、正当的。另一方面，我们也看到，西方现代性的自由观念乃是基于西方民族国家生活的具体情境而产生的，即便同是西方文化传统的欧美各国也不尽相同，所以任何企图移植西方现代自由观念来充任中国的现代自由观念的做法都是没有必要的，也是绝无可能的。

也正是由于生活的衍流变化，中国自由观念不仅呈现出由前现代到现代的历史演变，而且还在续写着由现代向后现代发展的可能，继续丰富着自身的民族特质。这意味着当前自由观念所呈现的时代性与民族性也成为有待超越的内容。事实上，当前所出现的后现代主义者对现代自由的批判，以及主张超越民族国家进一步发展个体自由的趋势，已经表明现代民族国家时代乃是一个有待超越，甚至正在被超越的时代，哈贝马斯等当代思想家已经明确提出"超越民族国家""主权终结论"的思想，提醒着我们对个体自由的思考也势必需要超越民族国家的局限性，而这一切都是渊源于生活本身。当下生活所不断敞显出来的新可能，既让当前所盛行的西方个体自由的弊端充分暴露出来，也为我们克服这些弊端，更好地发展个体自由提供了本源土壤。正是如此，中国自由观念的时代性与民族性才得以继续展开，呈现为新的时代特质和更丰富的民族特质。

所以，我们诚然认可对自由观念进行对象化的解释的积极意义，却也更应当清醒地意识到关于自由问题的所有言说和表达皆有其当下生活的渊源，皆是由生活而孕育生发的。离开生活滋养的自由之花，即使枝叶、根系俱在也无法盛开，这不论从现实意义上，还是从理论建构本身都是如此。因此，当下生活虽然不是自由观念本身，但对于自由观念的确立具有最为源始的意义。唯有立足当下生活才能真正从本源处理解中国自由观念既有的时代性与民族性，才能使其时代性与民族性在敞开的情境中不断丰富发展。

据此而言，当前对于古今、中西的自由观念急于做出肯定或否定的评判之前，我们尚需先聆听当下的生活本身的"呼声""召唤"，基于当下原初的感悟再去对这些既有观念和理论做出反思和评判。唯此才能让中国自由的时代性与民族性自动现身。这在当今时代，就是要求我们根植于"此地"以中国的话语来表达"此时"对自由的诉求，也就是要通过继承中国德性自由的传统来充分发展现代个体自由。

(四)儒学的现代价值

略论儒学文化与现时代价值问题

蒙古国立大学孔子学院　M. 其米德策耶

目前，人类正在面向一个崭新的发展高峰，这就是全球化。学者们一致认为，全球化与睦邻相处、共同繁荣、建设一个"和谐世界"都是分不开的。和平、发展、合作是时代的主流。很多学者不再根据意识形态或经济发展水平划分世界各国，而相继提到不同文明和相同文明的话题。各种文明冲突与融合问题在世界上引起巨大兴趣，已成为各国学者的热门课题，这些文明的融合将会确定未来世界的面貌。

其中，我们提到儒家文化，就联想起中华传统文化；当我们谈起中华文化，又会自然地联想起孔子和儒家文化。中国自古以来就是礼仪之邦，现代中国人仍然深受着以"仁"为核心的儒家文化的影响。

现代中国梦的实现，与世界各国，特别是邻国人民实现梦想息息相关。中国的发展，将给世界其他国家，特别是邻国的发展带来重要机遇。

这种情况下，深入了解中国传统的文化，伟大思想家孔子的思想、儒家文明，深入了解文化传播中的当代中国形象，都是极为重要的。

孔子是伟大的思想家、教育家，儒家学派的创始人。孔子思想以及他所代表的儒学是中华文化的核心，中华民族精神的重要组成部分，在世界文化史上占有重要的地位。

据历史记载，孔子在自己掌握了丰富的知识以后，从三十岁开始办校，实行"有教无类"，招收弟子，经过几十年的努力，教出了三千弟子，其中贤人有七十二位。

孔子把一生献给恢复传统的文化，传播知识、学问，教育弟子，教导做人的道理，整理文化典籍等事业。他又带着几名得意门生在七个诸侯国流亡了十四年。晚年的孔子整理了中国文化典籍，提倡了仁爱德治，注重礼仪，宣传"中庸之道"和伦理道德，提出了完整的、系统的思想体系，创建了儒家思想。

他的思想和智慧集中在他的弟子为他编辑的《论语》一书中。据历史记载，苏格拉底和耶稣也没有留下亲笔著作，它们的言行也是由弟子编辑整理的。这三位圣哲，虽然没有亲笔著作，但是却对世界文化产生了不可磨灭的贡献。

仁者爱人

"仁"可以说是儒家思想的核心。在著作"论语"中孔子和他的弟子提到"仁"的地方很多。"仁"是爱人，是孔子最高的价值追求。有一次，孔子退朝回家，听说他家的马厩失火了。他急问：

"伤人乎？"孔子不问马匹，也不问家里的财产，首先关心的是那些看管马厩的佣人是否受了伤。

在孔子的时代，看管马厩的佣人都是奴隶，或是农奴，统治者不把他们当人看。孔子却不然。在他的心目中，高贵者是人，卑贱者也是人，实质上就是尊重人。

孔子第一次对"仁"作了系统的解释，并赋予深刻的含义，而成为"仁学"。"仁学"的核心内容是"爱人"。怎么才能做到"爱人"呢？据学者们的研究，孔子讲了两条原则：一是"夫仁者，己欲立而立人，己欲达而达人"，一条是"己所不欲，勿施于人"。孔子的学生把这两条原则概括为"忠恕之道"。在《论语》中孔子的学生曾子讲过"夫子之道，忠恕而已矣"。

"己欲立而立人，己欲达而达人"是"忠道"，就是忠诚地对待别人，自己想在社会上立足、发展、通达，也要帮助和希望别人和你一样发展、通达。

"己所不欲，勿施于人"是"恕道"，就是自己不愿做和不愿接受的东西，也不要强加于别人去做，去接受。孔子的"忠恕之道"是今天的创造和谐社会，和谐世界的根本原则。

美国著名外交家、哈佛大学博士基辛格教授（Henry Kissinger）在《论中国》一书中写道：

中国文化的一大特点是，中国人的价值观在本质上是世俗的。中国社会占统治地位的价值观源自一位古代哲学家的教诲，后人称其为"孔夫子"或"孔子"。身处乱世，孔子提出的对策是施行正义的和谐社会之"道"。

孔子又讲过，"三军可夺帅也，匹夫不可夺志也。"学者们认为，当时孔子的学说里已有了当前人权观念的萌芽。

对于"仁"，孔子作过多种解释，从不同的角度说明仁的涵义，其中包括做人的全部道理。他提出了"仁者爱人"的主张，要求统治者爱一切人，包括奴隶，农奴和一切卑贱者在内。他强调用"仁"正确处理自己和别人之间的关系，要考虑到别人的利益。他赞扬"当仁，不让于师"，讲过，"虽有周亲，不如仁人"。儒学仁爱思想具有人道主义性质。所以很多学者都认为，孔子是提倡人道主义的先驱者。

为政以德

孔子坚决反对乱杀人的暴政，一贯主张对老百姓宽厚的德政。他讲过，"为政以德，譬如北辰，居其所而众星共之"。这里孔子讲得很形象，要是统治者实行一个德政，老百姓如同群星一样拥护他们。他把君民关系，官民关系比作北极星与群星关系。"有一位名叫季康子向孔子请教治国，说道：假若杀掉坏人来亲近好人，怎么样？孔子答道：你治理政治，为什么要杀人呢？你想把国家搞好，老百姓就会好起来。在位者的作风好比风，老百姓的作风好比草，风向哪边吹，草向哪边倒。"蒙古人也常常说，"要是上边人未能安家立业，下边人也无法安家落户。"

有一次，孔子过泰山，闻一老妇人在深山的坟地里哭，原来是被老虎刚咬死了儿子。在此之前，儿子的父亲、爷爷都被老虎咬死了，老妇人能不哭吗？但她又不愿意离开这老虎吃人的深山，说是躲在这里可以逃掉官家的税收。孔子叹息说，"苛政猛于虎也！"孔子认为，乱杀人的暴政，乱说赋税的苛政，二者都威胁老百姓的生存。

孔子又提到了实行德政的时候，对老百姓既要让他们富起来，又要教育他们的重要性。孔子在流亡途中到达卫国的时候，看见当地人口很多，说道，"人真多呀！"弟子问他："人口多了怎么办？"孔子说道："让他们富起来！""富了以后又怎么办？"孔子说："教育他们。"

学者认为，孔子提出的又一个重要思想，就是"尚贤"。他说："君君，臣臣，父父，子子。"如果君像个君，臣像个臣，父亲像个父亲，儿子像个儿子，有利于国家的长治久安。

过犹不及

孔子的一位名叫子贡的弟子向老师提出问题："子张，子夏两个人谁强？"孔子说："子张有点过分，子夏有点赶不上。"子贡问："那么，子张强一点么？"孔子道："过分和赶不上一样。"

孔子的两位门生都有些短处，在思想办法上同样存在片面性，一个冒进，一个保守，结果都一样：办不好事情。孔子讲"过犹不及"，过了，不及，都是失度，达不到和谐状态。

孔子道："质胜文则野，文胜质则史。文质彬彬，然后君子"，也就是说，质朴超过了文采，就显得粗鄙，文采超过了质朴，就显得虚浮，只有文采与虚浮和谐地配合在一起，这才成为君子。孔子认为，在解决问题时，要防止思想办法上的片面性，别走两个极端，寻找一个"中点"。解决问题时，不要超过这个中点，也不要达不到这个中点。找到中点，解决问题时就能恰到好处，使矛盾双方和谐地统一起来。这是孔子思想办法，也是儒家的思想办法，即"中庸之道"。他认为，政局的稳定和社会的安宁以及人际关系的和谐都离不开"中庸之道"。

孔子认为，君臣双方要互相尊重，各自掌握自己的分过。鲁国国君定公问孔子说："君主役使君子，君子服事君主，各自应该如何做？"孔子答道："君主役使臣子应该依礼，臣子服事君主应该尽忠"。

为官的人，如何才能处理好官民关系呢？对老百姓是宽点好，还是严点好？孔子说："政策过分宽了，百姓就怠慢，这时就需要猛政来加以矫正。实行猛政又容易伤害老百姓，这时又需要辅之以宽政。宽政可以弥补猛政的缺点，猛政也可以弥补宽政的不足，宽猛并用，政局才平稳。"

这些都说明，中和、和谐、协调、平衡是世界发展的客观规律，天地万物只有处于和谐状态，才能生长和发展。如果失去平衡，就会产生严重后果。

和而不同

围绕中和观,儒学还提出了一个重要命题,即"和而不同"。孔子讲"君子和而不同,小人同而不和"。

自然界和人类社会是丰富多彩的。自然界的日月山河,飞禽走兽,草木虫鱼,品种不同,形态各异。人类社会的不同民族、不同制度、不同宗教、不同文化色彩斑斓,和而不同。孔子认为,对待这种不同,应该采取积极的宽容态度。君子豁达大度,海纳百川,小人则要求别人按照自己的模式做人做事。儒学的这种思想具有重要的现实意义。就是说用一种制度、一种文化、一种宗教来统一世界,是不可能的。

习近平主席2014年3月底在巴黎联合国教科文组织总部就文明对话发表的演讲,他强调:"文明是平等的,人类文明因平等才有交流互鉴的前提。各种人类文明在价值上是平等的,都各有千秋,也各有不足。世界上不存在十全十美的文明,也不存在一无是处的文明,文明没有高低、优劣之分。"

习近平先生又强调,历史告诉我们,只有交流互鉴,一种文明才能充满生命力。只要秉持包容精神,就不存在什么"文明冲突",就可以实现文明和谐。这就是中国人常说的:"萝卜青菜,各有所爱"。

目前,世界上很多学者都评价,和为贵、中庸、中和、过犹不及、和而不同,都是儒学之大本,是中华民族最高的生存智慧。

孔子又讲过,"四海之内,皆兄弟也。"

从这一切,我们可以看到,孔子思想,儒学文明怀有深切的人文主义,怀有一个和谐社会的理想。

孔子的这种学说和思想就成为在本世纪内,政治、经济、文化、艺术等各个领域欣欣向荣的中国提出的"和谐世界","中国梦"等理论的文化与思想根源。

学者认为,这个理论证明,一个大国是可以以和平友好的姿态出现在世界舞台上的。"和谐世界"也是在多年来形成和完善的国际关系中的一个新的原则,它将丰富国际关系理论的文化涵义,为不同的文明之间的共存与和谐创立条件。

己欲立而立人，己欲达而达人

孔子说，"己欲立而立人，己欲达而达人"，是中华传统美德，就是自己想立得住，也要使别人能立得住，自己想行得通，也要使别人能行得通。来自《论语》的这一智慧，在中国领导人倡议的"一带一路"宏大的战略构想中得到充分的体现。"一带一路"战略构想就是以中国自身崛起为带动力，推动欧亚大陆包括非洲南太地区的发展和繁荣，创新21世纪地区合作的模式。

"一带一路"包括世界65个国家，44亿人口，占全世界人口的63%，将成为世界上跨度最长的经济大走廊，发源于中国，贯通中亚、东南亚、南亚、西亚乃至欧洲部分地区。

习近平主席2015年3月底在博鳌亚洲论坛年会上强调，人类只有一个地球，各国共处一个世界。迈向命运共同体，必须坚持合作共赢、共同发展。只有合作共赢才能办大事、办好事、办长久之事。"一带一路"建设秉持的是共商、共建、共享原则，不是封闭的，而是开放包容的；不是中国一家的独奏，而是沿线国家的合唱。"一带一路"建设不是空洞的口号，而是看得见、摸得着的实际举措，将给地区国家带来实实在在的利益。

正如伟大的思想家孔子教导那样，"消逝的时光就像河水一样，日夜不停地流着"，岁月漫长，但是他整理的文化典籍流传至今，他讲过的那些思想不因岁月的流逝而失去光辉；相反，千百年来一直增添光彩，以新的内容与智慧丰富人类文化与思想。

孔子居世界十大文化名人之首，世界"四圣"之一。学者们认为，公元前800年至公元前200年是世界文明的轴心时代。这一历史阶段人类精神文明取得了重大的突破，各个文明都出现了伟大的精神导师。希腊有苏格拉底（前469—前399年）、柏拉图（前427—前347年），印度有释迦牟尼（前565—前486年）。以孔子为代表的儒家，以老子为代表的道家，都是这个时期出现的。

联合国公布的世界十大文化名人，出生有先后，宗教和文化背景不同，但是他们有一个共同特点，这就是关爱生命，关注人生，除恶向善，建立美好的道德，向往幸福的和谐社会。他们的思想学说，一直延续到今天，影响着我们的生活。

1988年在巴黎召开的诺贝尔奖获得者国际大会上，诺贝尔奖获得者指出，"人类要想在21世纪生存下去，就必须回顾和吸取生于2500多年前的孔子的智慧"，就证明了儒家思想具有强大的生命力。

孔子属于中国，孔子也属于全世界。

参考资料

1. 《四书五经》，京华出版社，2004年。
2. 冯友兰：《中国哲学史》，北京大学出版社，1985年。
3. 参见习近平《在联合国教科文组织总部就文明对话发表的演讲》。
4. 参见习近平《在博鳌亚洲论坛2015年年会开幕式上发表的主旨演讲》。
5. ［美］亨利·基辛格：《论中国》，中信出版社，2013年。

儒学的现代命运
——面对全球化的未来定位

韩国韩世大学国际语言学部 金镇宝

面对新世纪的挑战，儒学显然需要审时度势，重新定位。在全球化的大趋势下，世界经济一体化、政治单一多极化、文化多元化，以及各种文明形态跳跃、纠葛其间所构成的既相互交叉重迭又充满断裂与脱节的复杂秩序，为儒学的重新倡扬和走向国际舞台提供了前所未有的机遇。但"五四"以来的历史主义视角和批判话语所范型的儒学，已经不能对应这一新的世界图景；要想把握住机会，迎接潮流，顺势振兴儒学，就必须要对它进行新的形象诠释和身份建构。

一 儒学的现代价值

随着冷战时代的结束，意识形态的坚固壁垒迅速破解，社会理想的要求和社会制度的认同逐渐被现实的民族—国家利益追寻所取代，民族主义情绪普遍高涨。在新一轮的世界秩序重构和各自角色认定的过程之中，依附于文明形态的民族文化起到了十分重要的作用。"以意识形态和超级大国关系确定的结盟让位于以文化和文明确定的结盟，重新划分的政治界线越来越与种族、宗教、文明等文化的界线趋于一致，文化共同体正在取代冷战阵营，文明间的断层线正在成为全球政治冲突的中心界线"。[①] 所以从20世纪90年代以来，全球性的认同危机和令人眼花缭乱的分化重组过

---

① ［美］塞缪尔·亨廷顿（Samuel P. Huntington）著，周琪、刘绯等译，《文明的冲突与世界秩序的重建》，新华出版社2002年版，第129页。

程当中，我们真切地感受到了文化亲缘性的杠杆作用，一切价值判断、行动准则，及其正义性，莫不以文明形态的亲疏远近为依归，这差不多成了当代国际关系中人人心知肚明的原则。在此情形下，中国在当代国际社会中的身份和识别色也悄悄发生了改变。无论是亨廷顿"文明冲突"论中的7种文明划分①，还是贝克"当代文化的空间分步构型假说"中的辩证——三态世界②，中国都被定义为儒教国家，并且和更大区域的东亚社会联系在一起。从冷战时代的"社会主义中国"到今天的"儒教中国"，中国在国际社会中的身份已被彻底置换了，在相当普遍的认知当中；儒教已成为中国新的阵营标签。

　　这一变化的发生，并非是回顾历史的结果．而是面对现实的一种响应。从20世纪70年代开始，继日本成功地实现了现代化之后，亚洲"四小龙"接踵而行，随后东盟诸国、中国、越南也开始了这一经济腾飞的进程。到了90年代，"亚洲的崛起"已成为不争的事实，东亚现代化成了西方文明最强有力的挑战者。随着经济的强盛，价值的抒发和文化的伸张日益显得急迫，也成为一种现实的可能，所以逐渐形成了所谓"亚洲的声音"。在东亚社会复杂的政治结构和意识形态的背后，华人经济和华人文化是人们最容易把握的共性。除了日本和韩国之外，东亚经济基本上是华人经济。"东亚的经济越来越以中国为中心，以华人为主导"。③ 正是在这样一种客观的情形之下，自觉区别于西方文明的亚洲价值便被与中华传统联系在了一起，儒教也就自然成为一种区域文明的标识。正像亨廷顿所指出的，"华人领袖无论想要为独裁主义还是为民主制辩护，他们都从其共同的中华文化而不是从引进的西方观念中寻求合法性"。④ 东亚的成功，凸显了地区传统的重要性，而最具有普遍价值特征的儒家文化理所当然地被推拥到了前台。

---

　　① 在《文明的冲突？》一文中，亨廷顿所列7种文明为西方、儒教、日本、伊斯兰、印度教、斯拉夫——东正教、拉丁美洲。到《文明的冲突与世界秩序的重建》一书，略改为中华、日本、印度教、伊斯兰、西方、拉丁美洲、非洲。
　　② 参阅海因里希·贝克主编的《文明：从"冲突"走向和平》一书的道论"世界和平——文化矛盾中的动态统一"，吴向宏译，中国社会科学出版社1998年版，第15—44页。
　　③ 塞缪尔·亨廷顿（Samuel P. Huntington）著，周琪、刘绯等译，《文明的冲突与世界秩序的重建》，新华出版社2002年版，第183页。
　　④ 同上书，第107页。

从表面上看,将东亚现代化与儒家捆绑在一起,似乎只是某种历史的联想,至多不过是求援于传统的策略。但实质上,这一论域的出现代表了现代性反思最前沿的动向,是建构的传统,而非简单地回到历史。正像哈贝马斯所说的,"作为对席卷一切的现代化大潮的反应,传统主义本身表现为一场彻底的现代革新运动"。① 从 20 世纪 90 年代以来的儒学话语已经开始了新的"身份建构",它的语境已不是对西方小心的倾慕、拜服和反观自省,而是试图重置中心与边缘,将东亚价值的普遍性放在西方价值的普遍性之上。萨义德指出:身份的建构与社会中的权力运作联系在一起,身份建构决不是一种纯学术的随想。随着东亚现代化的成功,西方价值的中心地位遭到挑战,蕴含着优越性、先进性的"西方"观念开始动摇;而长期臣服于西方霸权的"东方"急于寻找自我伸张的方式,重新设定自己和"他者"的身份。"每一时代和社会都重新创造自己和'他者'。因此,自我身份或'他者'身份决非静止的东西,而在很大程度上是一种人为建构的历史、社会、学术和政治过程,就像是一场牵涉到各个社会的不同个体和机构的竞赛"(the construction of identity)。② 正是在这样的背景下,儒学话题重又浮现,并且在新的身份建构之中找到了当下的根源性。这一阐释图景,既是我们理解儒学当代价值的出发点,也是我们对其进行未来定位的基本位据。

二 全球化时代对儒学的重新定位

要想对儒学做出新的定位,首先碰到的困难是历史主义(historicism)的缠绕。儒学的现代形象设计是在进化论、科学主义、唯物论等批判性话语铺天盖地的击打之下完成的。这其中,历史主义的还原方法承担了最主要的学术塑造工作,同时也开辟了现代儒学话题的最大道场。在 20 世纪初,随着经学的解体和西学的播撒,人们对儒学的认知与理解发生了根本性的改变,由原来内在的自我身份的认同变成了外在的客观描述与研究,

---

① 哈贝马斯(Habermas, J.)著,《民主法治国家的承认斗争》,《文化与公共性》,汪晖等编,生活·读书·新知三联书店 1998 年版,第 360 页。
② 萨义德(Edward W. Said)著,王宁根译,载《东方学》,生活·读书·新知三联书店 1999 年版,第 426—427 页。

儒学的神圣性不复存在，反倒时时成为检讨与批判的对象。20世纪以文学为主导的儒学评判基本上是回溯式的，其指向在于儒学的过去，特别是它的源头。而未来的儒学定位必须要打破"向后看"的惯习，努力走出历史主义的阴影，用前瞻性的视野，追寻儒学的现代性联想，重新发现它的当代意义。传统的线性历史观是一维单向的，按此理解，儒学只能属于过去，无法超越时间的格限，不可能与现代性发生联系。而我们认为，"什么是儒学"的追问并不是简单的历史学问题，尤其不是线性历史的命题；它本身就含蕴着现代性的意义，既是历史的也是超越历史的。按照吉登斯的描述，现代性的动力因素主要有三个：一是存有形式中的"时空分离"，即时间与空间的"虚拟化"。将具体事实的场景实施时间与空间的抽离而给以重新组合，跨越时空的限定性、一维性和力学性，由此创造出一系列的普遍化观念和不可思议的超时空距离组合形式。二是"社会制度的抽离化"。三是"内在反思性"，即现代性在实质上是一种后传统秩序，具有反事实的质量，对理性的不断质疑和知识确定性的阶段性突破，使之趋向于非理性主义。其反本质的颠覆性和修正的敏感性，使得科学时代的许多信念遭到瓦解，科学主义已成为明日黄花。[①]从现代性的复杂蕴含来照察儒学，我们不应再用绝对历史还原的时空定格方式来评说它，而应该注重它的流淌性、转活性，以及作为文化存有形式的时空分离特征和抽离化机制的可能度。儒学既是一种历史积累，也是一种即在形式，是传统性与当下性的复杂交织。如果说儒学确实还有某种当代意义，不管它是"游魂""积淀"也好，还是"珍藏的影子""遥远的回响"也好。它总是还关联着当下的境况，此"当下"在一定意义上就是可以创造转化为现代性的源泉和资粮。

和时间坐标的前瞻性相呼应，未来儒学定位的空间尺度也亟须放大。虽说20世纪连绵不断的儒学批判大多是在中西参比的情况之下进行的，但儒学视域却是极端本土化的，完全被民族主义的观念所狭限。像梁启超《欧游心影录》所传达的那类讯息只能激起一点点意外的惊喜，而更为长久和沉重的民族心理体验是闭门思过。遮掩尚恐不及，哪敢到处宣示。在

---

① [英]安东尼·吉登斯（Anthony Giddens）著，赵旭东等译，《现代性与自我认同》，三联书店1998年版，第17—23页。

西方中心主义的强大压力下，儒学不但被逐出了现实生活的空间，而且逐渐从历史的光环中收缩和退隐，以至于没有多少人再注意到它曾拥有超越民族和国界的过去，儒学的普遍主义质量已成为久被遗忘的话题。实际上，早在七百年前，儒学就已渐次成为东亚文明的主流形式，它不仅是中国文化的象征，也是日本文化、韩国文化、越南文化的重要组成部分。一直到今天，"儒教文化圈"还是一个世界地缘政治的摹状词，不管它如何有欠精确，但仍能激起普遍的历史联想和有效的现实响应。由此我们要说，儒学不但是中国的，也是世界的，尤其是东亚的。只有把儒学放在世界文明的大视野、大格局中，才能真正认识到它的重要性，其现实意义也才能够充分地显现出来。随着中国经济的快速增长和国力的日渐强盛，一个普遍主义的中国观念不仅仅是历史的回眸，而且日益成为我们今天所面对的现实，比经济上的"大中华"概念和意义更为广阔的"文化中国"概念已经准确无误地透露出了这方面的消息。

三　中国文化的复兴与重建

自近代以来，在关于中国文化建设的讨论中，始终存在着两种思潮：一是"国粹"思潮，一是"西化"思潮。由于这两种思潮已成为二元对立的思维定势，因而自近代以来，每逢历史转折关头，几乎都伴随着中西文化优劣的讨论，在设计中国文化建设道路时，它所给出的只是二者必居其一的选择，要么"西化"，要么"国粹"，似乎没有其他道路可走。同时这种思维定势还对中国文化心理产生了深刻影响，在有些人的心目中，凡是西方的都是好的，甚至把那些已被历史淘汰的东西都视为珍宝，面对西方文化，总觉得中国文化"百事不如人"；另一些人则认为西方没有什么可学习的文化，中国传统文化已尽善尽美，因而对西方文化常常采取简单排斥的态度。回顾历史就会发现，不仅以往的诸如"西化"论、"国粹"论，而且20世纪80年代以来所提出的诸如"西体中用"论"河东河西"论"文化输出"论等等，都与这种思维定势密切相关，从这个意义上来说，正是这种二元对立的思维定势妨碍了对中国文化建设的理论探讨。

尽管在二元对立思维定势影响下，理论研究总是徘徊于"西化"与

"国粹"的选择上,但近代以来中国文化的发展实践并没有选择这两种模式的任何一种,既没有全盘西化,也没有复古,这表明中国的文化理论研究滞后于现实的发展。这种理论研究的滞后,导致了中国文化发展的自发性,即缺乏文化建设的自觉意识及共识理论的引导,即使是"民族的、大众的、科学的"[①] 文化方针贯彻几十年,也因为二元对立思维定势的束缚和极"左"思潮的干扰而未能落到实处。中国文化发展的自发性,突出显现了中国文化建设缺乏为全民族共识的明确方向。因此,面对全面开放的现实,如何发扬优秀民族传统,如何吸纳外来文化,如何在经济日益全球化的形势下走自己的文化发展道路等,已成为我们必须面对的问题。深刻认识中国文化所面临的危机,明确中国文化建设的方向,解决文化建设中所面临的种种问题,使中国文化从自发走向更加自觉地建设,首先应当进行深入的理论探讨。

随着全球化进程的加快,儒学话语必将越来越多地冲越民族和地域的藩篱而面向世界。也只有在全球化的浪潮中搏击风雨、经受挑战,儒学才有可望崭露头角、成为全球多元文化中的一种声音。吉登斯描述了地方性与全球性的交互辩证影响在当代社会重构过程中的复杂情景,指出:"全球化使在场和缺场纠缠在一起,让远距离的社会事件和社会关系与地方性场景交织在一起。"[②] 这样,就使得离开全球化来谈本土化,离开世界的普遍价值观念来谈民族区域文化的即在意义,几乎成为不可能。在这样一种前所未有的普遍关联的场景之中,要想对儒学的价值和意义有所说明,要想对儒学的未来发展做以前瞻,那就必须要有新的空间观念和全球化的

---

① "建立民族的、科学的、大众的文化"是早在新民主主义革命时期中国共产党所提出的文化建设的方针。1940 年初,时任中共中央宣传部长的张闻天于当年的 1 月 5 日,在延安召开的陕甘宁边区文化界救亡协会第一次代表大会上做了一个题为《中华民族新文化的内容与性质》的讲演,论述了新文化的发展方向,概括为"民族的、民主的、科学的、大众的"的十二字方针。讲演的大纲全文共十五节,最初刊发于 1940 年 4 月 10 日出版的中共中央机关刊物《解放》第 103 期。中国共产党的十六大报告对先进文化的前进方向重新作了言简意赅的论述:"在当代中国,发展先进文化,就是发展面向现代化、面向世界、面向未来的,民族的、科学的、大众的社会主义文化,以不断丰富人们的精神世界,增强人们的精神力量"。详见中国共产党第十六次全国代表大会报告,《全面建设小康社会,开创中国特色社会主义事业新局面》,单行本,2002。

② [英]安东尼·吉登斯(Anthony Giddens)著,赵旭东等译,《现代性与自我认同》,三联书店 1998 年,第 23 页。

意识。而近百年来儒学造型中的民族主义视野和本土化的语境已完全不能应对全球化情景中所出现的新情况。我们必须要打破已有的惯常的程序，尝试创造出新的叙述框架和更多的诠释性语汇，以使儒学的现代转化能与全球化的潮流相应合，从而去更好地面对这个新的世纪。

儒家的生态伦理思想与可持续发展

首都师范大学　白　奚

一、"时禁"与"弋不射宿"
——从生态智慧到生态伦理

中国古人很早就懂得自己赖以生存的自然资源并非是取之不尽，用之不竭的，为了自身的长远利益，他们反对破坏和浪费自然资源，并早在西周时期便设立了相应的制度和政府部门——"虞衡"，如"山虞""泽虞""川虞""林衡"，对采伐林木和猎取鸟兽等行为进行严格的监督管理和执法，《周礼·地官司徒》有详细的记载："山虞掌山林之政令。物为之厉而为之守禁"；"林衡掌巡林麓之禁令而平其守，以时计林麓而赏罚之"；"川衡掌巡川泽之禁令而平其守，以时舍其守，犯禁者，执而诛罚之"；"泽虞掌国泽之政令，为之厉禁"等等。《礼记·王制》篇有这样的记载：

> 天子诸侯，无事则岁三田，一为乾豆，二为宾客，三为充君之庖。无事而不田，曰不敬；田不以礼，曰暴天物。天子不合围，诸侯不掩群。天子杀则下大绥，诸侯杀则下小绥，大夫杀则止佐车。佐车止，则百姓田猎。獭祭鱼，然后虞人入泽梁。豺祭兽，然后田猎，鸠化为鹰，然后设罻罗。草木零落，然后入山林，昆虫未蛰，不可以火田。不麑，不卵，不杀胎，不殀夭，不覆巢。

这些规定和限令都与"时"——万物生长的时节性密切相关，故又称为"时禁",①强调人们对自然资源的取用不得违背万物生长的自然节律。根据"时禁",即使是天子诸侯,在田猎时也必须遵守相关的"礼",不得"合围"和"掩群",即不得采取将猎物团团围住不分大小不管长成与否群取而猎之的手段,否则便是违礼,便是"暴天物"。

先民们甚至还初步具有了我们今天称之为生态平衡的思想,在长期的生产实践中,他们认识到滥伐林木等行为会导致诸如气候反常等现象,提出了对自然环境加以保护的思想。在先秦的典籍特别是诸子百家的著作中,我们可以看到很多这样的记载,如《大戴礼记》指出,诸如"坏巢破卵""竭水博鱼""填溪塞谷"等不当行为会导致"风雨不时,暴风水旱并兴"等灾害。儒家在这方面虽然谈的不多,但却有着清醒的认识,如孟子说:"数罟不入洿池,鱼鳖不可胜食也;斧斤以时入山林,材木不可胜用也。"②荀子也说:"草木荣华滋硕之时,则斧斤不入山林,不夭其生,不绝其长也;鼋鼍鱼鳖鳅鳝孕别之时,网罟毒药不入泽,不夭其生,不绝其长也。"③荀子称此种依万物生长的自然节律而有"斩伐"有"长养"的措施为"时禁",目的是使"国家足用而财物不屈"。

以上这些有节制地取用自然资源的认识和措施,是先民的一种生态智慧,从中我们可以看到,如今人们不得不采取的"休渔""休猎""封山育林"等保护自然资源的做法,在遥远的古代就为我们的祖先所创用。几千年前我们的祖先就有了如此明智的认识和行动,这固然令我们感到骄傲。然而,反观中国先秦时期已有的"时禁"和防止"暴天物"等措施,其实质也是为了人类自身的利益,如果我们仅从工具理性的层面来看,这充其量不过是一种在长期的生存压力下积累起来的生活经验,并没有在更高的哲学层面上提供多少深刻的思想内容。如果仅是这样,则中国古人的生态思想对于我们现代人类便没有太多的意义和价值,因为现代人的相关认识所达到的深度和相关举措的力度,显然不是古人所能比拟的。然而事实却不仅是这样,中国古人的生态思想为现代人类保护生态环境的大计提

---

① 《荀子·王制》:"网罟毒药不入泽,洿池渊沼谨其时禁,故鱼鳖优多而百姓有余用。"《管子·立政》:"修火宪,敬山泽林薮积草;夫财之所出,以时禁发爲,使民于宫室之用,薪蒸之所积,虞师之事也。"

② 《孟子·梁惠王上》。

③ 《荀子·王制》。

供了一种极为重要、独特而且新鲜的思想资源,那就是今天可以称之为生态伦理的思想。生态伦理主张对万物持一种符合伦理道德的态度,把原本只用于人类社会的伦理道德关怀扩展到自然万物,这种思想正是儒家所阐发和提供的,这也是儒家生态环境思想的卓异之处。

儒家的生态伦理思想可以追溯到孔子。《论语·述而》记载:"子钓而不纲,弋不射宿",这句话最能表明孔子对生物特别是动物的爱惜之心和悲悯之情。"钓而不纲"是说孔子只用一钩一竿钓鱼,从来不用绳网捕鱼,因为使用绳网会把水中的鱼不分大小一网打尽。"弋不射宿"是说孔子虽然也射鸟,但从来不射栖宿巢中的鸟。如果说"钓而不纲"还只是取物有节的话,"弋不射宿"则明显表现出孔子对动物的悲悯之情,因为宿止巢中的往往是正在孵卵或育雏的鸟,故不忍射之,这样的做法,后世儒者称之为"推恩"。朱熹《论语集注》引洪氏曰:"此可见仁人之本心矣,待物如此,待人可知。"可见孔子的仁爱之心实际上也被他用之于对待自然万物,对他来说,对人类的仁爱与对万物的仁爱是一致的、相通的。人们也许会提出疑问,既然孔子有此仁爱之心,那为什么还能忍心钓鱼和射杀飞鸟呢?对于这个问题,王阳明有一段话可以作为回答,他说:"惟是道理自有厚薄。比如身是一体,把手足捍头目,岂是偏要薄手足?其道理合如此。禽兽与草木同是爱的,把草木去养禽兽,又忍得。人与禽兽同是爱的,宰禽兽以养亲,与供祭祀燕宾客,心又忍得。"[①] 任何人都必须依赖自然界提供的资源生活,因而虽有仁心如孔子者亦不能不钓不弋,这就需要在取用自然资源时常怀有珍惜爱护之心,处理好"忍"与"不忍"的关系。

孔子的"弋不射宿"是一种以人类特有的仁爱之心对待万物的悲悯之情,笔者认为,这还只是孔子对待万物的符合自己伦理原则的态度,仅仅是儒家生态伦理的萌芽或雏形,尚无理论构建和深入阐发。真正建立起儒家的生态伦理思想,并使其成为后世儒家之重要传统的,应该是孟子。从生态智慧到生态伦理,是中国传统思想文化的一个重要发展,是儒家学说的合乎内在理论逻辑的推进。

---

① (明)王阳明《传习录》(下)。

二、从"仁民"到"爱物"

——孟子的道德关怀向自然万物的扩展

在如何对待动物的生命这一问题上,孟子的态度与孔子相同,但表述得更深入明确。他说:"君子之于禽兽也,见其生不忍见其死,闻其声不忍食其肉,是以君子远庖厨也。"[①]孟子认为人皆有对于他人的痛苦和危难的天然的同情心,他称之为"恻隐之心"或"不忍人之心",推此心于万物,他不忍亲见禽兽被宰杀,主张"君子远庖厨",并称此为"仁术"。这个"仁术",如果我们借用孟子自己的表述方式,就是"有不忍人之心,斯有不忍物之心"。可见,孟子和孔子一样,也主张把对待人的道德情感扩大到对待万物,或曰将自然万物纳入仁爱的范围,即纳入人类的道德关怀的范围,用仁爱之心将人与万物联成一个整体。这就是他的"亲亲而仁民,仁民而爱物"的重要思想。

"亲亲而仁民,仁民而爱物"的"而"字的解释十分关键,这个"而"字不能作"而且"解,因为"亲亲"和"仁民""爱物"并不是并列的关系,而是一种先后次序、层层递进的关系,因此应作"继而""而后"解。赵岐注此句曰:"先亲其亲戚,然后仁民,仁民然后爱物,用恩之次也。"孟子自己也说:"仁者无不爱也,急亲贤之为务。"[②]这就是说,仁者之爱亦有先后缓急,要首先满足亲亲之情,然后还要推此亲亲之情于全天下而"无不爱"。由"亲亲"推展到"仁民",再由"仁民"扩充到"爱物",清楚地表达了儒家之"仁"的层次性和递进性。可见,"仁"内在地包含了"亲亲""仁民"与"爱物"三个层次,其中"亲亲"是仁的自然基础,"仁民"是仁的核心和重点,"爱物"则是仁的最终完成。这样的理解不仅符合《孟子》书中的原义,而且也符合儒家的一贯主张,马王堆帛书《五行》曰:"爱父,其继爱人,仁也。"又曰:"爱父,其杀爱人,仁也。言爱父而后及人也。"郭店楚简《五行》亦有"爱父,其攸爱人,仁也",整理小组指出:"攸",读作

[①] 《孟子·梁惠王上》。
[②] 《孟子·尽心上》。

"迪"，《尔雅·释诂》："迪，进也。"这里的"继""杀""攸"，都是"其次""继而"之义，其意是说，由爱自己的父母出发，进而推及到爱所有的人，这就符合"仁"的要求。从出土简帛到《孟子》的这些论述，都是在阐发孔子确立的一个重要原则——"立爱自亲始"①，它强调的是仁爱的起点必须是亲情，既曰"自亲始"，当然就不能"至亲终"，"亲亲"只是个起点而已，这就为仁爱的向外延伸直至自然万物预留了广大的扩展空间。

对万物的爱心，实际上是儒家之"仁"需要完善化的内在逻辑要求。由孟子所阐释的这种层次分明的仁爱观念，具有重要的理论意义，它既可以满足人类最基本、最自然的血缘亲情之需要，又突出了普遍的人类之爱，更使爱心超越了人类社会的畛域，扩展到无限广大的天地万物，用爱心将人与万物连为一体。这种爱心是何等的博大！以今天的眼光观之，这是一种十分难得、境界极高的生态伦理思想。

"仁民而爱物"在最广大的范围内表现了儒家仁学的道德诉求。孟子认为："人之所以异于禽兽者几希"②，人和动物的区别就那么一点点儿，那就是人有"仁心"，只有人才有道德情感。"仁民而爱物"，是人的同类意识的进一步扩大，扩大到人类活动所能及的任何地方。从"亲亲而仁民，仁民而爱物"的层次推进来看，由"仁民"到"爱物"是儒家仁学的内在逻辑要求，它要求将仁爱的精神无限地伸张，让爱心充满宇宙。这种将仁爱的精神泛化和扩展的倾向，萌芽于孔子，成熟于孟子，经历代儒者的继承、阐扬与完善，最终成为儒家的一个重要传统。《中庸》曰："能尽人之性，则能尽物之性；能尽物之性，则可以赞天地之化育"，《周礼·大司徒》曰："仁者，仁爱之及物也"，扬雄《太玄·玄摛》曰："周爱天下之物，无有偏私，故谓之仁"，韩愈《原道》曰："博爱之谓仁"，都是对这一传统的表述。宋儒张载亦将人类天然的道德情感贯注于万物，他在《正蒙·乾称》中提出"民，吾同胞；物，吾与也"的著名命题，视人类为同胞，视万物为人类的朋友和同伴，充分体现了儒家仁民爱物的博大精神。

---

① 《礼记·祭义》。
② 《孟子·离娄下》。

三、"天地之心"与"万物一体"

——宋明理学对儒家生态伦理思想的深化

孔子和孟子主张将人类的道德关怀扩大到对待万物,并视之为"仁"德的最终完成,然而,人类为什么要将道德关怀扩大到万物?孔子和孟子只是将此视为"仁"需要完善化的内在逻辑要求,并没有从人类在天地中的地位以及人类同万物的关系的层面进行思考和论证。宋明理学家整合了"人者天地之心"的传统思想资源,提出了"万物一体"的思想,此种思想强调了人类对待万物所必须承担的伦理责任,从而深化和发展了孔孟的生态伦理思想。

"天地之心"的提法,首见于《易·象传·复》:"复,其见天地之心乎",但尚未同"人"直接联系起来。《礼记·礼运》第一次提出"人"是"天地之心"的观念:"人者,天地之心也,五行之端也,食味别声被色而生者也。""人者,天地之心"的命题,是儒家对人在宇宙间的哲学定位,标志着儒家对人之为人的一种高度的自觉。这一命题中蕴含着的另一层意思,是认定人具有不同于万物的特质。人之所以有这样的特质,按照《礼运》的说法,在于人是"五行之秀气",万物皆禀五行之气而生,惟人独得其"秀气",故能为"天地之心"。人独得天地间"五行之秀气",因而人就是"万物之灵"。人为万物之灵,也是中国先民由来已久的观念,最早出现在儒家早期典籍《尚书·泰誓》中:"惟天地万物父母,惟人万物之灵。"人既是"万物之灵",则为万物中之最贵者,故孔子有"天地之性人为贵"[①]的说法。人为"天地之心""万物之灵"以及"人为贵",都是先民自我意识的精粹,后世儒者常将这几种提法合而言之。[②]

以上几种提法都突出了人在天地之间的特殊地位,强调了人贵于万

---

① 《孝经·圣治章第九》。
② 欧阳修曰:"人者,万物之灵,天地之心也。"(《欧阳修集·附录四·记神清洞》)王阳明曰:"故曰:人者,天地之心,万物之灵也。"(《王阳明集补编·卷五·年谱附录一》)陆九渊曰:"天地之性人为贵,人为万物之灵。人所以贵与灵者,只是这心。"(《朱子语类·卷一百二十四·陆氏》引)

物。然而人缘何贵于万物？人何以拥有如此特殊的地位？儒家学者对此有着不同的解答。王充认为："天地之性人为贵，贵其识知也"，①即贵在人有知识智慧。王充的这种看法，类似于西方古典人类中心主义的"理性优越论"，即认为人是惟一具有理性并因此高于其他存在物的物种。荀子则认为："人有气有生有知亦且有义，故最为天下贵。"②董仲舒也认为，万物莫贵于人，是因为"惟人独能为仁义"，③荀子和董仲舒认为人贵于万物是由于惟独人具有道德能力，这种看法后来成为了儒家的主流见解，因为在儒家看来，道德能力就是最高的知识智慧。

确认了人为"天地之心""万物之灵"和"人为贵"之后，在如何对待万物，如何处理人与万物的关系这一问题上，儒家内部却存在着截然不同的立场。

以荀子和董仲舒为代表的一种立场认为，万物存在的价值就在于能够为人类所利用。此种观念是古人最容易自发得出的。《列子·说符》记载，田氏宴客，见到所献的鱼雁，"乃叹曰：'天之于民厚矣！殖五谷，生鱼鸟以为之用。'众客和之如响。"由"众客和之如响"一句可见，将万物视为上天对人类的恩赐的看法是由来已久且相当普遍的。荀子和董仲舒把这种自发形成的观念理论化。荀子把万物看成是人类的财富，他说："故天之所覆，地之所载，莫不尽其美，致其用，上以饰贤良，下以养百姓而安乐之"，④并一再强调要"财万物""材万物"以"养人之欲，给人之求"。⑤虽然荀子也主张在取用自然资源时要有所节制，然而在他看来，让万物"不夭其生，不绝其长"，最大限度地为人类所用，这便是万物之"宜"了。正是基于这样的认识，荀子提出了"人定胜天"的思想，主张对自然界"物畜而制之"。董仲舒则从神学目的论出发，阐述了天创造万物是为了人类所用的观点。他说："天地之生万物也，以养人，故其可食者以养身体，其可威者以为容服。"⑥"生五谷以食之，桑麻以衣之，六畜

---

① 《论衡·别通》。
② 《荀子·王制》。
③ 《春秋繁露·人副天数》。
④ 《荀子·王制》。
⑤ 《荀子·礼论》。
⑥ 《春秋繁露·服制像》。

以养之,服牛乘马,圈豹槛虎,是其得天之灵,贵于物也。"①在荀子和董仲舒看来,人贵于万物,人类的利益高于一切,因而人类为了自己的利益而自由取用自然资源,这是天经地义的事,即使是有所爱惜和保护,也只是为了人类的长远利益。这一派儒家在对待人与自然的关系上所持的态度,同西方古典人类中心主义的自然目的论是一致的。

荀子和董仲舒这一派以人的利益为中心的立场,并没有成为儒家处理人与万物关系的主流。构成儒家的主流和传统的,是从孔子、孟子到宋明理学的以道义为中心的立场,即"仁民而爱物"的立场,它是对以利益为中心的立场的超越。

"仁民而爱物"的观点要求用人类的道德情感对待万物,不过这仍然是将万物看成是外在于自己的"他物",如此,则不爱万物对人也并无损害。宋明时期的儒者显然意识到了这一点,于是他们对此作了理论上的推进,他们结合了早期儒家的另一个重要思想资源——"人者天地之心"的思想,提出了"万物一体"的观念,对"仁民而爱物"进行了形而上的哲学论证,强调人类必须对万物承担伦理责任和道德义务,以确保"爱物"不至于落空。

宋明理学家首先要求正确认识人在宇宙中的地位,摆正人与自然万物的关系。邵雍对"以我观物"的认识立场提出了批评,认为这种以人的利益和意志为中心的立场是一种偏见,是导致"任我"从而宰制万物的认识根源。他认为,正确的认识立场是"以物观物"和"因物"。张载《西铭》曰:"乾称父,坤称母,予兹藐焉,乃混然中处。"认为人与万物一样,都是天地所生,人在无限广大的天地中是微不足道的。这无疑是一种谦逊的态度。二程亦曰:"人在天地之间,与万物同流,天几时分别出是人是物?"②然而,天虽然不分别是人是物,人却不能仅如此为自己定位,否则便是把自己看小了,故二程曰:"人与天地一物也,而人特自小之,何耶?"③在宋明理学家看来,人于天地之间,虽藐然七尺之躯,却担当着全部的道义。人必须"赞天地之化育"而"与天地参",④承担起爱

---

① 《汉书·董仲舒传》。
② 《河南程氏遗书》卷第二上。
③ 《河南程氏遗书》卷第十一。
④ 《中庸》第二十二章。

养万物的责任，方不愧于"万物之灵"的称号。

为了突出人对万物的道德义务，宋明理学家提出了"万物一体"的命题，发展了孟子"仁民而爱物"的思想。二程曰：

> 医书言手足痿痹为不仁，此言最善名状。仁者，以天地万物为一体，莫非己也。认得为己，何所不至？若不有诸己，自不与己相干，如手足不仁，气已不贯，皆不属己。①

又曰：

> 若夫至仁，则天地为一身，而天地之间，品物万形为四肢百体。夫人岂有视四肢百体而不爱者哉？……医书有以手足风顽谓之四体不仁，为其疾痛不以累其心故也。夫手足在我，而疾痛不与知焉，非不仁而何？世之忍心无恩者，其自弃亦若是而已。②

二程这里借用了医书中将四肢麻木称为不仁的说法，以说明人与天地间的品形万物是同为一体的关系。既然天地间万物同为一体，人作为万物之一，则万物就不再是与人无关痛痒的外在之物，而是与人血肉相连，休戚相关，因而人就必须如爱护自己的手足般地爱护万物，忍心抛弃万物无异于"自弃"。

随之而来的问题是，既然"万物为一体""天地为一身"，那么人在这"一体""一身"中居于什么地位呢？显然，在二程看来，人在天地之间显然居于一特殊的地位，否则便不能对人提出特殊的道德要求，那么人在天地这"一身"中居于何等的地位呢？从二程的论述看，他实际上已经把人定位为天地之"心"了，因为惟有"心"能"知"手足之疾痛。人既为"天地之心"，万物为"四肢百体"，其疾痛则无不通达于心，没有这样的感受便是"不仁"。这样一来，"爱物"便落在了实处，"爱物"

---

① 《河南程氏遗书》卷第二上。
② 《河南程氏遗书》卷第四。

已不仅是应当如此，而且是非如此不可了。不过，二程尚没有把人定位为"天地之心"从而担当对万物的道德义务的明确论述。

王阳明进一步明确了这一思想。他说：

> 夫人者，天地之心。天地万物，本吾一体者也，生民之困苦荼毒，孰非疾痛之切于吾身者乎？①

人既是"天地之心"，则天地间万物之危难痛苦无不通达于此"心"，此"心"则必然作出反应而怜恤爱护之，

> 是故见孺子之入井，而必有怵惕恻隐之心焉，是其仁之与孺子而为一体也；孺子犹同类者也，见鸟兽之哀鸣觳觫，而必有不忍之心焉，是其仁之与鸟兽而为一体也；鸟兽犹有知觉者也，见草木之摧折而必有悯恤之心焉，是其仁之与草木而为一体也；草木犹有生意者也，见瓦石之毁坏而必有顾惜之心焉，是其仁之与瓦石而为一体也。②

这里我们看到，孟子的"爱物"还是笼统言之，到了宋明时期，"仁爱"的对象已被扩大到真正的"万物"，甚至到了没有生命的"瓦石"；孟子的"爱物"还是讲的应当如此，而在宋明儒者那里，"爱物"已经是非如此不可了。在宋明理学家看来，如果没有作为"天地之心"的人，万物之疾痛又有谁来关切呢？万物的危难又有谁来解救呢？如果人在天地之间不是居于"心"这样的特殊地位，而是同万物没有区别，又如何能对人提出特殊的道德要求呢？这就是"人为天地之心"的伦理学意义。

按照张载的说法，天地本无心，是人"为天地立心"，③"天地之心"是人对自己在天地间的价值定位。将人定位为"天地之心"，就决定了人对待万物的态度。如此定位的人，视万物为与人同源、同构、同体而相感

---

① 《王阳明全集·卷二·语录二》。
② 《王阳明全集·卷二十六·续编一》。
③ 《张载集·拾遗·近思录拾遗》。

通，其行动就不会仅考虑自身的利益，在取用自然资源时就不会那么理直气壮、冷酷无情，而是常怀恻隐、悯恤、顾惜之心。更有进者，如此定位的人，不但没有获得统治万物、宰制万物的权力，而且还必须担负起维护万物的生养的责任，充当万物的守护者，用自己的爱心行动使万物各得其所，否则便是没有尽到责任。正如王阳明所言："仁者以天地万物为一体，使有一物失所，便是吾仁有未尽处。"① 朱熹也说过："'人者，天地之心。'没这人时，天地便没人管。"② 这里的一个"管"字，显然不能理解为"管制"，而应理解为"管顾""照管"，它深切地表达了人对天地万物的责任感。王夫之说得好："自然者天地，主持者人。人者天地之心。"③ 人在为自己确立了"天地之心"的价值定位的同时，不是拥有了主宰万物的权力，而是主动承担起了自然万物的"主持者"的责任和义务，人作为"万物之灵"，其特殊性即在于此。

古代儒家的这些思想，是一种极高的道德要求，即使是高度文明的现代人也很难做到，对于我们走出生态危机的困境很有启悟价值，理应受到足够的重视。

四、仁爱万物与参赞化育
——生态保护亟待引进的道德观念

生态伦理这一概念虽然是一个新名词，古代儒家的学说中也确实没有现代科学意义上的生态思想，但这并不妨碍我们探讨儒家仁爱观念的生态学意义。因为儒家关于仁爱的伦理学说，其论说和适用的范围确实超越了人类社会，而及于无限广大的自然万物，其中的确包含着与现代科学的生态与环境理论相一致的内容。儒家的生态伦理思想产生于遥远的古代社会，在漫长的农耕文明中始终发挥着保护自然环境、维持生态平衡、保证人与自然万物和谐相处的良好作用。而今，现代化的发展已经使我们拥有了与过去完全不同的生存环境和生存方式，但是，儒家生态伦理思想的很

---

① 《王阳明全集·卷一·语录一》。
② 《朱子语类·卷四十五·论语二十七》。
③ （清）王夫之：《周易外传·卷二·复》。

多内容都与当今人类关于生态平衡和环境保护的诉求相契合，是生态保护思想和运动的天然盟友，而且这种古老的思想在今天看来仍然是非常的深刻，足以给我们警示与启迪，仍然可以为人类社会的可持续发展提供源源不断的思想资源。

现代生态科学是为研究和解决人与自然的关系问题而建立的，其出发点是人类自身的利益，本质上仍然是一种人类中心主义。这同儒家的生态观有很大的差别，儒家的生态观不是出于功利的目的，并不采取以人类的利益为中心的立场，而是将人类与自然万物置于同等的地位，强调人对自然万物的道德义务，要求人们把万物当成自己的同类甚至血肉相连的"一身""一体"来对待，充满了浓重的道德情感色彩。儒家不是把自然万物看成是人类的"资源库"，而是将人类的道德情感倾注于天地万物，让世界充满"情""爱"与"美"。假如人类在近代工业社会以来大举开发自然资源的活动中，能够拥有一些这样的情怀和立场，我们今天就不至于如此痛悔自己以往的过失，就不至于付出如此巨大的代价。如今，为了人类的根本利益和长远利益，为了人类社会的可持续发展，人类正着力于修补人与自然日益破裂的关系。如果我们在依靠科学改善生态环境的同时，也能够适当地效法"钓而不纲，弋不射宿"的孔夫子方式，吸收儒家"仁民而爱物"的生态伦理思想，转变人类中心主义的立场，对自然万物多一些爱心和责任心，这未尝不是一种更为合理的态度，对人类维护生态平衡和保护自然环境的事业未尝没有裨益。

保护生态环境是一项深入持久且艰巨的工作，主要依靠科学意识的培养和科学知识的普及，使民众切实认识到这项工作的重要性，还要靠法律法规等强制性的手段来保证相应措施的执行。但是，仅有科学和法律的手段恐怕还不够，还不完善，还应该引进道德的观念为之辅翼。当前，普及环保知识教育的群众性工作热情很高，但总让人觉得缺少点儿什么，一些有识之士将科学与伦理道德结合起来，不失时机地提出了"生态伦理""道德的生态观"等理念，正好可以填补人们心中的这些空缺。我们认为，将道德情感引入生态环境的保护工作，教育民众尊重自然，尊重生命，对一草一木充满爱心、同情心，不再那样冷酷无情，对当前的环保教育不失为一种有效的促进方式。在这方面，儒家以"仁爱"为核心内容的生态伦理思想正好为我们提供了不可多得的传统思想资源，值得我们很好地继承和发扬。

儒家提倡的对天地万物的博爱之心，是当前进行环保教育和接受环保教育的人都易于接受且乐于接受的，因为它天然地符合人类的道德情感。这一点，只要观察儿童的心理和行为就可以得到充分的证明。儿童对小树、小草，特别是对小动物有着超出成人的兴趣和感情，他们乐于认为小动物是自己的伙伴，拥有同自己一样的思想感情，他们往往会为小动物的伤病死亡而伤心落泪甚至茶饭不思。（儿童有时也会采取残忍的行为，这另当别论。）随着儿童的成长，科学和理性的成分逐渐增多，但童心并不会完全泯灭，因而他们成年后也会根据自己儿时的感受和方式来影响和教育自己的后代，启发、鼓励他们对自然万物的爱心。因而，在少年儿童中加强博爱万物的教育是最奏效的，而且这种教育还将影响一个人的终身。我们经常看到和听说人们将野生动物放归大自然的事情，其中最多的是儿童和老人，这种行为固然表明了人们的环保意识的增强，但有谁能否认这里面也包含着道德情感的成分呢？由此也可见古人所说的"不忍之心""怵惕恻隐之心""悯恤之心"并非虚言。更有进者，倘能培养起对自然万物的博爱意识，不仅可以有效地保护人类赖以生存的自然环境，反过来也有助于促进人类之间的友爱，同时也能使人从万物的勃勃生机中获得美的享受和道德心的满足。总之，科学的态度辅之以儒家式的道德意识和生命情怀，应该是人类对待自然万物的最合理的态度。这就是儒学的仁爱观念在现代科学的背景下所能给予我们的重要启示。

儒家不仅主张以仁爱万物的方式承担起对万物生存发展的道德责任，还主张以更为积极主动的方式帮助天地生化和培育万物，这就是《中庸》提出的"参赞化育"的思想。《中庸》曰：

> 唯天下至诚，为能尽其性；能尽其性，则能尽人之性；能尽人之性，则能尽物之性；能尽物之性，则可以赞天地之化育；可以赞天地之化育，则可以与天地参矣。

"化育"是指自然万物本身的生成、变化与发育，中国古人认为，万物在天地间的"化育"是"天地"的主动作为的结果。"赞"就是参与、帮助，是一种主动的、积极有为的活动。儒家认为，天能生化万物，地能培育万物，人在天地间不是普通万物那样的被动的存在，而是能够积极、主动、自觉地参与和赞助天地的化育作用，帮助万物使之各遂其生、各得其所、各尽其性。如此，人就能"与天地参"，即顶天立地，与天地并列为三，充分实现人的价值和作用。

那么，人何以能够参赞万物的化育呢？这是因为，第一，人本来就是自然界的产物和一部分，人类与天地万物之间是统一的，存在着内在的联系，这是人能够参赞万物之化育的前提。儒家认为，"天人一性""天人一物""天人一体""天人一理"。人也是万物之一，人与天地万物本来就是"一体"的，人之性与万物之性也并无二致，人和天地万物之间存在着共同的、根本的规律。显然，如果没有这样的内在联系，人就无法参赞天地万物的化育。第二，人是"万物之灵"，因而有资格、有能力参赞万物的化育；人是"天地之心"，是万物中的"最贵"者，所以万物中惟有人有责任和义务参赞万物的化育。显然，如果人不是万物中特殊的一员，就没有能力、也没有资格参赞化育，帮助万物各遂其生、各尽其性、各得其所。

接下来的问题是，人类可以在多大程度上参与天地自然万物的化育呢？这种主动的参与活动有没有前提呢？要不要对人的这种参与活动加以限制呢？儒家认为，"赞"的前提是尊重天地自然本身的变化规律和万物固有的存在方式，是"尽物之性"，而不是把人的意志强加于天地万物。也就是说，人必须按照天道、物性的要求去影响和推动万物的化育，而不是把自己的意志凌驾于"物之性"之上。可见，"参赞化育"必须以尊重天道和物性为前提，这个前提是对人类行为的限制，避免人类为所欲为，把自己的意志强加给自然万物。显然，这一前提和限制是极为重要的，是避免出现人类强化自己的意志，过于发挥自己的自觉性和能动性而导致征服自然之恶果的关键。

儒家主张的"参赞化育"，又是以何种方式进行和实现的呢？儒家认为，道德意识是人类独有的，是人区别于动物的标志，这是早期儒家就已经确立的一个基本观念，并将"仁爱"这种人类道德生活的最基本原则推广到一切生命形式，在最大限度上表现出儒家的道德情怀。儒家将道德关怀扩大到万物，从而在人与自然万物之间建立起一种具有道德情感的和谐的关系。"赞天地之化育"首先就是一种道德行为，是儒家根据人在天地间的道德定位而自觉采取的关爱万物的主动的行为。由此可见，儒家的"参赞化育"是以道德自觉的方式来实现的。

如果我们再进一步追问，将人类特有的道德情感贯注于自然万物，在人类与自然万物之间建立起具有道德情感的和谐关系，这样做对于人类意味着什么呢？或者说，儒家为什么要建立这样一种关系呢？简单地回答，就是出于人类道德完善的需要。儒家把人定位为"天地之心"，并不是为了获得一种主宰万物、征服自然的能力，而是自觉地承担起自己应尽的道德义务与道德责任，而这种道德承担，正是提升人类道德境界的内在需要。儒家主张的"成己成物""尽人之性然后尽物之性""仁民而爱物""民胞物与"等等，都是把人和万物视为一体，都是在讲以道德自觉的方式赞万物之化育，都是要在天地间这一最广大的范围内来实现人的价值，把"成物""爱物"赞万物之化育看作是完善人的道德世界的最高形式和最终实现。

儒家"参赞化育"的思想具有很高的现代价值。以现代学术的眼光来看，以道德自觉的方式参赞万物之化育，是将道德行为和道德元素引入生态平衡和环境保护，是生态学与伦理学的有机结合。儒家的"参赞化育"，虽然是一种产生于农业社会自然经济条件下的相当古老的思想，但它却符合当前和未来人类处理自身与自然关系问题的大方向。"参赞化育"虽然是中国古人在两千多年前以十分朴素的方式表达出来的，但其思想内容却是相当的丰富，它不但可以容纳现代科学所谓"生态平衡""环境保护"的意义，而且眼界要广泛得多，高超得多。之所以说它眼界广泛，说它高超，显然就在于它所具有的伦理学的意义。

实现人与自然的和谐，不只是中国古代儒家文明理想目标，也是人类文明现代与未来共同追求的理想目标。儒家的"参赞化育"虽然并不能直接拿来解决现代的生态危机，但是"参赞化育"代表着人类处理自身与自然万物关系的正确方向，具有恒久性的普遍意义，即使在今天看来仍然是正确的，有利于提高全民的生态意识和生态自觉，对当前人类走出生态危机实现可持续发展有很高的借鉴价值。现代社会解决生态问题，原则上仍然要采取"参赞化育"的态度，借鉴"参赞化育"的方式，将道德自觉的因素引进生态与环保运动中，在人与自然之间建立起一种具有道德情感的和谐关系，才能保证人类社会的可持续发展。

应当承认，我们国家在可持续发展方面做得很不够，传统的思想资源也没有受到应有的重视，但是，这些传统的思想资源却引起了世界各国特别是发达国家的学者们的高度重视，研究的人很多。那些发达国家也是在付出了沉重代价之后才意识到保护资源和环境的重要性。在这方面，我们也应该重视自己的这些独有的、珍贵的思想资源，并进行现代阐释，突出其现代价值，让它们适应现代社会的需要，发挥应有的作用，帮助我们吸取其他国家的教训，避免犯他们曾经犯过的错误，走出一条具有中国特色的可持续发展之路。

孔子大同思想的实质与现代价值

孔子研究院 杨朝明

孔子生前长期从事教学与社会活动,留下了大量的珍贵言论,综观相关材料特别是孔子遗说,谁都不会怀疑孔子对夏、商、周三代礼制的稔熟,也不会怀疑孔子对三代"明王"的崇敬。保存在《孔子家语》和《礼记》中的《礼运》篇正是孔子社会理想的集中体现,系统地展示了孔子的礼学思想,因此《礼运》才是儒学乃至中国思想文化史的一篇重要文献。长期以来,学术界对《礼运》及其"大同"思想学说进行了很多研究,只是由于《孔子家语》"伪书"说的影响,人们还很少注意到《孔子家语》中的《礼运》篇,很少注意到该篇与《礼记·礼运》的差别及其文献学意义。但是,尽管人们主要以《礼记》中的《礼运》为研究文本,依然有学者看到了《礼运》与孔子的密切关系,认识到该篇思想的先秦时代特征,认为《礼记》虽然成书时代较晚,而其中关于"大同"之道的思想却是先秦的。①

一 《礼运》中的"大同"思想属于孔子

长期以来,由于疑古思潮的深刻影响,人们怀疑《孔子家语》,对《礼记》成书问题异说纷呈,由此严重影响到了对《礼运》价值的认识。时至今日,依然有学者怀疑《礼运》的真实性,对该篇的认识与理解存在一些偏差。例如,金春峰先生虽然认为《礼运》是儒学和中

---

① 周继旨:《"大同"之道与"大学"之道——论先秦儒家对人生的"终极关怀"与"具体设定"》,《孔子研究》1992年第2期。

国文化思想史的一篇重要文献，但以为《礼运》为汉儒所采辑、编撰，其中的一些内容为汉人撰写的，反映汉人天人同类的大礼乐观。① 这个问题到底怎样，很有必要认真研究，不然就真的会出现"思想史的错置和混乱"。

如果在文献成书问题上出现偏差，如果像金先生所说把汉代的思想当作孔子与弟子论礼之言，就会"把孔子思想汉人化、董仲舒化"。反过来，如果其中的思想本属于孔子及其弟子，今人却以之属于汉人，则这样错乱就会把孔子思想人为地拉到了汉代。不难看出，把《礼运》之中明确记载"孔子曰"的文献说成是"汉人撰写"，这等于说"汉代学者假冒孔子之名"，这与疑古思潮盛行时期"汉人伪造说"的观念完全相同。但是，这里的错误与混乱还是不难看清的。

十几年前，笔者曾经关注《礼运》，对该篇的成篇与学派属性等问题进行思考，发现人们对于该篇的有关问题存在很大的混乱，很有认真研究的必要。连许多基本的问题如《礼运》成于何时？其中的思想是否属于儒家，或者其学派性质如何？都存在严重分歧，这关涉到对早期思想史面貌的描述，② 不能不辨。通过研究它的成书问题，研究《孔子家语》与《礼记》中《礼运》篇的异同，我们看到，汉代编辑《礼记》，其中不少篇章确实经过了重新连缀和编辑，但汉儒不是像今人所认为的那样对孔子缺乏敬畏，他们很可能没有动辄就假借"孔子"来表述自己的主张。通过对《礼运》相关关键问题的分析，可以说我们应该能解开《礼运》成篇的谜团，可以消除人们的疑虑。

《礼运》最大的问题是该篇的作者。这个问题与许多问题相连，比如《孔子家语》和《礼记》都有《礼运》篇，但如果以传统的观点，舍弃《孔子家语》而用《礼记》的文本，得出的结论可能会有偏差。实际上，比较两个文本，发现《礼记》文本不如《孔子家语》。我们综合审视《孔子家语》与《礼记》的差异，会比较强烈地感觉到《礼记》的不少改编

---

① 金春峰：《〈礼运〉成篇的时代及思想特点分析》，《衡水学院学报》2015年第6期。
② 杨朝明：《〈礼运〉成篇与学派属性等问题》，《中国文化研究》2005年第1期；韩国成均馆大学校、东亚学术院儒教文化研究所：《儒教文化研究》第五辑，2005年。

的特征。此前，我们在文章中已经谈到了这一点。①

例如，《礼运》的篇首部分，《家语》的《礼运》篇作："孔子为鲁司寇，与于蜡。既宾事毕，乃出游于观之上，喟然而叹。言偃侍，曰：'夫子何叹也？'孔子曰：'昔大道之行，与三代之英，吾未之逮也，而有记焉。'"《礼记》中的该篇则作："昔者仲尼与于蜡宾，事毕，出游于观之上，喟然而叹。仲尼之叹，盖叹鲁也。言偃在侧，曰：'君子何叹？'孔子曰：'大道之行也，与三代之英，丘未之逮也，而有志焉。'"不难看出，与《礼记》相比，《孔子家语》更像时人所记，给人以明显的现场感。《孔子家语》中的"夫子何叹"，《礼记》中作"君子何叹"。很显然，《孔子家语》所记是对的，因为孔子的弟子乃至当时的公卿大夫大多习惯上称孔子为"夫子"。我们综合以往的比较研究，很容易能够判断出，相比于《孔子家语》，《礼记》对材料的变动很大，而《孔子家语》更注重维持简书原貌。

孔子回答言偃进行这番论说的具体时间，《孔子家语》的记载比较明确，就是在孔子为鲁国司寇，参与蜡祭之后。蜡祭是每年十二月举行的祭祀礼仪活动，孔子忧国忧时，他由此进行了很多的思考。言偃记录下孔子的论说，遂有这一儒学名篇。据记载，孔子为司寇时间不长，因此，我们可以判定孔子的这次谈论，时间应在鲁定公十年到十二年三年之内的某年十二月，当时孔子53岁左右。从孔子的谈论中，可以看出孔子当时的心情比较沉重。也就在此后不久的鲁定公十三年，孔子离开了鲁国，开始了漫长的"周游列国"的生涯。

相比之下，《礼记》仅仅用了一个"昔"字表示时间，令人对孔子论说的时代背景不好把握。戴圣编订《礼记》，着眼于西汉时的历史实际，他没有明确的保存"夫子本旨"的意图，因而其中的改编便不像《家语》那样忠实于原文。他必须立足于汉朝，更不应有违犯时忌的言语。例如，《孔子家语》的《礼运》中所记言偃的问话中有"今之在位，莫知由礼"，《礼记》的《礼运》篇中便找不到。孔子"喟然而叹"，《礼记》还

---

① 参见杨朝明：《〈孔子家语·弟子行〉研究》，《孔子学刊》第四辑，上海古籍出版社2013年版；杨朝明、张磊：《〈孔子家语·致思〉篇研究》，《东岳论丛》2009年第2期；杨朝明、魏玮：《〈孔子家语〉"层累"形成说考辨》，《古籍整理研究学刊》2009年第1期。

画蛇添足般地加上一句解释性质的话,说"仲尼之叹,盖叹鲁也",因为在戴圣他们看来,汉家王朝大一统的"清明"政治,哪里能有令人叹息的"莫知由礼"。对照《礼记》与《孔子家语》的其他不少相同的篇章,类似的例子很容易找到。例如《礼记·中庸》对《孔子家语·哀公问政》的改编、《大戴礼记·主言》对《孔子家语·王言》篇的字词改动,其实都与西汉中央集权政治的加强有关。

将《孔子家语》和《礼记》的《礼运》篇比较,我们发现《家语》缺少了自"我欲观夏道"至"此礼之大成也"一节,而这一节却在今本《家语》的卷一《问礼》篇中。细致观察前后文的联系,可看出《礼记》以之在《礼运》篇是正确的。今本《家语》类似的错乱还有不少。例如,将《礼记》的《仲尼燕居》和《孔子闲居》分别与《孔子家语》的《论礼》《问玉》进行比较,也可以发现这一点。孔安国在《后序》中说,他得到这些简册后,"乃以事类相次,撰集为四十四篇",可见,《家语》的这些篇章都由他编次而成。可以想见,他在遇有简册散乱时,只能依据内容进行新的编排。《问礼》篇可能就是如此,该篇除了言偃问礼的内容,还有鲁哀公问礼的一部分,可能当时他觉得这两部分归属不明,遂以"问礼"名篇,将这两部分归入。这一点反而证明《家语》的古朴可靠,证明孔安国《后序》所言不虚。①

这样,《礼运》的成篇年代已经十分明确了。虽然《礼记》编成在汉代,《家语》也由汉代的孔安国写定,但《礼运》的成篇时间却很早。既然《家语》如孔安国在《后序》所说那样"由七十二子各共叙述首尾",那么,《礼运》也应该成在孔子弟子之手。

任铭善《礼记目录后按》说:"按《论语》文例,凡弟子门人所记者称子,曾子、有子是也;弟子互记或门人记他弟子之语者称字,子贡、子夏、原思、宰我是也;弟子自记者称名,宪、宰予、冉求是也;其称孔子,或曰夫子,或曰仲尼,子贡曰:'仲尼,不可毁也。'是也。于长者乃称名:'子路对长沮曰:为孔丘。'是也。此篇称仲尼而名言偃,疑子

---

① 参看杨朝明:《读〈孔子家语〉札记》,《文史哲》2006年第4期。杨朝明:《〈孔子家语〉的成书与可靠性研究》,台北"故宫博物院":《故宫学术季刊》第二十六卷,第一期,2008年秋季;又见杨朝明:《〈孔子家语〉通说》,见杨朝明注说:《孔子家语》,河南大学出版社2008年版。

游所自记也。"① 言偃字子游,若是其弟子门人所记,其中不应直称其名。我们认为,《礼运》篇记言偃与孔子的问对,称孔子曰"仲尼",应该出于言偃自记。

人们怀疑该篇出于子游,还有一个很大的障碍,那就是子游的年龄问题。作为儒学名篇,《礼运》应当是孔子与其弟子子游对话的记录。但是,如果按《史记》所言子游"少孔子四十五岁",则当时子游不到十岁,由此,人们不能不质疑该篇记载的可靠性,对该篇的种种说解也进而随之产生。其实,《孔子家语》明确记述子游"少孔子三十五岁",只是由于人们对《孔子家语》的价值认识不清,而且《孔子家语》本身版本不一,致使这一问题长期没有得到解决。事实上,当时的子游应当早已年过十五而学于孔子,符合孔门教学的历史实际。关于这一点,我们已经专文讨论,② 此不赘述。

确定了本篇材料的来源,该篇的真实性问题也就清楚了最大的障碍。那么,《礼运》中的"大同"思想属于孔子也就没有了大的问题。

二 "大同"思想的实质是"道承三王"

孔子一生追求"道",孔子的一生就是求道的一生,因此,实现他心目中理想社会状态的"大同"之世,可以说是他的毕生追求。孔子心目中的"有道"之世,是他十分尊崇的"三王"时期。所谓"三王"即"三代之明王",即"夏商周三代之明王",具体说来即尧舜禹、商汤、文武周公。也就是《礼运》篇中所说的"三代之英"。

金春峰先生认为,《礼运》赞扬"天下为公",当以五帝为背景。金先生的观点很有代表性,学界很多人认为《礼运》的成篇时间有问题,大多是在这里出现了问题,而这个问题十分关键。

《礼运》"昔大道之行,与三代之英"中的"与"字何解,的确还有一些争议。《礼运》有"昔大道之行,与三代之英",其中的"与"字十分关键。其实,这里的"与"不是连词,应该当动词讲,意思是"谓"

---

① 任铭善:《礼记目录后按》第 23 页,齐鲁书社 1982 年版。
② 杨朝明、卢梅:《子游生年与〈礼运〉的可信性问题》,《史学月刊》2010 年第 7 期。

"说的是"的意思。该字之训，清人王引之《经传释词》有说。前人也已经指出《礼运》此字应该从释为"谓"。① 这句话应当译为："大道实行的时代，说的是三代之英"。只有理解了这一点，才不至于在《礼运》成篇的时间问题上出现迷乱。

在孔子心目中，"三代之英"即三代时期的英杰人物，当然是指的禹、汤、文、武、成王、周公等人。孔子推崇三代圣王（即文献所说的"三王"），后世所谓的"孔子之道"，实际就是孔子推崇的三代圣王之道，所以，孔子作《春秋》的意义就在于《史记·太史公自序》所说"夫《春秋》，上明三王之道。"孔子虽然也崇尚"五帝"，但正如司马迁在《五帝本纪》中所言："学者多称五帝，尚矣。"关于黄帝等上古帝王的事迹，"荐绅先生难言之"，孔子也曾经回答弟子宰我问五帝之德，但"儒者或不传"。相比之下，孔子更加推崇三代圣王。这样的材料很多，如《礼记·表记》：子言之："昔三代明王，皆事天地之神明。"《礼记·哀公问》：孔子遂言曰："昔三代明王之政，必敬其妻子也，有道。"上博竹书《从政》篇有孔子曰："昔三代之明王之有天下者，莫之余（予）也，而□（终）取之，民皆以为义。……其乱王，余（予）人邦家土地，而民或弗义。"② 孔子时代，三代圣王之治为社会普遍认可。因为推崇三王者不止儒家，如《墨子·鲁问》云："昔者三代之圣王禹汤文武，百里之诸侯也，说忠行义，取天下。三代之暴王桀、纣、幽、厉，仇怨行暴，失天下。"

实际上，由孔子创立的儒家学派有一个重要的共同特征，那就是他们都崇尚先王之道，尤其称颂尧舜及西周以来的传统文化，正如战国时期的儒学大师荀况所说："儒者法先王。"（《荀子·儒效》）先王指的就是尧、舜、禹、汤、周文王及武王，尧、舜是传说中的古代帝王，禹、汤、文王和武王分别是夏、商、周三代的开国之君。

儒家的称颂尧舜、宗法文武，始自孔子，《中庸》说："仲尼祖述尧舜，宪章文武。"尧舜文武是孔子心目中的圣王明君。据《论语·泰伯》，

---

① 据说，四川师范大学教授徐仁甫先生早年发表文章指出这一点。见永良：《〈礼记·礼运〉首段错简应当纠正》，载《西南民族学院学报》1996年"汉语言文学专辑"。

② 杨朝明：《上博竹书〈从政〉篇与〈子思子〉》，《孔子研究》2005年第2期。人大报刊复印数据《中国哲学》2005年第5期。

子曰:"大哉尧之为君也!巍巍乎!唯天为大,唯尧则之。""巍巍乎!舜、禹之有天下也,而不与焉!"这是说,尧的伟大在于他能够像天养育万物那样去治理天下,而舜、禹贵为天子富有四海能为百姓忧劳却一点不为自己。古代圣王治理天下达到了很高的境界,如舜能够选贤任能以至无为而治。此即《论语》所谓"舜有天下,选于众""舜有臣五人而天下治","子曰:无为而治者,其舜也与?夫何为哉,恭己正南面而已矣。"这是孔子心目中理想的治国之道,"无为而治"在孔子那里也就是"德治",子曰:"为政以德,譬如北辰,居其所而众星共之。"孔子对古圣先王的礼乐文明制度倍加赞赏。如赞尧"巍巍乎!其有成功也。焕乎!其有文章!"南宋大儒朱熹注曰:"成功,事业也。焕,光明之貌。文章,礼乐法度也。"

金春峰先生还说:"《礼运》第二部分的核心内容是表述天地阴阳、天人同类之大礼乐观。这不可能是孔子思想。"这里涉及的问题就更复杂了,比如如何认识中国古代文明的发展水平?怎样理解孔子思想的高度与宽度?孔子礼乐思想体系怎样把握?孔子遗说是怎样形成的?关于这一点,问题复杂,我们也已经进行过一些论述,① 此处不再论说。

其实,金春峰先生可能没有认真研究《孔子家语》的《礼运》篇。比如,他提到"《礼运》第三部分抄自先秦文献",金先生所说的三段如下:1. 自"夫礼之初,始诸饮食"至"生者南乡,皆从其初";2. 自"昔者先王未有宫室"至"以事鬼神上帝,皆从其朔";3. "故玄酒在室,醴醆在户"至"此礼之大成也"。他还说:"这三段话《孔子家语》既收入其《礼运》中,又收入其《问礼》,这种重复收录,可见其编辑成书的粗忽。"实际上,这不是《孔子家语》编者的疏忽,而是金先生自己疏忽了,《孔子家语》的《礼运》篇根本就没有这三段,《孔子家语》并没有重复收录。实际上,当初编辑《孔子家语》时,很可能是将既有材料进行编辑,没能将孔子与言偃论礼的材料集合到一起,《礼记·礼运》将二者编在同一篇中可能符合实际。显然,这不是《孔子家语》编者的疏忽,却更显示了《孔子家语》材料的古朴。金先生可能并没有认真看一遍

---

① 详细请参看杨朝明:《新出简帛与早期儒学的重新认识》,杨朝明:《儒家文献与早期儒学研究》,齐鲁书社2002年版。

《孔子家语·礼运》篇的原文,对《孔子家语》的成书问题也没有认真思考。

周礼经由对夏商二代之礼的损益以至礼文大备,孔子对周代的礼乐制度推崇备至。据孔门弟子子贡所言,孔子学修"文武之道",形成了他完备的礼乐思想体系。以孔子之言证之,子贡所说不虚,如子曰:"周监于二代,郁郁乎文哉!吾从周。"孔子另有言:"文王既没,文不在兹乎?天之将丧斯文也,后死者不得与于斯文也;天之未丧斯文也,匡人其如予何?"朱熹注曰:"道之显者谓之文,盖礼乐制度之谓。"这是孔子被匡人围困时说的话,孔子是以文王之道的担当者自期,自认是文王之道的传人。孔子曾称述:"舜其大知也与!""舜其大孝也与!""武王、周公,其达孝矣乎!""文武之政,布在方策。""吾学周礼,今用之,吾从周。"孔子祖述尧舜,宪章文武,以能继文王、武王、周公之业为职志,追求"博施于民而能济众"的圣人理想境界。中国古代文明有一个漫长的发展过程,有很高的发展水平,孔子继承他以前的中华文化传统,以先王之道作为自己的旗帜和理想,"述而不作",凝练提升,希望能救治"礼坏乐崩"的乱局、重整社会秩序。孔子以后,"祖述尧舜,宪章文武"成了儒家思想的特征。

三 "大同"思想的价值在"天下为公"

孔子说:"大道之行,天下为公。"这里的"公"内涵丰富,可以是国家、社会、大众,也可以是公理、公式、公制;有正直无私、为大家利益着想之意,也有公正、公心、大公无私之意。但首要的就是强调人们要有公共意识,遵守社会规范与社会公德。

人如何立身处世,怎样处理人与人、人与集体、人与社会、人与国家、人与自然的关系,是历代中国思想家、政治家最为关心的问题,也是孔子儒家思想学说的核心问题。包括孔子在内的早期儒家、历代学人都思考过"人心"与"道心""人情"与"人义""人欲"与"天理"的关系,论证过人的自然性与社会性的关系。儒家认为,"人之所以为人",应当遵守社会的规范,自觉遵守社会的公德,这是一个人的素养所在。正如孔子所说:"人而不仁,如礼何?人而不仁,如乐何?"(《论语·里仁》）所以，在孔子"天下为公"的表述中，以自觉的修养处理好各种关系，自觉遵守社会规则与社会规范，有较高的公共意识，才是孔子所说的"公"的主要内涵。

在社会与家庭生活中，每个人的角色都是复合的，工作中都有下级与上级，具有"君"和"臣"的不同身份；在家庭又有"父"与"子"等的不同身份……，每个人都处在君臣、父子、夫妻、兄弟、朋友的各种关系中，于是，要处理好这些基本关系。孔子说："君臣也，父子也，夫妇也，昆弟也，朋友也，五者，天下之达道。"又说："父慈、子孝，兄良、弟悌，夫义、妇听，长惠、幼顺，君仁、臣忠，十者谓之人义。"社会关系以"五达道"为主并延伸开来，处理好这些关系离不开"人义"的十个方面。所谓"天下为公"，就是社会的大同与和顺，就是处理好这些关系。

孔子所说"君君、臣臣、父父、子子"见于《论语》的《颜渊》篇，该篇及随后的《子路》篇都围绕克己、修身以"正名"而逐步展开。正名，要求每个人都能"修己""克己""省身"，作为一个社会人，就要成为合格的"人"，具有一定的素养与内涵，孔子说："克己复礼为仁。一日克己复礼，天下归仁焉。"他强调"为仁由己"，希望人们遵守礼法，"非礼勿视，非礼勿听，非礼勿言，非礼勿动"，也许只有这样，为人之"义"的问题才能解决。

"天下为公"又与"正名"思想直接关联，或者说其中就自然包含着"正名"的思想。对社会国家的治理而言，"仁德"的实现关键在为政者，所以孔子的正名思想，首先强调"君君"，希望为政者率先垂范，做好自己，做出表率。当季康子问政时，孔子说："政者，正也。子帅以正，孰敢不正？"又说"其身正，不令而行；其身不正，虽令不从。"还说："君子之德风，小人之德草，草上之风，必偃。"君子行为端正，则其德如风，君为善则民善。

孔子的"正名"的主张是一贯的，如《论语·八佾》记载定公问孔子："君使臣，臣事君，如之何？"孔子对曰："君使臣以礼，臣事君以忠。"各种人伦关系都是双向的，作为人伦关系中的十分重要的一种，君臣双方也应各尽其职。为政之要在于"正名"，孔子的表述非常清楚。子路问孔子为政以何为先，孔子明确回答："必也正名乎！"他论述说："名不正则言不顺，言不顺则事不成，事不成则礼乐不兴，礼乐不兴则刑罚不中，刑罚不中，则民无所措手足。"（《论语·子路》）可见正名极其重要，它是为政的前提和基础，只有正其名，知其分，才能说话顺当合理，风清气正，取得较好的社会管理效果。对于为政者来说，要正名，必正己，这恰恰是对于"君"的正名的要求。

按照"正名"的要求，人"在其位"必"谋其政"，应该勇于担当，按自己的角色定位尽力做好自己。孔子说："唯器与名，不可以假人，君之所司也。"（《左传》成公二年）自己的职责，自己的分内事，不可推卸责任，不能借与他人。孔子进一步解释到："名以出信，信以守器，器以藏礼，礼以行义，义以生利，利以平民，政之大节也。"（《左传》成公二年）所谓"名"，关涉极大，当事人应该心无旁骛，不能玩忽职守。既有其名，必负其责，这样才能人存政举，遵循礼义，取得成效。春秋末期晋大夫史墨也说："是以为君，慎器与名，不可以假人。"（《史记·鲁周公世家》）

既然"天下为公"，大家共同工作、生活在一起，那么"正名"思想就自然包含一层意思，即不可逾越本分，胡乱作为。如果不集中心力，跨越领域与边界，就易造成混乱。孔子说"不在其位，不谋其政"，曾子说"君子思不出其位"，意思正是如此。有人从消极的角度理解，认为这是推卸责任，是不思进取，恐怕背离了本来的精神。从礼的功能讲，它本来就是为了"定分止争"，合理的做法自然就是"安分守己"。做大事者要尽职尽责，心无旁骛，不可左顾右盼，患得患失；还要遵守礼法制度，不逾越职权，胡乱作为。历史上违权乱政的人不都是超越本分、邪念丛生的人吗？

作为社会的人，人当然不能只考虑个人，不能脑子里总是想一己之私利，应当考虑自己属于一个民族、一个国家、一个集体。有"公"的意识，才能做一个更好的"社会人"。从这样的意义上，"公"是一个内涵极丰富的概念，是一个极重要的概念。

在"天下为公"之后，孔子接着说"选贤与能""讲信修睦"，这是"天下为公"题中应有之义，也是值得特别申说的内容。"选贤与能"与当今时代的所谓"民主趋势"正相吻合。"天下为公"之"公"的"公平""公正""公理"等意涵，与传统中国"礼"的观念相呼应。传统的"礼",从本质上讲,就是孔子所说的:"礼也者,理也"(《礼记·仲尼燕居》);"礼也者,理之不可易者也"(《礼记·乐记》);"礼也者,合于天时,设于地财,顺于鬼神,合于人心,理万物者也"(《礼记·礼器》)。

孔子在对"大同"理想的描述中,还说:"货恶其弃于地,不必藏于己;力恶其不出于身,不必为人。"这些,也可包括在"公"之中。人有"公"心,才能不浪费,不私藏,货财尽其用,人人尽其力。

孔子说:"人不独亲其亲,不独子其子,老有所终,壮有所用,矜寡孤疾,皆有所养。"这些属于"仁"的范畴。最为紧要的,孔子所说"人不独亲其亲"有一个基本前提,就是"亲亲",没有"亲亲之爱",哪里会有"不独亲其亲"?

社会上最不可或缺的是"爱"与"敬",孔子还把"爱与敬"看成"政之本"(《孔子家语·大婚解》),很明显,儒家重视孝悌,认为孝悌是"为人之本",也是因为社会生活不能没有"爱"与"敬"。那么,爱心如何培养?自然就是由"亲亲"到"不独亲其亲"的逻辑推演,就是将对父母的爱心放大开来。

孔子说:"立爱自亲始","立敬自长始"(《孔子家语·哀公问政》),孔子此言十分重要。孔子说:"仁者,人也。亲亲为大。"(《礼记·中庸》)一个人具有仁德,最基本的表现就是"亲亲",就是孝敬父母亲。有"亲亲"这个前提,才能"不独亲其亲,不独子其子",才能"老吾老以及人之老,幼吾幼以及人之幼"(《孟子·梁惠王上》),进而"泛爱众"(《论语·学而》)……。儒家的"仁"作为一种道德范畴,指人与人之间的相互友爱、互助与同情等等,具备了"仁"的品质,才能仁爱正义,才能通情达理,为他人着想。"仁"是一个开始于"修己"的过程,是一个由"孝亲"而"仁民"进而"爱物"的逻辑推演过程。人修己的基本表现是"亲亲",从最基本的"亲亲"之爱出发,然后推演爱心,完善人格,影响民众,改善人心,最终使社会"止于至善"(《礼记·大学》)。

孔子说:"奸谋闭而不兴,盗窃乱贼不作,故外户而不闭。"阴谋诡计被遏制而不能施展,劫掠偷盗、叛逆犯上的事也不会发生,所以外出也不用关门闭户。看起来这并不是很高的要求,但却是千百年来人们的共同追求，这就是"和"，就是社会和谐、人心和顺。其实这也是孔子社会理想的落脚点。中国人向来都以"和"为贵，几千年来，中华民族"更和睦、更和平地"相处与生活，与"和"的价值追求密不可分。

孔子的"大一统"思想及其对中华民族形成和发展的重大意义

山东师范大学齐鲁文化研究院　丁　鼎

孔子是中国古代最伟大的思想家、教育家，是儒家学派的创始人。在中国历史上，孔子是一位承前启后、继往开来的伟大人物。他以其闪耀着人文精神的思想学说、博大的仁爱精神和高尚的人格对中国历史文化的发展走向产生了重大的影响。尤其值得称道的是他的"大一统"思想为中华民族的形成和发展奠定了重要的理论基础，具有重要的历史意义。

"大一统"思想即倡导、推崇和重视国家统一的思想。"大一统"思想对我国历史的发展进程产生了重大而深远的影响。我国数千年来之所以迭经政治分裂而终归"分久必合"，总会重建一个政治统一的国家，其文化基础就是以孔子为代表的儒家学派所倡导的"大一统"理念。中国的历史是多民族的交往关系史。在民族交往、民族融合的作用下，以儒家学说为主导的中华文明也得到边疆少数民族的认同，成为我国各民族的共同文化，并使中华民族成为我国各民族共认的"自觉的民族实体"。"大一统"思想在中华民族的形成和发展过程中一直发挥着巨大作用，并最终成为中华民族的精神支柱。

一　孔子的"大一统"思想

中国传统文化追求"大一统"的价值观是奠定和强化国家统一的牢固基石。早在西周时期，随着周王朝分封制度在广大地域的实施，随着周王朝统治的巩固和加强，随着周代礼乐文化的普及和实施，华夏民族的凝聚力不断增强，于是就初步形成了萌芽状态的"大一统"观念。《诗经·

小雅·北山》云:"溥天之下,莫非王土;率土之滨,莫非王臣。"这些诗句就表达了这种萌芽状态的"大一统"的思想诉求和价值取向。

到春秋时期,周王朝的统治力日益衰微,各诸侯国势力坐大,逐步超越了周王的权威,形成尾大不掉之势,西周王朝创立的礼乐文明遭遇到根本性的冲击。"礼乐征伐自天子出"的政治格局已趋于瓦解,西周时期以周天子为权力中心的建立在分封制基础之上的政治"一统"格局逐步为"礼乐征伐自诸侯出"和"陪臣执国命"①的政治格局所替代,天下缺乏合法一统的政治秩序,进入了诸侯争霸、战乱频仍的乱世。有鉴于此,孔子渴望华夏民族重新实现政治上的统一,建立起合乎礼乐制度的政治秩序,基于对这种政治理念的向往和追求,就形成了孔子的"大一统"思想。

虽然"大一统"这一概念并非孔子首先提出,而是孔子后学公羊氏所作《春秋公羊传》在阐释孔子所编作、传授的《春秋》经时所概括、总结出来的。② 但实际上,在孔子的许多论述中已经蕴涵着"大一统"的理念。下面我们根据有关文献记载,试言其详如下:

(一)孔子在《礼记·礼运》篇中对"以天下为一家"的"天下为公"的"大同"社会的向往和描绘,体现了孔子"大一统"的思想基础。

孔子在《礼记·礼运》篇中所描绘的"大同"社会的美好蓝图是:

> 大道之行也,天下为公。选贤与能,讲信修睦。故人不独亲其亲,不独子其子,使老有所终,壮有所用,幼有所长,矜寡孤独废疾者皆有所养。男有分,女有归。货恶其弃于地也,不必藏于己;力恶其不出于身也,不必为己。是故谋闭而不兴,盗窃乱贼而不作,故外户不闭,是谓大同。

这样一个美好的"大同"社会,显然只有在一个统一的社会环境里才有可能实现。也就是说,孔子对"大同"社会的向往实际上体现了孔子"大一统"的政治理念。

---

① 《论语·季氏》。
② 《春秋公羊传·隐公元年》。

此外，孔子在《礼记·礼运》篇中还集中阐述了"天下一家"的思想。他说："故圣人耐（能）以天下为一家，以中国为一人者，非意之也，必知其情，辟于其义，明于其利，达于其患，然后能为之"。孔颖达疏云："圣人耐以天下为一家，以中国为一人者，此孔子说圣人所能以天下和合共为一家，能以中国共为一人者。问其所能致之意，非意之也者。释其能致之理，所以能致者，非是以意测度谋虑而已。"① 显然，孔子在这里认为只有圣人才能具备"天下为一家"的崇高的思想境界。孔子在这里对"天下为一家"的社会理想的推崇实际上也就是对天下"大一统"的政治理念的倡导和追求。

（二）孔子的"尊王"思想实际上也体现了他的"大一统"观念。《礼记·坊记》载："子曰：'天无二日，土无二王，家无二主，尊无二上，示民有君臣之别也。'"《礼记·曾子问》又载："孔子曰：'天无二日，土无二王，尝禘郊社，尊无二上。'"这两段话表面上是在强调"王"（天子）至尊无上的地位，实际上都是在论述以"王"（天子）为核心的政治"大一统"的意义。

孔子生活于春秋末期，当时随着诸侯的发展壮大，出现了"礼坏乐崩"的局面。周天子大权旁落，政权下移，由天子下移到诸侯，由诸侯下移到大夫，甚至由大夫再下移到陪臣。孔子对此颇为不满。他说："天下有道，则礼乐征伐自天子出；天下无道，则礼乐征伐自诸侯出。自诸侯出，盖十世希不失矣。天下有道，则政不在大夫；天下有道，则庶人不议。"② 孔子主张由周天子作为全国的首领。如果对诸侯国进行讨伐，则必须由周天子来领导进行。这样才是孔子理想的"天下有道"的社会。而春秋末期，孔子则认为是"天下无道"的社会，因为当时"礼乐征伐"不是自天子出，而是自诸侯出。孔子对于这种政权下移的状况很不满意。这种不满实际上反映了孔子主张天下政令应该统一于周天子的思想。

此外，孔子作《春秋》，以"尊王"和"退诸侯"为旨归，就是试图通过使用"春秋笔法"，来达到尊崇周天子、贬责诸侯僭礼的目的。实际上就是通过尊王来维护天下政治统一的局面。董仲舒说，孔子作《春

---

① 《礼记注疏》，《十三经注疏》，中华书局影印本，1980年版，第1422页。

② 《论语·季氏》。

秋》的目的是因为"周道衰废",所以就要"退诸侯,讨大夫,以达王事而已矣"①,也就是要"拨乱世反诸正"②。"拨乱反正"就是恢复"礼乐征伐自天子出"的"有道"之世。孟子所说:"孔子成《春秋》而乱臣贼子惧。"③ 正如当代学者陈其泰先生所说:"主张'大一统'和经世致用,是《春秋》对中国史学传统最重要的影响。孔子尊奉周王室,强烈地表达他的政治理想是实现统一的王权,重新实现'礼乐征伐自天子出'的有序局面。孔子的主张虽有保守的一面,但其思想内核和在历史上产生的影响,却有积极的一面。……孔子的尊王和大一统思想,正好反映了春秋战国时期历史发展的本质和主流。这对中国走向统一的历史道路是有重要意义的。"④

(三)孔子在担任大司寇、"摄相事"期间,曾经说服鲁定公"堕三都"。"三都"即鲁国贵族"三桓"的三个采邑,即季孙氏的费邑(在今山东费县境内)、叔孙氏的郈邑(在今山东东平县境内)、孟孙氏的成邑(在今山东宁阳县境内)。由于费、郈、成三邑经三桓家臣长期违制经营,已经形成城高池深的巨大城堡,因而被称为"三都"。由于此前三桓的家臣、邑宰数次凭借坚固的城堡发动叛乱,孔子便以消除叛乱根据地为由提出"堕三都"的建议,即拆毁三都的城墙及其防御设施。孔子"堕三都"的计划,后来在三桓的阳奉阴违和对抗下而失败了。毫无疑问,孔子"堕三都"计划的目的实际上就是为了维护国家的统一。表面上是限制家臣的势力,实际上是想利用这个矛盾,以达到恢复公室势力的目的。不言而喻,孔子"堕三都"的目的是维护以周天子为首的"封建"统治,体现了其"大一统"的价值取向。

(四)《论语·颜渊》载:"子夏曰:商闻之矣!死生有命,富贵在天。君子敬而无失,与人恭而有礼,四海之内皆兄弟也。"这种"四海之内皆兄弟"的思想观念实际也是主张天下一体、天下一家,与"大一统"的政治观念是一脉相通的。虽然上述《论语·颜渊》中"四海之内皆兄弟"的观念是子夏提出的,但子夏在这里明言这是"闻之"的,即是听

---

① (西汉)司马迁:《史记》卷一百三十《太史公自序》。
② 《春秋公羊传·哀公十四年》。
③ 《孟子·滕文公下》。
④ 陈其泰:《〈春秋〉与史学传统》,《光明日报》2001年4月17日。

别人讲的。子夏是听谁讲的呢？由于子夏是孔门"十哲"之一，是孔子最得意的学生之一，因而最有可能就是听孔子讲的，也就是说，"四海之内皆兄弟"的观念应该来源于孔子。因此我们认为"四海之内皆兄弟"的观念一方面体现了以孔子为代表的儒家学派的"仁爱"和"博爱"思想；另一方面反映了以孔子为代表的儒家学派对于各民族如兄弟般和睦共处，最终实现"天下一家"的"大一统"局面的政治诉求。

综上所述，可知孔子虽然没有直接提出"大一统"的概念，但《礼记》《论语》等文献中所记载的孔子的许多言行实际上已经蕴含着较为明晰的"大一统"的思想观念。

二 孔子的"大一统"观念对中华民族形成和发展的重大影响

孔子所提出和倡导的以"天下一家"为特征的"大一统"观念，为后世的许多儒家学者所继承和发扬。

先秦著名儒家学者荀子多次提到"一天下""一四海"，并进一步明确提出了"四海一家"和"一统"的思想。他说："四海之内若一家，故近者不隐其能，远者不集其劳，无幽闲隐僻之国，莫不趋使而安乐之。"[①]另外，他还歌颂汤、武之时"天下为一，诸侯为臣，通达之属，莫不从服"的局面。批评春秋时五霸"非以本正教""非以一天下"的分裂局面。[②] 体现了荀子对"大一统"的政治局面的预期和向往。

《春秋公羊传》则明确提出了"大一统"的概念。传说《公羊传》的作者公羊高为孔子弟子子夏的弟子，亦即孔子的再传弟子。应该说，《公羊传》的"大一统"思想的形成直接承源于孔子的思想。《公羊传》桓公元年说："王者以天下为家。"《公羊传》隐公元年说："何言乎王正月？大一统也。"这里正式提出了"大一统"的概念。西汉董仲舒对此作了进一步的发挥和阐释，他说："春秋大一统者，天地之常经，古今之通谊也。今师异道，人异论，百家殊方，指意不同，是以上亡以持一统，法

---

① 《荀子·王制》。
② 《荀子·王霸》。

制数变，下不知所守。"① 在《春秋繁露》中，董仲舒对《公羊传》所一再强调的"王正月"解释说："何以谓之'王正月'？曰：王者必改正朔，易服色，制礼乐，一统于天下。所以明易姓非继人，通以己受之于天也，王者受命而王，制此月以应变，故坐科以奉天地，故谓之王正月也。"② 这里从历法的统一来强调"王"的绝对权威和天下政令的统一，迎合了古代历代帝王都以拥有"天下"为目标的政治心理。经过董仲舒的解释，"大一统"成为后世许多政治家的治国理念，对中华民族大家庭的形成和发展产生了重大的影响。

需要特别指出的是，《公羊传》"大一统"思想中夷狄与华夏可以相互转变的思想尤其可贵。这种思想超越了狭隘的种族、民族观念，使中国境内的东夷、南蛮、西戎、北狄等各兄弟民族均可在"大一统"思想的基础上，对华夏大家庭产生认同感，从而逐步形成"中华民族"大家庭奠定思想基础。孔子的"大一统"思想经过《公羊传》和《荀子》以及董仲舒等儒家学者的阐释和发扬，逐渐成为中华民族在几千年发展过程中养成的一种民族心理和感情，成为凝聚华夏民族的精神支柱，汉民族以及中华民族的形成，无不有赖于"大一统"思想。在某种意义上，甚至可以说，没有"大一统"的心理基础，就没有中华民族的形成。这也使我国历史上分裂割据之后总是为大一统所代替，也保证了中华民族文化的优秀传统能一代一代相传下去。因此我们从这个意义上说，孔子的思想既奠定了中国统一大业的基础，也是中华民族形成和发展的基础。

现代著名学者费孝通先生指出："中华民族作为一个自觉的民族实体，是在近百年来中国和西方列强的对抗中出现的，但作为一个自在的民族实体，则是在几千年的历史过程中形成的。"③ 虽然"中华民族"是近现代才形成的一个概念，也就是说"中华民族"在近现代才形成一个"自觉的民族实体"，但我们认为"中华民族"作为一个"自在的民族实体"早在夏商周三代就已初具雏形，至迟从秦汉之际就完全形成了。作为一个"自在的民族实体"，中华民族是指生活繁衍于中国境内的以华夏

---

① （东汉）班固：《汉书·董仲舒传》，中华书局1962年版。

② 董仲舒：《春秋繁露》卷七《三代改制质文》，苏舆《春秋繁露义证》本，中华书局1992年版。

③ 费孝通：《中华民族多元一体格局》，中央民族学院出版社1989年版，第1页。

——汉族为主体的各民族的集合体，包括当代的和在历史上曾经存在过的各兄弟民族。大量的考古文化遗存说明了中华民族起源的多元性。早在五六千年前的新石器时代，已出现了北方、中原、南方三种不同的系统特征。在华夏、夷、三苗等族开发黄河流域、东部沿海一带和长江流域的同时或稍后，氐、羌、戎诸族开发西北和西部地区，濮、越等族开发长江中下游以南地区，狄、匈奴等族开发北部草原地区，肃慎、东胡等族开发东北地区。随着这些地区经济、文化的发展及其与中原地区联系的加强，为形成统一的多民族国家奠定了基础。公元前221年，秦始皇结束了从西周到战国800年的诸侯割据，建立起统一的多民族的中央集权的封建国家。此后的两千多年来，统一不断得到巩固和发展，成为中国历史发展的主流。

"中华"一词，可溯源于汉朝高诱《吕氏春秋注》。《吕氏春秋·简选》曰："吴阖庐选多力者五百人、利趾者三千人，以为前阵。与荆战，五战五胜，遂有郢。东征至于庳庐，西伐至于巴蜀，北迫齐晋，令行中国。"高诱注曰："中国诸华。"意谓中原地区的华夏各族。至南北朝时正式形成"中华"一词。该词最早见于裴松之《三国志注》。①

三国两晋南北朝时期，匈奴、鲜卑、羯、氐、羌等族纷纷向中原地区汇聚，建立政权。当时，虽然处于分裂混乱状态，但在儒家大一统观念的影响之下，内迁各族都表现出对中原文化传统的强烈认同意识。"中华"一词作为一个超越当时汉族、兼容当时内迁边疆各族的概念被响亮提出。能否居中华正统，在当时成为一个政权是否能在社会舆论面前取得合法性统治资格的标准。因此，内迁各族多假托古代华夏圣贤作为本族的祖先，以便在血统、地缘方面为本民族所建政权制造理当居中华正统的根据。例如，鲜卑拓跋氏自称为黄帝之裔，宣称"昔者黄帝有子二十五人，或内列诸华，或外分荒服，昌意少子，受封北土，国有大鲜卑山，因以为号。"② 鲜卑宇文氏自述"其先出自炎帝神农氏，为黄帝所灭，子孙遁居朔野。"③ 铁弗匈奴赫连勃勃自以为夏王室的后裔而称所建政权为"大夏"。甚至于远在漠北的柔然，当其强盛之时，也曾自号"皇芮"，并宣

---

① （晋）陈寿：《三国志》卷五《诸葛亮传》与卷十二《谯周传》裴松之注，中华书局1959年版。
② 魏收：《魏书》卷一《序纪》，中华书局1974年版。
③ 令狐德棻：《周书》卷一《文帝纪》，中华书局1971年版。

称："皇芮承绪，肇自二仪。拓土载民，地越沧海，百代一族，大业天固。虽吴汉（漠）殊域，义同唇齿。方欲克期，中原龚行天罚。……然后皇舆迁幸，光复中华，永敦邻好。"① 不言而喻，上述种种都体现了当时众多入主中原或企图入主中原的少数民族对儒家"天下一家"的大一统观念的认同。

至唐代，随着各民族的进一步融合，人们的民族观念也有了进一步发展，因而唐太宗在论述当时唐王朝的民族政策时说："自古皆贵中华，贱夷狄，朕独爱之如一。"② 这说明，在唐太宗心目中，虽然地处中原的"中华"与边境地区的夷狄有区别，但唐王朝对二者是一视同仁的。显然，这充分反映了唐王朝在大一统观念影响下形成的民族观。

到元明时期，人们对王朝正统有了新的认识。比如明王朝的开创者朱元璋早年为推翻元朝的统治，在向齐鲁河洛、燕、蓟、秦、晋地区进军时所发布的檄文中明确提出了"驱逐胡虏，恢复中华"的口号，但他又在檄文中说："自宋祚倾移，元以北狄入主中国，四海内外，罔不臣服，此岂人力，实乃天授。""归我者永安于中华，背我者自窜于塞外。……如蒙古色目虽非华夏族类，然同生天地之间，有能知礼义愿为臣民者，与中夏之人抚养无异。"③ 可见，在朱元璋看来，蒙元王朝虽为异族所建，但也是天命所归，属于正统政权。而且认为无论是蒙古人还是色目人只要愿意臣服，就可以成为中华大家庭中的一员。

清朝末年，孙中山在发动辛亥革命时，虽然也明确提出了"驱除鞑虏，恢复中华"的口号，但他认识到中国各民族的不可分割性，于是提出了"五族共和"的思想说："国家之本，在于人民。合汉、满、蒙、回、藏诸地为一国，合汉、满、蒙、回、藏诸族为一人。是曰民族之统一。"④ 显然，"五族共和"的思想就是传统大一统思想在新时期的发展。

耐人寻味的是1913年初举行的西蒙古王公会议上，西蒙古王公们通

---

① 萧子显：《南齐书》卷五十九《芮芮虏传》，中华书局1972年版。

② （宋）司马光：《资治通鉴》卷198，唐贞观二十一年五月，上海古籍出版社1987年版。

③ 《明实录·太祖洪武实录》卷二十六，1367年11月（吴元年十月），中研院历史语言研究所校印本，1984年版。

④ 孙中山：《临时大总统就职宣言》，《孙中山选集》（上），人民出版社1956年版，第32页。

过了赞成五族共和、反对蒙古独立的决议，并通电声明："蒙古疆域与中国腹地唇齿相依，数百年来，汉蒙久为一家。我蒙同系中华民族，自宜一体出力，维持民国"。① 而当时作为民国总统的袁世凯，也在处理此次蒙古分裂行径的过程中致书库伦活佛哲布尊丹巴说："外蒙同为中华民族，数百年来，俨如一家。现在时局阽危，边事日棘，万无可分之理。"② 从民国总统袁世凯与西蒙古王公们均认为蒙古族早已是"中华民族"的现象无疑可以说明其时统合中国境内各民族的"中华民族"不仅在实际上而且在人们的意识里都已经正式形成了。也就是说，经过长时期的发展演变，"中华民族"作为一个"自觉的民族实体"，至迟到清朝末年至中华民国的建立这一时期已经成为中国境内各兄弟民族所共认。

综观我国历史上从华夏——中华——中华民族的发展历程，可以认为无论是作为"自在的民族实体"的"中华民族"，还是作为"自觉的民族实体"的"中华民族"，都主要是在以孔子为代表的儒家所倡导的"大一统"观念的影响下而形成的。在"大一统"思想的影响下，历代统治者都制定出一套相应的政治、经济、军事、文化政策来维护民族统一。从秦王朝统一，至清王朝垮台的 2000 多年中，共有四次大分裂时期。秦、西汉、东汉、西晋、隋、唐、北宋、元、明、清等十个王朝，国家疆域基本上都是统一的，共约 1600 余年。三国，东晋与十六国及南北朝，五代十国，南宋、金等四个时期，国家疆域是分裂的，时长共约有 500 余年。可见，受孔子"大一统"思想的影响，中华民族在中国历史上"统一"始终占据主导地位。中国之所以没有像欧洲那样分裂为许多国家，并能够在屡次分裂之后终归统一，始终保持中华民族的强大凝聚力，在一定意义上应归功于孔子的"大一统"思想的影响。

即使在暂时的分裂时期，各族人民在"大一统"的观念的思想指导下，仍保持着政治上的友好和经济文化上的交流。在少数民族多次进入中原的同时，中原汉族亦逐渐移民边疆。在民族政权对峙的过程中，各民族不断混杂、渗透、逐渐融为一体。从而使每次新的统一疆域更加扩大，民

---

① 《西盟会议始末记》，转引自费孝通：《中华民族多元一体格局》（修订版），中央民族大学出版社 1999 年版，第 349 页。

② 袁世凯：《致库伦活佛书》（一），载于徐有朋《袁大总统书牍汇编》卷八《函牍》，上海广益书局。民国三年（1914）版，第 2 页。

族大统一、大融合的趋势更为明显。在推进统一的大业中,虽历经改朝换代、国号更迭等漫长历史,但是,"大一统"思想对于推动中华民族的形成和发展却一刻没有停止。为实现和维护大一统王朝,历代中央王朝(无论是汉族还是少数民族建立的)对周边少数民族的治理方式多采取以因俗而治为主要特征的羁縻、怀柔政策。这些羁縻、怀柔政策在民族交往、文化交流、维护国家统一、各民族的中华文化认同等方面都产生了积极作用,从而使我国各民族从秦汉以来基本上处于一个统一的多民族的国家之中,而"大一统"的社会环境为"中华民族"的形成发展奠定了必要的坚实基础。正因为中华儿女在维护"大一统"的多民族国家方面世代相承的不懈努力,才使中华民族逐步发展成为一个"自觉的民族实体",并使中国作为一个统一的国家始终傲然屹立于世界民族之林。

论孔子仁学及其现代价值

安徽大学哲学系　王国良

孔门儒学的核心内容是仁学，仁学的精髓是体现于其中的主体精神。本文试就孔子仁学主体性的形成、层次，哲学基础和综合特质作一番探讨，以期为传统文化的综合创新提供一些合理性资源。

一

孔子的仁学起源于周礼，是从春秋新时代精神出发，通过对体现于周礼中的人文精神的阐发和提炼而创立。要说明孔子仁学的进步性质，首先要说明礼的内容、性质和作用。

礼渊源于远古时期定居的农业部落生活的风尚和习惯，这些风尚和习惯在时间中的延续就逐渐固定为民俗与传统，礼便是在此基础上发展起来的不成文的规范和习惯法。它是道德与法律制度尚未分化的和原始低级的含混合一，是在法律和道德未产生以前而用以协调全民生活的规范和秩序。有两种对礼的起源和作用的解释说明值得我们重视：

一是《礼记·曲礼上》的解释："鹦鹉能言，不离飞鸟，猩猩能言，不离禽兽。今人而无礼，虽能言，不亦禽兽之心乎。夫唯禽兽无礼，故父子聚麀。是故圣人作，为礼以教人，使人以有礼，知自别于禽兽。"

二是荀子《礼论》中的解释："礼起于何也？曰：人生而有欲，欲而不得，则不能无求。求而无度量分界，则不能不争。争则乱，乱则穷。先王恶其乱也，故制礼义以分之，以养人之欲，给人之求，使欲必不穷乎物，物必不屈于欲，两者相持而长，是礼之所起也。"这两种对礼的起源的推测是颇为有趣的，二者各自论述了礼的作用的一个方面，如把二者结合起来便恰好可得到一个较完满的解释。前者是从伦理的角度论礼的作用，即把人与动物区别开来，知道父子尊卑亲疏的差异限制关系；后者是从法律的角度追溯礼的起源，认为礼是调节人们之间纷争辩讼的标准和度量分界。那么最初的"度量分界"是什么呢？就是自然伦理关系中的上下辈分、年龄、亲疏等级差异。这种伦理上的自然差异就是解决纠纷的标准。它既是伦理秩序，又似乎是法律规定，是原始的尚未分化的伦理秩序与法律规定的合一，这就是礼的最基本特征。

礼的出现有极其重大的意义。礼作为一定规范，使人类从动物状态中超拔出来，把人类血缘群体的杂乱关系转变成为有秩序的伦理关系，它标志着"人类意识"的觉醒形成，而与动物性明确区分开来，是人类走向文明进步的必经阶段。礼的内容的不断丰富是进步的标志，尽管只是"原始的丰富"。对天地山川的祭奠仪式的安排举行，对祖宗鬼神的定时祭拜的程式规定，社会生活内容扩张而不断增衍的各种习惯和规定，都在"礼"的名义下集结保存下来。虽然从后世看起来这些分门别类的职掌细目和礼仪禁忌非常琐碎庞杂，但在当时确是人文历史进化成果的积累，是社会生活和政治生活更加丰富的产物。后来的贵族统治者对这些礼的杂多系统加以整理和完善化，使其成为带有浓厚政治色彩的一套规范准则和秩序法规，作为巩固、维护贵族内部组织和统治人民的手段。"监于二代"的"周礼"就是与等级宗法结构相协合适应的典章规范仪节。

礼作为群体性规范，一方面是典章制度，另一方面又是意识形态，它是典章制度与意识形态的合一。作为典章制度，它限制个人行动，使人遵照一定的"仪式"而活动，礼的内容只有通过各种实际"仪式"的举行而体现、确立，脱离了"仪式"，礼便无其他途径来表现自身的内容。所以礼的破坏和崩溃便首先表现为礼和仪的分离，"仪式"变为僵化的死形式。礼作为意识形态，它压制个人的反思精神，通过实际的行为示范而被群体表象所接受、熟悉、模拟，而个人的反思精神一旦形成，礼便必然要走向解体（礼的崩溃的最深刻基础当然是社会生产力的发展，下文将论及）。

孔子所处的时代就是"王纲解纽""礼坏乐崩"的时代。《左传》前半部所记载的许多"非礼""违礼"的事实，大多是对既定的仪式的破坏。那些"放恣"的新旧权贵对礼的肆意僭越和践踏，从他们按照自己的欲望和要求行事这方面看，可说是从消极方面瓦解了礼的存在基础，"辟雍""八佾""旅于泰山"等等本为最高统治者天子所举行之仪式，现在诸侯大夫也能享用了。但一经诸侯使用，便不再具有礼的性质和意义而变为纯粹娱乐的工具，成为一种旧形式的操演。鲁公的送往迎来俱不违礼，做得冠冕堂皇井然有序，但只是一些失去灵魂的表面文章。孔子说"礼云礼云，玉帛云乎哉！乐云乐云，钟鼓云乎哉！"（《论语·阳货》。以下凡引自《论语》者只注篇名）可说是对蜕化、堕落为仪式的毫无新鲜活力的礼的批判。越来越多的人要求礼具有确定的新内容而不再拘泥于凋零式微的旧仪式。"子大叔见赵简子，简子问揖让周旋之礼焉。对曰，是仪也，非礼也。"（《左传·昭公二十五年》）时代思潮的激荡使得一个女子也能明白礼与仪的区别："（鲁昭）公如晋，自郊劳至于赠贿，无失礼。晋侯谓女叔齐曰：'鲁侯不亦善于礼乎？'对曰：'鲁侯焉知礼！'公曰：'何为？自郊劳至于赠贿，礼无违者，何故不知？'对曰：'是仪也，不可谓礼。礼所以守其国，行其政令，无失其民者也。今政令在家，不能取也，有子家羁，弗能用也。奸大国之盟，凌虐小国。利人之难，不知其私。公室四分，民食于他。思莫在公，不图其终。为国君，难将及身，不恤其所。礼之本末、将于此乎在，而屑屑焉习仪以亟。言善于礼，不亦远乎"（《左传·昭公五年》）①

在女叔齐看来，礼与仪应该明确区分开来，礼应该具有自身的本质内容，即"守其国、行其政令"的政纲和法律性的范畴内容，鲁侯已经是国难当头、公室四分，民食于他，鲁侯不思以拯救补治，却在那里玩一套郊劳赠贿的把戏，只能是"屑屑焉习仪"，岂能算是知礼！

真正动摇、崩溃了礼的存在基础的是《诗经》中所表现出来的恨天、骂天、变风、变雅的社会批判思潮和"内史""大夫"们的开明言论所体现的理性精神、怀疑态度和反省意识。对现存秩序制度的不满首先表现为对礼的重新解释。《左传》中对礼的新解释主要是两个方面：一是把礼解释为治国之道，二是把礼解释为道德原则。"礼，经国家，定社稷""礼以体政""礼所以整民也""礼主忠信""礼则以观德""恕而行之，德之则也，礼之经也""敬，礼之舆也"。综观当时对礼的势如涌出的新解释

---

① 《左传·昭公五年》。

新说明，不外乎给礼注入政治法律的和道德的两方面新内容，说明礼的内容要向政治法律和道德两方面分化。把礼转化为政治法律，这主要是政治家所要完成的重大任务；① 而把强制性的礼转化为道德原则，则是哲学家思想家的使命。

二

孔子是把礼加以道德化的思想家，他说："道之以政，齐之以刑，民免而无耻，道之以德，齐之以礼，有耻且格。"（《为政》）

他把政、刑与德、礼对列起来，说明在孔子心目中礼不是政治学范畴而确是道德范畴。礼既然属于道德范畴，就要表达出精神性品格，它不是要求人的盲目服从，而是基于个人意识的自觉体认，使个人自己知耻"有耻"。"林放问礼之本。子曰：'大哉问！礼，与其奢也，宁俭……'"（《八佾》）。

这就是说，礼的实质并不在于摆阔气、讲排场的奢侈靡费，礼云礼云，不在于玉帛的绚烂夺目，只要能表达内在的精神意义便佳。那么礼的精神实质是什么呢？孔子认为是"敬"。"居上不宽，为礼不敬，……吾何以观之哉！"（《八佾》）可见"敬"是礼的属性。②敬的特点在于它是人的意识的外化，是双方互相以人相待。我们对一个大人物可以唯命是从，可以诚惶诚恐，但却不一定对他怀有敬意，所以孔子主张的"敬—礼"是双向度的互有平等反馈的交流表达，这特别可从他对君臣关系的论述中一目了然地看出来：

　　君使臣以礼，（《八佾》）
　　道千乘之国，敬事而信；（《学而》）
　　事君尽礼，（《八佾》）

---

① 例如郑国子产进行了一系列的法治变革，如作封恤、作丘赋、立谤政、铸刑书等等，但他认为这是出于比较实际的"救世心切"，而所创的这些新法又不违背礼、反而是维护、充实礼的行动，礼本身应该包括这些政治内容。

② 孔子对"孝"有不同表达，但综而核之，"孝"的实质还是敬："子游问孝，子曰：'今之孝者，是谓能养。至于犬马，皆能有养。不敬，何以别乎？'"（《论语·为政》）

事上也敬,(《公冶长》)

事君,敬其事而后其食。(《卫灵公》)

一方面是"君使臣以礼",礼主敬;另一方面是臣"事君尽礼",礼同样主敬。这就是要君臣互相以礼相待,要互相尊重,以达到人际关系的融洽平衡。人与人之间相互尊重,就是"礼之用""为国以礼"就是"居敬而行简"。"非礼勿动"就是"君子敬而无失""立于礼"就是"修己以敬""执事敬"。

孔子从礼中抽绎出"敬"的精神,以敬来表达人与人的平等关系,并由此生发开去,将这种平等关系转化、推广到普遍的行为中去,变成一种个人的普遍行为准则。孔子答子贡问友云:"忠告而善道之,不可则止,毋自辱焉"(《颜渊》),而作为臣子对君的态度也大致如此:"所谓大臣者,以道事君,不可则止"(《先进》);"事君数,斯辱矣,朋友数,斯疏矣"(《里仁》),在这里,君臣关系与朋友关系很相近,一个人对待朋友的态度与对待君主的态度如出一辙。孔子说:"臣事君以忠",并非是效忠于君主个人的意思,而是指忠于职守,孔子主张"与人忠"是对一切人都"行之以忠",忠在很大程度上是诚恳待人,讲信用,为人谋要忠也就是为朋友信,所以他屡屡忠信合称:"主忠信""言忠信",这是积极的"无偏无党"的诚恳待人,是全新的道德观念。

整个春秋过渡时期,由于社会生产力的逐渐发展发达,在旧的宗法社会组织结构内部孕育出了经济关系变动的新因素,使人与人之间的关系发生性质的蜕变和重新组合,同时由于战争的繁剧、交通的发达,商业的浪潮和都市的兴起,从外部冲击了、拆散了原有的凝固的血缘氏族组织结构而产生了新的复杂错综的纯粹的人与人的关系,这是富于流动性的、变化的社会关系,是摆脱了狭隘的地域限制的更加丰富和全面的联系。孔子深刻把握到了时代、社会的这种巨大变化趋向,他说:"士而怀居,不足以为士矣"(《宪问》)。孔子本人便是周游天下的移民先锋,他事鲁定公和季桓子,君、卿不听其言,即离鲁而周游列国,"干七十二君"。甚至"欲居九夷"和"乘桴浮于海"。由于不断置身于新的人际关系,个人的行为准则便也具有更大的适应性。孔子把自觉的平等观念转化为一种普遍的社会关联,从而具有了适应社会进步的更为广阔的道德意识:

> 君子周而不比，小人比而不周。（《为政》）
> 君子和而不同，小人同而不和。（《子路》）
> 君子群而不党。（《卫灵公》）
> 君子义以为质。（《卫灵公》）

君子应该与一切人结成正常的关系，不与其中一部分人过分紧密、互相勾结而与另一分部人疏远，也就是对一切人同等相待，与所有人和谐协调，但不是盲目顺从别人，"众好之，必察焉，众恶之，必察焉，"既能与社会群体黏结在一起，又能保持个人的独立意识，不树党结派，无偏无颇。"各于其党"，只为自己的党派利益着想，就有过错，就会阻碍社会进步。孔子把平等的观念释放到整个人类整体中去，以他特有的哲人眼光高屋建瓴地注视着全天下，从天下的立场来作出个人的存在考虑：

> 君子之于天下也，无适也，无莫也，义之与比。（《里仁》）

这已经不仅仅是崭新的道德境界，而且是极为高远的人文理想。自然伦理联系，等级关系和地理界限已消逝、泯灭，而为一种全方位开放的平等网络关系所取代，这是真正的社会性关系的生成，是社会走向文明进步的表征。我们考察实际的历史，可以发现人的社会性关系不是从来就有的，人在最初不是独立的，而是从属于一个较大的整体，或民族或宗族或家族，人与人之间的关系只是群体性联系和自然伦理联系，这种联系完全是先定的和凝固不变的，并不具有社会性的内容。人的社会性只是生产发展所推动的历史新时代的产物。孔子的可贵之处就在于他在中国历史上首先表述了这种社会性关系的生成，并把这种关系看作是人人平等的关系，而个人独立则是这种关系所环绕的轴心。"义之与比"，就是孔子经常对二三子提到的"择其善者而从之""见贤思齐"，这不是出于外在的强制和要求，而是出于个体内在的主动选择；对于趋向于善的自我选择和追求往往是在把自我向着未来推进，就是按照理想的形象来改造自己和创造自己，因而体现了人的自主和自由。自主与平等本来就是唇齿相依、存亡与俱的。

有了对人的自主和平等关系的日臻丰富、全面的认识和体察，也就要求有一个全新的概念来表现这种新内容。孔子的"仁"学，便是这种新时代精神精华的凝聚。

三

孔子学说始于对礼的改造，新的思想内容籍礼范畴的"保护"而成长起来，等到这种内容丰满成熟，就撑破旧概念的形式规范和僵硬外壳而转化、推出辉光日新、文明以健的"仁"概念。"这些旧形式是枯萎的树叶，它们将被从根株发出的新蓓蕾挤掉。"① 后世的各家各派几乎一致公认"仁"是孔子哲学思想体系的实质与核心，就是因为"仁"确是一个新创造，是新时代精神对以礼为代表的旧时代内容的变革。但由于《论语》的纂辑不是按年代次序编排，所以我们无法肯定孔子在以"仁"体现自己的思想学说之后便不再使用"礼"范畴，而许多研究者执着于孔子学说中的礼与仁的矛盾，甚至说仁是制约、服从于礼，也是不难理解的。再说，仁是脱胎于礼，处于过渡时代的新旧思想的区别和关系总不是非常清晰和明白无误的，因此在二者的"临界区域"就不免给人"瞻之在前，忽焉在后"的扑朔迷离的印象。但从总体上看，从礼到仁的变革路径是确定无疑的。孔子答颜渊问仁说"克己复礼为仁"（《颜渊》），可说是《论语》中对礼和仁的关系的唯一明确界说，我们就依照这一界说来解决礼与仁的关系。"克己"，首先是意识到了个体"己"的存在，这是自我意识，个人反思精神反复运动的结果，个人意识到自己思维和行动的自由，但要谨防流于任性，所以要"克"，但这种"克"不是受外在规范的强制，而是自己对自己的规定，是自我陶冶，"克己"实际上就是自律，类似于苏格拉底的"自制""复礼"，我们已经说过，在孔子的意义上礼只是对人的敬重，是平等的人际关系，"复礼"就是要达到对别人的尊重，所以"克己复礼"就是通过个人自觉的行动努力消除个人的外在殊异而进入普遍的平等社会关系中，如果人能达到自我规定的自觉自律，维护尊重人的原则，便达到了"仁"的境界。因此，仁是孔学的最高境

---

① ［德］黑格尔：《逻辑学》（上），商务印书馆1982年版，第3页。

界，是对礼的改造、提炼和超越的结果。

不过，"仁"如同其他许多新思想、新范畴一样，在刚出现时广泛地被使用，但它的涵义却往往不确定，似乎有多层意思，或为清晰，或为模糊，但我们按照其内容可将它基本归纳为三个层次：一、平等爱人的原则；二、行动哲学；三、刚健弘毅的进取精神。

"仁"从人从二，就是二人平等、亲近，"樊迟问仁，子曰'爱人'"（《颜渊》），平等爱人可说是仁的第一层意义。"爱人"表现在政治上便是"博施于民而能济众"（《雍也》），采取合乎民情的便宜措施以促进生产，使人民富足。但"仁"在孟子那里才开始向政治意义方向转化，而在孔子这里主要是理想的道德境界，大部分不是在政治意义上使用，而是在人生和价值观意义上使用。因此在孔子看来，仁者爱人并不能通过物质馈赠和能给"能养"来表现，而是要通过人的精神性的品格来体现，"仁者、其言也讱"（《颜渊》）。"爱人"就是对一切人的尊重和爱敬之情，把人当作是具有平等人格的人而对待，即"出门如见大宾，便民如承大祭"（《颜渊》），"居处恭，执事敬，与人忠"（《子路》）。孔子宣布"君子不器"（《为政》），就是说，人不是摆在那里的"东西"，不能仅仅被当作器物工具来使用，人就是具有内在价值的人本身，人本身就是目的，人就是人的世界，"仁者，人也"，不失为一个对仁的恰当训诂。大自然的万千气象、纷纭变化会掀起我们情感的波澜，让我们感到莫名的喜悦、恐惧和激动，但不能引起我们敬爱尊重。地位权力和贵族血统也不足以让人敬重，孔子称那些为所欲为的"从政者"为"斗筲之人也，何足算也"！足见其对权贵的蔑视。只有把人都当作人看，不因他衣狐貉裘，也不因他衣敝缊袍，不因他位高权重，也不因他出身寒门，而都当作同等的人加以敬重，才能使我们自己得到提高和超越，因为敬重别人，就是尊重我们自己。"苟志于仁矣，无恶也"（《里仁》），"观过，斯知仁矣"（《里仁》），但"巧言令色鲜矣仁"（《学而》）。所以孔子要人努力趋向于"仁""成仁"就是"成人"，"仁者安仁，知者利仁"（《里仁》），就是择居也要近处仁："里仁为美"（《里仁》）。

但"仁者爱人"并不是仅仅停留于思维领域的软弱无力的说教，并不是矫揉造作的"爱的呓语"，仁同时也是一种行动过程，仁的第二层意义就是积极的行动哲学，通过实际行动而达到立己立人，安人安百姓的伟大理想境界。所以"君子耻其言而过其行"(《宪问》)"古者言之不出，耻躬之不逮也。"(《里仁》)孔子一贯是学文与躬行并重，他要人做"躬行君子"。"有能一日用其力于仁矣乎？吾未见力不足者。"(《里仁》)。"仁者先难而后获"。(《雍也》)就是说，人要先付出艰苦努力而后才能有所成就，要"敏于事""敏于行"，要"竭其力"而"致其身"。学习、做学问也是一种行，"博学而笃志，切问而近思，仁在其中矣"(《子张》)，因此要"为之不厌，诲人不倦"(《述而》)。但孔子所强调的行动并不是盲目的，不是由于外部的机械推动，而是按照主体人的意志和目的向前运动，"危言危行""听其言而观其行"(《公冶长》)，它是一种不断创造和自我创造的过程。仁不是静止的概念，而是表征运动的概念，只有在不断的运动中才能保持自己的生命活力，而运动的动力来源于自己，来源于自强不息的积极进取精神。

"仁"的第三层意义便是刚健弘毅的进取精神，"与其进也，不与其退也。"(《述而》)夫子有感于许多人没有刚健的品格，慨叹"吾未见刚者"。他认为"刚毅木讷近仁"(《子路》)。"士不可以不弘毅，任重而道远"(《泰伯》)。孔子要人勇于进取，他宣称"仁者必有勇"，"勇者不惧"(《宪问》)，勇就是独立不惧，自强不息，果行育德，致命遂志。孔子特别褒扬颜回说："吾见其进也，未见其止也"，他本人也是"乐以忘忧，发愤忘食，不知老之将至"(《述而》)，甚至还要"知其不可而为之"。这种"知其不可而为之"的精神实质就是对于理想境界永不停息的追求，仁的光辉就是在这种追求中不息地跃动、闪现和燃烧。因此，仁这一伟大境界就不仅是新时代精神的凝聚，而且是新时代的人的禀赋的体现。

作为体现新时代人的禀赋和尊严的仁的学说，以人类本质共同性为哲学基础，为所有人的自我完善开辟了道路。

四

处于发轫期的哲学，往往不是很连贯，也没有逻辑系统，更多的是近乎格言式的断言。例如古希腊的泰勒斯说"水是万物的始基"，至于为何水能成为万物的始基，他并未提出证据或作更多的论证，只是建立在观察基础上的断言。直到亚里士多德对古希腊哲学作总结时,才帮助他提出一些理由。① 同样,毕达哥拉斯说"万物的始基是一元",也没有给出什么证据。孔子的学说尽管也是众多寓有哲理的格言组合,然而"夫子风采,溢出格言",在看起来似乎是杂彩纷呈的言论中却有"一以贯之"之道。这就是在他的学说中有一定的层次联系。孔子的仁的学说在自身内有更深一层的根据,即人类在本质上的相近性与共同性。孔子的仁学就是奠立在人类共同本性的基础上。在人已经挣脱礼的桎梏而获得一定行动自由的解放时期,孔子基于对不同地域的各种人物的长期观察,终于提出了一条具有世界史意义的伟大哲学人类学命题:

性相近也,习相远也。(《阳货》)

这是人类历史上第一次出现的对人的本质加以探讨并第一次得出人类"性相近"的思想。实质在于阐明人生而平等相近,只是由于每个人的学习、环境不同而使人相远而异。不论是王公贵戚还是平民布衣,都具有共同的人性。在贵族们尚以自己的高贵血统为自豪、以能维持、保住自己的世卿世禄地位为不朽盛事② 和平民甚至没有读书识字权利的黑暗时代,孔子宣布人类"性相近",就如同划破夜空的一道闪电,具有振聋发聩的启蒙意义和打破一切等级界限的革命性。几乎处于同一时期的希腊哲学家和第一个公开宣称自己是智者的普罗泰戈拉同样提出一条具有世界史意义的光辉命题:"人是万物的心尺度"。如果把普罗泰戈拉的这一命题看作是人对自然立法,那么孔子"性相近"的命题便是人对人自身的立法,从一定意义上说,这是人类思想的深刻革命,人类性平等的意识就是由此生发开来,人人相互尊重,人的尊严也直接是以此为基础。以后成为流行意识观念的"举贤""择优",都是以孔子的这一命题为根据,"人皆可为尧舜"(孟子语)"涂之人皆可为禹"(荀子语),也是一脉相承于孔子

---

① 参见亚里士多德:《形而上学》A3,商务印书馆1982年版。
② 《左传》襄公二十四年:穆叔如晋。范宣子逆之,问焉,曰:"古人有言也,'死而不朽',何谓也?"穆叔未对。宣子曰:"昔匄之祖,自虞以上,为陶唐氏,在夏为御龙氏,在商为豕韦氏,在周为唐、杜氏,晋主夏萌为范氏,其是之谓乎?"穆叔曰:"以豹所闻,此之谓世禄,非不朽也。……禄之大者,不可谓不朽。"

之源。

孔子的"性相近,习相远"的命题不仅仅只是基于个人愿望考虑的断言,而是一条统御孔子学说的闪烁真理光辉的总体性哲学原理。这一原理的产生当然与受到人的个性抬头的时代潮流的濡染、激荡有关,但更是孔子对人本身进行研究的结果。有的研究者认为孔子产生"性相近"这一命题是因为他看到当时人们都好"疾贫求富",求富是人们的共同本性。这种说法似乎有一定道理,但未免失之狭隘。因为孔子不但强调"性相近",而且也突出"习相远",也就是注重人的可塑性、可变性,所以本文认为孔子这一命题的产生与他从事教育活动有关。教育总是对人的教育,早期的教育与对人的研究分不开。从《论语》中我们可以看出,孔子对于不同学生的教育总是根据各人的特点,性格禀赋而分别予以指导解答,说明他平时对学生的才能品德有很好的观察了解,对他们的成长过程甚为熟悉。又因为孔子首开私学之风,各种各样人物都咸集毕至于夫子门下,使孔子对人的共同基本特征的研究成为可能。他所指称的人们相近的"性",并不局限于人们的某一属性、欲望和要求,而是具有总体性质的人的潜能,人的潜能是相同的,至于以后的不同完全是个人志向、情趣的差异和自我努力发挥程度的高低造成的。潜能先于差异,因此人人皆可受教育,皆有权利把个人的潜能发展为现实,按理想的目标向前推进。正因为人的理想的不同,人各有志,才使我们人的世界呈现为多样化的俊彩星驰的世界。

基于这样的人类性体认和人人潜能相同的观察,孔子又提出另一震动当时社会的伟大原则:["有教无类"(《卫灵公》)。]

对于教育的重视和提倡是一切启蒙思想和进步文化的共同特征,西方从智者学派、苏格拉底到18世纪启蒙学派、康德等,皆把教育提到很高的位置。爱尔维修甚至提出"教育万能"。而在中国孔子则是第一位以教育来打破一切等级尊卑藩篱的人,也就是以教育作为改造人与改造社会的手段的人。教育的本意就是启蒙,它的意义已远远超出了普及知识学问的狭隘目的。"有教无类"就是坚持校门向一切人开放,人人都有受教育的权力,人人都有自我完善和发展自己才能的机会。正是通过教育把人人平等的启蒙思想传播到全社会中去了。孔子说"自行束脩以上,吾未尝无诲焉",但实际上有些学生因为贫穷,行不起束脩,孔子也照样接收。投拜于孔子们下的学生来自不同国家，也具有不同的身份职业，有在陋巷的颜渊，有任侠的子路，有货殖的子贡和羁于缧绁的公冶长。当然也有不少贵族子弟，但他们到了夫子门下之后便脱离了家庭环境的影响，而开始接受一种崭新的思想体系和价值观念。

与一般所理解的相反，孔子并不是不谈思辨的玄理。他对"语之不堕"的颜回就喜欢发较为抽象的议论，使才能极高的颜回感到"仰之弥高、钻之弥坚"，但比较崇尚实际的子贡对抽象的理论就不太感兴趣，"夫子之言性与天道也，不可得而闻也"，但他仍衷心推崇孔子"墙高数仞"。事实上，到孔子这里来求学的人大多数是为了以后有用于社会人生，因此孔子就不能过多地驰骛于思辨的理论，而必须像苏格拉底们一样，把哲学从天上降到人间，注重实际，教人以生活的艺术和执业尽职的能干。我们从《论语》中看到许多言论是谈怎样立身处世，积德成名。而"问为邦""学干禄""可使南面""可使为宰""可使治赋"的经邦治国的本领更是孔子所着重培养的。正是这种对实际治政才能的培养和重视，使孔子的教学上升到政治的意义，造成打破世袭贵族垄断政治的局面，敦促现实政权向士阶层开放。因此他的教育活动是具有深刻革命性的，"有教无类"的另一层意思可说就是"有政无类"。而对政权开放的肯定确实是植根于他对人类"性相近"的深刻观察基础上的。通常的观点认为孔子教育活动的意义只在于首开私学之风，打破了"学在官府"的局面，把知识普及到民间（仅此已有极大意义），但这只是停留在表面的知性理解。事实上正是通过孔子的教育活动把"人人平等"的观念传布到全社会中去，正是这种教育活动给旧贵族势力以毁灭性的打击，因而孔子的教育活动也就是他的哲学活动，实际上是掀起了一场伟大的哲学运动和启蒙运动。一部《论语》告诉我们，当时上从诸侯国君，下到耕夫隐士，不论荣辱毁誉，谁不知晓孔子的大名？由此足见孔子所造成的声势和对当时的影响。

五

孔子虽然十分强调教育和学习，但这种教育并不是基于独断的教条和外在的权威，而是重视培养个人的自决能力。在人的自我完善这一总的目标前提下，孔子的仁学与他的人性平等教育学说结合统一起来，成为培养个人完美人格的显微无间的哲学——人格学说。孔子要求人们建立不假外求的对自己的信任和信心，"人不知而不愠"（《卫灵公》）。他让个人自己承担起发挥、发展自己潜能的重任，自己依靠自己，自己去作出果断的选择，从而自己对自己负责。他的学说不是僵死的训条诫律，而是引导人自己选择，自我立志的勖勉激励。"为仁由己，而由人乎哉"（《颜渊》）。在现实世界锤炼自己的品格，对理想境界的不息追求，全要靠自己的积极奋发努力，不怨天，不尤人，遗传和外在环境并不能起决定作用，而要归依于我们的自觉自主。所以，一个人发挥主体力量的程度，在前进道路上所作的何去何从的选择，孔子便要他自己作决定，自己负责任。冉求说"非不悦子之道，力不足也"。孔子答道："力不足者，中道而废，今女画。"（《雍也》）这就是说，人的天分是平等的，自己要成为何种人，完全出于自己的意志决定，没有人强迫你，而是个人的自由选择。他曾举了一个十分贴切的譬喻说明这种选择的意义："譬如为山，未成一篑，止，吾止也。譬如平地，虽覆一篑，进，吾进也。"（《子罕》）是止还是进的选择，完全在于个人的主动，成功失败在于自己的创造，正是在这样的选择关头，使自己与他人区分开来而显出差异。人是自己提高自己，自己超越自己，这不是依赖全能的上帝，也不必仰仗俨然的大人物，"人能弘道，非道弘人"（《卫灵公》）"我欲仁斯仁至矣"（《述而》）。孔学新精神就在于指出人人皆可凭借自己的力量完善自己，按照自己的意志和决断奔向崇高的理想境界，这是真正的对人的尊重，人的尊严和他的独立人格正是通过别人不能代替的自己决定和自主选择而显现出来。如果认为孔子有人道主义精神，其实质即在于此。

然而，孔子认为，个人按照自己的理想进行自我完善和自我创造活动，不是脱离社会，与他人无关的独契私旨，而是对全社会负责，为天下国家之安康尽职尽力。孔子虽然不时感发"无道则隐"（《泰伯》）"隐居以求其志"（《季氏》）的怃然情绪，或"用之则行、舍之则藏"的"命也"的苦闷牢愁，但他始终执着的是"斯人之徒"，是知人利人，达己达人，是"泛爱众"。孔子提出的一个命题可说是恰当地概括了个人与社会的关系："修己以安人，修己以安百姓"（《宪问》）。正是出于自任以天下之重，视个人的身家性命与人类命运为一体的精神，孔子才要求"君子无终食之间违仁,造次必于是,颠沛必于是"(《里仁》),"志士仁人,无求生以害人,有杀身以成仁!"(《卫灵公》)只有凭借杀身成仁、不惜为人类献身的弥天大勇,方表现出主体的独立于天地的无上尊严,矗立起"高山仰止,景行行止"的伟大人格巅峰。

孔子之后,孟子,荀子继续拓展儒家仁学的主体精神,孟子提出"大丈夫"和"豪杰"精神,荀子张扬了"天子不得臣、诸侯不得友"的大儒独立精神,目标都是指向"兼济天下""与天地参"。

六

孔子仁学主体性精神对后世有极大影响,构成中国以及东亚历史上经常起进步作用的不绝如缕的优良传统。我们今天依靠自己来开拓潜能,发挥才智,练就新品格,仍然要发扬人的主体性精神。同时,儒家仁学把个体的身家性命与人类的命运紧紧联系在一起,自任以天下之重,对我们今天理解实现个体价值的目的仍然具有极大的感召力,值得在新的历史条件下加以继承转化,发扬光大。

儒家"敬天法祖"思想的当代价值

中山大学哲学系　黎红雷

"天地君亲师"即所谓"五尊",是中国传统社会的精神信仰体系,其思想来源于先秦儒家。荀子指出:"天地者,生之本也;先祖者,类之本也;君师者,治之本也。无天地恶生,无先祖恶出,无君师恶治,三者偏亡,则无安人。故礼,上事天,下事地,尊先祖而隆君师,是礼之三本也"(《荀子·礼论》)。清朝雍正初年,第一次以帝王和国家的名义,确定"天地君亲师"的次序,从此,"天地君亲师"就成为风行全国的祭祀对象。[1]作为一个文明型国家,中国自古以来就没有全国统一的宗教,"天地君亲师"实际上发挥了全体国民共同的精神信仰的作用,尤其是其中所体现的"尊天法祖"的思想,在当代社会依然有着不可替代的价值。

敬畏自然:敬天思想的当代价值

天,是中国古代精神信仰体系的核心。"天"字的本义指人的头颅,后演变为人头顶之上的苍天,与人脚底之下的大地相对应。在孔子哲学中,使用"天"的概念,大抵有三种意思。一是"主宰之天",如:"获罪于天,无所祷也。"(《论语·八佾》)二是"自然之天",如:"天何言哉?四时行焉,百物生焉,天何言哉?"(《论语·阳货》)三是"道德之天",如:"天生德于予,桓魋其如予何?"(《论语·述而》)。其中,"道德之天"得到孟子的继承,如:"诚者,天之道也;思诚者,人之道也。"(《孟子·离娄上》);"自然之天"则得到荀子的发挥,如:"天有其时,

---

[1] 徐梓:《"天地君亲师"源流考》,《北京师范大学学报》(社会科学版)2006年第2期。

地有其财，人有其治，夫是之谓能参。"（《荀子·天论》）

孔子指出："君子有三畏：畏天命，畏大人，畏圣人之言。"（《论语·季氏》）这里的"畏"就是敬畏，"天命"指上天的意志，也可以理解为自然的规律。荀子则主张"制天命而用之。"（《荀子·天论》）这里的"制"指"掌握"，"用之"就是顺应自然规律而为人类所使用。"畏天命"与"制天命"即"敬畏自然"与"顺应自然"，正体现出儒家思想的内在张力。

儒家主张"敬畏自然"，是因为他们认识到一个简单的道理，人类的生存离不开天地自然之所赐。《周易·系辞传上》说："天地氤氲，万物化醇；男女构精，万物化生。"这里涉及儒家的生命起源说。我们知道，关于生命起源的问题，现代社会有两种相互对立的假说。宗教家主张神创说，比如《圣经·创世记》开宗明义第一句就是："起初，神创造天地"，然后依次造出了万物和人类。科学家则主张进化说，认为生命的进化是从无机物到有机物，到有机化合物再到有机生命体的漫长过程。相比而言，儒家的生命起源说，就其排除人格化的上帝作用而言，其描述比较接近现代科学的进化说；而就其突出自然化的天地权威而言，其功能又与宗教创世说相仿佛。《周易·序卦传》说："有天地，然后有万物；有万物，然后有男女；有男女，然后有夫妇；有夫妇，然后有父子；有父子，然后有君臣；有君臣，然后有上下；有上下，然后礼义有所错。"在这个意义上，天地不但孕育了人类的生命，而且造就了人类的文明，是人类应该尊崇的最高权威。

儒家主张"顺应自然"，是因为他们看到，人类既然是天地自然造就的万物之灵，就不可能对天地万物毫无作为。在荀子看来，"天"与"人"各有各的职责与功能，"天行有常，不为尧存，不为桀亡。应之以治则吉，应之以乱则凶。"（《荀子·天论》）努力农业生产而节约用度，那么天不能让人贫穷；保养周备而行动合时，那么天不能让人生病；依循礼义正道而没有什么差错，那么天不能加祸给人。相反，荒废生产而用度奢侈，那么天也不能让人富有；保养简略而行动逆时，那么天也不能让人保全；违背礼义正道而胡作非为，那么天也不能让人吉祥。人类从天地自然获得生命，为了自己的生存与发展，就必须发挥自己的聪明才智和主观努力，回归自然，认识自然，顺应自然，积极有为。"大天而思之，孰与物畜而制之！从天而颂之，孰与制天命而用之！望时而待之，孰与应时而使之！因物而多之，孰与骋能而化之！思物而物之，孰与理物而勿失之也！愿于物之所以生，孰与有物之所以成！故错人而思天，则失万物之情。"(《荀子·天论》)人类如果放弃自己的聪明才智和主观努力，那也就违背了天地自然养育万物的原理。

后人对荀子"制天命而用之"的思想有不少的误解。其实，荀子反对的是人类在天地自然面前的无所作为，而不是"敬畏自然"本身，"敬畏自然"并不等于无所作为。荀子在《天论》中明确指出，"制天命而用之"的前提是"人之命在天"，人类的聪明才智乃至生命自身，都来自于天地自然的赋予。"天职既立，天功既成，形具而神生，好恶喜怒哀乐臧焉，夫是之谓天情。耳目鼻口形能各有接而不相能也，夫是之谓天官。心居中虚，以治五官，夫是之谓天君。财非其类以养其类，夫是之谓天养。顺其类者谓之福，逆其类者谓之祸，夫是之谓天政。"(《荀子·天论》)荀子还指出，与天地自然的宏大规制与高超智慧相比，人类的创造物和聪明才智实在是相形见绌。"不为而成，不求而得，夫是之谓天职。如是者，虽深，其人不加虑焉；虽大，不加能焉；虽精，不加察焉；夫是之谓不与天争职。"只有"敬畏自然"，人类才有可能心甘情愿地做自然的奴仆和解释者，从而才有可能认识自然的规律，把握事物的发展趋势，保证人类社会的生存和发展。这用荀子的话来说，就是"天地生之，圣人成之"(《荀子·富国》)。

确立"敬畏自然"的精神信仰，对于人类社会有着根本性的意义：

首先，"敬畏自然"是人类生存发展的起点。据现代科学研究，我们现在所处的宇宙的历史有200亿年，地球的历史有40亿年，人类的历史有300万年。作为天地自然造化的产物，人类一直对自己的"造化主"天地自然保持着一份敬畏之心。当然，现代人之"敬畏自然"，与原始人对大自然的畏惧是不同的。一方面，百万年来，人类在"敬畏自然"中"顺应自然"，从而提升了自己的智慧，改善了自己的生存条件，与原始人在大自然中的无知和无助的状况已经完全不可同日而语。另一方面，人类在"顺应自然"的过程中，逐步意识到大自然的精巧奇妙、自然界奥秘的无穷无尽，因而更加发自内心地敬重自然，心悦诚服地爱护自然，并以之作为自己生存和发展的起点。

其次,"敬畏自然"是人类伦理道德的基点。德国哲学家康德说过:"有两样东西,我们愈经常愈持久地加以思索,它们就愈使心灵充满日新月异、有加无已的景仰和敬畏:在我之上的星空和居于我心中的道德法则。"[①] 这两样东西有没有内在关联,康德并没有进一步说明。而在儒家看来,天地自然与人类道德有着密切的联系。如:"天命之谓性,率性之谓道,修道之谓教"(《礼记·中庸》);"天行健,君子以自强不息;地势坤,君子以厚德载物"(《周易·象传》),如此等等。现代人一般认为,伦理道德是人类社会处理人际关系的行为准则,似乎与天地自然无关;其实,"天地之大德曰生"(《周易·系辞下》),只要我们认可人类生命来自于天地自然,那就同时意味着承认天地自然是人类道德的基点。一方面,天地自然是人类所要处理的最根本的伦理关系;另一方面,诸如男女、夫妇、亲子等人类社会的伦理关系也无一不是天地自然造化的产物。"敬畏自然",我们就可以找到人类伦理道德的最终根源,并确立其最高权威。

最后,"敬畏自然"是人类信仰的共通点。不同的宗教,对于信仰的对象有不同的理解,并由此而带来相互间的误解、冲突乃至争斗。儒家不是宗教,但有其信仰。北宋儒者张载指出:"乾称父,坤称母;予兹藐焉,乃混然中处。故天地之塞,吾其体;天地之帅,吾其性。民,吾同胞;物,吾与也。"(《正蒙·西铭》)天地是我们人类共同的父母,天底下的同类都是我的兄弟姊妹,万物都是我的朋友。这种基于天地生人而没有人格神崇拜的精神信仰,非但不与任何现有的宗教信仰发生冲突,而且可以成为这个星球上所有人类群体和谐的黏合剂,有助于消除不同宗教人群之间的误解、冲突乃至争斗,从而为世界和平带来真正的福音。

敬重传统:"法祖"思想的当代价值

尊亲,指尊崇父母或祖先。"天地之大德曰生。"(《周易·系辞下》)从整体上说,人类是天地的产物;而从个体上看,人人均为父母所生。由此,父母获得了与天地一样的生生之大德,从而受到人们的尊崇。祖先则

---

① [德]康德:《实践理性批判》,韩水法译,商务印书馆2000年版,第177页。

是历代父母的总称。荀子将"先祖"与"天地""君师"并列为"礼之三本",其中"先祖者,类之本也"。(《荀子·礼论》)这就将生命的延续与文化传统的延续结合起来了。父母和祖先不仅是生命的创造者,而且是文化传统的创造者。由此看来,"尊亲"的实质是"报本",是对人类生命源泉的尊崇,对人类文化根源的肯定,对人类文化传统的敬重。

儒家十分重视先人所创造的文化传统。孔子主张:"父在,观其志;父没,观其行;三年无改于父之道,可谓孝矣。"(《论语·学而》)这里的"道",可理解为人类世代承传的精神传统。这样的"道",在一定的历史时期中确实是不宜轻易改变的。《汉书·董仲舒传》:"道之大原出于天,天不变道亦不变。"如果把"天"理解为人类的生存环境(包含自然环境和社会环境),那在一定的历史阶段中,"天"确实是不会有太大变化的,反映其规律的"道"自然也就不必有太大变化。当然,董仲舒这句话并不排斥而实际上是包含着"天变道亦变"的精神的,因而不能简单地斥之为"保守主义"。从这个角度反观"三年无改于父之道",就明白其中实际上蕴涵着对人类文化传统的高度尊重。

美国社会学家玛格丽特·米德曾经提出著名的"三喻文化"说。其中"前喻文化"是指长辈向晚辈传授知识经验,晚辈主要向长辈学习的文化;"同喻文化"是指长辈和晚辈的学习都发生在同辈人之间;"后喻文化"则指晚辈向长辈传授知识经验,长辈反过来向晚辈学习的文化。按照这种划分方式,受儒家思想影响而形成中国传统文化,似乎可以归入"前喻文化"的类型。在这种文化中,"老一代传喻给年轻一代的不仅是基本的生存技能,还包括他们对生活的理解、公认的生活方式以及简朴的是非观念。"[①] 儒家敬重传统的"尊亲"文化确实发挥了这样的功能。中国历史上许许多多脍炙人口的家训、家风、家教,就是很好的例证。

但是,与米德所说的前喻文化"纵向、单向、封闭的文化传递方式"不同,儒家思想本身却交集着纵向与逆向、单向与双向、封闭与开放的诸多因素。孔子指出:"殷因于夏礼,所损益,可知也;周因于殷礼,所损益,可知也;其或继周者,虽百世可知也"(《论语·为政》),这里把对

---

① [美]玛格丽特·米德著,周晓虹、周怡译:《文化与承诺》,河北人民出版社1987年版,第27页。

前代礼乐制度的不断损益，看成是国家社会发展的必然规律。荀子指出："王者之制：道不过三代，法不二后王；道过三代谓之荡，法二后王谓之不雅。"（《荀子·王制》）这里将遵循（夏商周）三代之道与效法后王之法紧密结合起来，作为理想的王道制度。孟子指出："君子创业垂统，为可继也。"（《孟子·梁惠王下》）朱熹注："君子造基业于前，而垂统绪于后，但能不失其正，令后世可继续而行耳。"既要继承传统，又能继续前行，正体现了中国传统文化有保守有创新，有继承有发展，有因循有光大的特点。

敬重传统就要延续传统。《礼记·中庸》指出："夫孝者，善继人之志，善述人之事也。"这里的"志"指先人的意志，"事"指先人的事业。"继"的本义为"连续"（《说文解字》："继，续也"），这里指延续先人所提出的思想而继续完善之。"述"的本义为"遵循"（《说文解字》："述，循也"），这里指遵循先人所开辟的事业而继续完成之。《中庸》说："无忧者，其惟文王乎！以王季为父，以武王为子；父作之，子述之。"周朝的开拓者从王季、文王到武王、周公，祖孙、父子、兄弟代代相传，前赴后继，终于推翻了残暴的殷纣王的统治，奠定了周朝八百年的基业，创立了华夏数千年礼乐文明的根基。这里的"父作之，子述之"，就是敬重传统而延续传统的意思，它不仅是从事业的角度而言，更重要的，是精神传统的代代相传。

敬重传统还要光大传统。《孝经》指出："身体发肤，受之父母，不敢毁伤，孝之始也。立身行道，扬名于后世，以显父母，孝之终也。夫孝，始于事亲，中于事君，终于立身。《大雅》云：'无念尔祖，聿修厥德。'"在儒家看来，作为人子，其最大的孝行在于遵循仁义道德，有所建树，显扬名声于后世，从而使父母和祖先显赫荣耀。这里所宣扬的"光宗耀祖"思想，在强调"个人奋斗"的现代人那里，一直被嗤之以鼻。其实，儒家的"光宗耀祖"思想，鼓励人们奋斗向上，自强不息，建功立业，报答父母，报效国家，是一种无论对于个人，还是对于家庭和社会都有积极意义的伦理意识。即使从消极的角度来看，"光宗耀祖"的底线是不让祖先和家人蒙羞，警醒人们不要胡作非为，这也有助于削减各种社会丑恶现象的产生。更重要的是，这种"光宗耀祖"思想，对于延续和光大一个家庭、一个族群、一个国家的精神传统，都发挥着重要的作用。上述《孝经》所引用的"无念尔祖,聿修厥德"来自《诗经·大雅·文王》,其中的"无"和"聿"都是语助词,无义。"念尔祖"而"修厥德"的意思是,一个人应该念念不忘祖先的德性而用以指导自己德行的修养,并进而以自己的德行来光大和发扬祖先的德性。这就使"光宗耀祖"的行为,有了"光大传统"的更深层次的内涵。

敬重传统更要发展传统。孟子指出:"孔子,圣之时者也。"(《孟子·万章下》)与后人所描绘的"迂腐"形象相反,孔子虽然敬重传统,却不墨守成规,而是与时偕行,随遇而安。"子曰:麻冕,礼也;今也纯,俭,吾从众。拜下,礼也;今拜乎上,泰也。虽违众,吾从下。"(《论语·子罕》)礼帽,原来都用大量的麻布来做,这是传统的礼仪;后来大众都用少量的丝帛来做,这是俭省工料,符合礼的精神,孔子明确表示随从大众的做法。臣下拜见君主,在堂下先拜然后上堂再拜,这是传统的礼仪。后来人们却直接到堂上拜,这是倨傲不逊,违背礼的精神。孔子明确表示遵从传统的礼仪。从这里,我们可以看到儒家的传统发展观,即坚持中有发展,发展中有坚持,坚持的是传统的根本精神,发展的是传统精神的表现形式。当代新儒家学者蔡仁厚先生,将传统精神信仰的"天地君亲师"改为"天地圣亲师",并在自己家中设置神位,朔望节日上香行礼。他认为:"天地是宇宙生命的本始,祖先是个体生命的本始,圣贤是文化生命的本始。这几个'本始',都不可忽视,不可忘本。这是儒家教化传统最为核心的所在。"① 蔡先生的做法,尽管其改动内容尚可商榷,但其对儒家传统的坚守与发展,其精神是值得肯定的。

由儒家"尊亲"思想所转化出来的敬重传统而延续传统,敬重传统而光大传统,敬重传统而发展传统的精神,在现代社会依然具有重要的价值。在2015年春节团拜会上,习近平指出:"家庭是社会的基本细胞,是人生的第一所学校。不论时代发生多大变化,不论生活格局发生多大变化,我们都要重视家庭建设,注重家庭、注重家教、注重家风,紧密结合培育和弘扬社会主义核心价值观,发扬光大中华民族传统家庭美德,促进家庭和睦,促进亲人相亲相爱,促进下一代健康成长,促进老年人老有所

---

① 参见徐梓:《"天地君亲师"源流考》,《北京师范大学学报》(社会科学版)2006年第2期。

养，使千千万万个家庭成为国家发展、民族进步、社会和谐的重要基点。"① 重视家庭而注重家风，所体现的正是儒家尊亲报本而敬重传统的精神。

---

① 《习近平在2015年春节团拜会上的讲话》，《人民日报》2015年2月18日。

儒墨异同的历史背景及其当代转化创新

山东师范大学齐鲁文化研究院　江林昌

一　儒墨形成的历史背景

春秋战国时期，社会大变革。变革表现在方方面面，而最根本的方面便是由原始氏族社会延续下来的，从"五帝文明"起源至"虞夏商周"早期文明阶段总共已经发展了两千多年的血缘管理体制于此时瓦解，而影响以后两千多年的地缘管理体制却于此时迅速崛起。

面对这深刻的变化，春秋战国时期的思想家们作出了不同的反映，提出了不同的应对方案，形成了不同学派，这就是所谓的"诸子蜂起、百家争鸣"。例如，儒、墨两家均维护血缘管理，法家则拥护地缘管理，而道家则血缘、地缘均否定之。

由于儒家、墨家均维护旧存的血缘管理，两者有共同之处，因而将两者放在一起讨论有其基础。例如，儒、墨两家都讲"孝""诚""爱"，都讲"三年之丧"，都讲"举贤授能"，甚至都涉及原始宗教中的"鬼神"。这些都是其相同的地方。

虽然都是维护血缘管理，但儒、墨两家还是有不同。即儒家维护的是血缘管理体制中的贵族阶层的利益，因此其代表的是精英文化、上层文化，是大传统；墨家维护的是血缘管理体制中的平民阶层的利益，因此其代表的是平民文化、下层文化，是小传统。这有种种表现。

例一，同样是讲"爱"。儒家把"爱"建立在亲子血缘关系的心理基础之上，具有超越物质功利的伦理道德特点。墨家却把"爱"建立在具体的现实功利基础之上。《墨家·亲士》"虽有贤君，不爱无功之臣。虽有慈父，不爱无益之子"。因此之故：

儒家的"爱"出于内在自觉的"仁";墨家的"爱"出于外在功利的"义"。

因为儒家的"爱"以"仁"为基础,所以强调"爱有差等",由近及远,"幼吾幼以及人之幼,老吾老以及人之老""君爱臣忠、父慈子孝",等等。这种"仁爱"的表现形式便是"礼"。墨家的"爱"以"义"为基础,因此"爱无差等",所谓"兼相爱、交相利"。这种"爱"的表现形式便是"义"。

究其渊源,儒家的"爱"其社会背景是文明社会阶层出现之后的血缘管理;而墨家的"爱"其社会背景是原始社会阶层出现之前即平等社会的血缘管理。

例二,同样是"尚贤"。儒家"尚贤"是为了修身、齐家、治国、平天下,要求维护"尊尊亲亲"的伦理礼制,反映了氏族贵族阶层的利益,其社会背景是早期文明阶段的宗教血缘管理传统。墨家的"尚贤"是为了普通族民的衣暖食饱,不分贵贱等级,唯"贤"是尚,反映的是氏族平民的利益,其社会背景是原始社会的平等的氏族血缘管理。

例三,同样是谈"鬼"。儒家从主体心理的角度强调对神灵的情感认同,"祭(祖)如(祖)在、祭神如神在",子曰"吾不与祭如不祭"(《八佾》);甚至"敬鬼神而远之"(《雍也》),反映的是理性时代人的自我觉醒。值得注意的有两点,其一,这种觉醒不是对神的否定,而是对人的精神的肯定与提升,强调只有人的精神公平纯正,便可与神沟通。其二,这种觉醒基本上体现在贵族阶层精英层面。

墨家则大谈"天志""明鬼",强调神灵的主宰权威。"天子为善、天能赏之;天子为暴、天能罚之。天子有疾病祸祟,必斋戒沐浴,洁为酒醴粢盛以祭祀天鬼,则天能除去之"(《天志》)。而且墨子还叹息痛恨当时的人不信鬼神,以致天下大乱,故极力要求"明鬼""尊鬼":"逮至昔三代圣王既没,天下失义,诸侯力正……是以天下乱。此其故何以然也?则皆以疑惑鬼神之有与无之别,不明乎鬼神之所赏贤而罚暴也。今若使天下之人,偕若信鬼神之所赏贤而罚暴也,则夫天下岂乱哉。"(《明鬼》)墨子所处的已是理性觉悟的时代,但墨子代表小农阶层、平民文化,仍然沉迷在原始宗教之中而不能自我解放。这是其落后于儒家之处。

总之,儒、墨的同与异,均须放在当时及其之前的历史社会背景之下分析，始能把握其本原题旨。

二　儒墨发展的社会条件

冯友兰《中国哲学史》认为，春秋战国时期的社会变动及由此引起的"百家争鸣"的子学时代，实际上是直至两汉中叶汉武帝、董仲舒时期才算完成。"自春秋时代所开始之大过渡期至是而终结，一时蓬勃之思想，亦至是而衰"。此后则由子学时代进入经学时代。"董仲舒之主张行，而子学时代终结；董仲舒之学说立，而经学时代始"。近几十年来的出土文献新资料，证明了冯先生的判断是正确的。

需要指出的是，在这一过渡时期，虽然出现了血缘管理向地缘管理的转变。此后，地方郡县，中央集权的地缘管理格局基本建立，并长期延续。但同时血缘管理的纽带并未完全割断。在朝廷，皇亲国戚的血缘世系依然延续，所谓一朝即一姓。在地方，宗族豪门也时有强大，并与地缘管理相结合。而在广大农村，家庭农业生产单位普遍存在，是整个社会的血缘基础。另一方面，秦汉以后，虽然如前所述，其社会结构出现了一些新的变化。但是从先秦时期延续下来的以农耕生产为主要特征的经济基础一直没有变。也就是说，儒墨两家理论学说赖以产生的农耕生产经济基础和维护支持的血缘管理社会背景，均依然存在；因此，秦汉以后直至近代，儒墨两家思想文化也就仍在延续发展。所不同的只是，在不同的历史时期，不同的社会条件背景下，儒墨两家的影响各有强弱，作用各有不同而已。

比较而言，儒家的影响要大于墨家。汉武帝"大一统"帝国的建立，要求意识形态也趋向综合。董仲舒完成了这时代课题。董仲舒的《春秋繁露》以儒家思想为主干，融合道家、法家、阴阳家合理的成分，构建成了如李泽厚先生所概括的"系统论宇宙图式"。这一图式与政治社会相结合，第一次形成了中华民族独有的文化精神，也第一次彰显了儒家思想的强大影响力。"孔子继承远古所提出的仁学结构，主要是通过汉代一系列的行政规定，如尊儒学、倡孝道、重宗法，同时也通过以董仲舒儒学为代表的天人感应宇宙图式，才真正具体落实下来"。"儒学至此进入一个新阶段。它不断总结了过去，吸收包容了法、道、阴阳各家，而且由于日渐渗透深入到整个社会生活中，开始在民族心理性格上打上了难以磨灭的印迹，并从此不易被外来势力所动摇"。在中国思想文化史上，儒学一直处于精英指导地位，也正是从汉武帝"独尊儒学"以后开始的。魏晋以后，儒学思想影响较大者有唐代以韩愈、柳宗元为代表的以"反佛倡儒"为主旨的"古文化运动"，宋明则有以弘扬孔孟"内圣心性之学"的理学，清代则有乾嘉时期的古文经学和道光前后的今文经学的先后复兴。

先秦时期，儒墨同为显学。此外，以公孙龙为代表的名字也极盛一时。其实，先秦各家几乎都涉及到与"名"有关的问题。孔子"必也正名乎"（《论语·子路》）。墨子的论"辩"（《墨子》之《经》《经说》《小取》等篇），荀子的《正名篇》，韩非子的《杨权篇》等等，都涉及到名与实的讨论。名学之盛，由此可见。

然而，名墨两家，至汉代以后，均不算昌盛。这有其社会背景原因。春秋战国时期，王纲解纽之后，政治、经济、文化诸方面均已失去了统一标准原则。各家学派，为了建立自己的主张学说，以取信于各诸侯国及社会，自然都要为自己正名立说，所以名学盛行。而秦汉以后，统一天下的大局已定，"车同轨，书同文，行同论"，所有事物均由中央集权定规定则，自然不允许各家自立名号，此所以名字之不彰也。

同样道理，在春秋战国时期，由于没有强权政治，原来处于社会底层的手工业，小农生产者，均可逞意立说，可以思出其位。而秦汉以后，严密的社会等级制已定，各层次的人均当"思不越位"。因此，反映社会最底层思想的墨家也就失去了其显学的社会条件。但是，小农业生产者和手工业者，在任何历史阶段，都占有最大比率的人员，具有广泛的社会基础，所以墨家思想虽不能成为社会主流思想；不能成为显学，但是也仍然有其存在的社会条件。正如李泽厚先生所指出：秦汉以后直至近代，"墨家思想并未消失"。这主要表现在如下两个方面。

一方面，墨家学说中，兼相爱、交相利、重义气、讲　然诺以及节用、节葬、明鬼、天志等等思想，一直在小农生产者、手工业生产者阶层盛行，往往形成一种约定俗成的行规民约，汇聚成一种强大的社会基层道德力量。唐宋以后，反映闾巷街头与广大农村生活的话本、戏剧、小说中的许多情节，诸如"金兰结义、桃园立誓、水浒兄弟、行侠仗义、路见不平、拔刀相助"等等，都可以从墨家思想中找到答案。

另一方面，当社会出现阶级对抗，爆发了农民起义的时候，墨家思想往往成为起义领袖提出政治口号或纲领的理论依据。侯外庐先生指出：中国农民战争的口号，应溯源于战国末年墨侠一派下层宗教团体所持的一条公法。据《吕氏春秋》记载"杀人者死，伤人者刑，墨者之法也""这样要求人身权的旗帜，曾经影响了秦汉之际的农民起义"。例如秦末陈胜、吴广起义，提出"王侯将相宁有种乎"的抗议。东汉末年的黄巾起义，以"太平道"为组织基础。所指"太平道"，就是以最大的生产和均等的享受为最高法则。唐代末年的黄巢起义，竟然称自己为"冲天太保均平大将军"。明代末年李自成起义，提出"均田免粮"口号，直到近代洪秀全太平天国运动仍然提出"有田同耕、有饭同食、有衣同穿、有钱同使，无处不均等，无人不饱暖"的政治纲领。这些都是墨子"兼爱"思想的反映。李泽厚先生总结说："农民起义中的宗教信仰和博爱精神，主要是当作统一意志，发动群众的行动纲领和组织力量，并直接地具体地落实在集团的战斗行动之中，与儒家讲的仍不相同，而毋宁说与墨家的特色相接近。"

儒学在全球化进程中的作用

山东社会科学院国际儒学研究与交流中心 孙聚友

全球化（Globalization）是当代世界政治、经济、军事、科技、文化、教育等全部社会因素同整个自然界因素的相互作用、综合发展的结果，它是不同国家和民族从生产到生活，经济到文化等共同发展的一种趋势。作为推动社会、政治和经济转型的主要动力，全球化的表现形式和发展趋势主要有：在经济方面，全球化是世界经济和市场的一体化，它以无限发展为目标，以求实现世界资源的优化组合；在政治方面，全球化是世界格局多极化和政治制度民主化；在社会交往方面，全球化是交往迅捷的网络化和信息化；在文化方面，全球化呈现着多元文化相互交融、彼此消长的融汇特点。在全球化的进程中，既存在着技术和经济的方面趋向于同质性发展特点，又存在着文化和精神现象的异质性纷争特点。

全球化的趋势和进程，是人类社会生产力发展的一个必然的阶段，具有着巨大的社会进步意义。其现实的作用和追求的目的，应是实现整个世界人类利益的共同发展，而不能是以实现全球少数人利益为目的的以资本征服整个世界的现象和过程。但是，在全球化的进程中，世界各国在经济上的休戚相关和政治上的各行其是、文化上的各美其美，导致了各种各样全球化问题的产生。如环境问题、资源问题、人口问题、生态问题、核扩散问题、不平衡发展问题、移民难民问题、毒品泛滥问题、跨国犯罪问题和地区冲突问题等。这是人类在全球化进程中，所必须面对和解决的问题，否则全球化就不可能实现整个人类利益的共同发展。如何解决全球化进程中出现的各种问题，儒家的"仁者爱人"的伦理观、"利用厚生"的经济观和"和而不同"的秩序观，对于解决全球化进程中在道德方面、经济方面和文化方面出现的一些问题，有其现实的理论意义和重要的实践价值。

一 儒学"仁者爱人"的伦理观，
有利于促进社会道德的提升

全球化作为现代社会发展的一种趋势，它涉及并影响着整个人类的社会生活方式。人类如何在全球化的进程中，采取相应的社会生活方式，决定着全球化能否实现人类的共同利益。但是，只有经济的全球化而没有人类基本价值的全球化，就是残缺不全的全球化，而真正的全球化则有赖于全球价值的确立。决定全球价值确立的基本核心内容，在于确立人类相互交往的基本行为准则和规范。

1993年8月28日至9月4日，在芝加哥召开了"世界宗教会议"大会上，代表们通过并签署了《世界宗教议会走向全球伦理宣言》，第一次明确提出"全球伦理"的基本内涵："我们所说的全球伦理，并不是指一种全球的意识形态，也不是指超越一切现存宗教的一种单一的统一的宗教，更不是指用一种宗教来支配所有别的宗教。我们所说的全球伦理，指的是对一些有约束性的价值观、一些不可取消的标准和人格态度的一种基本共识。没有这样一种在伦理上的基本共识，社会或迟或早都会受到混乱或独裁的威胁，而个人或迟或早也会受到绝望。"全球伦理是指人类在交往中所必须遵循的最为基本的行为准则和规范，"这个原则是有数千年历史的宗教和伦理的传统所寻获并持守的：己所不欲，勿施于人！"①

"己所不欲，勿施于人"的伦理原则，不仅强调了道德在人类社会生存发展中的作用，同时也是儒家"仁者爱人"伦理观的核心内容。道德贯穿于人类社会生活的各个层面和领域，它是人之所以为人而与动物区别开来的本质属性，是人类社会得以和谐运行发展的人道核心。儒家对于道德与人的关系，有着极为深刻的认识。孟子指出，"人之所以为人在于其有仁义礼智的道德"。荀子强调，"人之所以以为人非特以二足而无毛者也，以其有群居和一明分使群的礼义之制，人之所以最为天下贵而能生存于社会之中"，就在于人类社会具有仁义礼智的道德规范和行为准则，以及由

---

① [德]，孔汉思、库舍尔编：《全球伦理——世界宗教议会宣言》，四川人民出版社1997年版，第12页。

此而建立起来的社会纲纪和社会组织。人的生存发展，社会的和谐运行，都是离不开道德的，没有道德则人难以体现出自身存在的本质属性，人类社会也将陷入残杀争夺的动荡混乱之中。所以，对于道德的修养和践履，是人之为人的存在要求，也是社会运行的基础保证。

儒家的伦理思想，是建构在以"仁"为核心道德基础上的。儒家认为，仁德的具体含义是"爱人"，它是人之所以为人的人道核心，是人与人之间相互交往的基本道德规范。孔子说："道二，仁与不仁而已矣。"（《孟子·离娄上》）孟子说："仁也者，人也。合而言之，道也。"（《孟子·尽心下》）以仁为核心的道德，作为人之所以为人的人道核心，它存在于人类生活的各个方面，确立了人之所以为人的本质特征。"仁德"是人的道德的核心，它统摄涵盖了其他道德，礼、义、智、信、忠、恕、恭、敬、宽、惠、刚、毅等道德，都是"仁德"的具体表现。爱人的仁德，内在于人的心性之中。孔子说："仁远乎哉？我欲仁，斯仁至矣。"（《论语·述而》）仁德的践履是由个体自我主动的行为所决定的，"为仁由己，而由人乎哉？"（《论语·颜渊》）个人只有在具体的社会实践活动中，自我主动地去实践"仁德"，才能成就自身的道德属性，达致人际关系的和谐。

儒家指出，"实践爱人的仁德"，个体要在符合自身的社会关系和行为的前提下，由近及远地去泛爱社会中的人。"仁德"具体表现为忠恕之道。孔子的弟子曾子曾说："夫子之道，忠恕而已矣。"（《论语·里仁》）忠恕是孔子所主张的仁德的核心。忠有忠诚、公正、无偏不倚之意，孔子说，"为人谋而不忠乎？"（《论语·学而》）"君使臣以礼，臣事君以忠"（《论语·八佾》），"子曰：主忠信，徙义，崇德也。""言思忠。"（《论语·季氏》）忠是在与人谋、与友交、事君等关系中或道德实践中呈现于自己的内心世界的一种德性，是自我在道德实践中所应呈现出公正无私的心理状态。

恕就是"己所不欲，勿施于人"的仁道。"子贡问曰：'有一言而可以终身行之者乎？'子曰：'其恕乎！己所不欲，勿施于人。'"（《论语·卫灵公》）"仲弓问仁。子曰：'出门如见大宾，使民如承大祭。己所不欲，勿施于人。在邦无怨，在家无怨。'"（《论语·颜渊》）孟子也说："强恕而行，求仁莫近焉。"（《孟子·尽心上》）《中庸》言："忠恕违道不远，施诸己不愿，亦勿施于人。"恕是推己及物，己欲立而立人，己欲达而达人。恕是仁道的具体体现。

忠，要求人们在与人谋、在处理任何事情时，都应恪尽职守，公正无私，无偏不倚，恕，就推己及人，推己及物，设身处地为他人着想。忠恕之道是以仁德为其核心的，它的另一种表达就是儒家所指出的"絜矩之道"。"絜矩之道"就是"所恶于上，毋以使下；所恶于下，毋以事上；所恶于前，毋以先后；所恶于后，毋以从前；所恶于右，毋以交于左；所恶于左，毋于交于右；此之谓絜矩之道"（《大学》）。这也就是"己所不欲，勿施于人"的普世伦理的基本原则。能够以忠恕之道去规范自身的行为，就是爱人的仁德。

忠恕之道既是道德修养的基本方法，也是人与人之间最基本的交往规范。如何实践"己所不欲，勿施于人"的忠恕之道？儒家指出，人们在自身的行为过程中，要持守以诚信为本的道德规范。

儒家认为，诚德是人的仁德的重要表现，它是源于天道的道德，是实现人际关系和谐的重要规范。孟子说："居下位而不获于上，民不可得而治也。获于上有道，不信于友，弗获于上矣。信于友有道，事亲弗悦，弗信于友矣。悦亲有道，反身不诚，不悦于亲矣。诚身有道，不明乎善，不诚其身矣。是故诚者，天之道也；思诚者，人之道也。至诚而不动者，未之有也；不诚，未有能动者也。"（《孟子·离娄上》）"天道"表现为生生不息、真实无妄的诚德，"人道"即表现为对于诚德的识得践履；"天道"是"人道"的终极来源和本根依据，"人道"是"天道"的具体流行和现实显现。实践"天道"，践履诚德，就要"择善而固执之者也"。否则，就不可能实现"事亲、信友、明善、践道"的要求。对此，《中庸》进一步指出，"唯天下至诚，为能经纶天下之大经，立天下之大本，知天下之化育。""唯天下至诚，为能尽其性；能尽其性，则能尽人之性；能尽人之性，则能尽物之性；能尽物之性，则可以参赞天地之化育；可以参赞天地之化育，则可以与天地参矣。"只有至诚尽性，才可参赞天地。因为"诚则形，形则著，著则明，明则动，动则变，变则化，唯天下至诚为能化"，"诚者物之终始，不诚无物，是故君子诚之为贵。"人在社会活动中，要以持守诚德，成就自身的道德。荀子则鲜明地指出了诚德在人际和谐和社会发展中的作用。他说："天地为大矣，不诚则不能化万物；圣人为知矣，不诚则不能化万民；父子为亲矣，不诚则疏；君上为尊矣，不诚则卑。夫诚者，君子之所守也，而政事之本也。"（《荀子·不苟》）诚是成己成物的仁德，"诚者非自成也，所以成物也。成己，仁也；成物，知也。性之德也，合内外之道也，故时措之宜也。"（《中庸》）儒家指出，诚德就是修己安人、成己成物的仁道，它是达致天人合一，参赞天地化育的根本原则。

"信德"是儒家所强调的人际交往的又一重要道德规范。信，就是指真实无妄的道德。孔子指出，人在行为活动中，要"主忠信"（《论语·学而》），"言忠信"（《论语·卫灵公》），"敬事而信""言而有信"（《论语·学而》）。信德运用于人们之间的交往活动，就是要求人们之间应当诚实守信，真实无欺。即："与朋友交，言而有信"（《论语·学而》）。"信德"是做人之本，失去它不仅不能得到人们的认同和理解，陷入孤立隔绝之中，而且更难以成就自身的道德完善。故孔子说："人而无信，不知其可也。大车无輗，小车无軏，其何以行之哉？"（《论语·为政》）又说："言忠信，行笃敬，虽蛮貊之邦，行矣。言不忠信，行不笃敬，虽州里，行乎哉？"（《论语·卫灵公》）人们在交往过程中就要在言论和行动上诚实守信。"信则人任焉"（《论语·阳货》）。"吾日三省吾身，为人谋而不忠乎？与朋友交而不信乎？"（《论语·学而》）所以，儒家主张个人要以反省、克己的工夫，来培养诚信之德。而要践履"己欲立而立人，己欲达而达人"，"己所不欲，勿施于人"的忠恕之道，必须持守诚信的道德规范。

儒家指出，人们在实践"己所不欲，勿施于人"的道德过程中，要持守"父子有亲，君臣有义，夫妇有别，长幼有序，朋友有信"的人道规范，实践"为人君止于仁，为人臣止于敬，为人子止于孝，为人父止于慈，与国人交止于信"的行为准则。儒家认为，人与人之间关系的和谐，社会的有序发展，不仅需要外在强制性的刑政之道，更需要以内在自觉性为特点的礼乐之道。孔子说："道之以政，齐之以刑，民免而无耻；道之以德，齐之以礼，有耻且格。"（《论语·为政》）以行政和刑罚来约束民众，虽然可使人们免于犯罪，但却不能使其自觉知耻向善；而实行礼乐之道，以德礼来管理和教化民众，却能够使其知耻向善，进而自觉主动地以道德来规范自身的社会行为。因此，修养自身道德，规范自身行为，不仅能够提升个人的道德品格，而且能够实现人际关系的和谐融洽，促进社会道德的进步发展，进而保证社会的有序运行。

儒家伦理观对于人的道德规范的重视，对于人的向善成善潜在能力的肯定，以及它所主张的"己所不欲，勿施于人"等行为规范，是提升人类社会道德的重要资源。在全球化进程中，对儒家的伦理观予以合于现代社会发展需求的损益更新，具有着启迪人们成就自身存在完善道德，达致社会和谐发展的现代价值。

二 儒学"利用厚生"的经济观，有利于推进全球经济的进步发展

经济全球化不仅是空前先进的生产方式，而且开辟了人类更先进的生产方式的道路。它的迅猛发展，使得全球资源得到最有效、最合理的优化配置。不仅全球范围内有效地分工协作可以产生新的巨大生产力，而且资源的合理配置使全球经济可持续发展成为可能。同时，它也满足了人们可以得到来自全球最先进、最廉价、最切合自己个性需要的物质生活需求和精神文化需求的消费。

在全球化的进程中，全球资源的优化配置，使发达国家和发展中国家都从参与全球化中获得了不少的益处。但是，在分享全球化的好处方面，发达国家占据了绝大多数。众多的发展中国家，由于历史的原因，经济结构相对脆弱，资金匮乏，技术落后，市场发育不成熟，因而在分享全球化的益处时所得有限。因而，一个日益严重的社会现象，那就是在全球化进程中，贫国与富国、穷人与富人的差距在拉大而不是缩小。根据联合国的有关资料显示，全球收入最高国家中的五分之一的人，拥有全球国内生产总值的86%，而最低收入国家的五分之一的人口，则只拥有全球国内生产总值的1%。如果极为悬殊的贫富差距，如果不在一系列国际性政策上对发展中国家采取更为积极主动的、实质性的支持举措，即将推进的全球化依然还会不是真正意义上的全球化，全球化的收益在发达国家和发展中国家，以及不同发展中国家之间的分配的不均衡现象还会加剧，这对于全球化的继续平稳推进是一个十分严峻的现实威胁。因此，只以效率和利润而不讲道德和公平的全球化，是一种不健康的历史恶动力。尊重人尤其是尊重处于弱势地位的多数人的生存权利，应是全球化运动的道德底线。人类唯一的出路，就是顺应经济全球化的本质要求，建立一个公正合理的，从而全

球共赢共荣的国际经济新秩序，解决全球化过程中出现的各种经济问题。

儒家的思想，不可能为全球化过程中国际经济新秩序的建立，提供现成理想的方案。但是，儒家关于如何发展经济，以及经济的作用等思想，却可以为全球化进程中经济发展出现的问题解决，提供具有现实意义的启迪，而这主要表现为儒家"利用厚生"的经济观。

儒家的"利用厚生"的思想，是中华民族在社会治理中形成的具有丰富价值的经济管理思想，它具有着久远深厚的文化渊源，展示了人类对于自身生存的理性认识。《尚书·大禹谟》中记载："禹曰：'於！帝念哉！德惟善政，政在养民。火、水、金、木、土、谷，惟修；正德、利用、厚生，惟和；九功惟叙，九叙惟歌。戒之用休，董之用威，劝之以九歌，俾勿坏。'帝曰：'俞！地平天成，六府三事允治，万世永赖，时乃功。'"《左传·文公七年》中也记载："六府、三事，谓之九功。水、火、金、木、土、谷，谓之六府。正德、利用、厚生，谓之三事。义而行之，谓之德礼。""利用"就是尽物之用；"厚生"就是富裕民众。德惟善政，政在养民，而要实现养民，达致善政，就要在社会治理中，实行"利用厚生"的经济管理政策。儒家"厚生利用"的经济观，是以保障人们的生存发展，实现社会的共同富裕为其核心特点的。就其具体内容而言，一是养民富民的"厚生"，为政的目的和经济的作用，在于保障人们的物质生活生存；二是合理利用自然资源的"利用"，合理地运用自然物质资源，实现经济和社会的可持续发展。

关于如何实现养民富民，孔子提出了"庶、富、教"顺序渐进的三个过程。他主张，为政应当"因民之所利而利之"（《论语·尧曰》），保证民众的生存是社会治理的重要内容，而要实现养民富民，就要保证民众拥有生活和生产的所需求的基本物质资料。《论语·颜渊》载："子贡问政。子曰：足食、足兵、民信之矣。""足食"是指保证民众生存的物质生活需求，"足兵"是指保证国家要有强盛的兵力，"民信"是指为政要得到民众的信任，亦即实现国富兵强，得到民心归依，这是治国的三条基本原则。可见，养民富民的"厚生"，是治理社会的重要内容，其目的在于达到"博施于民，而能济众"的至善境界。孔子认为，"博施于民，而能济众"至善境界，是连尧舜那样的圣王都还没有做到。"子贡问曰：'如有博施于民而能济众，何如？可谓仁乎？'子曰：'何事于仁！必也圣乎！尧舜其犹病诸！'"（《论语·雍也》）孔子认为，"博施于民，而能济众"的至善境界，是既仁且圣的理想政治。

孟子的养民富民的厚生思想，集中表现为他倡导的仁政学说。他指出，"仁政"就是以"不忍人之心"，行"不忍人之政"，其目的在于实现保民安民，满足民众的生存需求，"使民养生丧死无憾也。养生丧死无憾，王道之始也"，"黎民不饥不寒，然而不王者，未之有也"（《孟子·梁惠王上》）。他曾以周文王为例，指出文王之所以能够为周朝政权的创建奠定下厚实的根基，就是由于其在政治活动中实行了以"养民富民"的经济政策。他说："昔者文王之治岐也，耕者九一，仕者世禄，关市讥而不征，泽梁无禁，罪人不孥。老而无妻曰鳏，老而无夫曰寡，老而无子曰独，幼而无父曰孤。此四者，天下之穷民而无告者，文王发政施仁，必先斯四者。"（《孟子·梁惠王下》）关注贫苦无依的民众的生存，实施养民爱民的仁政德治，薄赋税，省刑罚，才能得到民众的拥护和支持。

养民富民的厚生，是天下为公的大同社会的重要特征。《礼记·礼运》篇说："大道之行也，天下为公。选贤与能，讲信修睦，故人不独亲其亲，不独子其子，使老有所终，壮有所用，幼有所长，矜寡孤独废疾者，皆有所养。男有分，女有归。货恶其弃于地也，不必藏于己；力恶其不出于身也，不必为己。是故谋闭而不兴，盗窃乱贼而不作，故外户而不闭，是谓大同。"在这一社会中，社会所有成员的生存和发展都得到了有力的保障。

儒家反对极为悬殊的贫富差别，关心和重视民众的生存，主张实现人人得以生存的社会保障体制，"养人之欲，给人之求"，满足人们的社会生存发展需求，这是对人的生存权和发展权的肯定，是以仁德为核心的人道主义体现。这一思想展示了儒家的人权观，它在全球化进程中，有其现实的意义。全球化的发展，就要保障人类所有成员的生存和发展，缩短贫富差距，实现共同富裕。只有使弱势群体的基本生存和发展权利得到保障的全球化，才是可以被接受的和可持续发展的全球化。

全球化的进程中，人类为了追求最大的经济利益，对于自然采取了掠夺性的开发和利用，这不仅导致了生态环境的污染和恶化，同时也阻碍了经济的可持续发展，而人类也在这种行为中受到了大自然的惩罚。为了保护生态环境，为了经济的可持续发展，人们正日益重视对于自然资源的合理运用，而儒家的"利用"思想，为此可以提供可资借鉴的思想。

儒家的"利用"思想，是建立在"天人合一"的理论上的。儒家的"天人合一"理论，并不是孤立地探讨天的存在意义，也不是片面地分析人的存在的意义，而是将天与人作为一个对立统一的整体来认识，指出了天与人是相通合一的。人在现实的社会活动中，应当以识得则法天道、遵循践履人道作为行为的规范和准则。

儒家在主张开发利用自然资源，改善人的物质生活，满足人类生活需要的同时，又清楚地看到对自然界的开发利用必须合理有节，但不可能导致一种对自然的宰制、控御、破坏的态度和行为，不能将自然界完全视为单纯的客体使用对象。儒家在强调"泛爱万物"的同时，更强调人与动物、植物、无机物的等差，并依据这些等差而设立相处之道。儒家主张，人高于万物，贵于万物者，在于能体天地之心以为心。儒者提出了保护生态平衡的一系列主张。为了保证这些措施能够得到实施，他们又将其列为礼的内容，以规范人们在经济生活中的行为，实现经济和社会的可持续发展。如他们坚决反对"焚薮而田""竭泽而渔"，掠夺式地向自然索取物质生活资料，导致山川湖泽丧失再生能力。他们主张"数罟不入洿池，鱼鳖不可胜食也；斧斤以时入山林，材木不可胜用也。"（《孟子·梁惠王上》）儒家主张生态有序利用，合理开发的：是仁心外推的结果，本仁心，不忍、不安、不容已之心，推己及人，推人及物，必至以天地之心为心，使万物有所托命；是从人类自身的利益出发，认为保护环境，保护植被，保护生态就是保护人类自身。在全球进程不断加速的今天，儒家的思想经过创造性诠释完全可以成为全球公民社会的伦理规范。

儒家主张合理有节地开发利用自然，当然可以更好地服务于人类。但儒家这种对待自然的态度，却并不只是为了人类自身。其背后更为深刻的思想基础，其实是一种万物一体的观念。万物一体的观念有非常丰富的蕴涵，它体现的是生生不息的仁德，是以仁民爱物、修己安人为核心。这一过程又称为经世致用、开物成务。

三 儒学"和而不同"的秩序观，有利于实现世界秩序的稳定

人类始终在寻求着合于自身存在的至善合理的社会秩序，以求实现人

类自身不断地进步和发展。虽然在这一美好的理想追求过程中，人类对于如何实现自身在社会中的生存，设想并建立了各种各样的社会秩序规范，但是，灾难和惨祸，动乱和战争，掠夺和奴役，残杀和欺凌，一刻也没有在社会的进程中停止过。在全球化进程中，人类能否真正寻求到和完美实践着合于自身存在的至善合理的社会秩序？

在全球化进程中，国际旧秩序的影响依然存在，强权主义与霸权主义依然存在，对大多数发展中国家而言，全球化给它们造成的严峻形势要远远大于为它们带来的机遇，它们依然处于依附、受剥削的境地。在发达国家居于主导地位的国际秩序中，全球化很难体现和维护发展中国家的意志和利益。发达国家必然迫使发展中国家接受西方模式，要把自己的政治经济模式、文化价值观和意识形态推广到其他国家。全球化对世界许多相对弱势的大小文化、文明、传统构成最强大的空前挑战，一些文化、文明、传统不得不面对着消失的命运。一些反全球化行为就是为了弱势文化、文明、传统在全球化时代的生存与延续而斗争。小国、弱国、穷国不可能拥有在西方社会框定的全球化体系下充分的发言权，它们只能被动地接受既定的规则。

儒家指出，社会秩序包含在社会生活的各个方面，任何一个方面失去了秩序，则社会生活就会处于无序状态，人类自身的生存就会成为问题。儒家对于社会秩序的重视和建构，都是为了保证人类自身的生存，为了保证社会的完善运行。

儒家文明非但不是冲突的根源，相反，它是化解冲突的重要思想资源。在儒家文化系统中，无不贯穿着中的精神与和的原则，守中贵和，追求和谐是儒家学说　基本精神。《中庸》有言："中也者，天下之大本也；和也者，天下之达道也。致中和，天地位焉，万物育焉"。追求"天地位，万物育"的宇宙整体和谐是儒家哲学理想境界。中和成为儒家文化处理问题的基本方法，又是其观照问题的基本态度，更是其追求的目标和理想境界。从中和的观念出发，儒家主张和而不同，就是说人类文明的多样性存在正是人类文明存在和发展的必要条件。

"万物并育而不相害，道并行而不相悖"。人类任何一种文明形态都有其存在的合理性，都有其他文明不可替代的价值，都应受到全人类的尊重。在全球化的今天，人类文明欲长期发展下去的话，是到了不同文明应以平等的眼光看待自己和审视对方的时候了，以和谐代替冲突，以对话代替对抗，以相互欣赏代替相互卑视，以宽容代替苛责，这就是儒家的中和智慧，也是今天人类不同文明的真正相处之道。

在中和观念的观照下，全球化的趋同与本土化的民族自我认同不但不矛盾。相反，二者可以相互促进，同生并长，共存共荣。《易传》指出："乾道变化，各正性命，保合太和，乃利贞。"每一种人类文明都是在不断地展开和完善之中，然而每一种文明都不是尽善尽美的，都需参与到全球化进程汲取其他文明的成分来完善自身。所以全球化与民族文化的自认同是兼容的，共存的，乃至可以相互促进，相互发展的。

"和为贵"的观念，是中国社会内部结构各种社会关系的基本出发点。在与异民族相处时，出现了"和而不同"的理论。这一点与西方的民族观念很不相同。"和而不同"这一古老的观念仍然具有强大的活力，仍然可以成为现代社会发展的一项准则和一个目标。承认不同，但是要"和"，这是世界多元文化必走的一条道路，否则就要出现纷争。如果只强调"同"而不讲求"和"，纷争到极端状态，那只能是毁灭。所以说，"和而不同"是人类共同生存的基本条件。

和同之辨是中国的重要问题，早在春秋时期，周太史史伯就言："夫和实生物，同则不继。"他认为，和是"以他平他"，即不同事物的相互掺和所形成的平衡状态，这种状态能不断产生新的事物，使世界充满生气和活力，而同是"以同裨同"，即同一事物的重复叠加，它不仅不能产生新事物，甚至使已有的事物也无以为继，"尽乃弃矣"（《国语·郑语》）。齐相晏婴发挥了史伯的这一思想，进而分辨和同之异，认为和是事物不同属性乃至不同事物的"相济""相泄"，是"济其不及，以泄其过"，同是同一事物的相济，如以水济水。不同事物的并存是必然的和合理的，世界因不同事物的存在而充满生机和活力，在史伯、晏婴等和同之辨的基础上，孔子赋予和同以价值意义和人文精神，他说："君子和而不同，小人同而不和。"（《论语·子路》）孔子将和同之辨与君子小人之辨联系起来，使和同由描述式的论说转变为价值上评判，这是孔子对和同观念的新发展。在儒家的论说，同被否了，而和成为儒家学者的追求。如何实现和，理想的和是什么状态成为儒家文化的重要话题，相应，"中和""太和"等观念成为儒家的重要范畴。《中庸》指出："中也者，天下之大本也，和也者，天下之达道也，致中和，天地位焉，万物育焉。"《易传》亦言："天道变化，各正性命，保合太和，乃利贞。""太和"是最完美的和，"中和"是恰到好处的和，"太和"是理想，静的，而"中和"是动的，即在不断地变动中，不断调适自身而与外界事物达到的一种和的状态。

"和而不同"是不同文明实体相处的方法，共育并存是当今世界人类文明相处之目的。人类文明的理想，应是"万物并育而不相害，道并行而不相悖"。人类各大文化系统，人类的各种文明，都有生存权和发展权，每一种文化、文明的本质、独立性，都应受到敬重和维护。人类不同文化在相安相敬、和而不同中，实现应有之发展，达至理想之境。

"和"的局面怎样才能出现呢？离不开承认不同，存异求同，化解矛盾。化解的办法中，既要有强制，也要有自律。要实现个人与社会的相互统一，不同文化之间的相互理解和适应，需要有一个"磨合"的过程。只要愿意共存共荣，就必然要磨合。磨合就是通过接触、交流、对话和建立共识，以达到矛盾的消除的过程。才会有比较自觉的磨合行为，才会有比较好的磨合状态，才能比较顺利地从经济全球化过渡到文化上的多元一体，经过不断地磨合，最终进入"和而不同"的境界。

全球化还带来了一系列全球性问题，解决这些问题已经超出了地域国家或民族国家的能力范围，而需要国际社各行为主体携手解决，就是所有国家都有参与和处理国际事务的权利，世界上的事情只能由各国政府和人民共同商量来办。

全球化推动了经济和社会的发展，这为建立国际关系的民主化秩序提供了前提条件。全球化中的世界是个多样性的世界。在全球化的背景下来考察国际关系秩序的重新建构，全球化进程并不必然导致全球一体化的发展，也就是说，全球化进程并不必然导致一种以统一的社会和政治不断发展为标志的世界秩序，它应当实现人类的共同利益。

建构未来的世界秩序具有重大的意义。它是一种包容性的但不是折衷性的制度安排，无论是发展中国家还是发达国家，无论是大国还是小国，它将一视同仁地关注和支持它们的民主建设和巩固。

全球化其实是世界上各种不同文化传统之间"趋同"与"求异"的一体两面。"求异"的根源在于不同宗教传统之间的差别，而如何对待宗教传统的差异，从而化解愈演愈烈的宗教冲突所导致的文明冲突，如今尤为迫切。

在经济全球化背景下,将会出现世界文化的多样格局——以西方文化为中心的"欧美文化区",以中国文化为中心的"东亚文化区",以印度文化为中心的"南亚文化区"和以伊斯兰文化为中心的"中东与北非地区"。开展文明对话,使中华文化走向世界,抵制文化霸权主义,坚持多样文化的互补共荣。文化的民族性和文化世界性的关系。任何一种文化都有民族性,有个性;人类文化在个性中又含有一些共性;如果没有共性的因素,那么,世界范围内的文化交流便成为不可能的事。

全球化的发展推动了国际一体化,加强国家之间的相互依存,促进了国际之间的和平与协作。国际分工的不断深入,把各国的经济更加紧密地联系在一起。在全球化日益发展的今天,儒学的普遍意义和永恒价值,将成为全人类的文化共识。儒学追求的是人的身与心、人与人、人与社会、人与宇宙自然的统一与和谐,这对于完善人的性格,规范人的行为,净化人的心灵,促进经济发展,稳定社会秩序,有其现实的重大意义。所以深入挖掘儒学思想的现代价值,对于促进人类社会发展,从根本上解决当代社会人的身与心、人与人、人与宇宙自然之间的矛盾和紧张以及全球化进程中的各种问题,有其可资借鉴的作用。

儒家思想与中国现代化

蒙古国立大学　V. 巴特玛文　张春茂译

一

儒家思想，起源于社会构成和家庭关系中，在所有中国人的生活方式形成中起到了重要的作用。儒家传统的宗教信仰的影响始于汉代（公元前3世纪—公元2世纪），复兴于宋代（11—12世纪），并最终成为中国文化的主要组成部分。每个中国人都会自然地或无意识地在其思想和行为上接受着儒家学说的教诲。因此，我们可以断定，每个中国人在某种意义上讲曾经或者一直作为儒家弟子而存在着。

传统意义上的中国，教化并培养出一种特定的表现形式，即：凌驾于个体之上的集体主义优越感且完全无视任何自主权利的存在。民众意识具有公共和集体主义特征。中国社会的每一个成员早已习惯性地把自己认知为处于急风暴雨中的沧海一粟。因此，作为个人，是无法将自身呈现在户外、家庭、集体或社区中。这必然应该考虑到儒家模式化思想给成千上万中国人带来的巨大影响。

儒家思想的政治与伦理原则，简而言之就是：在家庭中对父亲及长辈的崇拜，一个宗族或家庭的崇拜，对最终改变命运的高官和科学家的崇拜，对高高在上的皇权的崇拜，对一般意义上的年长者及与其保守性和传统相呼应的社会地位的崇拜。

在中国，大众与脑力劳动者的关系特征以及行为规范在儒家思想的影响下得以制定并且存在至今，我们可以将其归纳为以下的主要特征。

1. 在中国，普遍存在着一种古今交流的强烈感觉，以期达到对有关历史时期更深的理解，从而对某些制度及相同领域取得的成就进行长期的和必要的继承。这与存在于西方传统中的强调短期效应的金钱型人类关系形成了鲜明的对比。

2. 对一个社会团体而言，与拥有财产所有权相比，更加注重属于人类团体的价值观念上的等级划分。因此，中国的经济权利掌握在一方面遵守伦理规则，同时又对经济现实充分理解的那部分人手里。

3. 强调义务和责任概念。这是一个既内在结构相互关联又错综复杂的传统。这种传统为所有相关的处于某些职责的人及团体活动公平划分职责和报酬。

4. 与促进社会和谐与团结能力的法律相比，更加强调通过依靠人类自身素养与德行进行管理。同时强调了规矩和礼仪的重要作用。另外还存在着一种竞争趋势，这种人们相互间的竞争是在所制定的礼仪及其规章范围内进行，并得到社会认同。

5. 极其强调在教育上奉行一种严苛的乃至顽固的竞争原则，目的是为了自己的后半生能过上高品质的生活，在所有脑力劳动者的竞争中官僚政治的代表永远是胜者。

二

然而，值得注意的是，在这个世界上儒教并不是一种标准意义上的宗教。它没有专门的教士社会等级制度，这种规范着中国人行为和思想准则的伦理和政治教义只作用于人们的行为和思想。因此，没有必要为其建立特殊的庙宇。

执政党掌握政权后，在被称为"文化大革命"的年代儒教曾经遭受到空前的否定。它被定性为"封建残余"。直到1979年，国家进入到改革开放的变革后，儒教的境遇才发生了翻天覆地的变化。这与中国知识分子圈内"现代新儒学"思想的传播有关。

1958年，4位居住在中国大陆以外的科学家发表了一份联合声明，该声明照字面意义可翻译成"关于保护中国文化的世界共同体宣言"。在中国编年史中，这一年被注明了"现代新儒学"的出现。

在这份文献中，他们竟然把以前曾经讨论过的问题再次提了出来——关于中国文化的危机以及如何克服危机的方法。"现代新儒学"的代表们领悟到了克服危机的唯一根源就是民族文化繁荣的复兴。他们不断地强调，研究中国文化时一定要遵循同情的原则，保持尊重的态度。这样，才能真正领悟到来自孔子的中国文化及哲学传统的内在灵性。

与许多前辈不同的是，他们注意到了存在于西方文明中的诸多元素也同样存在于中华文明之中，尽管它们是通过其他形式表现出来的。他们并没有去做简单的对比。比如，民主和科学与中国文化的对比。在"宣言"中他们是这样宣称的："我们认为在中国文化历史中不存在民主制度与科学，尽管它们存在于现代欧洲社会。因此在中国特殊的装备条件下不可能会实现其独创的现代工业化。然而，我们也不能认同'因在中国文化意识形态中不存在民主思想的元素，从而否定民主体系建立是政治发展内需所需要的事实'这种说法。我们更不能认同'中国文化因具有反科学的特征而被科学和技术所唾弃'之说。"

为了证实这个观点，"宣言"作者指出了政治行为及儒家学说和行为的特征所需要的伦理辩解。

在"文化大革命"后的80年代，"现代新儒学"的支持者们也出现在中华人民共和国的科学家中间。同时，中国官方对中国文化遗产继承问题的态度开始发生了变化。

根据支持者的思路，作为传统中国文化精髓的儒家学说完全有能力胜任推动中国现代化的重要角色，并成为实现中国社会现代化目标的精神力量。然而，儒家学说并不是服务于现代化建设事务最直接的一个体系，因为它必须对西方文化的诸多特定元素完全领会和理解。关于这些元素，通常被人们定义为"民主"和"科学"。对它们的"同化作用"是儒家学说现代化的根本内容，没有这些内容，儒家学说在现代社会中的历史作用就无从谈起。

三

中国人坚信，传统的中国文化有着"丰富的内容"，并能达到古为今用的效果。坚持不懈的精神，艰苦奋斗的心理准备是在各种行为中取得胜利的法宝。作为生存的法宝，在中国，人们永远把这种精神放在日常生活的第一位以面对各种形式的困难和挑战。正如孔子所云，"学而不厌，海人不倦"。又云,"未知生,焉知死?"换句话说儒家哲学思想就是鼓励人们要依靠自己的力量,而不要相信他人的偏见。它们深深植根于中国人的心中,期望能够指导人们坚决的、毫不动摇的与来自社会和大自然的各种危险作斗争。它最重要的意义在于鼓励人们去实践、去行动,而不只是理论上的空谈。

对中国的思想家们来说道德上的自我修养永远是至关重要的事情。孟子曾这样说过"我善养吾浩然之气"——精神上的完善是至关重要的事情。因此,孟子认为,"为富不仁矣,为仁不富矣。"——"下贱"的爱好是令人不齿的事情,例如挣钱或对财富的渴望等。另外还有:

1. 爱国主义精神

爱国主义精神,在中国古代有一种说法:"天朝帝国的兴亡取决于人民。"对真理及公正的渴望,在中国社会里,虚伪和不诚实的人会受到谴责,他们会被视为低贱的人。有言为证:"朝闻道,夕死可矣。"为了求得真理,"君子"时刻准备献出自己的生命。

像孔子、孟子,他们一生都在积极投身于"济世救民"的事业上,游说各国国君,希望国君们能够实行他们的"仁政",而后代也有很多文人秉持这一信念不断将自己的所学运用到治理国家上。"修身、齐家、治国、平天下"就已道出儒家的人生理想,非寄于一己之身性的安稳与圆满,而在于天下的治平,即济世安民。

儒家这种济世安民的追求,不仅给中国古代造就了大量的英雄豪杰,也培养出了一种深厚而浓重的对国家命运的挂念与关注之情,一种力挽狂澜于既倒的使命感与责任意识。国家的安危并不是寄托在少数肉食者身上,普通的民众也有义务和权力维护国家的安全。"天下兴亡,匹夫有责。"儒家的这种心系天下的社会取向,既烘托了国家整体利益的至上性,又为爱国情感的滋生,准备了浓厚的社会心理氛围,所谓"位卑未敢忘忧国"正是这一心态的生动写照。

2. 团结互助的精神,尊老爱幼

团结互助是和谐社会发展的基础。在中国儒家伦理思想中,"和谐""仁爱"等道德观念受到特别的重视,例如,"家和万事兴""和气生财""天时不如地利,地利不如人和"等话语,就是"和谐""仁爱"等传统伦理文化的体现。和谐是建立在团结的基础上的,对一个家庭、组织、团体和国家来说，如果不团结或者不够团结，自然也就难以达到和谐，生活于其间的人们也就不能感受到愉快，当然使其进步和发展也就不可能。孟子说："老吾老以及人之老，幼吾幼以及人之幼。"在赡养孝敬自己的长辈时不应忘记其他与自己没有亲缘关系的老人。在抚养教育自己的小孩时不应忘记其他与自己没有血缘关系的小孩。

3. 中庸之道

"中庸之道"的总原则是"恪守中道，坚持原则，不偏不倚，无过无不及"。在处理矛盾时善于执两用中，折中致和，追求"中正、中和、稳定、和谐"。并且随时以处中，因时制宜，与时俱进。具体而言，中庸之道的主要原则有三条：一是慎独自修；二是忠恕宽容；三是至诚尽性。

"慎独自修"原则要求人们在自我修养的过程中，坚持自我教育、自我监督、自我约束。《中庸》第一章就提出了这一原则。其文云："道也者，不可须臾离也，可离非道也。是故君子戒慎乎其所不睹，恐惧乎其所不闻。莫见乎隐，莫显乎微。故君子慎其独也。"人们必须严格地自觉地进行自我修养，尤其在一个人独处的时候，更应该谨慎地进行自我反省、自我约束、自我教育、自我监督。

"忠恕宽容"原则要求人们将心比心、互相谅解、互相关心、互不损害、忠恕宽容、体仁而行、并行而不相悖。"忠恕"之道在《大学》里被称作"矩之道"。《大学》说："所恶于上，毋（勿）以使下。所恶于下，毋以先后。所恶于后，毋以从前。所恶于右，毋以交于左。所恶于左，毋以交于右。"此之谓"矩之道"。这就是"己所不欲，勿施于人"的忠恕之道。不论是忠恕之道还是挈矩之道，其实质都是仁慈博爱，都是要求人们做到"我不欲人之加诸我也，吾亦欲无加诸人"。

"至诚尽性"的原则是施行中庸之道的重要原则。"唯天下至诚，为能尽其性。能尽其性，则能尽人之性；能尽人之性，则能尽物之性；能尽物之性，则可以赞天地之化育；可以赞天地之化育，则可以与天地参矣。"坚持至诚原则，才能充分发挥自己善良的天性。能够充分发挥自己善良的天性，就能感化他人、发挥他人的善良天性。

"团结互助、尊老爱幼""中庸之道"等思想是接近人类关系的人文主义，因此，儒家学说的原则同样也适用于社会的管理乃至国际事务的解决。

四

　　据中国科学家所言，对传统文化和现代化之间进行直接的对比是不可能的。形象地说来，传统文化不是一潭死水，而是鲜活的溪流。文化是逐渐地接受改变的。因此，它断裂的元素会得到更新。在传统文化中时间的关联——过去、现在和未来，具有着重要的意义。

　　把儒家学说的作用理解为中国社会现代化的一个精神组成部分，开始在高层政治集团，政党管理以及地方，特区和中央层面负责意识形态问题决策方面的各级领导人思想中逐渐形成。

　　近年来，中国的管理层不断地宣称孔子为非物质文化遗产，在"中共"党中央的一次全体会议上，"社会和谐"被冠以"中国特色社会主义的本质属性"。基于这种形势，中国的理论家和分析家们特别强调和谐社会主义社会的文化必须是民族文化。中国领导人们对社会和谐思想的呼吁不是偶然的：在中国改革的环境下，人口福利总的来说是增加的。但同时也存在着严重的问题——财产的分层化，各个区域间发展水平的不均衡化，相当多的失业者的出现等等。因此，社会关系的和谐化急需得到推行。

　　孔子宗教信仰的复兴以及儒家教育原则的推行都不是偶然的。值得注意的是，在马克思主义思想理论中并不存在发达的伦理道德理论，它的创始人和追随者们首先感兴趣的是与经济和社会问题密切相关的，清除资本主义社会和创立社会主义社会问题。因此，中国的领导阶层没有别的办法只能将其定义为传统文化遗产。

　　中国领导人们提及儒家思想家的教义声明的出现并非偶然，与儒家精神相同，"八荣八耻"的准则由国家领导人提出并要求长期保持。

　　八荣内容：以热爱祖国为荣、以服务人民为荣、以崇尚科学为荣、以辛勤劳动为荣、以团结互助为荣、以诚实守信为荣、以遵纪守法为荣、以艰苦奋斗为荣。

　　八耻内容：以危害祖国为耻、以背离人民为耻、以愚昧无知为耻、以好逸恶劳为耻、以损人利己为耻、以见利忘义为耻、以违法乱纪为耻、以骄奢淫逸为耻。

中国领导人们把它制定为中国特色社会主义建设的具有战略意义的行动方向。因此，自然地在这过去的 30 年里，主要注意力都集中到了经济发展上面。这些年中，中国以其空前的经济增长而闻名于世。然而，随着现代化进程中取得的各项显著成就，随之而来的是诸多包括社会和精神层面的严重问题的出现，这些因素迫使中国领导人努力寻找解决问题的方法和途径。

因此，对民族精神传统及儒家学说的需求的呼声愈来愈高。特别是，正如我们前面提到的，在马克思主义思想理论中并不存在发达的伦理道德理论，与此同时，经历了几个世纪的儒家学说已经发展成为具备包括人类，社会和自然之间相互关系在内的伦理道德准则的一个非常和谐的体系。

孔子把先天的人类关系称之为"仁"。因此，发扬儒家学说目的在于为家庭和劳动集体提供安宁。我们可以这样认为，儒家学说终将成为中国特色社会主义的精神组成部分，只是还需要一个中国马克思主义和儒家学说相连接的过程。

参考书目

1. 邵龙宝：《马克思主义的中国化和儒学的现代化》，《马克思主义与现实》2009 年第 6 期。

2. 郭健：《传统儒学思想对当代现代化建设的价值》，《哲学研究》，2015。

3. 刘宗贤：《试论儒学传统文化在当代中国的定位》，《济南大学学报》2012 年第 22 期。

4. 童鹰：《论儒学与中国现代化二律背反》，《武汉大学学报》1997 年第 1 期。

5. 傅永聚、韩钟文：《20 世纪的中国儒学研究的回顾与反思》，中华书局，2003。

6. Rosker J. S. Modern Confucianism and Chinese Theories of Modernization, Philosophy Compass, Vol. 10, 2015.

7. Tamney. Modernization, Globalization and Confucianism in Chinese societies. Issue Westport, 2002.

8. Shufang Wu. "Modernizing" Confucianism in China. Asian Perspective, Vol. 39, 2015.

当代中国核心价值观刍议

山东师范大学齐鲁文化研究院　王钧林

在中国历史上，核心价值观被称之为"明德"。司马迁说："天下明德自虞舜始"，说明虞舜是构建中国核心价值观的第一人。儒家经典"四书五经"极为推崇"明德"，"五经"之一的《尚书》要求"勤用明德"，"四书"之一的《大学》将"明明德"作为"大学之道"的第一纲领，并分析说明了"古之欲明明德于天下"的程序和步骤。一个时代有一个时代的核心价值观。核心价值观一旦形成，便具有相对的稳定性。从尧舜时代到夏商周三代，再从秦汉到明清，以至于民国时期，每一历史时段都有相应的、普遍的核心价值观。历史上各家各派都为构建中国社会的核心价值观贡献自己的聪明才智，儒家的贡献尤为突出。

一　中国历史上的核心价值观

中国历史上共有四个时代构建了四种核心价值观。

（一）尧舜时代，虞舜将当时人们推崇、遵守的普遍的价值准则概括为"五教"：父义、母慈、兄友、弟恭、子孝。"五教"是尧舜时代"明德"的核心内容，也是中国历史上最早形成的核心价值观。"五教"是处理家庭关系的伦理规范，是父、母、兄、弟、子五种家庭成员角色的道德准则。"五教"突出地反映了中国文明草创时期私人的、家庭的血缘关系重于和高于公共的、国家的地缘关系的历史事实。

（二）周秦时代，"诸子百家"言论自由，思想解放，纷纷为他们所处的时代构建核心价值观。"诸子百家"构建的核心价值观，《吕氏春秋·不二》篇曾经给出了一言以蔽之的概括，曰："老聃贵柔，孔子贵仁，墨翟贵兼，① 关尹贵清，子列子贵虚，陈骈贵齐，阳生贵己，孙膑贵势，王廖贵先，兒良贵后。"一字概括，太过简略。实际上，诸子百家各有各的核心价值观的构建与概括，比较有代表性的可以举出以下几种：

1. 儒家"四书"之一《中庸》所表达的"三达德"：智、仁、勇。②
2. 儒家思孟学派提出的《五行》：仁、义、礼、智、圣。③
3. 郭店楚墓竹简《六德》篇提出的"六德"：圣、智、仁、义、忠、信。
4. 墨家倡导的兼爱、和平、尚同、尚贤、勤俭。
5. 道家阐发的自然、无为、清静、柔弱。
6. 法家代表人物韩非推崇的法、术、势。
7. 《管子》一书阐明的礼、义、廉、耻。

这七种核心价值观，只是思想家们的理论设计，人们通过比较、鉴别，有了自由选择的空间，从而保证了全社会能够"择其善者而从之"。

（三）从秦汉到明清，长达两千余年，中国社会的核心价值观是"三纲五常"。"三纲"是君为臣纲，父为子纲，夫为妻纲；"五常"是仁、义、礼、智、信。"三纲五常"是中国传统社会的根本大法，被朱元璋称赞为"垂宪万世的好法度"。

（四）民国时期，1934年发起的"新生活运动"一度将礼、义、廉、耻作为核心价值观。

二 如何构建当代中国核心价值观

当代中国正处在社会转型时期，各种主义、思想呈现交织、纠缠、纷争的状态。在此情况下，如何构建核心价值观，将是十分困难的事情。

---

① 原文"墨翟贵廉"，《尸子·广泽》篇引作"墨翟贵兼"，疑廉乃兼字之误。
② "三达德"是根据孔子说的"智者不惑，仁者不忧，勇者不惧"（《论语·子罕》）而概括提出的。
③ 孟子首揭仁、义、礼、智"四德"；后来，荀子批判思孟"五行"说。从孟子的"四德"到思孟学派的"五行"，其间是何种关系？又是如何演变的？今人已不得而知。思孟"五行"说，究竟所指为何，近百年来异说纷纭。1973年长沙马王堆帛书出土后，庞朴先生根据帛书《五行》篇，揭示了思孟"五行"为仁、义、礼、智、圣（见庞朴：《马王堆帛书解开了思孟五行说之谜》，载《文物》1979年第10期）。

一个社会的核心价值观必须具有普遍性的品格，为全体社会成员所认同和接受。就此而言，核心价值观不是少数社会精英"构建"出来的，而是绝大多数普通民众"选择"出来的。

当今中国社会多元化的价值观，主要出自三大系统：

（1）主流意识形态：和谐、秩序、公正、发展、改革、创新、科学、民主、法治、爱国、和平，等等。

（2）外来文化：自由、平等、民主、博爱、人权、法治、正义、科学，等等。

（3）本土文化：仁爱、礼义、诚信、智慧、忠孝、节俭、和谐、良知、宽厚、恭敬、公正、和平，等等。

这三大系统的价值观有交叉，有融合。我们应该仔细考察人民大众到底认同哪些价值？换言之，民心所系究竟何在？民心是衡量并选择价值观的唯一标准。

面对琳琅满目的各种价值观，人们不免有"取法乎上"的倾向，将一些美好的、高远的、理想的价值观奉献给、有时是强加给全社会，最典型的莫过于"共产"和"平均"。价值观必须合乎此时之宜，合乎彼时之宜的不能拿来当作此时之宜。价值观还必须是须臾不可离的，因为价值观对人来说是"立身之本"，对社会来说是"制度之纲"，对国家来说是"宪法之维"，不可一时缺，不可一日无。历史上曾有过关于儒释道三教孰优孰劣的争论，一种观点认为，佛是黄金，道是白银，儒是粮食。黄金白银固然价值更高，却不是必需的东西，有之锦上添花，无之也不是不可以。粮食则不然，一日三餐不可缺。价值观应该如同粮食，看似寻常，却不可没有。一个人若无价值观，如同无立身之本，如何其可？

当代中国多元化的价值观，只是我们构建核心价值观的理论来源，比理论来源更重要的是实践基础，即全体公民的价值观选择。这才是问题的要害。然而，这需要严谨的、科学的、广泛深入的社会调查，认真分析可靠的调查材料和调查数据，才能大致弄明白价值观的公民选择。大多数公民认可和接受的价值观，无论这种价值观是什么，来源于何处，就是当代中国社会的核心价值观。从这个意义上说，核心价值观是在社会发展过程中自然形成的，它有待于我们去发现，却不依赖于我们去构建。事实上，任何人都没有资格代公民立言，去构建什么中国社会的核心价值观。"是什么"和"应该是什么"是两个不同的概念，不宜混淆。眼下，在当代中国核心价值观事实上是什么的问题还没有弄清楚之前，并不妨碍我们谈论当代中国核心价值观应该是什么的问题。所以，我们在这里还可以谈一点参考性的意见。

当代中国核心价值观应该是自由、民主、公正、诚信。

（一）自由。在当代中国，自由早已载入宪法，[①] 为宪法所肯定，然而，自由却常常遭到少数人的误解、遮蔽乃至攻击。自由是人的生命的本质诉求。人的生命有了自由，才有活力和创造力；失去自由，人的生命将枯萎沦落。自由对公民而言有三方面的涵义：一是独立，指不依傍他人而自立；二是自主，指不受他人支配，自己的事情自己作主；三是自己承担个人决定的后果。在这里，我们不必讨论什么绝对自由和相对自由，只要知道自由意味着独立自主、自负其责似乎也就足够了。一个人生活于群体或社会之中，在享有自由的情况下，自己独立作决定，由此带来的一切后果，理所当然由其个人承担。成也归己，败亦归己，天经地义。只讲自行其是，不讲自负其责，将前因与后果割裂开来，那不是真正的自由。

（二）民主。和自由的遭遇相类似，民主也载入宪法，为宪法所肯定，却常常受到少数人的质疑和批判。民主不过是一种治国方式而已。民主解决的是治权问题，而不是政权问题。在人类历史上，治国方式依执政主体而论，大致有君主政治、贵族政治、贵族与平民共和政治、民主政治四种基本类型。国家由全体国民所组成，亦归全体国民所有。然而，如何治理全民国家？我们看到，以上四种基本类型实际上反映了执政主体（也可以说是统治基础）逐步扩大的趋势。首先是君主一人，其次是贵族阶层，再进一步是贵族与平民的携手合作，最后则是全体公民。全体公民治国，简称"民治"，即（by the people），是民主的最原始、最基本的理念。这是人类最伟大的发明。至于如何实现全体公民治国，则有多种多样的方式方法，每一种方式方法都具有其特殊性的品格。我们今天充分肯定的是民主的理念而不是民主的某种形式。

[①] 宪法第三十五条规定，公民享有言论、出版、集会、结社、游行、示威的自由；第三十六条规定，公民享有宗教信仰自由；第三十七规定，公民享有人身自由，不可侵犯；第四十条规定公民享有通信自由，受法律保护。

（三）公正。公平正义是一以贯之于古今人类社会的核心价值。无论贵族社会还是平民社会，无论专制社会还是民主社会，无论资本主义社会还是社会主义社会，无论现实社会还是理想社会，都无一例外地高举公平正义的旗帜。孔子的大同社会以"天下为公"为其基本特征，柏拉图的理想国秉持正义的原则，罗尔斯认为"正义是社会制度的第一美德"，温家宝总理说"公平正义比太阳还要有光辉"。公平正义是人类社会的第一原则，放之四海而皆准："东海圣人出不易此言，西海圣人出不易此言，南海圣人出不易此言，北海圣人出不易此言"。

（四）诚信。诚信是为人处世的基本原则，也是各个社会、各种文化体系共同信奉的道德规范。一个人若无诚信，他人皆敬而远之，将会沦落为孤家寡人，一事不成，陷入生存危机。一个社会若无诚信，坑蒙拐骗，尔虞我诈，将会导致文明水准严重降低、后退的局面。

后　　记

儒学是以"修己安人、内圣外王"为其核心价值追求的,是东亚各国共同的文化背景和思想基础。儒学与东亚文明的进步发展,有着不可分割的内在联系。儒学不仅在古代社会对东亚各国社会的进步发展产生了极为重要的深远影响,同样,在当代社会,传承创新儒学的优秀思想,对于东亚各国社会的进步发展,推进世界的和平和繁荣,依然具有不可忽视的现实作用。这也正是探讨儒学与东亚文明的现实价值所在。

儒学是修己之学,追求君子人格成为儒家道德修养的重要内容。君子的言行是践行儒家仁、义、礼、智、信,以及忠、孝、廉、悌等为人处世的伦理规范,君子人格是儒家伦理规范在个人道德修养上的集中体现。塑造有使命有担当的健全君子人格,有利于促进当今社会的和谐进步。儒学是安人之学,实现社会的进步发展是儒家社会治理的重要内容。传统儒学如何应对复杂多变的现代社会,实现其与时俱进的现代价值,是传承发展儒学的重要内容。弘扬儒学"仁者爱人"的伦理观,重视儒学"利用厚生"的经济观,彰显儒学"和而不同"的和谐观,有利于实现各国文明的共同进步。

本书的出版得到了山东社会科学院、国际儒学联合会、中国孔子基金会、威海市人民政府等单位的大力支持,国内外的许多专家学者贡献了各自的研究成果,中国社会科学出版社责任编辑冯春凤女士付出了辛勤劳动。在此,对以上单位和个人表示衷心感谢。

编著者